Insurance

21世纪高等院校经济管理类规划教材

保险学（第2版）

□ 刘永刚 主编
□ 秦玲玲 赵世秀 副主编

人民邮电出版社
北京

图书在版编目（CIP）数据

保险学 / 刘永刚主编. -- 2版. -- 北京 : 人民邮电出版社, 2016.11（2019.11重印）
21世纪高等院校经济管理类规划教材
ISBN 978-7-115-43687-0

Ⅰ. ①保… Ⅱ. ①刘… Ⅲ. ①保险学－高等学校－教材 Ⅳ. ①F840

中国版本图书馆CIP数据核字(2016)第231061号

内容提要

本书主要介绍风险与风险管理的基本知识、保险的基础知识、保险合同的内容、保险的基本原则、财产保险、人身保险、责任保险、信用保证保险、保险公司业务经营与管理、保险市场、保险监管、保险规划与购买决策等内容。

本书融合了最近几年来保险理论界与实务界的研究成果，体现了我国保险行业的最新发展趋势。书中引入了保险业界最新的热点新闻，同时加入了相关案例分析，既体现了保险理论与时代的同步发展，又充分体现了基础理论与实践的结合。

本书提供电子课件、电子教案、习题答案、教学补充案例和模拟试卷，索取方式参见“配套资料索取示意图”。

本书可作为高等院校保险学、金融学、投资学等相关经济类专业本科的教学用书，也可作为保险从业人员、银行专业理财规划人员学习保险基础知识和参与资格认证考试的参考教材。

◆ 主　　编　刘永刚
副 主 编　秦玲玲　赵世秀
责任编辑　万国清
责任印制　沈　蓉　彭志环

◆ 人民邮电出版社出版发行　　北京市丰台区成寿寺路 11 号
邮编　100164　　电子邮件　315@ptpress.com.cn
网址　http://www.ptpress.com.cn
大厂聚鑫印刷有限责任公司印刷

◆ 开本：787×1092　1/16
印张：21.25　　　2016 年 11 月第 2 版
字数：531 千字　　　2019 年 11 月河北第10次印刷

定价：49.80 元

读者服务热线：(010)81055256　印装质量热线：(010)81055316
反盗版热线：(010)81055315
广告经营许可证：京东工商广登字 20170147 号

第 2 版前言

本书第 1 版出版以来，受到了许多高校师生的喜爱。随着“十三五”的到来，我国的保险市场已悄然成为世界第三大保险市场，国内外保险理论与实践不断出现新的变化与发展。正是基于这种变化，现将本书修订出版，以及时反映时代的变化，适应新时期高校的保险教学要求。

本次修订主要做了以下几项工作。

一是内容的修改。本书根据近两年来法律法规、保险市场、经营监管和理论研究等方面的新发展和新变化，调整了各个章节的相关内容。例如，针对车险市场的改革，修改了机动车辆保险的大部分内容；针对我国保险监管向“偿二代”过渡，修订了保险监管的部分内容；针对《保险法》三个“司法解释”的颁布，对部分案例进行了更新与解读。这些内容上的修订，可使本书与时代的发展接近同步。

二是形式的完善。通过增加知识结构图、案例的更新、讨论题目的增加、实训项目的完善等，一定程度上丰富了全书的表达形式，增强了教材的可读性。在形式上本书另一个变化是用二维码链接了保险相关网站、案例原文、保险新闻、相关纪录片等网络资源，对开拓读者视野有所帮助。

三是配套资料的完善。在稿件修订完成后，对相应的课件、教案、习题答案、补充案例和试卷等也做了相应更新、补充和完善，这些配套资料的索取方式参见“配套资料索取示意图”。

本次修订由刘永刚统筹安排。各章修订具体分工如下：第一章、第十一章、第十二章、第十三章由刘永刚负责修订；第二章、第六章、第七章由秦玲玲负责修订；第三章、第四章、第十章由李明负责修订；第五章、第八章、第九章由赵世秀负责修订（以上编者均为哈尔滨金融学院教师）。

本书在编写与修订过程中参阅了大量国内外有关论著，在此一并表示诚挚的感谢。

尽管我们对本书进行了全面修订，但由于编者水平有限，书中不足之处在所难免，恳请广大读者批评指正。

编　者

2016 年 8 月

第 1 版前言

进入 21 世纪后，我国保险业走上了高速发展的快车道，在我国已成为公认的朝阳行业，其影响迅速扩大，对国民经济的贡献也越来越大，其保障经济、稳定社会的功能在构建和谐社会的伟大事业中日益凸显。

保险机构业务高速成长和各类保险机构数量迅速增加创造了大量的就业岗位，而这些岗位在等待大批优秀保险人才的加入；同时保险业作为为个人或企业保驾护航的行业，被保险人也需要有一定了解，从而更加合理地进行保险规划，以规避风险带来的损失，保障个人的生活和企业的持续经营。许多高等院校正是瞄准了这一机会，开设保险专业，或为非保险专业经济类学生开设保险学等相关课程。

本书针对应用型院校教学需求编写，强调实践能力的培养，在认真研究保险理论的基础上加强了实务内容，力图实现理论性、实践性的有机结合。

保险业的高速发展，使保险市场发生了日新月异的变化，创造出一系列新产品。本书汲取国内外相关科研成果的精华，紧密联系保险市场发展的最新动态，力争使本书内容更符合当前的形势。

为达到编写内容新颖的应用型本科教材这一目的，我们在编写本书时，注意了以下几个方面。

1. 基础性。本教材没有过多地强调理论的深度与广度，而是注重保险学的基础知识和基本原理，从而保证应用型本科学生易于理解和掌握教材内容，也为后续课程留下合理的学习空间。

2. 普适性。本教材供保险专业及其他经济类相关专业学生使用，因而教材内容既体现了一定的专业性，又没有局限于专业性本身，同时兼顾了非保险专业学生的学习需要。

3. 实践性。在阐述保险基本原理的同时，我们也介绍了保险市场上主要的业务种类和保险公司在实际经营中的具体操作流程和方法，力求使学生了解保险公司的日常业务和管理活动。本书加入大量的、真实的、最新的案例，便于学生对知识的深入理解，也为其深入思考留下足够的空间。

4. 完整性。在章节内容设计上备有大量的新闻资料、相关案例，以及实用性、针对性强的课后练习，既便于教师教学，又方便学生自修。

5. 使用方便性。为方便读者学习和教师授课，本书提供电子课件、电子教案、习题答案、教学补充案例和模拟试卷，索取方式参见"配套资料索取示意图"。

本书由刘永刚担任主编，负责全书写作大纲的拟定和编写组织工作。由秦玲玲和赵世秀担任副主编。各章编写分工如下：第一章、第十一章由刘永刚、徐全民编写；第十二章、第十三章由刘永刚编写；第二章、第六章、第七章由秦玲玲编写；第三章、第四章、第十章由李明编写；第五章、第八章、第九章由赵世秀编写（以上编者均为哈尔滨金融学院教师）部分案例由执业律师王若文参与编写。

本书在编写过程中参阅了大量国内外有关论著，在此一并表示诚挚的感谢。

由于编者水平有限，书中不足之处在所难免，恳请广大读者批评指正。

编　者

2012 年 11 月

目　　录

第一章　风险与风险管理

学习目标和要点

学习目标

了解并掌握风险的含义、构成要素、特征及种类；以及风险管理的含义、程序与方法，为进一步学习保险知识奠定基础。

学习要点

风险的构成要素；风险的特征；风险的种类；风险管理的方法。

本章知识结构

- 风险概述
  - 风险的含义
  - 风险的构成要素
    - 风险因素
      - 物质风险因素
      - 心理风险因素
      - 道德风险因素
    - 风险事故
    - 损　失
  - 风险的特征
    - 客观性
    - 普遍性
    - 不确定性
    - 可测性
    - 发展性
  - 风险的种类
    - 按照风险产生的原因分类
    - 按照风险的性质分类
    - 按照风险产生的社会性环境分类
    - 按照产生风险的行为分类
    - 按照风险损害的对象分类
- 风险管理
  - 风险管理的定义及意义
  - 风险管理的目标
  - 风险管理的过程
  - 风险管理的技术
    - 控制型方法
      - 避免
      - 预防
      - 抑制
      - 分散
    - 财务型方法
      - 自留
      - 转移
        - 非保险转移
        - 保险转移

案例引入

综合媒体报道　2015年6月1日21时30分，隶属于重庆东方轮船公司的“东方之星”号客轮，共载客454人，在从南京驶往重庆途中突遇罕见强对流天气，在长江中游湖北监利水域沉没。沉船事件发生后，相关部门、解放军及沿江群众在事发地及下游水域开展全方位、立体式、拉网式搜寻。截至2015年6月13日，有12人成功获救，442人遇难，遗体均已找到。

2015年12月30日，长江沉船事故调查报告公布，经国务院调查组调查认定，“东方之星”号客轮翻沉事件是一起由突发罕见的强对流天气（飑线伴有下击暴流）带来的强风暴雨袭击导致的特别重大灾难性事件。

在我们为这一重大灾难事件震惊的同时，也再一次感受到了风险的难料与无情。

试思考：如果船上的乘客事先知道风险会发生，他们就不会参加这次旅行；如果轮船公司知道会有极端天气情况的出现，他们就会取消这次航程。问题是这种假设真的存在吗？风险还是发生了。面对随时可能发生的风险事件，我们应该怎样应对？人们应该如何认识风险，如何对风险进行有效的管理和控制，减少其可能给人类造成的威胁和损失呢？

风险的存在是保险产生和发展的基础，“无风险则无保险”。因而在学习正式的保险内容之前，应首先接触的内容是风险与风险管理。

第一节　风 险 概 述

风险是促使保险产生和推动保险发展的根源和动力，一个没有风险的世界是枯燥乏味、死气沉沉的，当然也就不需要保险了。那么风险到底是什么呢？

> **思考与讨论**
>
> 读者可从个人、家庭、企业、社会和国家的角度来例举一些你认为存在风险的例子。

一、风险的含义

在现实生活中，人们经常提到风险一词。比如人们谈论的投资风险、人身风险、财产风险、市场风险等，与风险有关的词语与事物比比皆是。那么，究竟什么是风险呢？不同的人可能有不同的回答，不同的人对风险也有不同的理解。

风险是指某种事件发生的不确定性。在人们从事某种活动或者对某件事情作出决策时，未来的结果都可能是不确定的，从而导致某种事件的发生或不发生。从广义上讲，只要某一事件的发生存在着两种或两种以上的可能，那么就可以认为该事件存在着风险。从狭义的角度来讲，风险仅指损失发生的不确定性。具体来说，主要表现在以下三个方面：一是发生与否的不确定，二是发生时间的不确定，三是发生时导致的结果不确定。

> **思考与讨论**
>
> 死亡对于人类而言应该是一个确定事件，那么死亡是否是人类所面临的风险呢？

补充阅读

有关风险的主要学说

究竟什么是风险？由于各类研究的角度以及实践中所需结果的不同，在国内外学术界尚无统一的意见。归纳起来，关于风险的学说主要有以下几种。

一、风险客观说

持风险客观说的学者认为风险是客观存在的损失的不确定性。现实论或实证论者都是持这一观点的。因为风险客观存在，所以它是可以预测的。在对风险事故进行观察的基础上，可以用统计观点以客观概率对这种不确定性加以定义并测度其大小，而且所有结果都以金钱来计价。保险精算、流行病学和安全工程领域的风险概念都属于这一学派。经济学与财务理论的风险概念与此稍有不同，在这一领域中，许多结果并不是以绝对的金钱来计价，而是以效用损失或效用收益来代替实际损失或实际收益。但效用值也是以等值金钱来衡量的，所以，与后面提到的风险主观说和风险因素结合说两个学说相比，仍然偏向此学说，因此也可以将其归在这一类。

二、风险主观说

风险主观说并不否认风险的不确定性，但认为个人对未来的不确定性的认识与估计会同个人的知识、经验、精神和心理状态有关，不同的人面对相同的事物时会有不同的判断，因此，所谓风险的不确定性是来自主观的。心理学、社会学、文化人类学与哲学等领域的学者都持这一观点。其中，心理学仍保留实证论者的思维，认为风险可用个人主观信念强度来测度；而社会学、文化人类学和哲学则采用相对论者的思维，认为风险不是测度的问题，而是形成过程的问题。自20世纪80年代开始，人文学者就对风险客观说提出异议。他们指出了客观说存在两个主要问题：首先，有些方面的客观是相对的，其中的主观判断成分难以避免；其次，人们在进行风险评估时势必要加入自身的价值观与偏好。例如，同一种损失，对于不同财富的人来说感觉可能不同。这样，在风险评估这一阶段就不存在绝对的客观。由此看出，风险主观说的思维更贴近于实际决策，这种观点会日益受到重视。

三、风险因素结合说

该学说着眼于风险产生的原因与结果，认为人类的行为是风险事故发生的重要原因之一。此外，正是由于人类及其财产的存在，风险事故才会造成损失，才能称为风险。因此，"风险是每个人和风险因素的结合体"，灾害的发生及其后果与人为因素有着极为复杂的互动关系。该学说并不强调风险的客观性或主观性，事实上，这一学派有学者认为风险是客观存在的，也有持风险主观说的学者，所以严格来说，这一学说和前面两个学说不是并列的，而是交叉在一起的。

二、风险的构成要素

一般来说，风险的构成要素主要包括风险因素、风险事故和损失三个方面。

（一）风险因素

风险因素是指促使某一特定风险发生，或者增加风险发生的可能性，或者扩大损失程度的原因及条件。风险因素是风险事故发生的潜在原因，是造成损失的间接原因。风险因素又通常表现为物质风险因素、道德风险因素和心理风险因素。

1. 物质风险因素

物质风险因素是指那些影响损失概率和损失程度的物理条件或因素，如心脏的物理功能、建筑物所处的位置、建筑物的建筑结构与等级、汽车的刹车系统等，当以上物质的物理功能不健全时，就有可能发生风险。

2. 道德风险因素

道德风险因素是与人的品德修养有关的无形因素，即由于人们的不诚实、不正直或不轨企图，故意促使事故的发生，以致引起财产损失或人身伤害的因素，如盗窃、抢劫、纵火等行为。对于在高速公路上驾驶汽车的司机来说，故意违反交通规则就属于道德风险因素；对于一个投保了财产保险的投保人来说，虚报了财产标的物的价值，或者对与自身没有任何利害关系的标的物进行投保等，都属于道德风险因素。

3. 心理风险因素

心理风险因素是与人的心理有关的无形的因素，即由于人们的疏忽或过失以及主观上不注意、不关心，致使风险事故发生的机会增加或扩大损失严重性的因素。心理风险因素虽然也是无形的，但与道德风险因素不同的是，它是与人的心理有关的，由于人们的

思考与讨论

你能根据上面的内容再举一些现实生活中各种与风险因素相关的例子吗？

疏忽或过失，以致增加风险事故发生的机会或扩大损失程度的因素，并不是故意的行为。例如，不能根据天气的冷暖变化增减衣物，致使其患感冒的概率增加；驾驶员在驾驶过程中走神，就会增加交通事故的可能性；购买保险以后放松对标的物的责任感等行为，致使发生风险事故的可能性大大增加等，这些都属于典型的心理风险因素。

道德风险因素与心理风险因素均与人的行为有关，所以也常将二者合并称为人为风险因素。由于无形风险因素看不见、摸不着，具有很大的隐蔽性，往往可以隐藏很长时间，所以在许多情况下，等到人们发现了，已经酿成了巨大的损失。

（二）风险事故

风险事故是指造成财产损失或人身伤害的偶发事件，是造成损失的直接或外在原因。也就是说，只有风险事故的发生，才会导致损失的出现。例如，汽车的刹车系统失灵，可能导致车祸的发生，车祸则可能导致车损人伤的结果。其中，刹车系统的失灵是风险因素，因其只是一种可能发生的原因，而车祸则是风险事故，它已经由风险因素的可能性转化为风险事故的现实性。如果只是发生了刹车的失灵而没有车祸的发生，就不会造成车辆的损失或人身的伤害。

思考与讨论

试讨论，风险因素与风险事故之间存在着什么样的关系？

（三）损失

在风险管理中，损失是指非故意、非预期、非计划的经济价值的减少，即经济损失。显然，它包含两方面的含义，一方面，损失是经济损失，即必须能以货币来衡量。当然，有许多损失是无法用货币来衡量的。例如亲人去世，谁也无法计算出其家人在精神上所受到的打击和痛苦是多少人民币。尽管如此，在衡量人身伤害时，还可从由此引起的对本人及家庭产生的经济困难或其对社会所创造经济价值的能力减少的角度来给出一个货币衡量的评价。另一方面，损失是非故意、非预期、非计划的。上述两方面缺一不可。如折旧，虽然是经济价值的减少，但它是固定资产自然而有计划的经济价值的减少，不符合第二个条件，不在这里所讨论的损失之列。

在保险实务中，通常将损失分为两种形态，即直接损失和间接损失。所谓直接损失，是指风险事故导致的财产本身损失和人身伤害，也可称为实质损失；所谓间接损失，是指由直接损失引起的其他损失，包括额外费用损失、收入损失和责任损失等。在有些情况下，间接损失的金额非常大，有时甚至会超过直接损失。

思考与讨论

举出有关损失的事例，再由其他同学分析损失的各种可能形态。

从风险因素、风险事故与损失三者之间的关系来看，风险因素引发了风险事故，而风险事故则导致了损失的发生。也就是说，风险因素只是风险事故产生并造成损失的可能性或使这种可能性增加的条件，它并不直接导致损失，只有通过风险事故这个媒介才产生损失。但是，对于某一特定事件，在一定的条件下，风险因素可能是造成损失的直接原因，则它就是引起损失的风险事故；而在其他条件下，可能是造成损失的间接原因，则它就是风险因素。如因下冰雹使得路滑而发生车祸，造成人员伤害，这时冰雹是风险因素，车祸才是风险事故；若冰雹直接砸伤行人，则它是风险事故。三者的关系如图1.1所示。

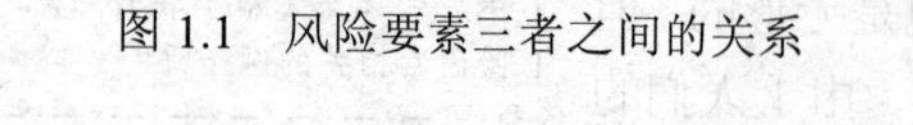

图 1.1　风险要素三者之间的关系

三、风险的特征

风险的特征是风险特有的一些性质，理解风险的特征有助于更好地理解风险管理理论的相关原理，有利于正确认识和识别风险。概括起来，风险的特征主要表现在以下几个方面。

> **提示与说明**
>
> 风险的三个构成要素：风险因素、风险事故和损失，三者缺一不可。只有具备了风险因素，才有发生风险事故的可能性；只有发生了风险事故，才有可能造成损失。缺少其中的任意一项，都不能称其为风险。

（一）客观性

风险是客观存在的。例如，自然灾害、意外事故、疏忽大意等损失风险是客观存在的，是不可能排除的，也是不以人的意志为转移的。但是，随着人类认识和管理水平的不断提高和改进，人类逐步发现，风险的发生是具有一定规律性的，这种规律性为人类认识风险、估计风险、避免风险和管理风险提供了现实的可能性。相反，如果没有这种规律性的存在，人类就无法有效地进行风险管理。

（二）普遍性

人类的历史就是与各种风险相伴的历史。自从人类出现后，就面临着各种各样的风险，如自然灾害、疾病、伤害、战争等。随着科学技术的发展、生产力的提高、社会的进步以及人类的进化，人类又产生了新的风险，且风险事故造成的损失也越来越大。在当今社会，个人面临着生、老、病、死、意外伤害等风险，企业面临着自然风险、市场风险、技术风险、政治风险等，甚至国家和政府机关也面临着各种风险。总之，风险渗入到社会、企业、个人生活的方方面面，无处不在，无时不有。正是由于这些普遍存在的对人类社会生产和人们的生活构成威胁的风险，才有了保险存在的必要和发展的可能。

（三）不确定性

风险的不确定性通常包括以下三个方面。

1. 风险是否发生不确定

与风险是否发生的不确定性相对立的是确定性，即肯定发生或肯定不发生。就个体风险而言，其是否发生是偶然的，是一种随机现象，具有不确定性；但在总体上风险的发生却往往呈现出明显的规律性，具有一定的必然性。

2. 发生时间的不确定性

从总体上看，有些风险是必然要发生的，但何时发生却是不确定的。例如，生命风险中，死亡是必然发生的，这是人生的必然现象，但是具体到某一个人何时死亡，在其健康时却是不可能确定的。

3. 产生结果的不确定性

结果的不确定性，即损失程度的不确定性。例如，沿海地区每年都会遭受或大或小的台风袭击，有时安然无事，有时损失惨重。但是人们对未来年份发生的台风是否会造成财产损失或人身伤害以及损失的程度如何，却无法预知。

正是风险的这种总体上的必然性与个体上的偶然性的统一，构成了风险的不确定性。

（四）可测性

个别风险的发生是偶然的、不可预知的，但是通过对大量风险事故的观察发现，风险往往呈现出明显的规律性。运用统计方法去处理大量相互独立的偶发风险事故，其结果可以比较准确地反映风险的规律性。根据以往大量资料，利用概率论和数理统计的方法可测算风险事故发生的概率及其损失程度。例如，我国40岁的男性，每1 000人中，其死亡率为2‰。于是，根据精算原理，利用对各年龄段人群的长期观察得到的大量死亡记录，就可以测算各个年龄段人的死亡率，进而根据死亡率计算人寿保险的保险费率。

> **思考与讨论**
>
> 分组讨论，风险真的都是可测的吗？

（五）发展性

人类社会自身进步和发展的同时，也创造和发展了风险，尤其是当代高新科学技术的发展与应用，使风险的发展尤为突出。风险的发展性主要表现在以下三个方面：第一，一些风险消失了。随着人类的进步，一些固有的疾病已经在地球上的某些国家和地区彻底消失了。第二，一些风险减少了。随着人们素质的提高，人们的一些不良行为逐渐减少，如不乱扔烟头、遵守交通规则等行为，均可在一定程度上减少风险事故的发生。第三，新的风险出现了。随着新产品、新技术的出现，人们又会面临着一系列新的、不确定的风险，如原子弹和核技术的发展，会带来核污染及核爆炸等风险。

> **思考与讨论**
>
> 试思考，风险的发展性对人类而言有什么样的影响？

四、风险的种类

划分风险的种类，有助于我们更好地识别风险和管理风险。风险通常可按以下几种方法分类。

（一）按照风险产生的原因分类

风险按照产生的原因可以分为自然风险、社会风险、政治风险、经济风险和技术风险。

1. 自然风险

自然风险是指自然力的不规则变化使社会性生产和生活等受到威胁的风险。如地震、水灾、风灾、雹灾等自然现象是经常的、大量发生的。在各类风险中，自然风险是保险承保最多的风险。

2. 社会风险

社会风险是指由于个人或团体的行为或不行为使社会生产及人们的生活受到损失的风险。如人的过失行为、不当行为及故意行为等都可能对他人的财产或身体造成损失或伤害。

3. 政治风险

政治风险又称为国家风险，是指在对外投资和贸易过程中，因政治原因或订约双方所不能控制的原因，债权人可能遭受损失的风险。如因进口国发生战争、内乱而中止货物进口而造成的损失；因进口国实施进口或外汇管制，对输入货物加以限制或禁止输入而造成的损失等，都属于政治风险。

4. 经济风险

经济风险是指在生产和销售等经营活动中，由于受各种市场供求关系、经济贸易条件等因素变化的影响或经营者决策失误，对前景预期出现偏差等导致经营失败的风险。比如企业生产规模的增减、价格的涨落和经营的盈亏等。

5. 技术风险

技术风险是指伴随着科学技术的发展、生产方式的改变而产生的威胁人们生产与生活的风险。如核辐射、空气污染和噪声等。

（二）按照风险的性质分类

按照风险的性质分类，风险可以分为纯粹风险和投机风险。

1. 纯粹风险

纯粹风险是指只有损失机会而无获利可能的风险。其所致的结果有两个：损失和无损失。自然灾害和意外事故的发生，人的生老病死等现象的发生，都属于纯粹风险。

2. 投机风险

投机风险是指既可能产生收益也可能造成损失的不确定的状态，其可能产生的结果有三种：损失、无损失和赢利。例如赌博、股票的买卖等都属于典型的投机风险。

补充阅读

纯粹风险与投机风险的主要区别

1. 纯粹风险在一定条件下具有一定的规律性，容易适用于大数法则；而投机风险规律性不是很明确，不易适用于大数法则。

2. 纯粹风险对社会、企业、家庭和个人而言只有损失的可能性，人们往往采取规避风险的方法；投机风险除了可能造成损失外，还具有获利的可能性，而获利性可能使其更具有诱惑力，使爱好风险的人们更愿意去冒险。

3. 保险主要针对纯粹风险，投机风险属于不可保风险。

（三）按照风险产生的社会性环境分类

按照风险产生的社会性环境分类，可以分为静态风险和动态风险。

1. 静态风险

静态风险是指在社会经济正常的情况下，由自然力的不规则变化或人们的过失行为所致损失或损害的风险。如雷电、地震等自然原因所致的损失或损害。

2. 动态风险

动态风险是指由于社会经济、政治、技术等多方面发生变动所致损失或损害的风险，如人口的增长、资本增加、生产技术的改进、消费者喜好的变化等。

静态风险与动态风险的区别主要有以下两点：一是静态风险一般只对个体产生损害影响，而动态风险的影响则更为广泛；二是静态风险对个体来说，风险事故发生是偶然的、不规则的，但就社会整体而言却具有一定的规律性，相对于动态风险规律性则更明显。

（四）按照产生风险的行为分类

按照产生风险的行为分类，可以分为基本风险和特定风险。

1. 基本风险

基本风险是指非个人行为引起的风险。它对整个团体以至整个社会均会产生影响，而且是个人无法预防的风险。如地震、洪水等都属于此类风险。

2. 特定风险

特定风险是指个人行为引起的风险。它只与特定的个人或部门相关，而不影响整个团体和社会。特定风险一般较易被人们控制和防范。如火灾致使一些人的财产或人身遭受损失或伤害的风险。

（五）按照风险损害的对象分类

按照风险损害的对象，可以分为财产风险、人身风险、责任风险和信用风险。

1. 财产风险

财产风险是指财产遭受损毁、灭失或者贬值的可能性。个人和家庭或企业对其所有的、使用的和保管的财产都有发生这类风险的可能。财产风险所导致的损失可分为直接损失和间接损失两大类。直接损失主要是指因财产被破坏、损毁或者被征收而导致的损失，例如，车辆因碰撞而发生的修复费用就是直接损失。间接损失是直接损失导致的间接后果，例如，车辆修复过程中，所有不能取得的营运收入及租车费用等就是间接损失。

2. 人身风险

人身风险是指可能导致人的伤残、死亡的风险。这些风险会造成人们经济收入的减少或支出的增加，影响本人或其所赡养的亲属生活的安定。

3. 责任风险

责任风险是指个人或团体因行为的过失，造成他人的财产损失或人身伤害，依据法律、合同或道义应负的经济赔偿责任的风险。

4. 信用风险

信用风险是指人们在经济交往中，权利人和义务人之间由于一方违约或犯罪而导致对方经济损失的风险。

（六）按照风险是否可以分散分类

按照风险是否可以分散分类，可以分为可分散风险和不可分散风险。

1. 可分散风险

可分散风险又称非系统风险或公司特有风险，是指某些因素给个别经济单位带来经济损失的可能性。它是由个别单位的一些重要事件引起的，是可以通过多样化来避免的风险。

可分散风险一般具有时序性、周期性的特点。多是由于外部的偶然性和不可抗拒性因素造成的风险。而这种风险，通常情况下可以通过人的努力加以避免。通常，可分散风险是多样化投资所要考虑的重要因素之一。

> **思考与讨论**
>
> 讨论，在以上的风险中，保险公司会为哪种风险提供保障？

2. 不可分散风险

不可分散风险又称系统风险或市场风险，是指某些因素给所有经济单位带来经济损失的可能性。这种风险是无法通过多样化来消除的。

区别可分散风险和不可分散风险，对于研究保险市场是非常必要的，它不但影响风险分担、购买保险的必要性，也涉及风险分担机制的建立和保险价格的确定等问题。

补充阅读

2015 年国内重大灾害事件盘点

中国救援装备网曾总结 2015 年国内重大灾害事故，读者可通过网络查找详细资料，并根据学到的风险分类知识，分析以下事件属于哪类风险，并注意分类交叉的可能性。

1. 哈尔滨市道外区仓库大火；
2. 云南巍山古城火灾；
3. 四川乐山 5.0 级地震；
4. 台湾复兴航空客机坠河事故；
5. 广东义乌小商品城失火事件；
6. 深圳宝安机场撞人事件；
7. 桂林景区山体滑坡事件；
8. 福建 PX 项目再次发生爆炸；
9. 陕西旅游大巴坠崖事故追踪；
10. 南方强降雨、江西洪涝灾害致 8 死；
11. 天津港特重大爆炸安全事故；
12. 深圳山体滑坡事故；

……

《2015 年国内重大灾害事件盘点》原文

第二节　风险管理

了解了风险的相关知识以后，我们应该研究如何面对风险，如何对风险进行管理与控制。事实上，风险管理的方法自古就有，原始社会的人们知道如何通过挖掘洞穴、轮流站岗等方式来防范被野兽伤害的风险。商品经济产生以后，人们学会将风险转移给他人，并产生了保险。早在公元 1384 年 3 月 24 日就出现了最早的具有现代保单形式的保单；1424 年在热那亚出现了第一家海上保险公司，随后通过保险公司来管理风险成为越来越正规和通用的手段。然而，这些管理风险的方法往往只注重人身安全和财产安全，不能从根本上防范重大危害，减少重大风险损失。

风险管理作为一门系统性的管理科学还只有几十年的历史，普遍认为它起源于 20 世纪 50 年代的美国。促成风险管理科学产生的因素是多方面的，其中发生在 20 世纪 50 年代左右的几起重大事件是直接的推动力。如 1948 年美国钢铁工人的大罢工事件，1953 年美国通用汽车的变速箱厂发生火灾等，这些事件促使人们探索系统而科学的方法来有效防范和抑制重大事故的发生，避免风险事故给人们带来的灾难性后果。这便导致了 20 世纪 50—60 年代学术界和职业界关于风险管理科学的系统性研究和探索。

一、风险管理的定义及意义

1. 风险管理的定义

风险管理是社会组织或个人用以降低风险的消极结果，通过风险识别、风险估测、风险评价，并在此基础上选择与优化组合各种风险管理技术，对风险实施有效的控制和妥善处理风险所致的损失，期望达到以最小成本获得最大保障的安全管理活动。

> **提示与说明**
>
> 实际上，要达到以最小成本获得最大保障的目标，是人类努力追求但很难真正完全实现的。现实的风险管理中，遵循成本-收益原理，即风险管理的收益大于成本，也就是说，只要以相对较少的成本获得了相对较大的保障，就视为基本达到了风险管理的目标。

风险管理的对象是风险，作为人类社会对客观存在的风险的主观能动行为和经验总结，古已有之。但是，作为独立的管理系统而成为一门新兴的学科，则是到了20世纪50年代才在美国开始兴起，迄今风险管理的科学方法尚未充分发展。尽管如此，它的一般适用原则已经形成，各经济单位都凭此处理风险。其所涉及的范围业已超出静态风险，包括了动态风险。

作为一门新兴管理科学，风险管理既包括管理方面，又包括决策方面。从管理科学的角度讲，风险管理首先被定义为计划、组织、指挥和协调企业组织的有关活动的管理过程，并在费用合理支出的基础上将意外损失后果减少到最低限度。风险管理所强调的“管理”是与企业其他管理相联系的，旨在处理潜在意外损失的管理过程。作为一门决策科学，风险管理还被定义为决策过程。风险管理的决策过程表现为：根据企业的各项目标，识别与估计各类潜在风险损失；分析和评价各类风险；选择风险管理技术；实施风险管理决策；评价风险管理决策及其实施效果。

综上所述，风险管理的定义可以表述为：风险管理是研究风险发生规律和风险控制技术的一门新兴管理科学。它是指各经济单位通过风险识别、风险估测、风险评价等方式，并在此基础上优化组合各种风险管理技术，对风险实施有效的控制和妥善处理风险所致损失的后果，期望达到以最小的成本获得最大安全保障目标的管理过程。

由以上定义可以看出，要进一步理解风险管理，需要把握以下几点。

（1）风险管理是一门新兴的管理科学。既然是管理科学，就必定具有管理的计划、组织、协调、指挥、控制等职能。其与企业战略管理、经营管理共同构成企业管理的核心。

（2）风险管理的主体是经济单位。经济单位可以是个人、家庭、企业，也可以是政府、社会团体等。无论是什么规模的经济单位，都应该依照风险管理的理念、方法来解决各自面临的不同的风险问题，以求达到最优的发展路径。

（3）风险管理是一个科学的决策过程。风险管理单位通过风险识别、风险衡量、风险评价以充分了解自身风险状况，进而依照自身实际采用最优的风险管理技术组合，来解决自身面临的风险问题。

（4）风险管理的目标是要以最小的成本获得最大的安全保障。这是经济单位体现成本收益原则的最终目标。风险管理必须付出一定的成本，其所能带来的保障是否与之匹配、风险管理的效果如何，都必须以此为标准进行评价和控制。当然，在不同的环境、不同的经营理念下，可以制定不同的风险管理的具体目标，但是都必须以此为基础。

风险管理本质上是事先的预测而非事后的反应，必须有一套完整的书面计划作为执行的依据，它本身应是一套风险信息管理系统，以企业财务安全为中心，是集中管理、分散执行的组织行为。

2. 风险管理的意义

对于任何一个经济单位而言，进行风险管理主要出于以下一些方面的需要。

（1）安全需要，包括实际的部分和虚拟的部分。例如，保险保障就提供了安全需要的两种内涵。对出险的被保险人，可以及时获得经济补偿；而对未出险的被保险人，也满足了相应的心理安全需要。

（2）经济需要。任何意外损失成本都涉及直接损失和间接损失，对遭受损失方来说都是一项很重的财务负担，而且不确定性本身的存在会引起一系列的成本增加或资源的非正常使用而导致低效率等，这些因素客观上产生风险管理的需要，并希望借此获得某种经济上补偿的可行安排。

（3）执法需要。这是风险管理的国家宏观制度的动因。通常为保护人民的生命财产安全，各国政府要求雇主执行保证最低安全措施的标准，如职业安全规定和环境安全规定。

补充阅读

风险管理的历史与发展

风险来自未来的不确定性。人类认识风险的历史几乎与人类的文明一样久远。虽然人类真正提出“风险”并对之进行研究不过始于18世纪，但是当人类的第一个成员思考明天的生存问题的时候，人类对风险的认识就已经开始了。而人类对风险的认识同时也成就了人类文明的进步，诚如当代史学家伯恩斯坦在论述人类文明史时所断言的“确定现代与过去之分野的革命性理念是对风险的掌握”。然而，对风险的掌握是一个极其漫长的过程。人类活动的扩展引起风险日趋复杂，其种类不断增加，同时，风险的发展刺激了风险管理的发展，而风险管理的发展又推动人们向更高的目标登攀。

近些年来风险管理作为一个为更多企业所认可和采纳的新的管理方法，其发展主要来自以下几方面的推动。

第一，企业内外部日趋复杂的风险环境。自20世纪90年代末起，伴随着信息技术的发展和全球经济一体化，世界市场变化风起云涌，风险数量及其复杂性也与日俱增。据美国一家公司2001年的统计，一个典型的大型跨国公司可以有多达11 000种的风险，其中能够用现有的手段管理控制的只有2 600种左右。也就是说所有其他75%的风险都由公司或者说主要由股东承担。旧的风险管理范例不足以参考以化解当今有代表性的企业所面临的风险，企业迫切需要新的风险管理方法和技术。

第二，风险管理技术的不断提高。风险数量及其复杂性的增加促进了金融衍生品市场的增长，期货、期权、远期互换、资产证券化等金融衍生产品层出不穷。这些金融衍生品为企业提供了转移风险的工具，使得企业应对风险的策略和手段日益丰富。同时，信息技术的发展虽然提高了企业风险的发生水平，但也使得对许多风险的有效监控成为可能。一些更精确、更直观、更容易操作的风险度量方法和风险管理工具不断涌现，如风险价值模型等。与20年前相比，风险管理的手段更趋多样化、系统化，风险应对策略更趋复杂化、专业化。

第三，国际组织及各国风险管理协会的大力推动。自20世纪80年代以来，美国、英国、法国、日本等国家先后建立起全国性和地区性的风险管理协会。这些组织积极推动各国的风险管理理论研究和实践，先后出台了各国的风险管理标准，在1995年由澳大利亚和新西兰联合制定了世界上第一个风险管理标准（AS/NZS 4360）后，2003年英国制定了AIRMIC/ALARM/IRM标准，2004年美国反虚假、财务报告委员会（The Committee of Sponsoring Organizations of the Treadway Cominission，COSO）制定了COSO ERM标准等。与此同时，西方十国集团在2001年又签署了《巴塞尔协议Ⅱ》，对银行的风险管理提出了更加明确的要求。国际标准化组织（ISO）也制定了风险管理标准。

第四，各国的立法。各国从20世纪80年代以来，加快了对公司治理结构和内控系统的立法，如英国 1998 年制定了《公司治理委员会综合准则》（Combined Code of the Committee on Corporate Governance），该准则被伦敦证券交易所认可，成为交易所上市规则的补充，要求所有英国上市公司强制性遵守。2002 年 7 月，美国国会通过萨班斯法案（Sarbanes-Oxley 法案），要求所有美国上市公司必须建立和完善内控体系。萨班斯法案被称为美国自 1934 年以来最重要的公司法案。在其影响下，世界各国纷纷出台类似的方案，加强公司治理和内部控制规范，加大信息披露的要求，加强企业全面风险管理。到目前为止，世界上已有 30 多个国家和地区，包括所有发达资本主义国家和地区和一些发展中国家如马来西亚，都发表了对企业的监管条例和公司治理准则。在各国的法律框架下，企业有效的风险管理不再是企业的自发行为，而成为企业经营的合规要求。

未来，全面风险管理将保持蓬勃发展的势头。除企业以外，将有越来越多的非营利机构，包括政府、学校等开始实施全面风险管理。将有越来越多的大学开始设置企业全面风险管理的课程。虽然全面风险管理作为一种管理理论还有待进一步成熟和完善，但其理念和方法已经开始深刻地影响组织的首脑、企业的 CEO。全面风险管理将不仅引发风险管理理论和方法的一场革命，而且将引发企业管理理论的一场革命。

（佚名）

二、风险管理的目标

风险管理的基本目标是以最小成本获得最大的安全保障。风险管理的目标具体可以分为损失前的目标和损失后的目标。前者是指通过风险管理消除和降低风险发生的可能性，为人们提供较安全的生产、生活环境；后者是指通过风险管理在损失出现后及时采取措施，使受损企业的生产得以迅速恢复，或使受损家园得以迅速重建。

（一）损失前的目标

损失前的目标是风险事故发生前，风险管理应达到的目标。它可以分为以下几个方面。

1. 经济合理目标

要实现以最小成本获得最大的安全保障这一总目标，事前的风险管理计划和方案设计就必须最经济、最合理。所谓经济合理就是尽量减少不必要的费用开支和损失，尽可能使风险管理计划成本降低，但是费用的减少会影响安全保障程度。因此，如何使费用支出和保障程度达成均衡就成为实现该目标的关键。通常可以采用同行业间的横向比较，通过个体与平均水平的比较，较为客观地判断自身风险管理成本的经济合理性，这样可以保证风险管理的经济合理目标的实现。

2. 安全系数目标

安全系数目标就是将风险控制在可承受的范围内。风险的存在及其可能造成的不利后果，不仅造成财产的损失，也会使人们产生焦虑和不安，影响决策者的决策水平。因此，风险管理者必须使人们意识到风险的存在，并给予其足够的安全保障，以减轻人们对风险以及潜在损失的忧虑，力求使企业置身于一个安定可靠、确定的环境。这也是风险管理的又一重要目标。

3. 社会公众责任目标

社会化的大生产使得企业与外界的联系十分广泛。随着风险的社会化，一个企业受损，不仅会影响到自身的发展，还会殃及其他企业、个人，甚至使国家、社会遭受损失。因此，一个良好的风险管理计划不仅要想到转嫁自身风险，同时还要以降低社会损失为目标。这一方面可以树立自身的形象，另一方面更深层面的意义则在于，社会福利的提高及社会损失的减少会对企业自身长远发展起到良好的推动作用。

（二）损失后的目标

风险管理不可能消灭风险，也不可能完全避免损失。因此，事先确定风险事故发生之后的风险管理目标是十分必要的。不过，要获得更高的安全保障，风险管理成本也就随之上升。一般损失后目标主要包括以下几点。

1. 生存目标

对于一个企业或家庭而言，风险事故所带来的最严重的后果就是威胁到企业或家庭的生存，即可能因此而破产。因此，损失后的风险管理的最低目标就是企业或家庭的生存。一个企业或家庭基本的生存要素有生产、市场、资金、管理、健康、情感等。所以，风险管理计划应充分考虑风险事故对生存要素的影响程度，确立保证生存为风险管理的损后第一目标。

2. 持续经营目标

持续经营活动是指不因为风险事故的发生而使企业的生产经营或家庭生活中断。生产经营和生活中断并不一定导致企业或家庭破产，但是竞争性的市场中，生产经营的中断会使其丧失进一步发展的机会，以至于在今后的竞争中处于劣势，进而生存发展受到威胁。因此，风险管理应尽可能保证企业或家庭在损失后能够持续经营。为此，风险管理者首先应该分析生产经营过程，找到关键环节；然后分析风险，找到最容易致损的事件或风险因素，进而制定应对之策。

3. 稳定收益目标

收益的稳定对风险管理单位来说十分重要。稳定收益有利于增强投资者的投资信心，以及企业或家庭的正常发展。不过，为了达到稳定收益的目标，无疑将加大风险管理的支出。

4. 实现持续增长目标

在激烈的市场竞争中，不进则退，发展是风险管理单位所必须追求的。但是风险的存在，增加了其进一步发展和增长的难度，风险事故的发生会给企业或家庭的持续发展带来巨大的打击。为了实现发展目标，风险管理者必须建立高质量的风险管理计划，以使企业能在稳定的环境中持续健康发展。

5. 社会责任目标

如前文所强调的一样，风险管理单位及时、有效地处理风险事故带来的损失，减少不利影响，可以减轻损失对社会的影响，保护各方利益，进而为自身的发展创造一个良好的环境。

三、风险管理的过程

在明确风险管理目标后，风险管理的实施通常可以分为六个步骤依次进行。这六个步骤构成一个风险管理过程，并且动态循环，周而复始，如图 1.2 所示。

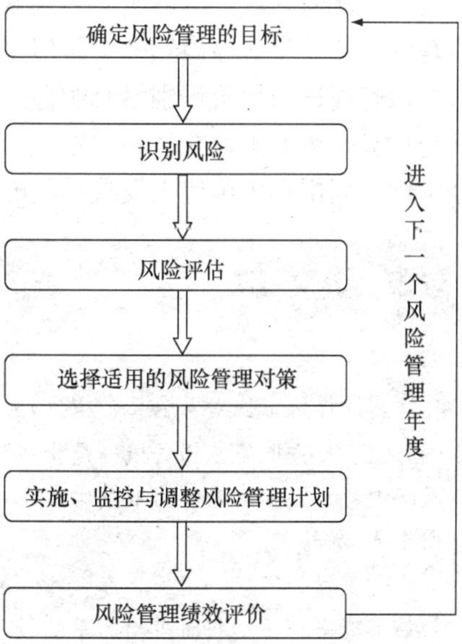

图 1.2　风险管理过程

1. 确立风险管理的目标

风险管理的第一个环节就是要建立风险管理的

计划，确定风险管理的任务和目标。风险管理的目标是选择最经济和最有效的方法使风险成本最小。风险管理的目标由两部分组成，包括损失发生前的风险管理目标和损失发生后的风险管理目标。

损失发生前的风险管理目标是减少或避免损失的发生，将损失发生的可能性和严重性降到最低，以减轻和消除精神压力。

风险发生后的风险管理目标是尽可能地减少直接损失和间接损失，使其尽快恢复到损失前的状态。

2. 识别风险

识别和分析风险是整个风险管理过程的第一步，也是最重要的一步。如果没有详细、认真的风险识别工作，或是轻易放过一些可疑的风险点，那么也就很难有相应的有效措施。个人和家庭面临多种风险，有必要进行适当的分类，以便不重不漏地识别风险。例如，个人和家庭面临的纯粹风险可以分为财产风险、责任风险、人身风险三大类。其中财产风险的衡量包括财产直接损失及因财产损毁而引起的间接经济损失，对这一风险衡量的指标包括实际现金价值、重置成本、相关费用等。对责任风险的衡量取决于意外事故的严重程度及法院判决的损失赔偿金，最大可能的责任损失可以个人累计财富为限。对人身风险的衡量通常包括生理死亡（工作期间生命的提前死亡）、生存死亡（工作期间永久全残）及退休死亡（达到退休年龄出现的死亡）。

识别是风险管理中最重要的环节，也是最容易被忽视的环节。在实践中，风险管理者应该将所有带有不确定性的因素一一识别出来，并列表逐一分析。

3. 风险评估

识别出面临着哪些可能的损失或风险事故后，需要进一步分析引起损失的风险事故和概率以及可能的损失后果。风险事故是指引起损失的直接或外在的原因。财产可能因火灾、洪涝、盗窃、碰撞等风险事故发生损失。家庭中的个人可能因意外事故、疾病等原因出现残疾或死亡，或者因造成他人的人身伤害或财产损失而需要承担赔偿责任，或者因退休或失业而失去收入能力等。一般情况下，大量发生的、频率较高的损失未必给人们带来很大的损失，而有些事件的可能性虽然较小，但是一旦发生却会给家庭造成巨大的不可承受的损失。

风险衡量与风险识别没有明显的划分界限，但风险衡量侧重于风险损失或收入程度的评价与估算。风险衡量往往使用定量指标来反映风险的大小，使用损失频率来说明风险发生的经常性，利用损失价值来反映损失的程度，利用损失的波动性来反映损失的可预测性。

补充阅读

风险评估的数量指标

风险评估主要对以下三个指标进行分析和衡量。

（1）损失概率。损失概率是指风险损失在一定时间范围内实际发生损失或预期发生损失的数量与所有可能发生损失的数量比值。40 周岁的男性每千人的死亡概率为 2 人，即这一风险发生的概率为 2‰。

（2）损失程度。损失程度是指标的物发生一次风险事故时的平均损失额度，它是发生损失金额按其概率进行加权而得出的平均数，或称损失金额的数学期望。通俗而言，即是一次风险事故所造成的损失的绝对额。

（3）损失的变异性。损失的变异性即损失的波动程度，通常这种变异程度通过损失变量的方差或标准差来度量。通常方差是指损失变量相对于损失幅度的偏离程度。方差越小，则损失变量与损失幅度的偏离就越小，风险就越小；反之，方差越大，损失变量与损失幅度之间的偏离就越大，风险就越大。在期望损失相同的情况下，两组观测值中方差较大的风险较大。

4. 选择适用的风险管理对策

风险管理技术可以分为风险控制和风险融资两大类型。风险控制是指针对可能诱发风险事故或导致损失蔓延的各种风险因素，采取相应的措施，如采取减少风险发生几率的预防措施和改变损失风险状况的减损措施，其核心是改变引起风险事故和扩大损失程度的条件。风险融资是通过事先的财务安排（包括理财规划）来运筹资金，以便对风险事故造成的经济损失进行及时而充分的补偿，其核心是将风险成本分摊在更长的一段时期内，并以转移风险的方式换取保险公司的保障，减少巨灾损失的冲击，稳定财务支出和生活水平。

5. 实施、监控与调整风险管理计划

当个人或家庭确定了最合适的风险管理计划或技术后，接下来就将涉及如何实施的问题。假设某人认为自己的住宅需要购买保险，就可以直接到保险公司购买住宅保险，或者通过代理人、经纪人等中介机构购买相应的保险，并根据自己的风险状况和风险承受能力确定合适的险种、免赔额、保单限额。如果认为某些风险可以自留，但需要一定的储蓄作为损失融资来源，他或她就必须按需要准备足够的储蓄存款。

在实施阶段，个人或家庭必须综合考虑各种已识别的风险，将多种风险管理技术相结合，以提高风险管理的效率和效益。例如，在购买住宅保险时，可以考虑安装灭火器、防盗门、报警器等风险控制技术，降低损失的发生概率和损失幅度，而保险公司可能根据这些控制措施给予保费折扣，从而可能使风险控制和保险等措施的总成本低于仅购买保险的保费支出，实现对自己、他人和社会的多赢结果。

我们生活在一个时刻变化、日新月异的世界，因此，即使我们当前已经购买了合适的保险，或者采取了其他合适的风险管理技术，也有必要定期关注自身风险状况和承受能力的重大改变、新的风险控制技术和风险融资技术等。例如，在购买住宅保险之初，防火、防盗设施可能十分昂贵，而且保险公司不会根据个人的风险控制水平提供保费优惠，而随着生产力的提高和保险经营水平的改善，风险控制设施的价格不断下降，保险公司也开始根据个人的风险控制投入给以不同程度的保费折扣，这样，原来的保险或风险管理计划就可能不再是最合适、最有效的，而需要根据新的形势进行必要的调整。

6. 风险管理绩效评价

进行风险管理绩效评价的理由主要有以下几个方面：一是风险管理的过程是个动态的过程。风险是不断变化的，原来制订的方案会随着风险的变化而不适用，通过风险管理绩效评价可以发现新的风险，及时调整风险管理方案；二是风险管理决策的正误，只有通过检查和评价才能确定，这也是提高风险管理绩效的重要环节；三是风险管理评价标准会不适应风险管理的需要。由于评价标准是根据以往经验制定的，可能不适应新风险、新状况要求的情形，需要根据风险管理的实践不断修改风险评价的标准；四是通过风险管理绩效评价可以提高风险管理工作的效率，以及提高风险管理资金的使用效率，确保风险管理单位的财产和人身安全。

上述谈到的确立风险管理目标、风险识别、风险评估、对策选择，以及实施、监控和调整、风险管理绩效评价六个主要的风险管理过程在实践中并非截然分开的（在时间上有所重叠，而且必须围绕风险管理的目标和计划执行），也不是一劳永逸的，而是一个周而复始、循环往复的过程。随着家庭经济条件、家庭阶段、外部环境的变化，人们需要不时地对原有安排的充分性与有效性进行回顾和修改。

四、风险管理的技术

风险管理的技术主要有控制型和财务型两种方式。

（一）控制型风险管理技术

控制型风险管理技术的实质是，在风险分析的基础上，针对个人或家庭所存在的风险因素采取控制技术以降低风险事故发生的频率和减轻损失的程度，重点在于改变引起自然灾害、意外事故和扩大损失的各种条件。主要表现为：在事故发生前，降低事故发生的频率；在事故发生时，采取措施将损失减少到最低限度。

1. 避免

避免是个人或家庭主动采取措施放弃原先承担的风险或者完全拒绝承担风险的行为。避免是有意识不让个人或家庭面临特定风险的行为。从某种意义上说，风险避免是将风险发生的概率降低为零。如某人因担心空难事故而拒绝乘坐飞机，从而避免了空难事故发生而给其带来的损失，就是典型的避免的风险管理方式。避免是各种风险控制方式中最简单的方式，也是最消极的方式。

避免适用的情形主要包括：①发生频率高且损失程度比较大的特大风险；②损失频率虽不大，但损失后果严重，并且无法得到补偿的风险；③采用其他方法成本较高，且超过避免风险成本的情形。

避免的主要优点是，可以避免损失的发生，是一种最彻底、主动避免风险的办法，可以完全、彻底地消除风险事故造成的经济损失。当风险管理者预期风险事故造成的损失比较大，并且无法转移风险的时候，可以采取避免的方式，这无疑是比较明智的选择。

> **思考与讨论**
>
> 分组讨论，现实生活中还有哪些可以利用避免的方式管理的风险？

避免也存在着一定的缺点，它是个人或家庭面对损失的主动放弃，是一种无奈的选择。采取避免的方式管理风险的同时，也放弃了获得经济收益的机会，而且可能会面临着新的风险。如不坐飞机可以避免空难事故的发生，但并不意味着其他的交通工具也是绝对安全的。事实上，还有一些风险是根本无法用避免的方式解决的，如地震等自然灾害。

2. 预防

损失预防是指在风险事故发生前，为了消除或减少可能引起损失的各种因素而采取的处理风险的具体措施，其目的在于通过消除或减少风险因素而降低损失发生的概率。这是事前的措施，即所谓“防患于未然”。如定期体检，虽不能消除患重大疾病的风险，但可得到医生的劝告或及早防治，因而可以减少发病的机会或减轻其严重程度。

风险预防的基本方法有工程物理法、人们行为法和规章制度法。工程物理法是预防的措施侧重于风险单位的物质因素，如防火结构的设计、机器的安全检查等。人们行为法则侧重于人员的行为教育，如实施职业安全教育、消防教育等。规章制度法侧重于建立各种规章制度、操作手册、值班条例等。

补充阅读

海因里希的事故法则

美国安全工程师海因里希（Heinrich）曾统计了55万起机械事故，其中死亡、重伤事故1 666起，轻伤48 334起，其余则为无伤害事故。从而得出一个重要结论，即在机械事故中，死亡或重伤、轻伤和无伤害事故的比例为1:29:300，国际上把这一法则叫事故法则。这个法则说明，在机械生产过程中，每发生330起意外事件，有300起未产生人员伤害，29起造成人员轻伤，1起导致重伤或死亡。对于不同的生产过程、不同类型的事故，上述比例关系不一定完全相同，但这个统计规律说明了在进行同一项活动中，无数次意外事件，必然导致重大伤亡事故的发生。而要防止重大事故的发生必须减少和消除无伤害事故，要重视事故的苗子和未遂事故，否则终会酿成大祸。例如，某机械师企图用手把皮带挂到正在旋转的皮带轮上，因未使用拨皮带的杆，且站在摇晃的梯板上，又穿了一件有宽大长袖的工作服，结果被皮带轮绞入碾死。事故调查结果表明，他使用这种上皮带的方法已有数年之久。查阅四年病历（急救上药记录），发现他有33次手臂擦伤的治疗处理记录，他手下工人均佩服他手段高明，结果还是导致死亡。这一事例说明，重伤和死亡事故虽有偶然性，但是不安全因素或动作在事故发生之前已暴露过许多次，如果在事故发生之前，抓住时机，及时消除不安全因素，许多重大伤亡事故是完全可以避免的。

海因里希的工业安全理论是这一时期的代表性理论。海因里希认为，人的不安全行为、物的不安全状态是事故的直接原因，企业事故预防工作的中心就是消除人的不安全行为和物的不安全状态。海因里希的研究说明大多数的工业伤害事故都是由于工人的不安全行为引起的。即使一些工业伤害事故是由于物的不安全状态引起的，物的不安全状态的产生也是由于工人的缺点、错误造成的。因而，海因里希理论也和事故频发倾向论一样，把工业事故的责任归因于工人。从这种认识出发，海因里希进一步追究事故发生的根本原因，认为人的缺点来源于遗传因素和人员成长的社会环境。

3. 抑制

损失抑制是在损失发生时或之后为缩小损失幅度而采取的各项措施。它是处理风险的有效技术，如在住宅安装自动喷淋设备和火灾报警器等。

4. 分散

分散风险管理单位是指将风险单位划分为若干数量少、体积小而且价值低的独立的单位，分散在不同的空间，以减少风险事故的损失程度。分散风险单位的目的是减少任何一次损失的发生所造成的最大可能损失。通常所说的“鸡蛋不要放到一个篮子里”就是一种典型的分散的风险管理方式，也指投资应配置于不同的领域，以避免风险的集中发生。

提示与说明

预防是在风险事故发生前采取的措施，使风险事故发生的可能性减少到最低的程度，从而达到风险管理的目的；抑制则是在风险事故发生时和发生后采取的措施，使风险事故造成的损失在一定程度上减少。前者是可能性的降低，而后者则是实际损失的降低。

（二）财务型风险管理技术

由于受种种因素的制约，人们对风险的预测不可能绝对准确，而防范风险的各项措施都具有一定的局限性，所以某些风险事故的损失后果是不可避免的。财务型风险管理技术是以提供基金的方式，降低发生损失的成本，即通过事故发生前的财务安排，来解除事故发生后给人们造成的经济困难和精神忧虑，为恢复生产、维持家庭正常生活等提供财务支持。财务型风险管理技术主要包括以下方法。

1. 自留

自留风险是指对风险的自我承担，即个人或家庭自我承担风险损害后果的方法。自留风险是一种非常重要的财务型风险管理技术。自留风险有主动自留和被动自留之分。通常在风险所致损失频率和程度低、损失在短期内可以预测以及最大损失不影响企业或单位财务稳定时采用自留风险的方法。自留风险的成本低，方便有效，可减少潜在损失，节省费用。但自留风险有时会因风险单位数量的限制或自我承受能力的限制，而无法实现其处理风险的效果，导致财务安排上的困难而失去作用。

> **思考与讨论**
>
> 分组讨论，生活中的哪些风险被我们主动或被动自留了？

2. 转移

转移风险是指一些个人或家庭为避免承担损失，而有意识地将损失或与损失有关的财务后果转嫁给另一些单位或个人去承担的一种风险管理方式。转移风险又有非保险转移、保险转移和风险证券化三种方法。

（1）非保险转移。财务型非保险转移风险是指单位、个人或家庭通过经济合同，将损失或与损失有关的财务后果转移给另一些个人或家庭去承担；或人们可以利用合同的方式，将可能发生的、不确定事件的任何损失责任从合同一方当事人转移给另一方，如销售、建筑、运输合同和其他类似合同的免责规定和赔偿条款等。

> **思考与讨论**
>
> 分组讨论，就风险发生的概率和发生后造成损失的严重程度而言，哪种风险最适合用保险的方式进行管理？

（2）保险转移。保险转移是指单位、个人或家庭通过订立保险合同，将其面临的财产风险、人身风险和责任风险等转移给保险人，保险人则在合同规定的责任范围内承担补偿或给付责任。保险作为风险转移的方式之一，有很多优越之处，是进行风险管理最有效的方法之一。

（3）风险证券化。传统的保险是一个风险汇聚过程，风险从各个风险承受主体通过保险合同转移给保险公司，保险公司成为了风险池，汇聚了许许多多独立的风险。非保险合同转移方式一般是双边合同，风险从其中的一方转移到另一方。现在，国际上出现了一种新型的风险转移方式，风险通过证券（股票或债券或衍生证券工具）从企业或保险公司转移并分散给金融市场千千万万个投资者。这种新型的风险转移方式被称为风险证券化。风险证券化指对于在一定时间区间内发生的不确定，但在总体上具有某种确定的事件，将其作为保险标的，通过出售与之相对应的证券化的金融产品在全国乃至全世界分散这种风险的金融手段。风险证券化的种类主要有巨灾债券（catastrophe bond）、PCS 期权（property claim service option）、巨灾互换（catastrophe swap）等。

在现实生活中，究竟选择哪一种方式最为合理，要根据风险的不同特性并结合行为主体本身所处的环境和条件而定。尽管提到风险管理常常使人想到保险，但我们已经看到，保险只是风险管理诸多对策与手段之中的一个。事实上，最适当的风险管理方案不能完全依赖保险，而是要根据个人或家庭面临的风险状况和管理目标，有针对性地选择合适的风险控制，并加以规划安排，形成一个包括保险在内的风险管理技术组合，确保在保障程度一定时，风险管理费用最小；或在风险管理费用一定时，保障程度最高。

> **思考与讨论**
>
> 风险管理与保险是什么关系？保险是否能够达到风险管理的目标？

表 1.1 是对风险管理技术选择的总结。

表 1.1　风险管理技术的选择

损失频率	高	低	高	低
损失程度	大	大	小	小
风险管理技术	避免	保险转移	预防、自留、抑制	自留

本章小结

风险与风险管理	风险概述	风险是指某种事件发生的不确定性 风险的构成要素主要包括风险因素、风险事故、损失。风险因素通常表现为物质风险因素、道德风险因素和心理风险因素 风险的特征主要表现在客观性、普遍性、不确定性、可测性和发展性等方面 按照产生的原因分类，风险可以分为自然风险、社会风险、政治风险、经济风险和技术风险；按照性质分类，风险可以分为纯粹风险和投机风险；按照产生的社会性环境分类，风险可以分为静态风险和动态风险；根据产生风险的行为分类，风险可以分为基本风险和特定风险；按照损害的对象，风险可以分为财产风险、人身风险、责任风险和信用风险
	风险管理	风险管理是以最小成本获得最大保障的管理活动 风险管理的目标包括损失前和损失后的目标 风险管理的过程包括确定风险管理的目标、风险识别、风险估测、风险评价、选择风险管理的技术、风险管理的绩效评价 风险管理的技术有控制型风险管理和财务型风险管理

复习思考题

一、名词解释

风险　风险因素　风险事故　损失　纯粹风险　风险管理

二、单选题

1. 风险是指在特定的客观情况下，在特定的期间内，某种事件发生的（　　）。

   A. 必然性　B. 不确定性　C. 特殊性　D. 客观性

2. 在保险理论与实务中，纯粹风险通常是指（　　）。

   A. 既可能产生损失，又可能产生收益的风险　B. 只可能产生损失的风险

   C. 只可能产生收益的风险　D. 已经产生损失的风险

3. 下列关于风险的说法正确的是（　　）。

   A. 从总体上看，风险具有不确定性　B. 从总体上看，风险具有必然性

   C. 从个体上看，风险具有必然性　D. 从个体上看，风险具有主观性

4. 下列各项不属于风险特征的是（　　）。

   A. 客观性　B. 不确定性　C. 普遍性　D. 纯粹性

5. 关于风险的发展性，下列论述不正确的是（　　）。

   A. 一些风险消失了　B. 一些风险减少了

   C. 新的风险出现了　D. 随着人类的发展风险会逐渐全部消失

6. 风险是一种不以人的意志为转移、独立于人的意识之外的存在，这是风险的（　　）。

   A. 客观性　B. 不确定性　C. 普遍性　D. 纯粹性

7. 下冰雹使得路面很滑而发生车祸，造成人员死亡，则下冰雹属于（　　）。

   A. 风险因素　B. 风险事故　C. 损失　D. 风险

8. 汽车的刹车系统状况是引起汽车发生意外事故的（　　）。

A. 有形风险因素　B. 道德风险因素　C. 心理风险因素　D. 客观因素

9. 天气变冷，不注意防寒，增加了患感冒的可能性，这属于（　　）。

A. 有形风险因素　B. 道德风险因素　C. 心理风险因素　D. 物质风险因素

10. 某人开车的习惯是时速40公里，但自从投保了车险后，开车速度明显提高了，该人的行为属于（　　）。

A. 有形风险因素　B. 道德风险因素　C. 心理风险因素　D. 客观因素

三、多选题

1. 风险的构成要素包括（　　）。

A. 风险因素　B. 风险事故　C. 损失　D. 风险基金

2. 风险的特征有（　　）。

A. 客观性　B. 普遍性　C. 不确定性　D. 可测性

3. 风险按其性质可以分为（　　）。

A. 基本风险　B. 特定风险　C. 纯粹风险　D. 投机风险

4. 风险管理损失前的目标包括（　　）。

A. 经济合理　B. 安全系数　C. 社会公众责任　D. 生存目标

5. 风险管理的基本程序有（　　）。

A. 风险识别　B. 风险估测

C. 风险评价　D. 选择风险管理的技术

6. 财务型的风险管理方式包括（　　）。

A. 自留　B. 保险　C. 避免　D. 抑制

7. 适合通过保险的方式进行管理的风险是（　　）。

A. 风险发生的概率高　B. 风险发生的概率低

C. 造成的损失严重程度高　D. 造成的损失严重程度低

8. 按照损失的对象分类，风险可分为（　　）。

A. 自然风险　B. 社会风险　C. 经济风险　D. 技术风险

9. 控制型风险管理方式包括（　　）。

A. 自留　B. 保险　C. 避免　D. 抑制

10. 风险的不确定性是指（　　）。

A. 是否发生不确定　B. 何时发生不确定　C. 导致的结果不确定　D. 以上都不是

四、简答题

1. 风险的构成要素有哪些？

2. 风险的特征表现在哪些方面？

3. 风险的主要分类有哪些？

4. 风险管理的程序有哪些？

5. 风险管理的方式有哪些？

五、实训项目

2015年8月12日23:30左右，位于天津滨海新区塘沽开发区的天津东疆保税港区瑞海国际物流有限公司所属危险品仓库发生爆炸，事件造成重大人员伤亡和财产损失。

实训指导：

1. 通过网络搜集相关信息资料，从风险因素、风险事故和损失三要素的角度了解该风险是如何发生的，我们从中能吸取什么样的经验教训。

2. 针对发生的风险，理论上可以运用哪些风险管理技术来进行管理。

课外阅读资料

资料一　6·1“东方之星”号旅游客船倾覆事件全回顾

2015年6月1日21时30分，“东方之星”号客轮在从南京驶往重庆途中突遇罕见强对流天气，在长江中游湖北监利水域沉没。“东方之星”号客轮上共有454人，其中成功获救12人，遇难442人。

……

2015年12月30日，长江沉船事故调查报告公布，经国务院调查组调查认定，“东方之星”号客轮翻沉事件是一起由突发罕见的强对流天气（飑线[①]伴有下击暴流）带来的强风暴雨袭击导致的特别重大灾难性事件。调查组查明，该客轮抗风压倾覆能力虽符合规范要求，但不足以抵抗所遭遇的极端恶劣天气。船长及当班大副对极端恶劣天气及其风险认知不足，在紧急状态下应对不力。

资料二　由美国9·11事件调查报告谈风险管理

2001年9月11日，4架美国航空公司飞机被劫持用来进行自杀攻击，其中两架飞机撞击全球闻名的金融中心——双子星大楼，另外一架撞击国防部五角大楼，导致双子星大楼倒塌和五角大楼重创大火，造成史无前例的恐怖事件。事件过后，美国政府指派托马斯H. 基恩率领近百名专家，历时3年，调阅数十万笔资料，访谈上千名证人，举行了12场听证会等，于2004年5月正式公布了9·11调查报告。这个报告无论事故调查方法、流程、评论，还是事后防范建议，都堪称近年来最具权威的事故调查报告。因此9·11事件调查报告出来后，几乎成为全球风险管理和紧急应变人员必读的资料，报告内容涵盖前因后果等资讯，页数超过500页，本文仅从风险管理角度摘录了部分内容。

一、事件回顾

9·11事件总共有4架飞机被劫持而且采取自杀恐怖撞击，除了一架因为机组成员和乘客共同抵抗而坠毁外，其中2架飞机撞击美国财政金融中心双子星大楼，致大楼倒塌，造成近3000人死亡、数千亿美元经济损失以及全球股市下跌10%。可以说9·11事件是近年来影响经济政治的重大事件。9·11事件之后，全球加强反恐，国土安全设备相关器材销路倍增，各国纷纷采取严格的出入境管制措施。

二、从9·11事件看美国的应变机制

（1）当北塔被自杀飞机撞击后，直到10点以前传到白宫的信息都还是错误的，说是驾驶员失误，或是劫机事件。

（2）紧急应变体系中通信显示出沟通频道不一致的问题。

（3）国家级应变机制是成功的，包括：①总统专机起飞让恐怖分子无法掌握行踪；②总统家人、副总统、国家安全顾问、内阁阁员等人都进入地下防护中心；③启动紧急应变机制；④总统发表谈话稳定民心；⑤国防部长、白宫、五角大楼、总统、美国联邦航空管理局立刻进行远程会议。

三、现场紧急应变机制检讨

（1）消防队在北塔遭受攻击后5秒内启动紧急应变机制，在10点钟以前有22个消防主管到达现

① 飑线（squall line），有时亦称线飑，是指带状的雷暴群所构成的风向、风速突变的一种中至小尺度的强对流天气，通常伴随或先于冷锋出现。飑线发生时，通常伴有雷暴、大风、冰雹等过程，能量大，破坏力强，并且预报难度很大。

场，消防队长担任现场应变指挥官。

（2）应变中心在现场成立——在灾区内造成指挥官不幸殉职。

（3）应变等级提高到最高等级——第五级，动用所有装备，包含两架直升机协助。

（4）最大错误：在北塔受攻击后，现场指挥官未及时下令疏散，导致南塔部分人员来不及逃生。

（5）判断错误：①没想到最坏情况发生（大楼倒塌）；②判断无法灭火，只进行救人，大火导致钢骨结构软化，从而使大楼倒塌。

（6）最大困难是通信问题：现场通信混乱以致命令无法下达。①所有消防队员使用同一频道造成信道堵塞；②楼层高影响通信品质；③前进人员在高处所看到的信息无法传给应变指挥中心；④有的消防队员通信装备不足；⑤大楼上班族拨打 9·11 电话求救，却无法得到正确指引（接线生告诉上班族停留原处等待救援）。

四、9·11 事件调查报告对风险管理和紧急应变的建议

（1）风险分析和应变需有专责机构。美国政府于 2002 年 11 月成立国土安全部，统合国土安全风险管理之权责。

（2）为紧急应变人员（含消防队员和警察人员）配备通信器材、防火衣、急救器材标准提高，并提供采购清单给各州政府。

（3）向民众提供紧急应变装备及资讯。家庭准备手电筒是事件逃生报告认为最重要的器材，并教导如何辨认生物恐怖攻击，制定家庭紧急应变计划，准备相应的器材和食物。

（4）落实紧急应变训练——9·11 事件检讨结果：事件发生情境和后果严重超出应变演练状况，训练时若能逼真演练才能发挥效果。

（5）高楼紧急应变逃生手册制作和检讨。9·11 事件中逃至顶楼的居民，因为顶楼高温直升机无法救人，全部死亡，因此有必要教导民众更正确的高楼逃生方法。

（6）高楼内部逃生门逃生标志检查。紧急状况下现场逃生标志是这次逃生成功人员所依赖的关键因素；另外，报告中指出，逃生门因外力撞击或高温而变形之后打开比较困难，如何在紧急状态下克服困难是训练要点。

（7）提升通信品质。给每个消防队员配备无线通信系统，研究如何突破大楼对于通信的干扰，演练频道使用，进行资讯集中处理分析训练。

（8）将电话接线生纳入应变系统并进行训练。9·11 事件中一般民众直觉的询问对象是紧急电话，但这些电话接线生往往未被纳入紧急应变系统中，因此给了民众错误的信息，造成无谓的伤亡，因此建议必须把紧急电话纳入应变系统，并对接线人员进行训练。

第二章　保险的理论基础

学习目标和要点

学习目标

了解保险的概念、构成要素和特征；熟悉保险的基本分类；了解保险的基本职能和作用。

学习要点

保险的构成要素；保险的比较特征；保险的分类；保险的基本职能和作用。

本章知识结构

- 保险的要素和特征
  - 保险的概念
  - 保险的要素
    - 可保风险的存在
      - 风险应当是纯粹风险
      - 风险应当具有不确定性
      - 风险应使大量标的均有遭受损失的可能
      - 风险应当有导致重大损失的可能
      - 风险不能使大多数保险标的同时受损
      - 风险必须具有现实的可测性
    - 多数人同质风险的集合与分散
    - 保险费率的厘定
    - 保险基金的建立
    - 订立保险合同
  - 保险的基本特征
  - 保险与相似制度的比较
- 保险的职能与作用
  - 保险的职能
    - 基本职能
      - 补偿损失职能
      - 经济给付职能
    - 派生职能
      - 防灾防损职能
      - 融资职能
      - 社会管理职能
  - 保险的作用
    - 宏观经济中的作用
    - 微观经济中的作用
- 保险的种类
  - 以保险的性质为标准分类
  - 以保险标的或事故对象为标准分类
  - 以实施方式为标准分类
  - 以风险转嫁层次为标准分类
  - 以承保方式为标准分类

案例引入

2016年政府工作报告11次提及保险，涉及多个险种

2016年3月5日上午，十二届全国人大四次会议在人民大会堂开幕。在政府工作报告中11次提及保险，涉及多个险种。以下为政府工作报告实录摘选：

一、2015年工作回顾

“……取消存款利率浮动上限，推出存款保险制度，建立人民币跨境支付系统……”“……全面推开县级公立医院综合改革，拓展居民大病保险……”“……提高低保、优抚、企业退休人员基本养老金等标准，推行机关事业单位养老保险制度改革并完善工资制度……”“……基本医疗保险实现全覆盖，基本养老保险参保率超过80%……”

……

三、2016年重点工作

“……建立巨灾保险制度。……”“……保障财政对农业投入，建立全国农业信贷担保体系，完善农业保险制度和农村金融服务，……”“……增加短期出口信用保险规模，实现成套设备出口融资保险应保尽保。……”“……用好失业保险基金结余，增加稳就业资金规模，做好企业下岗职工技能培训和再就业工作……”“……协调推进医疗、医保、医药联动改革。健康是幸福之基。今年要实现大病保险全覆盖，政府加大投入，让更多大病患者减轻负担。……”

……

通过政府工作报告的梳理，我们看到2016年政府工作报告中提到的险种有存款保险、大病保险、机关事业单位养老保险、基本医疗保险、基本养老保险、巨灾保险、农业保险、短期出口信用保险、成套设备出口融资保险、失业保险等险种。

通过上面的案例分析，我们不禁要问：什么是保险？政府为什么这么重视保险？保险究竟有什么样的魅力，或者说保险有什么样的功能和作用，在政府工作报告中一再提及？政府工作报告中提到的存款保险等险种又是什么类型的险种呢？这正是这一章要探讨的问题。

第一节　保险的要素和特征

一、保险的概念

关于保险的概念，国内外学者见解不一，但对保险概念的解释基本是从经济的角度、法律的角度和风险管理的角度。

从经济的角度，保险是分摊意外事故和提供经济保障的一种财务安排（人身保险还具有储蓄和投资的作用，具有理财的特征）。通过保险，被保险人的损失由包括受损者在内的所有被保险人分摊，是一种非常有效的财务安排。

从法律的角度，保险是一种合同行为，是一方同意补偿另一方损失的一种合同安排，提供损失赔偿的一方是保险人，接受损失赔偿的另一方是被保险人。投保人通过履行交付保险费的义务，换取保险人为其提供经济保障的权利，体现民事法律关系主体之间的权利和义务关系。

从风险管理角度看，保险是风险管理的一种方法，或风险转移的一种机制。通过保险，将众多的单位和个人结合起来，变个体对付风险为大家共同对付风险，从而提高对风险损失的承受能力。

目前，在保险学中，保险的含义有广义和狭义之分。广义的保险是指集合具有同类风险的众多单位和个人，以合理计算风险分担金的形式，向少数因该风险事故发生而受到经济损失的成员提供经济保障的一种行为。因此广义的保险包括商业保险、社会保险、相互保险和合作保险等。

狭义的保险即商业保险。《中华人民共和国保险法》（以下简称《保险法》）第二条明确指出：本法所称保险，是指投保人根据合同约定，向保险人支付保险费，保险人对于合同约定的可能发生的事故因其发生所造成的财产损失承担赔偿保险金责任，或者当被保险人死亡、伤残、疾病或者达到合同约定的年龄、期限时承担给付保险金责任的商业保险行为。

提示与说明

"保险"一词在本书中，凡是在没有特别强调的情况下均指商业保险；凡是教材后面涉及社会保险、政策性保险时改用"商业保险"一词。

二、保险的要素

保险的要素是进行保险经济活动应具备的基本条件，主要包括以下五方面的内容。

（一）可保风险的存在

可保风险是指符合保险人承保条件的特定风险。一般来讲，可保风险应具备如下条件。

1. 风险应当是纯粹风险

保险人承保的风险一般是纯粹风险，即风险一旦发生成为现实的风险事故，只有损失的机会，而无获利的可能。例如，火灾风险，只有给人的生命财产带来损失的可能，而绝无带来利益的可能。而投机风险是既有损失的可能，又有获利的机会，如股市风险。可保风险应当是纯粹风险而不是投机风险，纯粹风险引起的事故构成保险危险的基础。

2. 风险应当具有不确定性

风险的不确定性包含三层含义：一是风险是否发生是不确定的；二是风险发生的时间是不确定的；三是风险发生的原因和结果是不确定的。

补充阅读

盘点英年早逝的演艺届明星

天有不测风云，人有旦夕祸福。演艺届明星和我们普通人一样有生老病死，明星光环在死神面前不起任何作用。下面盘点一些演艺届英年早逝的明星。

邓丽君（1953—1995），一代歌后。1995 年 5 月 8 日，邓丽君因哮喘发作病逝于泰国清迈，终年 42 岁。

梅艳芳（1963—2003），歌影双栖发展的代表艺人之一，香港演艺人协会的创办人之一及首位女会长。2003 年 12 月 30 日凌晨 2 点 50 分，梅艳芳因宫颈癌导致肺功能衰竭，在香港养和医院病逝，终年 40 岁。

翁美玲（1959—1985），香港著名女演员。1985 年 5 月 14 日，翁美玲因感情问题在家中开煤气自杀身亡，享年 26 岁。

张国荣（1956—2003），香港著名歌手、演员、唱片及电影监制，大中华地区拥有广泛的影响力，演艺圈多栖发展最成功的代表之一。2003 年 4 月 1 日，张国荣抑郁症发作从香港文华东方酒店 24 楼坠楼，经抢救无效死亡，终年 46 岁。

陈百强（1958—1993），香港歌手、演员。1993 年 10 月 25 日，陈百强因为逐渐性脑衰竭而去世，终年 35 岁。

黄家驹（1962—1993），beyond 乐队主唱，香港男歌手、原创音乐人、吉他手。1993 年 6 月 24 日，黄家驹在日本参与某综艺节目期间意外受伤，留医六天后于 1993 年 6 月 30 日逝世，终年 31 岁。

李小龙（1940—1973），世界武道变革先驱者、武术技击家、武术哲学家、UFC 开创者、MMA 之父、武术宗师、功夫片的开创者和截拳道创始人、华人武打电影演员，中国功夫首位全球推广者、好莱坞首位华人演员。1973 年 7 月 20 日李小龙在香港突然逝世，享年 33 岁。

陈晓旭（1965—2007），演员，商人。2007 年 5 月 13 日在深圳因乳腺癌病逝，享年 41 岁。

张雨生（1966—1997），亚洲第一男高音，华语流行乐坛大师级音乐人、金牌制作人、实力派歌手，对华语流行音乐的升级和发展有着重大贡献，享有“音乐魔术师”之盛名。1997 年 10 月 20 日凌晨，张雨生在回淡水途中因过度疲劳驾驶发生车祸，昏迷 23 天后，于同年 11 月 12 日逝世，享年 31 岁。

刘丹（1974—2000），2000 年 1 月 30 日凌晨 6 时，《还珠格格》中扮演香妃的刘丹在广深高速路遭车祸身亡，年仅 26 岁。

姚贝娜（1982—2015），因演唱电视剧《后宫甄嬛传》主题曲《红颜劫》而被熟知，又因参加《中国好声音》第二季再次走红，并于 2007 年、2010 年和 2014 年三次登上央视春节联欢晚会。因乳腺癌复发于 2015 年 1 月 16 日病逝，年仅 33 岁。

（根据新闻资料整理汇总）

3. 风险应当使大量标的均有遭受损失的可能性

这一条件是为了满足大数法则的要求。同一种风险，如果存在大量的保险标的，就意味着可能有更多的企业和个人交纳保费，这有利于积累足够的保险基金，使受险单位获得十足的保障。如火灾风险。只有这样的危险，才能计算出合理的保险费率，让投保人付得起保费，保险人也能建立起相应的赔付基金，从而实现保险的“千家万户帮一家”的宗旨。

如果某种风险只是一个或少数几个人所面临的，就失去了保险的大数法则基础，保险人承保该类风险等于是下赌注，进行投机。

相关案例

女明星特殊部位保险

据相关媒体报道，随着保险业的发展，国外爆出各种稀奇古怪的特殊部位保险，在中国，创新型险种均需向保监会报批。现行中国保险业的市场和监管环境，暂时还不能支持特殊部位保险这样的创新。但是很多大牌女星们却为她们的特殊部位购买了巨额保险，我们现在盘点一下大牌明星们的特殊部位保险金额。

中国台湾地区明星徐熙媛（大S）在拍摄《倩女幽魂》时，剧组为她的身体投保上亿元新台币的保单，另外还有全程医疗队跟踪拍摄。

中国香港著名女星莫文蔚有一头乌黑亮丽的长发，早前代言某洗头水和护发素广告时，广告商特意为她的头发购买了保额近千万元港币的保险。

中国台湾地区金马奖影后秦海璐对于自己的单眼皮很满意，不仅坚持做一个单眼皮女生，更不惜重金为自己的单眼皮购买了保额达上百万元人民币的保险，而全身保额更是高达2 600多万元人民币。

中国香港演员林嘉欣拍摄电影《怪物》期间，因化妆导致皮肤过敏，电影公司为她的漂亮脸蛋购买了1 000万元的保险。

拥有亚洲最美腿的名模陈思璇，为她113cm的美腿投保1 000万元人民币。新加坡某丝袜厂商投保一千万元，保护陈思璇这双美腿。

中国香港歌星容祖儿发现声带生茧出现声音沙哑情况后，一直担心病情会影响到自己的歌唱事业……英皇公司特地花了5 000万港元为祖儿声带买保险。

因为工作的关系，小S的生活作息比较不规律，压力又大，让她常常因为胃酸过多而造成胃痛。为此，小S为她的“胃”投保300万新台币。

试分析：针对上面资料中这些特殊的保险，“风险应当使大量标的均有遭受损失的可能性”这项原则是否还适用？

4. 风险应当有导致重大损失的可能

风险的发生会导致重大或比较重大的损失的可能性，才会有对保险的需求。因为对于可能发生的损失不大的风险，客户认为没有必要由保险公司承保，由自己承担即可。然而企业和个人的承受能力各有不同，而且每个企业和个人的承受能力在不同的时期有不同的变化，所以，“重大损失的可能”只能作为一项原则，具体标准应该由保险公司在市场调查和预测的基础上，根据成本效益原则和竞争的需要来确定哪些风险可保、哪些风险不可保。

5. 风险不能使大多数的保险标的同时遭受损失

这是要求损失的发生具有分散性。因为保险的目的是，以大多数人支付的小额保费赔付少数人遭遇的大额损失。如果大多数的保险标的同时遭受损失，保险人通过向被保险人收取保险费所建立起的保险资金根本无法抵消损失，从而影响保险公司的经营稳定性。

6. 风险必须具有现实的可测性

在保险经营中，保险人必须制定出准确的保险费率，而保险费率的计算依据是风险发生的概率及其所致保险标的损失的概率。这就要求风险具有可测性。

提示与说明

可保风险与不可保风险的区别并不是绝对的。例如地震等巨灾风险，在保险技术落后和保险公司财力不足、保险市场规模较小时，保险公司无法承保这类风险。因为如果它一旦发生，就可能给保险公司带来毁灭性的打击。但是随着保险公司资本日渐雄厚，保险技术不断出现，这类风险被一些保险公司列在保险责任范围之内。

（二）多数人的同质风险的集合与分散

保险的过程既是风险的集合过程，又是风险的分散过程。

众多投保人将其所面临的风险转嫁给保险人，保险人通过承保而将众多风险集合起来。当发生保险责任范围内的损失时，保险人又将少数人发生的风险损失分摊给全部投保人，也就是通过保险的补偿行为分摊损失，将集合的风险予以分散转移。

保险风险的集合与分散应具备两个前提条件：一是多数人的风险。如果是少数人或个别人的风险，就无所谓集合与分散，而且风险损害发生的概率难以测定，大数法则不能有效地发挥作用。二是同质风险。所谓同质风险是指风险单位在种类、品质、性能和价值等方面大体相近。如果风险为不同质风险，那么风险损失发生的概率就不相同，因此风险也就无法进行集合与分散。此外，由于不同质的风险损失发生的频率与幅度是有差异的，倘若进行集合与分散，会导致保险人财务不稳定，保险人将不能提供保险供给。

（三）保险费率的厘定

实质上保险是一种特殊商品的交换行为。制定保险商品的价格，即厘定保险费率，便构成了保险的基本要素。保险商品的交换行为是一种经济行为，为保证保险双方当事人的利益，保险费率的厘定要遵循一些基本原则。

（1）公平性原则。一方面，公平性原则要求保险人收取的保险费应与其承担的保险责任是对等的；另一方面，要求投保人交纳的保险费应与其保险标的的风险状况是相适应的。

（2）合理性原则。合理性原则是针对某险种的平均费率而言的。保险人收取保险费，不应在抵补保险赔付及有关的营业费用后，获得过高的营业利润，即要求保险人不能为获得非正常经营性利润而制定高费率。

（3）适度性原则。如果保险费率偏高，超出投保人交纳保费的能力，就会影响投保人的积极性，不利于保险业务的发展；如果保险费率偏低，就会导致保险公司偿付能力不足，最终也将损害被保险人的利益。保险费率是否适度应当是就保险整体业务而言的。

（4）稳定性原则。稳定性原则是指保险费率在短期内应该是相当稳定的，这样，既有利于保险经营，也有利于投保人续保。对于投保人，稳定的费率可使其支出确定，免遭费率变动之苦；对于保险人，尽管费率上涨可以使其获得一定的利润，但是费率的不稳定也势必导致投保人的不满，影响保险人的经营活动。

（5）弹性原则。弹性原则要求保险费率在短期内应该保持稳定，在长期内应根据实际情况的变动作适当的调整。因为在较长的时期内，由于社会、经济、技术、文化的不断进步与变化，保险标的的风险状况发生变化，保险费率水平也随之变动。如随着医药卫生、社会福利的进步、人类寿命的延长、死亡率的降低、疾病的减少，过去厘定的人寿保险费率就需要进行调整以适应变化了的情况。

（四）保险基金的建立

保险的分摊损失与补偿损失功能是通过建立保险基金实现的。保险基金是用以补偿或给付因自然灾害、意外事故和人体自然规律所致的经济损失和人身损害的专项货币基金。它主要来源于开业资金和保险费。《保险法》第九十八条规定：“保险公司应当根据保障被保险人利益、保证偿付能力的原则，提取各项责任准备金。保险公司提取和结转责任准备金的具体办法，由国务院保险监督管理机构制定。”由于保险经营上的特殊性，与其他行业的基金相比，保险基金具有来源的分散性和广泛性、总体上的返还性、使用上的专项性、赔付责任的长期性和运用上的增值性等特点，是保险的赔偿与给付的基础。除资本金外，保险基金以各种责任准备金的形式存在，就财产保险与责任保险而言，表现为未到期责任准备金、赔款准备金、总准备金和其他准备金几种形式；就人身保险而言，主要以寿险责任准备金的形式存在。

提示与说明

2015 年 10 月国务院法制办公布的《关于修改〈中华人民共和国保险法〉的决定（征求意见稿）》，将《保险法》第九十八条改为第九十九条，同时将内容修改为“保险公司应当依法提取各项责任准备金。保险公司提取偿付能力目的的责任准备金应当遵循保障被保险人利益、保证偿付能力的原则。保险公司提取责任准备金的具体办法，由国务院保险监督管理机构制定”。

（五）订立保险合同

保险是一种经济关系，是投保人与保险人之间的经济关系。这种经济关系是通过合同的订立来确定的。保险是专门对意外事故和不确定事件造成的经济损失给予赔偿的，风险是否发生，何时发生，其损失程度如何，均具有较大的随机性。保险的这一特性要求保险人与投保人应在确定的法律或契约关系约束下履行各自的权利与义务。倘若不具备在法律或合同上规定的各自的权利与义务，那么，保险经济关系则难以成立。因此，订立保险合同是保险得以成立的基本要素，它是保险成立的法律保证。

三、保险的基本特征

保险自身作为一种制度已经有近千年的历史，发展至今已逐渐成为一个完整的体系。归结起来，保险具有以下基本特征。

1. 经济性

从根本上说，保险是一种经济行为。从保险需求来看，随着社会的发展和不断进步，人们所面临的风险有增无减，而且新的风险也在不断出现，而单个个体面对风险时也更加脆弱；他们迫切希望通过某种方式将损失的不确定性转移出去，而宁愿为此付出一定的成本。从保险的供给来看，从早期的基尔特制度到现代化的商业保险，其经营的基本理念是不变的，都是保险人通过集合大量的同质风险，运用大数法则和概率论等相关技术进行合理定价，设计出将不确定的风险损失转化为确定的小额费用支出的保险产品。于是在保险经营中，投保人通过交纳保险费，购买保险产品，将自身所面临的风险损失转嫁给了保险人；保险人收取保费，形成保险基金，用于未来的赔付。

2. 商品性

在商品经济条件下，保险是一种特殊的劳务商品，保险业属于国民经济第三产业。所以，保险体现了一种对价交换的经济关系，也就是商品经济关系。这种商品经济关系直接表现为个别保险人与个别投保人之间的交换关系，间接表现为在一定时期内全部保险人与全部投保人之间的交换关系，即保险人销售保险产品，投保人购买保险产品的关系。具体表现为，保险人通过提供保险的补偿或给付，保障社会生产的正常进行和人们生活的安定。

> **思考与讨论**
>
> 经济学界普遍认为经济体系中的交换都遵循等价交换原则，然而保险作为一种特殊的商品往往被认为其交换行为所遵循的原则是对价有偿，而否认等价交换这一商品经济普遍原则在保险活动中的作用。然而也有部分学者认为保险交换遵循等价交换的原则。你坚持哪种观点？为什么？

3. 互助性

互助性是从众多的被保险人的角度来看保险。保险的运行机制是大家共同出资，通过保险人建立保险基金，当有被保险人遭受损失时，就可以从共同的保险基金中提取资金对其进行损失补偿。这就意味着一个人的损失由大家共同来承担，体现了“人人为我，我为人人”的互助共济的精神。在保险的组织形式中，至今仍然存在的相互制保险公司就深刻地体现了保险互助性的特点。

4. 契约性

从法律的角度看，保险是一种契约行为。保险双方当事人通过合同的形式约定双方的权利义务，合同的履行以及变更等都要受到相关法律的制约。依据我国《保险法》的规定，投保人提出保险要求，经保险人同意承保，并就合同条款达成协议，保险合同成立；保险人收到被保险人或者受益人给付保险金的请求后，应及时做出核定；属于保险责任的，在与被保险人或者受益人达成有关赔偿或者给付保险金额的协议后10日内，履行赔偿或者给付保险金义务。因此，保险双方当事人的意愿通过履行保险合同而体现，双方意愿的改变通过合同的变更而实现。保险的契约性是保险的一个重要性质。

5. 科学性

保险是一种科学处理风险的有效措施。在保险经营过程中，保险人运用概率论和大数法则等工具，通过将大量的面临相同风险的个体集中起来，对整体风险发生的概率进行测算，计算出保险产品的价格，从而建立起科学的保险基金，保证保险业的稳健发展。保险经营坚实的数理基础正是保险科学性的体现，而随着保险精算技术的发展与应用，保险自身的经营将更加稳健和科学。

四、保险与相似制度的比较

1. 商业保险与社会保险

社会保险是指国家通过立法的形式，为依靠工资收入生活的劳动者及其家属提供基本生活条件，促进社会安定而举办的保险，主要险种有养老保险、医疗保险、失业保险、工伤保险和生育保险。社会保险与商业保险一样，都使部分人群在遭受风险损失时，能获得部分的补偿。商业保险与社会保险的相同之处有以下几点：

（1）以风险的存在为前提；

（2）以社会再生产的要素为对象；

（3）以概率论和大数法则为制定保险费率的数理基础；

（4）以建立保险基金作为提供经济保障的物质基础。

社会保险是社会保障的基本内容，主要是保障劳动者的基本生活保障，与商业保险在经营主体等方面还有很大的不同。商业保险与社会保险的主要区别有以下几点。

（1）经营主体不同。商业保险的经营主体是商业保险公司，而社会保险可以由政府或其设立的机构办理，也可以委托金融经营机构（如基金公司、银行和保险公司）代管，社会保险带有行政性特色。在我国，经办社会保险的机构是由劳动与社会保障部授权的社会保险机构。

（2）行为依据不同。商业保险是依合同实施的民事行为，而社会保险则是依法实施的政府行为，享受社会保险的保障是宪法赋予公民或劳动者的一项基本权利。

思考与讨论

试思考，有了社会保险的人，还需要购买商业保险吗？

补充阅读

我国《社会保险法》的实施

2010年10月28日是我国社会保障建设史上值得纪念的一天，十一届全国人大常委会第十七次会议表决通过了《中华人民共和国社会保险法》（以下简称《社会保险法》），并于2011年7月1日起正式施行。《社会保险法》是一部涉及养老、医疗、失业、工伤、生育五大险种，关乎每个公民福祉保障的法律。《社会保险法》1994年被列入国家立法规划，2007年12月送交人大常委会审核，历时16年，终于获得了通过。《社会保险法》的出台，体现了政府在社会保障领域的责任和担当，让社会保险制度有了最起码的指导原则和基本框架。《社会保险法》从草案起草，到国务院审议，再到全国人大常委会审议修改，始终坚持了以下原则：一是贯彻落实党中央的重大决策部署；二是使广大人民群众共享改革发展成果；三是公平与效率相结合，权利与义务相适应；四是确立框架，循序渐进。

（3）实施方式不同。商业保险合同的订立必须贯彻平等互利、协商一致、自愿订立的原则，除少数险种外，大多数险种在法律上没有强制实施的规定。而社会保险则具有强制实施的特点，凡是社会保险法律、法规规定范围内的社会成员，必须参加，没有选择的余地，而且对无故拒交或迟交保险费的要征收滞纳金，甚至追究法律责任。

（4）适用的原则不同。商业保险强调的是“个人公平”原则，社会保险强调的是“社会公平”原则。

（5）保障功能不同。商业保险的保障目标是在保险金额限度内对保险事故所致损害进行保险金的给付和赔偿。而社会保险的保障目标是通过社会保险金的支付保障社会成员的基本生活需要，即生存需要，因而保障水平相对较低。

（6）保费负担不同。商业保险的收费标准一般较高。而社会保险的保险费通常是个人、企业和政府三方共同负担的。

2. 保险与救济

保险与救济同为借助他人安定自身经济生活的一种方法。但是两者的根本性质不同，主要有以下几个不同点。

（1）提供保障的主体不同。保险是一种商业行为；救济包括民间救济和政府救济。

（2）提供保障的资金来源不同。保险保障以保险基金为基础，主要来源于投保人交纳的保险费；而民间救济的资金是救济方自己拥有的，政府救济的资金则来源于国家财政。

（3）提供保障的可靠性不同。保险中的被保险人能得到及时、可靠的保障，受法律保护；而民间救济则是一种单纯的临时性施舍，任何一方都不受法律约束。

（4）提供的保障水平不同。保险的补偿或给付水平要根据损失情况而定；同时，与投保人的交费水平直接相联系。至于政府救济，要依法实施，但一般救济标准很低，通常依当地的最低生活水平而定。

3. 保险与储蓄

保险和储蓄都可以作为处理经济不稳定的善后措施，尤其是人身保险（储蓄性的）与储蓄几乎无差别，需求者也往往将之与储蓄进行比较。尽管如此，两者还是不同的，具体表现在以下几个方面。

（1）经济范畴不同。储蓄属于货币信用范畴，是货币借贷行为，可以单独、个别地进行。储蓄作为经济生活的后备，只能是自助行为。而保险则是独立于货币信用之外的另一个范畴，它必须依赖多数经济单位或个人才能实现，是一种联合互助的行为。经济范畴不同说明它们各自体现的经济关系不一样。

（2）需求动机不同。储蓄需求的动机一般基于购买准备、支付准备和预防准备，这些需求一般在时间和数量上均可确定；而对保险的需求则是基于特定事故发生与否的不确定性，发生时间和损失程度的不确定性。

（3）权利主张不同。储蓄是以存款自愿、取款自由为原则，存款人对自己的存款有完全的随时主张权，支取未到期存款虽然将损失部分利

思考与讨论

在保险交易的过程中，人们总是试图对比，是购买保险合适，还是到银行储蓄更合适。你如何看待这个问题？为什么？

息收入，但本利和一定大于本金；保险贯彻投保自愿、退保自由的原则，但中途退保所领回的退保金在扣除保险公司管理费、手续费等费用后一般小于所交保险费的总和，或小于保单的现金价值（指寿险保单），如果不是退保，被保险人的主张权要受保险合同条件的约束。

（4）运行机制不同。储蓄行为主要受诸如利息率、物价水平、工资收入及流动性偏好等因素的影响，而且无须采用特殊的技术进行计算。保险行为主要受危险损失补偿均摊的影响，通过集中保险费的形式建立保险基金，分摊风险有科学的计算方法。

第二节　保险的职能与作用

一、保险的职能

职能是指某种客观事物或现象内在的、固有的一种功能，是由事物的本质和内容所决定的。保险职能是指保险内在的、固有的功能，它是由保险的本质和内容决定的。一般认为保险职能分为基本职能和派生职能。

补充阅读

保险职能学说

从保险产生至今，对于保险职能的解释，不同的学者有不同的解释。目前比较流行的保险职能学说有单一职能说、基本职能说、多元职能说和二元职能说。

单一职能说认为保险的职能就是经济补偿职能，认为经济补偿是建立保险基金的根本目的，也是保险形式产生和形成的原因。该学说仅强调了保险的目的和社会效应，但对如何达到该目的未作说明。也就是说，单一职能说不能完全说明保险运行的全过程。

基本职能说认为保险的职能是分散风险与经济补偿，该学说准确地表述了保险机制运行过程中目的和手段的统一，完整地表现了保险的性质。因此该学说在我国的保险理论界得到比较普遍的认可。

多元职能说认为保险除基本职能外，还有给付保险金、积累资金、融通资金、储蓄、防灾防损等职能。该学说对保险的各项功能做了细致的列举说明，但是范围过于宽泛，不利于对保险职能的概括和理解。

二元职能说认为保险的基本职能是财产保险具有补偿职能，人身保险具有经济给付职能。这一观点主要是在西方保险二元性质说的影响下产生的。因为人们普遍认为保险作为独立的经济范畴应该有一个统一的概念，“二元说”的观点是不能接受的，由此学说所导出的保险“二元职能说”同样是不能接受的。

（一）保险的基本职能

保险的基本职能是保险的原始职能与固有职能，它不因时间的推移和社会形态的不同而改变。保险具有如下基本职能。

1. 补偿损失职能

保险是在特定灾害事故发生时，在保险的有效期和保险合同约定的责任范围以及保险金额内，按其实际损失金额给予补偿。通过补偿使得已经存在的社会财富因灾害事故所致的实际损失在价值上得到补偿，在使用价值上得以恢复，从而使社会再生产过程得以持续进行。这种补偿既包括对被保险人因自然灾害或意外事故造成的经济损失的补偿，也包括对被保险人依法应对第三者承担的经济赔偿责任的经济补偿，还包括对商业活动中的违约行为造成的经济损失的补偿。

2. 经济给付职能

人身保险与财产保险是两种性质完全不同的保险。由于人的价值很难用货币来计量，所以，人身保险的保险数额是由投保人根据被保险人对人身保险的需要程度和投保人的交费能力，在法律允许的情况下，与被保险人协商后确定的。因此，人身保险的职能不是损失补偿，而是经济给付。

（二）保险的派生职能

随着保险内容的丰富和保险种类的发展，保险的职能也有新的发展，在保险基本职能的基础上，产生出派生职能。保险的派生职能有很多种，但主要有以下三项。

1. 防灾防损职能

防灾防损是风险管理的重要内容。由于保险的经营对象是风险，因此，保险本身也是风险管理的一项重要措施。保险企业为了稳定经营，要对风险进行分析、预测和评估，看哪些风险可作为承保风险，哪些风险可以进行时空上的分散等。

（1）保险的经营从承保到理赔，要对风险进行识别、衡量和分析，因此，保险公司积累了大量的损失统计资料，其丰富的专业知识有利于开展防灾防损工作，进而履行其防灾防损的社会职责。

（2）从保险自身的经营稳定和收益角度来讲，保险公司通过积极防灾防损，可减少保险的风险损失，增强其财务的支付能力，并增加保险经营的收益。

（3）保险公司加强防灾防损工作，能积极有效地促进投保人的风险管理意识，从而促使其加强防灾防损工作。可见，防灾防损是保险的一个派生职能。

> **思考与讨论**
>
> 试讨论，保险的防灾防损职能对保险公司意味着什么？据你的了解，国内保险公司的该项职能发挥得如何？

2. 融资职能

资金融通的功能是指将形成的保险资金中的闲置的部分重新投入到社会再生产过程中。保险人为了使保险经营稳定，必须保证保险资金的保值与增值，这就要求保险人对保险资金进行运用。保险资金的运用不仅有其必要性，而且也是可能的。一方面，由于保险保费收入与赔付支出之间存在时间差；另一方面，保险事故的发生不都是同时的，保险人收取的保险费不可能一次全部赔付出去，也就是保险人收取的保险费与赔付支出之间存在数量差。这些都为保险资金的融通提供了可能。保险资金融通要坚持合法性、流动性、安全性及效益性的原则。

补充阅读

现代保险的功能与关系

《国务院关于保险业改革发展的若干意见》（国发〔2006〕23 号）指出，“保险具有经济补偿、资金融通和社会管理功能，是市场经济条件下风险管理的基本手段，是金融体系和社会保障体系的重要组成部分，在社会主义和谐社会建设中具有重要作用”。保险的三大功能是有机联系、相互作用的。其中，经济补偿功能是最根本的功能，也是保险区别于其他行业的最根本的特征。资金融通功能是在经济补偿功能基础上发展起来的。社会管理功能是保险业发展到一定程度并深入到社会生活的诸多层面之后产生的一项重要功能，它只有在经济补偿和资金融通功能实现的基础上才能充分发挥。

3. 社会管理职能

保险的社会管理职能不同于国家对社会的直接管理，它是通过保险内在的特性，促进经济社会的协调以及社会各领域的正常运转和有序发展。保险的社会管理职能是在保险业逐步发展成熟并在社会发展中的地位不断提高之后衍生出来的一项职能。保险的社会管理职能具体体现在社会保障管理、社会风险管理、社会关系管理、社会信用管理四个方面。

（1）社会保障管理。商业保险是社会保障体系的重要组成部分，在完善社会保障体系方面发挥着重要作用。商业保险一方面可以扩大社会保障的覆盖面，另一方面可以提高社会保障的水平，缓解政府在社会保障方面的压力，为维护社会稳定和保障人民安居乐业做出了积极贡献。

（2）社会风险管理。保险公司利用积累的风险损失资料和专业的风险管理技术，为全社会风险管理提供有力的支持。同时，保险公司还可以直接配合公安消防、交通安全、防汛防洪等部门，实现对风险的控制和管理。

（3）社会关系管理。保险公司介入灾害事故处理的全过程，可以提高事故处理效率，减少当事人可能出现的各种纠纷，为维护政府、企业和个人之间正常有序的社会关系创造了有利条件，减少了社会摩擦，提高了社会运行的效率。

（4）社会信用管理。最大诚信原则是保险经营的基本原则，保险公司经营的产品实际上是一种以信用为基础、以法律为保障的承诺，在培养和增强社会的诚信意识方面具有潜移默化的作用。同时，保险公司经营过程中可以收集企业和个人的履约行为记录，为社会信用体系的建立和管理提供重要的信息资料来源，实现社会信用资源的共享。

思考与讨论

分组讨论，我国保险业相关功能的发挥情况如何？

二、保险的作用

保险的作用是保险职能的发挥而产生的影响和效果。在不同的社会发展时期，由于保险所处的经济条件不同，保险职能在人们的实践中表现的效果也不一样，所以，保险的作用也不尽相同。如果保险职能实现得好，其后果是积极的、正确的；如果保险职能实现得不好，其作用后果是消极的、负面的。保险的作用主要体现在以下几个方面。

（一）保险在微观经济中的作用

保险在微观经济中的作用主要是指保险作为经济单位或个人风险管理的财务手段所产生的经济效应。这里的作用主要是指对企业的作用，其作用具体表现在以下几个方面。

1. 有利于受灾企业及时地恢复生产

在物质资料生产过程中，自然灾害和意外事故是不可避免的，这是一条自然规律。但在什么时候什么地点发生、涉及面有多广、受损程度有多大，都是不确定的。保险赔偿具有合理、及时、有效的特点。投保企业一旦遭受灾害事故损失，就能够按照合同约定的条件及时得到保险赔偿，获得资金，重新购置资产，恢复生产经营。同时，由于企业恢复生产及时，还可减少受灾企业的利润和费用等间接经营的损失。中国保险业在北京特大暴雨事件中的损失赔偿，以及 2008 年分别为南方低温雨雪冰冻灾害和汶川地震灾害支付赔款 55 亿元和 10 亿元等，都体现了保险在稳定灾区群众生产生活和支持灾后重建方面发挥了积极作用。

补充阅读

汶川地震保险理赔工作基本完成

据 2009 年 5 月 12 日《上海证券报》报道（卢晓平），2009 年 5 月 11 日，中国保监会在其官方网站发布了“512”汶川特大地震保险理赔工作进展情况，称保险业基本完成保险理赔工作，积极支持灾区重建，努力进行自身恢复发展。

截至 2009 年 5 月 10 日，保险业共处理有效赔案 23.9 万件，已结案 23.1 万件，结案率 96.7%；已赔付保险金 11.6 亿元，预付保险金 4.97 亿元，合计支付 16.57 亿元。赔案涉及遇难人员 1.29 万人、伤残人员 743 人、受伤医治人员 3 343 人。据悉，目前尚未结案的主要为部分修复周期长、损失尚未确定的工程险，以及少量人员失踪无法联系的人身险案件。

据悉，保监会此前出台了保险资金投资政策，积极引导保险公司参与灾区重建工作。部分保险公司同其他企业合作，通过设立债权投资计划或成立产业投资基金的方式支持灾区重建，投资总额已达 100 亿元。同时，各保险公司积极为灾后重建项目及人员提供建工险、货运险、意外险等风险保障，支持恢复建设。另外，在四川省 54 个重灾县中，保险业共涉及 87 个重建项目，规划投资 2.2 亿元。

地震发生后，保险业勇担社会责任，共向地震灾区捐款 4.53 亿元。一年来，保险业投入 9 786.4 万元，援建希望小学 70 所、养老院 21 家，同时，还助养地震孤儿 716 人，预计助养金额为 3 005.4 万元。

2. 有利于企业加强经济核算

保险作为企业风险管理的财务手段之一，能够把企业不确定的巨额灾害损失转化为固定的少量的保险费支出，并摊入企业的生产成本或流通费用，这是完全符合企业经营核算制度的。因为企业通过交付保险费，把风险损失转嫁给保险公司，不仅不会因灾损而影响企业经营成本的均衡，而且还可保证企业财务成果的稳定。

3. 有利于企业加强风险管理

保险补偿固然可以在短时间内迅速消除或减轻灾害事故的影响因素，但就物质净损失而言，仍旧是一种损失。而且保险企业也不可能从风险损失中获得额外的利益。因此，防范风险于未然是企业和保险公司利益一致的行为。保险公司常年与各种灾害事故打交道，积累了丰富的风险管理经验，不仅可以向企业提供各种风险管理经验，而且通过承保时的风险调查与分析、承保期内的风险检查与监督等活动，尽可能消除风险的潜在因素，达到防灾防损的目的。此外，保险公司还可以通过保险合同的约束和保险费率杠杆调动企业防灾防损的积极性，共同搞好风险管理工作。

4. 有利于安定人民生活

家庭是劳动力再生产的基本单位，家庭生活安定是人们从事生产劳动、学习、休息和社会活动的基本保证。但是，自然灾害和意外事故对于家庭来说同样是不可避免的，参加保险也是家庭风险管理的有效手段。家庭财产保险可以使受害家庭恢复原有的物质生活条件。当家庭成员尤其是工资收入者，遭遇生、老、病、死、残等意外的或必然的事件时，人身保险作为社会保险的社会福利的补充，将对家庭的正常经济生活起到保障作用。

5. 有利于民事赔偿责任的履行

人们在日常生活活动和社会活动中，不可能完全排除民事侵权或其他侵权而发生民事赔偿责任或民事赔偿案件。具有民事赔偿责任风险的单位或个人可以通过交纳保险费的办法将此风险转嫁给保险公司，以维护被侵权人的合法权益，使其顺利获得民事赔偿。有些民事赔偿责任由政府采取立法的形式强制实施，如交强险等。

（二）保险在宏观经济中的作用

保险在宏观经济中的作用是保险职能的发挥对全社会和国民经济总体所产生的经济效应。具体表现在以下几个方面。

1. 保障社会再生产的正常进行

社会再生产过程由生产、分配、交换和消费四个环节组成，它们在时间上是连续的，在空间上是均衡的。也就是说，社会总产品的物质流系统和价值流系统在这四个环节中的运动，时间上是连续的，空间上分布是均衡的。但是，再生产过程的这种连续性和均衡性会因遭遇各种灾害事故而被迫中断和失衡，这种情况是不可避免的。保险经济补偿能及时和迅速地对这种中断和失衡发挥修补作用，从而保证社会再生产的连续性和稳定性。

2. 推动商品的流通和消费

商品必须通过流通和交换过程才能进入生产消费或生活消费，而在交换行为中难免存在着交易双方的资信风险和产品质量风险的障碍，保险为克服这些障碍提供了便利。比如出口信用保险为出口商提供了债权损失的经济补偿责任；履约保证保险为债权人提供了履约担保；产品质量保证保险不仅为消费者提供了产品质量问题上的经济补偿承诺，而且还为厂商的商品作了可信赖的广告。可见，保险在推动商品流通和消费方面的作用是不可低估的。

3. 推动科学技术向现实生产力转化

在各种经济生活中，采用新技术比采用落后的技术显然具有更高的劳动生产率。当代的商品竞争越来越趋向于高新技术的竞争，在商品价值方面，技术附加值比重越来越大。但是，对于熟悉了原有技术工艺的经济主体来说，新技术就意味着新的风险。保险则可以对采用新技术带来的风险提供保障，为企业开发新技术、新产品以及使用专利“壮胆”，促进先进技术的推广运用。

4. 有利于财政和信贷收支平衡的顺利实现

财政收支计划和信贷收支计划是国民经济宏观调控的两大资金调控计划。相对资金运动来说，物质资料的生产、流通与消费是第一性的，所以，财政和信贷所支配的资金运动的规模与结构，首先决定于生产、流通和消费的规模与结构。毫无疑问，每次自然灾害和意外事故发生的破坏，都将或多或少地造成财政收入的减少和银行贷款归流的中断，同时还要增加财政支出和信贷支出，从而给国家宏观经济调控带来困难。在生产单位参加保险的前提下，财产损失得到保险补偿，恢复生产经营就有了资金保证，生产经营一旦恢复正常，就保证了财政收支的基本稳定，银行贷款也能得到及时的清偿或者重新获得物质保证。

5. 增加外汇收入，增强国际支付能力

保险在对外贸易和国际经济交往中，是必不可少的环节。按国际惯例，进出口贸易都必须办理保险。保险费、商品的成本和运费一起构成了进出口商品价格的三要素。一国出口商品时争取到岸价格，即由乙方负责保险，则可减少保险外汇支出。此外，当一国进入世界保险市场参与再保险业务时，应保持保险外汇收支平衡，力争保险外汇顺差。保险外汇收入是一种无形贸易收入，对于增强国家的国际支付能力起着积极作用，历来为世界各国所重视。

6. 动员国际范围内的保险基金

保险公司虽是集散风险的中介，但就单个保险公司而言，其所能集中的风险量总要受自身承保能力的限制，超过的就要向其他保险人分发，或对巨额风险单位采取共保方式。因此，再保险机制或共保机制就可以把保险市场上彼此独立的保险基金联结为一体，共同承担某一特定的风险，这种行为一旦超越国界，即可实现国际范围内的风险分散，从而将国际范围内的保险基金联结为一体。国际再保险是动员国际范围内的保险基金的一种主要形式。

思考与讨论

结合本节内容以及日常生活，讨论保险还有哪些职能和作用。

补充阅读

2015 年保险保费收入 2.4 万亿　天津港爆炸成最大赔案

据 2016 年 3 月 15 日北京商报讯（记者 陈婷婷）中国保险行业协会对外披露，2015 年保险业 20 件典型案例合计赔付达到 29.622 亿元，其中财产险赔付占比超过九成，对天津港爆炸事件理赔创下了当年最大赔案，单个公司赔付 17.3 亿元。

中保协介绍，2015 年保险业实现保费收入 2.4 万亿元，同比增长 20%，为全社会提供风险保障 1 718 万亿元，赔款与给付 8 674.1 亿元，同比增长 20.2%。

具体来看，财产险领域的前十大理赔案涉及的公司有人保财险、平安财险等 9 家，合计理赔 28.057 亿元；人身险领域的前十大理赔案涉及的公司有中国人寿、平安人寿等 10 家，合计理赔 1.575 亿元。

按理赔金额来看，排在天津港爆炸案之后的为河北农险严重旱灾 4 亿元理赔案。据介绍，2015 年 6—8 月，因受持续高温缺雨天气影响，河北省部分地区出现了不同程度的干旱情况，且局部区域旱情严重。中华保险在河北省 11 个地市共承保 1 188 万亩（玉米）大田作物，经查勘后认定属于保险责任，并承担旱灾的损失赔偿责任 4 亿元。

第三节　保险的种类

根据不同的目的和需要，保险有多种分类，以下为几种常见的分类标准。

一、以保险的性质为标准分类

以保险的性质为标准分类，可以分为商业保险、社会保险和政策保险。

1. 商业保险

商业保险是指投保人根据合同约定，向保险人支付保险费，保险人对于合同约定的可能发生的事故因其发生所造成的财产损失承担赔偿保险金责任，或者当被保险人死亡、伤残、疾病，或者达到合同约定的年龄、期限时承担给付保险金责任的行为。

2. 社会保险

社会保险是国家通过立法建立的一种社会保障制度。其目的在于使劳动者因为年老、患病、生育、伤残、失业、死亡等原因而暂时中断劳动或者永久丧失劳动能力，不能获得劳动报酬，本人和供养的家属失去生活来源时，能够从社会（国家）获得物质帮助。社会保险具有强制性、低水平、广覆盖的特点。目前中国的社会保险包括基本养老保险、失业保险、基本医疗保险、工伤保险和生育保险五个项目。国家依法建立社会保险制度，设立社会保险基金，使劳动者在年老、失业、疾病、工伤、生育时获得帮助和经济补偿，保障他们的基本生活和基本医疗。

3. 政策保险

政策保险是政府为了一定的政策目的，运用一般保险的技术开办的一种保险。政策保险包括社会政策保险和经济政策保险两大类。具体项目有：一是为实现国民生活安定的政策目的而举办的国民生活保险，如地震保险、劳动者财产损失保险等；二是为实现农业增产增收政策目的而举办的农业保险，如种植业保险、养殖业保险等；三是为实现扶持中小企业发展政策目的而举办的信用保险，如无担保保险、能源对策保险等；四是为实现促进国际贸易目的而开办的输出保险，如出口信用保险、外汇变动保险等。

二、以保险标的或事故对象为标准分类

以保险标的或事故对象为分类标准是保险人在经营保险业务时常用的分类方法，按该种标准可以将保险分为财产保险、人身保险、责任保险和信用保证保险四类。

1. 财产保险

财产保险是指以财产及其有关利益为保险标的，保险人对因保险事故的发生导致的财产损失给予补偿的一种保险。财产保险有广义和狭义之分。广义的财产保险是指人身保险之外的一切保险业务的统称；狭义的财产保险也可称为财产损失保险，是指以有形的财产物资及其有关利益为保险标的的一种保险。

2. 人身保险

人身保险是以人的生命和身体为保险标的的一种保险，当被保险人遭受不幸事故或因疾病、年老以致丧失工作能力、伤残、死亡或年老退休时，根据保险合同条款的规定，保险人对被保险人或受益人给付预定的保险金或年金，以解决病、残、老、死所形成的经济困难。人身保险的保险标的具有不可估价性、保险期限的长期性、储蓄性和生命风险的相对稳定性等特点，是保险理财的重要组成部分。按照人身保险保障的范围划分，人身保险分为人寿保险、意外伤害保险和健康保险。

3. 责任保险

责任保险主要承保被保险人的民事损害赔偿责任。主要险种有承保被保险人依法承担的对第三者的人身伤害或财产损失赔偿责任的公众责任保险或第三者责任保险；承保因制造或销售的商品存在内在缺陷致使用户遭受损害的赔偿责任的产品责任保险；承保雇主根据法律或雇佣合同对雇员人身伤亡的赔偿责任的雇主责任保险；承保各种专业、技术人员因工作疏忽或过失造成他人人身伤害或财产损失的赔偿责任的职业责任保险。

4. 信用保证保险

信用保证保险主要承保各种信用风险。主要险种有承保因被保证人不履行各种合同义务而造成权利人经济损失的合同保证保险；承保雇主因雇员的不法行为而受到经济损失的忠诚保证保险；承保被保险人因制造或销售的产品质量有缺陷或丧失使用价值而产生赔偿责任的产品保证保险；承保商业合同一方因另一方的违约行为而遭受经济损失的商业信用保证保险；承保出口商因买方不履行贸易合同的义务遭受经济损失的出口信用保险；承保投资期间因战争、罢工、政府没收、征用、对外汇实行限制等政治原因造成投资损失的投资（政治风险）保险。

提示与说明

2015 年 10 月《保险法》修订意见稿第九十六条："保险公司的业务范围：（一）人身保险业务，包括人寿保险、年金保险、健康保险、意外伤害保险等保险业务；（二）财产保险业务，包括财产损失保险、责任保险、信用保险、保证保险等保险业务；（三）年金业务，包括企业年金、职业年金等业务；（四）国务院保险监督管理机构批准的与保险有关的其他业务。……"《保险法》第九十五条："保险公司的业务范围：（一）人身保险业务，包括人寿保险、健康保险、意外伤害保险等保险业务；（二）财产保险业务，包括财产损失保险、责任保险、信用保险、保证保险等保险业务；（三）国务院保险监督管理机构批准的与保险有关的其他业务。……"两者相比，很明显能看到《保险法》修订意见稿扩大了保险公司的业务范围，一是增加了年金业务，二是在人身保险中增加了年金保险。

三、以实施方式为标准分类

按照保险实施的方式和形式，可将其划分为自愿保险和法定保险。

1. 自愿保险

自愿保险是通过投保人或被保险人和保险人双方在平等原则的基础上，根据自愿原则而签订的一种保险。自愿保险的投保人可以自主决定是否投保、向谁投保、中途退保等，也可以选择保障范围、保障程度和保险期限等，保险人可以自愿决定是否承保、如何承保，并能自由选择保险标的，设定承保条件等。

2. 法定保险

法定保险又称强制保险，是由国家（政府）通过法律或行政命令强制实行的保险。凡是法律、行政法规规定的对象，不论是否愿意投保，都必须依法参加保险，如社会保险、交强险等。

相关案例

应建立公众营业场所火灾责任强制保险制度

综合媒体报道，为加强推行和发展火灾公众责任保险力度，有效督促社会单位整改火灾隐患，预防重特大恶性火灾事故的发生，降低火灾造成的社会危害，公安消防部门加大与保险公司的沟通合作力度，鼓励公众聚集场所积极投保。很多学者及保险业人士主张建立公共场所火灾责任保险强制制度，全国政协委员、中国平安保险（集团）股份有限公司董事长马明哲向全国政协十届五次会议提交议案，建议建立公众营业场所火灾责任强制保险制度，通过商业保险分担政府责任，促进和谐社会的建设。实践中，由于火灾的频繁发生，有关部门都以不同形式推出了火灾强制保险。

2006年，国家保监会与公安部将上海、深圳、天津、吉林、重庆、山东六地列为火灾公众责任保险试点地区。当年，深圳正紧锣密鼓地筹备火灾公众责任强制保险调研及立法工作。

2012年1月5日，记者从石河子市公安消防支队了解到，石河子市将试点推行火灾公众责任保险，先期在饭店、宾馆、商场、市场、体育馆、会堂、电影院、KTV，以及易燃易爆化学危险品生产、储存、运输单位等五大类公共聚集场所推行，利用保险化解潜在的风险，营造安全和谐的发展环境。

2012年3月23日，吉林省十一届人大常委会第三十一次会议高票通过《吉林省消防条例（修订草案）》。新修订的《吉林省消防条例》今起正式实施。新《条例》首次明确火灾高危单位应当参加火灾公众责任保险。

2012年6月1日，新华网报道公安部领导表示公安机关将对火灾高危单位进一步严格监管，推动火灾高危单位参加公众责任保险。

从2011年8月至2012年6月20日，南充市已有263家企业自愿参加火灾公众责任保险，保额逾6亿元。

……

试分析：我国目前有哪些险种属于强制保险？你认为哪些险种应当列为强制保险？

四、以风险转移层次为标准分类

按风险转移层次可将保险划分为原保险和再保险。

1．原保险

原保险是投保人与保险人之间直接签订合同的保险关系。在原保险关系中，投保人将风险转移给保险人，当保险标的遭受保险责任范围内的损失时，保险人直接对被保险人承担赔偿责任。

2．再保险

再保险也称分保，是保险人将其所承保的业务的一部分或全部，分给另一个或几个保险人承担。原保险人购买再保险主要是为了避免潜在损失过于集中，利用再保险人的特殊专业技术，来保障较强的承保能力和财务经营的稳定性。这种风险转嫁方式是保险人对原始风险的纵向转嫁，即第二次风险转嫁。

补充阅读

劳合社欲在2025年前成为全球特殊风险保险和再保险中心

据2012年5月14日《中国保险报》报道（李晓波），这项被称为“愿景2025”的发展战略，是劳合社核保市场、客户和保险经纪人协商讨论的结果。其亮点包括：劳合社将成为全球特殊风险的保险和再保险中心；保费增长速度将不低于劳合社目前市场所在各地的GDP增长，在快速增长的新兴市场的增速将会更高；资本构成将更为多样化，来自经济高增长的国家的资本将增多；劳合社核保队伍实现真正的国际化；劳合社仍是经纪人市场，充分利用保险经纪人的国际渠道；在主要的海外市场，劳合社将拥有为数不多的强大的海外业务中心。

劳合社主席约翰·纳尔逊表示，东南亚、中国、东欧和拉丁美洲都是劳合社的重要市场，“在当前富有挑战的经济形势下，‘愿景2025’战略计划极不寻常，它是一个关于增长的战略”。

劳合社首席执行官理查德·沃德强调了中国市场的重要性。他说，劳合社需要来自新兴市场的资金和商业机会。劳合社成员英国凯林集团去年同中国最大的再保险公司中国再保险（集团）股份有限公司签约建立了合作伙伴关系，这是劳合社市场首次接受来自中国的直接投资。

劳合社保险（中国）有限公司首席执行官（CEO）高璁曾说："劳合社中国与我们平台上的辛迪加以及业务伙伴一起，将劳合社的特殊专长带到中国，伴随企业在国际国内的发展，为它们成功地管理风险。劳合社在中国的任务是要为投保特殊风险和再保险提供选择。"

五、以承保方式为标准分类

按照承保方式分类，可将保险分为共同保险、复合保险和重复保险。

1．共同保险

共同保险简称共保，是由几个保险人联合直接承保同一保险标的、同一风险、同一保险利益的保险。共同保险的各保险人承保金额的总和等于保险标的的保险价值。在保险实务中，可能是多个保险人分别与投保人签订保险合同，也可能是多个保险人以某一保险人的名义签发一份保险合同。与再保险不同，这种风险转嫁方式是保险人对原始风险的横向转嫁，它仍属于风险的第一次转嫁。

思考与讨论

通过本节的学习，结合日常的生活学习及相关工具书，讨论保险还能从哪些方面进行分类，分为哪些类型。

2．复合保险

复合保险是指投保人以保险利益的全部或部分，分别向数个保险人投保相同种类保险，签订数个保险合同，其保险金额总和不超过保险价值的一种保险。

3．重复保险

思考与讨论

试讨论，重复保险可能会带来怎样的问题？

重复保险是指投保人以同一保险标的、同一保险利益、同一保险事故分别与两个或两个以上保险人订立保险合同，且保险金额总和超过保险价值的一种保险。与共同保险相同，重复保险也是投保人对原始风险的横向转嫁，也属于风险的第一次转嫁。

本章小结

保险概述	保险的要素和特征	保险是一种财务安排，是一种合同行为 现代商业保险的构成主要包括可保风险的存在、多数人的同质风险的集合与分散、保险费率的厘定、保险基金的建立和订立保险合同 保险的特征包括经济性、商品性、互助性、契约性、科学性等基本特征
	保险的职能与作用	保险职能有损失补偿、经济给付两种基本职能和防灾防损、融资职能等派生职能 保险在微观经济中的作用有：有利于受灾企业及时地恢复生产；有利于企业加强经济核算；有利于企业加强风险管理；有利于安定人民生活；有利于民事赔偿责任的履行 保险在宏观经济中的作用有：保障社会再生产的正常进行；推动商品的流通和消费；推动科学技术向现实生产力转化；有利于财政和信贷收支平衡的顺利实现；增加外汇收入，增强国际支付能力；动员国际范围内的保险基金
	保险的种类	保险以保险的性质为标准分类可以分为商业保险、社会保险和政策保险；以保险标的或事故对象为标准，可分为财产保险、人身保险、责任保险、信用保证保险；以保险实施的方式和形式分类，可以分为自愿保险和法定保险；按风险转移层次，可将保险划分为原保险和再保险；按照承保方式分类，可将保险分为共同保险、复合保险和重复保险

复习思考题

一、名词解释

可保风险　同质风险　公平性原则　合理性原则　适度性原则　稳定性原则　弹性原则　保险基金　保险职能　保险的基本职能　商业保险　社会保险　政策保险　财产保险　人身保险　责任保险　信用保证保险　自愿保险　法定保险　原保险　再保险　共同保险　复合保险　重复保险

二、单选题

1. 保险人承保的风险一般是（　　）。

A. 纯粹风险　　B. 投机风险　　C. 自然风险　　D. 社会风险

2. 保险费率厘定时一方面要求保险人收取的保险费应与其承担的保险责任是对等的；另一方面，要求投保人交纳的保险费应与其保险标的的风险状况是相适应的，这体现了保险费率厘定的（　　）。

A. 公平原则　　B. 合理原则　　C. 稳定原则　　D. 适度原则

3. 保险费率厘定的合理性原则是针对某险种的（　　）而言的。

A. 纯费率　　B. 毛费率　　C. 均衡费率　　D. 平均费率

4. 保险费率在短期内应该是相对稳定的，这样既有利于保险经营，也有利于保险投保，这属于保险费率厘定原则中的（　　）。

A. 公平性原则　　B. 稳定性原则　　C. 适度性原则　　D. 弹性原则

5. 保险费率在短期内应该是相对稳定的，在长期内应根据实际情况的变动做相应的调整，这属于保险费率厘定原则中的（　　）。

A. 公平性原则　　B. 合理性原则　　C. 稳定性原则　　D. 弹性原则

6. 投保人根据合同约定，向保险人支付保险费，保险人对于合同约定的可能发生的事故因其发生所造成的财产损失承担赔偿保险金责任，或者当被保险人死亡、伤残、疾病，或者达到合同约定的年龄、期限时承担给付保险金责任的行为，即（　　）保险。

A. 商业　　B. 社会　　C. 责任　　D. 强制

7. 体现等价交换关系和商品经济关系是保险的（　　）特征。

A. 经济性　　B. 互助性　　C. 科学性　　D. 商品性

8. 保险充分体现了“一人为众，众人为一”的思想。这说明，保险具有（　　）。

A. 经济性　　B. 互助性　　C. 法律性　　D. 商品性

9. 保险的保障功能，在财产保险中体现为（　　）。

A. 补偿功能　　B. 给付功能　　C. 资金融通功能　　D. 社会管理功能

10. 保险的本质决定保险的职能。人身保险的基本职能是（　　）。

A. 补偿损失职能　　B. 经济给付职能　　C. 防灾防损职能　　D. 融资职能

11. 保险资金中闲置的部分重新投入到社会再生产过程中，发挥的金融中介作用体现的保险职能是（　　）。

A. 防灾防损　　B. 经济补偿　　C. 经济给付　　D. 资金融通

12.（　　）是国家通过立法建立的一种社会保障制度。其目的在于使劳动者因为年老、患病、生育、伤残、失业、死亡等原因而暂时中断劳动或者永久丧失劳动能力，不能获得劳动报酬，本人和供养的家属失去生活来源时，能够从社会（国家）获得物质帮助。

A. 商业保险　B. 社会保险　C. 政策性保险　D. 人身保险

13. 农业保险属于（　　）。

A. 商业保险　B. 人身保险　C. 政策性保险　D. 社会保险

14. 以人的生命和身体为保险标的的一种保险是（　　）。

A. 人寿保险　B. 人身保险　C. 财产保险　D. 健康保险

15. 下列属于强制保险的是（　　）。

A. 意外伤害保险　B. 健康保险　C. 人寿保险　D. 交强险

16. 投保人以保险利益的全部或部分，分别向数个保险人投保相同种类保险，签订数个保险合同，其保险金额总和不超过保险价值的一种保险是（　　）。

A. 再保险　B. 重复保险　C. 复合保险　D. 共同保险

三、多选题

1. 理想的可保风险应具备的条件包括（　　）等。

A. 保险不是投机的

B. 保险必须是偶然的

C. 保险必须是意外的

D. 保险可以使大多数的保险对象同时遭受损失

2. 风险的不确定性体现在（　　）。

A. 风险是否发生是不确定的　B. 风险发生的时间是不确定的

C. 风险发生的原因是不确定的　D. 风险发生结果是不确定的

3. 保险风险的集合与分散应具备的前提条件有（　　）。

A. 对等风险的集合体　B. 同质风险的集合体

C. 大量风险的集合体　D. 社会风险的集合体

4. 所谓同质风险是指风险单位在（　　）等方面大体相近。

A. 种类　B. 品质　C. 性能　D. 价值

5. 就财产保险与责任保险而言，保险责任准备金表现为（　　）等几种形式。

A. 未到期责任准备金　B. 赔款准备金

C. 总准备金　D. 寿险责任准备金

6. 现代商业保险的特征主要包括（　　）等。

A. 可测性　B. 经济性　C. 法律性　D. 互助性

7. 商业保险与社会保险的区别表现为（　　）。

A. 经营主体不同　B. 行为依据不同　C. 实施方式不同　D. 保障功能不同

8. 保险与救济同为借助他人安定自身经济生活的一种方法，但是其不同点包括（　　）。

A. 权利义务关系不同　B. 给付对象不同　C. 主张权利不同　D. 保障目的不同

9. 保险和储蓄属于不同的经济范畴，其明显的差异有（　　）。

A. 经济范畴不同　B. 需求动机不同　C. 权利主张不同　D. 运行机制不同

10. 保险的基本职能有（　　）。

A. 补偿损失　B. 经济给付　C. 防灾防损　D. 融通资金

11. 保险的派生职能有（　　）。

A. 补偿损失　B. 经济给付　C. 防灾防损　D. 融通资金

12. 共同保险简称共保，是由几个保险人联合直接承保（　　）的保险。

A. 同一保险标的　　B. 同一风险

C. 同一保险利益　　D. 以上三者都是

四、简答题

1. 简述保险的构成要素。
2. 简述保险的基本特征。
3. 简述商业保险与社会保险的异同。
4. 简述保险与储蓄的异同。
5. 简述保险与救济的异同。
6. 简述保险的基本分类。
7. 简述保险的职能。
8. 简述保险的作用。

五、实训项目

实训内容：阅读《2016年政府工作报告》和《关于2016年深化经济体制改革重点工作意见》，掌握国家对保险的定位。

实训目的：通过国家政策分析了解保险的职能和作用。

实训指导：

1. 通过网络搜索相关资料，查找在这些文件中，国家共提到哪些保险。
2. 按照本章所学内容，将这些险种进行不同的分类。
3. 思考并讨论国家为什么越来越重视保险。

《2016年政府工作报告》请通过网络搜索引擎搜索，扫描以下二维码可阅读《关于2016年深化经济体制改革重点工作的意见》

课外阅读资料

资料一　国王与影帝：凭保险金安享晚年

1. 失业保险金使前国王安享退位后的余生

曾任泰国国王的帕拉贾德希波克一生中最值得称道的事情之一，就是他在地位声望达到巅峰的时候，对自己未来命运有着清醒的预测。帕拉贾德希波克1925年当上了泰国国王。执政之后，他终日担心，害怕有朝一日被政敌废黜，成为一个一贫如洗的平民。为防不测，他同时向英国和法国的两家知名保险公司投保了失业保险。那两家保险公司皆欣然接受了国王的投保，开出了保险金额非常可观的保险单。1935年，他被迫放弃了王位，成为平民的前国王虽不能再享受一国之君的荣华富贵，但也无穷困潦倒之虞。帕拉贾德希波克靠着两家保险公司为他支付的丰厚的失业保险金，安然度过了退位后的6年余生。

2. 昔日影帝晚年靠社会保险金度日

2004年7月2日，片酬价码高居世界第一的奥斯卡影帝马龙·白兰度辞世。美国媒体披露，其晚景虽然凄凉，但靠保险金平安度过了余生。

白兰度20岁时进入百老汇演出，并以在《欲望号街车》中出色的演技受到观众欢迎。1950年，白兰度出演电影《男人》，他的精彩表演吸引了好莱坞大导演们的目光。1951年凭借电影《欲望号街车》的演出，获得了奥斯卡提名；1953年，凭借《码头风云》赢得了奥斯卡最佳男主角奖。此后，他又曾三次获得奥斯卡奖提名；1972 年的《教父》使他得到了第二个奥斯卡金像奖，演艺事业达到了巅峰。之后不久，他淡出影坛。

1999 年，白兰度的儿子克里斯汀卷入了一起凶杀案，巨额的律师辩护费用，再加上自身高昂的医疗费用支出，至去世时马龙·白兰度总共背负着高达一千多万美元的欠款，只能依靠社会养老保险金生活。他的养老金是由美国演员协会提供的。2003 年年初，这位老牌影星曾透露，他当时每个月的收入来源就是演员协会 6 000 美元的养老保险金，外加 1 860 美元的政府退休津贴。

（据 2009 年 4 月 3 日《中国保险报》唐金城的文章整理）

资料二　《金钱崛起·风险投资》

美国 2008 年纪录片《金钱崛起》曾于 2009 年获得国际艾美奖的最佳电视纪录片奖，第四集《风险投资》介绍的正是现代的保险机制的演进历程。推荐读者在线观看该集纪录片（片长 48 分钟，推荐无线状态下观看），并思考以下问题：

1. 对抗灾难危害的责任是否应在个人身上？当灾难突袭时，我们能依赖同胞的慈善捐助吗？能依赖和我们一样的纳税人的税款渡过难关吗？

2. 为什么说保险会使一个国家更安全？

3. 为什么保险的规模很重要？

4. 什么是国家保险？相对于私人保险，国家保险有什么优势？

《金钱崛起·风险投资》

第三章　保险的产生与发展

学习目标和要点

学习目标

了解保险的起源和发展历程，了解中国的保险历史，掌握当代保险市场发展的趋势。

学习要点

保险思想与保险形态；海上保险；火灾保险；人身保险。

本章知识结构

- 古代保险思想和原始形态的保险
  - 国外古代保险思想和原始形态的保险
  - 我国古代保险思想和原始形态的保险
- 世界保险业的起源与发展
  - 海上保险的起源与发展
  - 火灾保险的产生与发展
  - 人身保险业务的产生与发展
  - 世界保险业发展的现状和趋势
- 我国保险业的产生与发展
  - 我国近代保险业
  - 我国现代保险业
  - 我国保险业的发展趋势

案例引入

可以称得上现代含义的保险合同是1384年订立的比萨合同。这张保险单承保从法国南部的阿尔兹至意大利比萨的一批货物的运输风险。到1397年，佛罗伦萨出立的保单已经有承保“海上灾难、天灾、火灾、抛弃、王子的禁止、捕捉”等内容，当时的保险单如同其他商业合同一样，是由专业的撰状人起草的。13世纪中叶在热那亚一带就有撰状人200个。据一位意大利律师的调查，1393年有位热那亚的撰状人，一年就起草了80多份保险单。这个时期，意大利在海上保险中独领风骚。莎士比亚在《威尼斯商人》中就写到了海上保险及其种类。第一家海上保险公司也于1424年在热那亚出现。

那么，保险究竟是如何产生的？世界和中国的保险业又是怎样发展的呢？这将是本章要学习的内容。

第一节　古代保险思想和原始形态的保险

自有人类以来，各种自然灾害、意外事故就时常威胁着人类的生存与发展。为了寻求防灾避祸、安居乐业之道，在古代社会人们就萌生了对付各种自然灾害、意外事故的保险思想，并采取了一些原始形态的保险做法。这在中外历史上都有记载。

一、国外古代保险思想和原始形态的保险

根据历史资料记载，早期外国的保险思想和做法产生于地中海沿岸的古巴比伦、古埃及、古希腊和古罗马等文明古国。

公元前 4500 年左右，在古埃及修建金字塔的石匠中盛行一种互助基金组织，用参加者缴纳的会费支付会员因意外事故而死亡的丧葬费用。公元前 2500 年前后，巴比伦国王曾命令僧侣、官员、村长等对其所辖境内居民征收税金，作为火灾及其他天灾救济之用。在公元前 3 世纪的古罗马军队中，曾有过带有宗教色彩的士兵互助团体，凡加入团体者要缴纳会费，当士兵战死后由该团体向其家属支付一定的抚恤费用；调职时给付旅费；终止服役时退还本金。到了中世纪，在欧洲各国出现了各种行会组织，如工匠行会、商人行会、村落行会、宗教行会等。这些具有互助共济性质的行会的保障范围包括会员死亡、贫困、疾病、衰老、伤残、盲哑、结婚、丧失家畜、房屋损坏、船舶沉没等人身事件和财产损失。

《汉谟拉比法典》是一部有关保险的最早法规。基尔特制度即行会制度，是一种原始的合作保险形式。到了中世纪，这种行会制度特别盛行，欧洲各国陆续出现各种行会组织，并在此基础上产生了相互合作保险组织。

在各类保险中，起源最早、历史最长者当数海上保险。正是海上保险的发展，带动了整个保险业的发展。

15 世纪至 16 世纪的海上保险是人身保险的萌芽。在海上保险的产生与发展过程中，一度包括人身保险。15 世纪后期，欧洲的奴隶贩子把运往美洲的非洲奴隶当作货物投保海上保险，这实际上是一种人身意外伤害保险。后来船上的船长、船员也可投保。到 16 世纪，又发展到承保旅客被海盗绑架而支付的赎金。这些都被认为是人身保险的萌芽。

黑瑞甫制度和基尔特制度都是一种相互保险的制度。现代火灾保险的起源可追溯至 1118 年冰岛设立的“黑瑞甫”社（Hrepps）。黑瑞甫制度是对火灾损失互相负责赔偿的制度。基尔特制度在人身保险的早期形式中是一种专门以会员及其配偶的死亡、年老、疾病等作为提供金钱救济的重心的相互制度。德国北部 17 世纪时曾盛行基尔特制度，成立了很多互助性质的火灾救灾协会，会员之间实行火灾相互救济。1676 年由 46 个协会合并宣告成立了“汉堡火灾保险局”，开创了公营火灾保险的先河。

公典制度流行于 15 世纪后半期的意大利北部及中部城市，是一种慈善性质的金融机构，在这里存款，最初一定时期内不计利息，经一定期间后，存款者可以取得数倍于存款金额的资金。年金制度于 16—17 世纪出现在英国，在荷兰尤为盛行。这些被视为人身保险的较早形式，尤其是年金制度，将资本、利息与生存死亡相结合，已十分接近现代的人寿保险。

二、我国古代保险思想和原始形态的保险

中国自古以来就有积谷防饥、防患于未然的思想；各个朝代都有储粮备荒以赈济灾民的传统制度。孔子在《论语》中曾阐述了“耕三余一”的主张，即每年要有三分之一的粮食储备起来，连续三年就可以存足一年的粮食以备荒年。西周时期的“委积”制度，到西汉时期官办的“常平仓”制度，再到隋、唐时期盛行的官督民办的“义仓”制度，宋、明

视野拓展

常平仓简介

以后民间自行设立的"社仓"制度等，均属于实物形态的后备制度，可以在一定范围内起到互助共济的作用。在我国漫长的封建社会里，民间还产生和发展了"长青会""老人会""葬亲会"等丧葬互助组织，当会员或其亲属死亡时，其他入会者要分摊一定的丧葬费用。

中国是最早发明风险分散这一保险基本原理的国家。远在公元前三四千年，中国商人即将风险分散原理运用在货物运输中。历史悠久的各种仓储制度是我国古代原始保险的一个重要标志。镖局是我国特有的一种货物运输保险的原始形式。镖局是一种类似保险公司的民间安全保卫组织，其经营的业务之一是承运货物。商人交镖局承运货物，俗称"镖码"（相当于保险标的）。货物须经镖局检验，按贵贱分级，根据不同等级确定"镖力"（相当于保险费率），据此收费签发"镖单"（相当于保险单）。货到目的地，收货人按镖单验收后，在镖单上签注日期，加盖印章，交护送人带回，以完成手续。镖局的这些手续与现代保险的承保手续大致相同。

第二节　世界保险业的起源与发展

一、海上保险的起源与发展

1. 共同海损分摊原则是海上保险的萌芽

在公元前2000年的地中海地区已有广泛的海上贸易活动。由于当时船舶构造简陋，抵御海上风浪的能力较弱，航海被认为是一种很大的冒险活动。在遇到狂风巨浪等海上风险时，人们采取抛弃部分货物入海的办法以减轻船舶载重而转危为安，为了使被抛弃的货物损失能从其他受益方获得补偿，当时在航海商人中有一个共同遵循的原则："一人为众，众为一人。"这个原则在公元前916年被纳入《罗地安海商法》并规定："凡因减轻船只载重而投弃入海的货物，为全体利益而损失的，须由全体分摊归还。"虽然共同海损是海上运输中的特殊损失而并非保险制度，但是，由于共同海损分摊原则体现了损失分担这一保险的基本原理，因此后人认为共同海损分摊原则是海上保险的萌芽。

2. 船货抵押借款制度是海上保险的雏形

希腊大哲学家亚里士多德（前384—前322）曾将早期的大规模商业活动分为三类：造船、运输和放款。放款即指船货抵押借款，在公元前800—公元前700年间已很盛行。这种借款制度规定，当船舶在海运途中急需用款时，船东可以船舶或货物为抵押向高利贷者借款，如果船货安全抵达目的地，须还本付息；如果船货中途发生损失，则可免去借款人部分甚至全部债务。船货抵押借款制度是贷款与损失保障的结合，它已具备了保险的基本要素和特征。借贷双方同时相当于保险当事人，船舶或货物相当于保险标的，一旦船货受损，就免去借款人部分或全部债务，等于用借款预付了赔款。由于贷款人要冒很大的风险，因此为了保证自身利益，只能采用高利率，利率通常为本金的1/3或1/4。这种利率实际包含两部分，一部分为当时的一般借贷利率，另一部分相当于保险费率，即超出一般借贷利息的超额利息相当于保险费，保险费率应与船货损失概率直接相关，故而称船货抵押借款制度是海上保险的雏形。

3. 海上保险的产生与发展

海上保险是最早产生的商业保险。13世纪至14世纪，随着商品经济的逐渐发展，海外贸易、海上运输和国际金融迅速发展，大规模的海外贸易和海上运输可带来丰厚的利润，同时也面临比陆上财产更大的风险，船主和货主已不满足于互助保险或船货抵押借款，客观上要求社会化的商业保险制度来保障其物质利益。于是，社会分工的发展使船货抵押借款制度逐渐分解为两个行业——银行业和保险业，保险的商业化和专业化逐步形成。

早期的国际贸易主要在古代东西方交通要冲——地中海沿岸各文明古国之间进行，与之相关的海上运输、金融、保险也以地中海为中心展开。意大利以其在地中海的交通要冲位置而成为海上保险的发源地。世界上迄今发现最早的保险单是意大利热那亚商人乔治·勒克维伦在1347年10月23日出立的承保从热那亚到马乔卡的船舶保险单。意大利的伦巴第商人曾长期在本国和英国经营海上贸易、金融和保险业务，并且按照商业惯例仲裁保险纠纷，逐渐形成了公平合理的海商法条文，后来成为西方商法的基础。15世纪至16世纪，西欧各国不断在海上探寻和开辟新航线，欧洲商人的贸易范围空前扩大，在美洲新大陆被发现后，海上贸易中心逐渐从地中海区域移至大西洋沿岸，海上保险同时扩展到沿岸国家并得以迅速发展。17世纪中叶发生在英国的资产阶级革命为本国资本主义的发展扫清了道路，通过大规模的殖民掠夺，英国逐步发展成为占有世界贸易和航运业垄断优势的殖民帝国，这为英国商人开展世界性的海上保险业务提供了有利条件。18世纪后期，英国终于发展成为世界海上保险的中心，占据了海上保险的统治地位。

在海上保险发展过程中，有关保险的纠纷逐渐增多，需要政府制定有关法律加以管理。1435年，西班牙的巴塞罗那颁布了世界上最早的海上保险法典，就取缔海上保险弊端、防止欺诈、禁止赌博等做出规定。1523年佛罗伦萨总结了以往海上保险的做法，制定了一部比较完整的条例并规定了标准保单格式。1556年西班牙国王腓力二世颁布法令对保险经纪人加以管理，规定经纪人不得在保险业务中认占份额，确定了保险经纪人制度。1906年英国国会通过了《海上保险法》，这部法典集多年来海上保险的做法、惯例、案例和司法解释之大成，在世界保险立法方面影响深远。海上保险法规的陆续颁行，推动了海上保险业务的健康发展，并使保险制度趋于成熟和完善。

二、火灾保险的产生与发展

火灾保险是财产保险的前身。冰岛早在 13 世纪就有法律规定村民必须参加火灾相互保险。16世纪至17世纪，德国汉堡市的酿造业者自发集资成立了一些火灾保险社以获得重建建筑物的资金。近代火灾保险起源于英国。1666年9月2日晚，伦敦市约翰·法里诺面包店不慎起火，火借风势连续烧了四昼夜，全市85%以上的房屋、13 200户遭灾，20多万人无家可归，财产损失达1 200多万英镑。空前的伦敦大火成为英国火灾保险发展的动力。1667年，牙科医生尼古拉·巴蓬率先在伦敦经营房屋火灾保险，到1680年，巴蓬共集资4万英镑成立了合股性质的火灾保险所，并按照房租和房屋的风险等级收取不同的保险费，对木造房屋收取相当于砖瓦结构房屋两倍的保险费。因为使用了差别费率，巴蓬获得了“现代火灾保险之父”的称号。

18世纪末到19世纪中期，英、法、德、美等资本主义国家相继完成了工业革命，大机器生产代替了手工操作，物质财富大量增加和集中，火灾保险也相应得到迅速发展。一是保险标的从过去只承保建筑物扩大到各类动产和不动产；二是承保风险从火灾扩展到雷电、爆炸、地震、风暴、暴动、水灾等，甚至可以承保火灾后的利润损失，从而完成了从火灾保险到财产保险的演变过程。这一时期，欧美的火灾保险公司迅速发展壮大，各保险公司之间竞争激烈，为了防止同业间恶性竞争，保险同业公会相继成立，如 1866 年美国成立的全国火灾保险事业协会、1871 年德国成立的私营火灾保险公司协会，共同协定火灾保险费率。

三、人身保险业务的产生与发展

商业人身保险的产生与海上保险的发展是分不开的。15 世纪，随着海外贸易和海上保险的发展，产生了对所贩运奴隶的人身保险和船员人身保险，到 16 世纪，开始了对旅客的人身保险。这一时期，人身保险业务中出现了投机性现象，有人以与自己毫不相干的他人为对象投保赌博性人身保险，对此，保险合同中规定投保人必须对被保险人生命具有可保利益，这是人身保险制度进步和完善的一个标志。16 世纪至 17 世纪，欧洲盛行年金制度，尤其以意大利人洛伦佐·佟蒂（Lorenzo Tonti）设计的联合养老保险办法——《佟蒂法》为代表，这种年金制度规定认购者一次性向国家缴付一笔资金，由国家对认购者分期支付一定利息直到其死亡为止。佟蒂法的目的是为国家筹集资金，其形式相当于一次缴费分期支付的年金，它未经过科学计算，是一种赌博性年金制度。

在 18 世纪中期以前，人身保险费的收缴采用“赋课式”，参加者每人须缴纳等额的保险费，与人的年龄、健康状况无关，结果导致严重的逆选择行为，保险经营极不稳定。17 世纪概率论和数理统计科学产生之后，随着人们对生命规律的研究，人身保险经营才逐步建立在数理科学基础之上。

1. 生命表和生命年金理论的产生

17 世纪初叶，伦敦流行疫病，各教区每周公布死亡人数。英国数学家约翰·格兰特（John Graunt）对各教区公布的死亡人数记录进行研究，于 1662 年发表了关于生命表思想的论文。荷兰数学家约翰·德·威特（John De Witt）认为以往的年金价格极不合理，他于 1671 年完成了生命年金的理论研究，并根据人的死亡概率计算出生命年金的现值。1693 年，英国著名数学家、天文学家爱德华·哈雷（Edwar Hally）以德国布勒斯劳市（Breslau）1687—1691 年间按年龄分类的居民死亡统计资料为依据，编制完成了世界上第一份生命表（死亡表）。它精确地表示了每个年龄人群的死亡率，反映了不同人群的生命风险及其规律。关于生命表和生命年金理论的研究，特别是生命表的编制完成，在人寿保险发展史上是一个里程碑，它为寿险精算技术和现代人寿保险制度奠定了科学的数理基础。

2. 自然保险费与均衡保险费理论的建立

英国在 18 世纪曾盛行一种福利社团组织，参加者死亡后给付约定的金额，费用由全体成员平均分摊。由于老年人与年轻人的死亡几率相差较大，平均分摊费用的结果使年轻人感觉不公，纷纷退出社团组织。为改变这种不利状况，有些社团做了年龄限制。当时有一家叫友爱社（Amicable Society）的福利社团，对新吸收的会员规定年龄在 45 岁以下。1756 年，数学教授詹姆斯·多德森（James Dodson）因年龄已达 46 岁而被该福利社团拒之门外，多德森先生对此极为不满。他认为，46 岁以上的人更需要加入福利社团，不允许加入是由于保险费计算不科学和成员费用负担不合理引起的。他主张依据哈雷的生命表，按照不同年龄不同死亡率计算出投保人在当年应缴纳的保险费，这种保险费就是“自然保险费”。

自然保险费理论确立了公平的原则，产生了人寿保险总体上收支相等的原理，但是，没有从根本上解决年龄大的人参加保险的实际问题。由于老年人死亡率上升较快，应缴自然保险费逐年增多，而收入可能逐年下降，其结果是使他们可能因无力负担保险费而不得不退保。

为解决这一问题，多德森又经过研究提出了“均衡保险费”理论，即把每年更新的定期死亡保险期限改为长期性保险，在自然保险费基础上，加上利息因素，经过精确计算，使某一投保人在整个保险期间每年的保险费保持相同水平，不随年龄的增大而变化，这就是均衡保险费。均衡保险费实际上包含两部分；风险保险费（即自然保险费）和储蓄保险费。风险保险费用作当年死亡分摊费用；储蓄保险费累积形成责任准备金，以备将来给付。这样，均衡保险费在某一年龄时点前大于自然保险费，此后又小于自然保险费，等于将晚期应缴的部分自然保险费提前缴付了，从而有效地解决了老年人晚年付费困难的问题。

詹姆斯·多德森的自然保险费与均衡保险费理论是在哈雷的生命表基础上对于人寿保险的又一重大贡献，这一理论将生命表应用于人寿保险经营，确立了保费负担的公平原则和寿险精算原理，同时解决了各种年龄投保人购买寿险的实际问题。1762 年，英国公平人寿保险公司成立，该公司第一次依据生命表，采用均衡保险费理论计算收取保险费，并在保险条款中订有后来寿险条款普遍使用的缴费的宽限期以及保单失效、复效的规定。这家公司的创立被公认为是近代人身保险制度形成的标志。

工业革命以后，机器的使用、火车的发明使人身伤亡事故增多起来，人身意外伤害保险和健康保险也随之发展起来，人身保险逐步发展为包括人寿保险、意外伤害保险和健康保险的一大类保险业务。

四、世界保险业发展的现状和趋势

1. 全球保险市场一体化

现代经济的发展，使各国之间的经济联系日益密切，使全球投资、贸易呈现一体化的趋势，这必然导致国际保险市场的一体化。具体地说，国际保险市场一体化趋势的产生与发展，源于以下因素。

（1）贸易和投资一体化。随着国际贸易和投资的不断发展，国与国之间经济技术合作与交流的日益密切，国际经济一体化趋势日益明显。保险作为现代经济发展的稳定器，必然要为贸易和投资一体化服务，从而形成统一的国际保险市场。

（2）巨灾风险的威胁。人类对自然资源的掠夺性开发和使用，造成了生态环境的急剧恶化，各类自然灾害频繁发生，且损失金额越来越大。而自然灾害基本上是一种地理风险，因此需要在更大的区域内分散和转移风险，也就产生了在国际范围内进行再保险的必要。此外，科学技术的进步使人类的活动空间不断增加，新兴产业不断产生，既增进了人类的福利，也带来了许多新的巨灾风险。这类风险可能造成的损失显然已经超出了少数几个保险人的承保能力和赔付能力范围。因此，为了分散自身风险，保障自身业务的稳定，原保险人也需要在国际市场上进行分保或进行共保。保险业务的国际化，以及共同的经济利益关系，使世界各国的保险人紧密联系在一起，加深了国际保险市场的一体化趋势。

（3）现代通信技术提供的便利。现代计算机和通信技术的发展，大大提高了信息的传递和处理效率，使得人类能在更大程度上克服空间距离对经济活动的不利影响，更好地在全球范围内开展经济交流与合作。近年来，先进的电子技术不断应用于保险业务，使得各国保险人能迅速、有效地进行经营管理，核保、核赔、理赔的速度大为提高，从而为国际再保险和跨国公司的活动提供了极大的便利，从技术上为国际保险市场一体化提供了支持。可以预计，现代信息技术的发展，将进一步深化国际保险市场的一体化趋势，使世界保险市场联成一个有机的整体。

（4）有关法规的完善。世界贸易组织和欧共体等区域性经济合作组织近年来通过的一系列法案，也为保险市场一体化铺平了道路。如1990年生效的《欧共体第二号非寿险指令》，1992年11月欧共体颁布的《放宽对汽车保险跨境经营的限制的指令》，1994年3月实施的《第三号寿险及非寿险指令》，1997年12月13日世界贸易组织的102个成员达成协议，统一开放包括银行、保险、证券及其他相关的服务贸易。这些都对世界保险一体化进程起到了有效的推进作用。

2. 保险市场的竞争更为激烈

20世纪90年代以来，国际保险市场供给能力明显过剩，市场的竞争更加激烈，竞争不仅存在于保险企业之间，而且也存在于保险业与银行业之间。这种竞争可以在保险公司数目的变化上得到反映，一方面在竞争中处于不利地位的保险公司被迫关闭，宣布破产；另一方面，公司并购业务迅速增长。激烈的竞争，促使各种保险公司不断推出新的保险产品和引进新的经营方式，使保险产品的内涵日益丰富，网络保险、银行保险等新的营销方式应运而生，而以降低成本和扩大市场占有率为目的的并购也极大地改变了国际保险市场结构。

3. 保险市场并购频繁，混业经营日益普遍

由于保险市场的竞争日趋激烈，各保险公司为了求得生存和发展，纷纷采用兼并手段来降低成本，改善资本和产品结构，扩大市场。而在这一兼并过程中，银行和保险公司的强强联合引人注目。近几十年来，世界金融业更是兼（合）并成风，跨行业、跨地域的特大金融并购案层出不穷。20世纪90年代的并购，打破了日本保险公司独领风骚的局面，形成美、日、欧三足鼎立之势。保险并购加速了保险业排名的更迭，不断形成新的竞争格局。《华尔街日报》曾对92次并购进行过研究，在并购前后20天里，累计的非正常收益率为20.1%。而在宣布并购前后各1天的最短期限内，股价上升13.93%。大多数实证研究结果是非常相似的。

20世纪80年代以后，西方国家掀起了金融自由化的浪潮。科学技术和数理统计技术在金融业务中得到广泛应用，推动了直接融资和金融创新的发展，大量资金在银行、证券公司、保险公司之间流动，新的金融品种和金融工具不断涌现，使银行、证券、保险间的分业体制难以为继。英国于1986年10月颁布了《金融服务法》，日本于1994年开始了金融改革，两国率先进行的金融法律制度的改革，确立了银行业、证券业、保险业之间参股和业务渗透的合法性。美国国会于1999年11月通过了《金融服务现代化法案》，推倒了分割银行、证券、保险业之间的“格拉斯-斯蒂格尔墙”，正式结束了美国银行业、证券业和保险业分业经营的历史。在实践中，混业经营已有了相当程度的发展，如欧洲500家大银行中的46%均设有保险业务部门，法国有12家银行为保险公司拥有，英国有17家银行为保险公司拥有，在混业经营方面起步较晚的美国也有4 088家银行开始从事保险业务。经济发达国家金融发展和改革的实践表明，从分业经营走向混业经营，代表了现代金融业的发展方向。

4. 保险市场与资本市场的联系更加密切

现代金融市场是由货币市场、资本市场、保险市场、外汇市场、信托市场等部分组成的，由于经营同一交易标的——货币，都具有融资和投资功能，因此这些市场之间存在着密切的联系。现代保险业面临的挑战，促使保险公司更深地介入资本市场，从而使保险市场与资本市场的联系更加密切：一方面，为减轻承保业务利润减少的不利影响，保险资金需要到资本市场投资，以获得理想的投资回报；另一方面，为扩大承保能力，增加资本金，保险公司须

通过资本市场筹集资金。此外，随着生态环境的恶化、财富的增长和集中，以及人类活动领域的扩大，出现了越来越多的巨灾风险，而传统的再保险方式却有些无能为力，但保险公司或再保险公司可通过购买保险期货或发行巨灾债券的方式来处理这类风险，也加深了资本市场与保险市场的联系。

第三节　我国保险业的产生与发展

一、我国近代保险业

“天有不测风云，人有旦夕祸福”，说明自然灾害和意外事故的发生，在任何社会形态下都是不可避免的。中华民族在原始氏族社会就已经出现了图腾崇拜，以龙为氏族的保护者。中国历代封建王朝为巩固政权，稳定社会秩序，相继采取“积蓄备荒”措施，建立仓储制度，这形成了社会保障的雏形。

到了 19 世纪初叶，中国清朝政府仍处于闭关自守时期，而英国已完成了工业革命，它在不断入侵印度的同时，也把侵略矛头指向了中国，向中国倾销鸦片，掠走大量的白银和物资。为了保障往返运输的货物及其船舶的安全，首先在广州开设了保险机构。鸦片的大量输入，给中国人民造成深重的灾难。清政府采取了禁烟的措施，英帝国主义乘机挑起战争，用大炮打开了中国的大门。腐败的清政府被迫签订了丧权辱国的不平等条约，割地、赔款、五口通商。这就为帝国主义经济侵略大开方便之门，为其服务的外商保险公司，凭借特权纷纷在中国设立机构，侵占了中国的保险市场。

鸦片战争以后，帝国主义列强对中国的政治、军事、经济侵略，在一些进步知识分子中产生了影响。如魏源、洪仁轩等人，他们对西方的情况有较多的了解，多少受到了一些资本主义思想的影响，在吸取中国古代原始保险思想和外国保险理论中，探索从西方资本主义国家寻找“富国强兵”之策。他们通过著作或出洋考察纪实，阐述了各自的保险观点，为创建中国的保险业做了舆论准备。

补充阅读

保险思想传播

第一次鸦片战争打开了中国闭锁了几千年的大门，一批志士仁人开始放眼世界，寻找富国强兵之策，他们在接触西方的过程中感悟到保险在社会经济中的巨大作用，于是将西方保险思想引入中国。第一个将西方保险思想介绍过来的是魏源，他在《海国图志》中对保险有较详尽的描述。其后，产生了一批保险倡导者，如王韬、郑观应和张謇。

《海国图志》首次向国人介绍了西方的保险，书中将 insurance（保险）译成“担保”，insurance company（保险公司）译成“担保会”，marine insurance（水险）译成“船担保”。

王韬，清朝最早的改良派思想家之一。王韬在西方各国的游历使他能够较全面地阐述保险思想。他认为西方资本主义的发展得益于航海贸易，而航海贸易必然要求保险对其风险给予调剂。他主张轮船招商局应与保险相辅相成。为了保障我国国际贸易的发展，他呼吁在通商口岸以及世界其他各港口，凡我轮船所到之处，设立中国的保险公司或者海外代理处。他积极倡导自办保险公司。王韬的保险思想，对我国自办保险尤其是保险招商局的创立起了直接的推动作用。

郑观应，曾游历许多国家，先后在英商宝顺、太古等洋行做买办20年。脱离洋行后，以商股代表身份参加洋务派创办的轮船招商局等企业。他出版了《盛世危言》，书中介绍了西方保险史，并论述了保险的三大险种，积极主张自办保险。

张謇，清末状元，大实业家。1895年创办纱厂。1897年撰述《厂约》，主张效仿西方，从企业盈余中提取保险公积，以防不测。民国后，他就任北洋政府农商总长。在《实业政见宣言书》中主张像西方国家一样，制定农工商法案。他还提出倡办保险的具体政策。

与此同时，清朝洋务派官员为挽救摇摇欲坠的封建统治，提出“自强”“求富”，学习西方技术，建立近代军工和民用企业，采取官督商办方式，创办了轮船招商局、保险招商局等企业。在此之后，中国保险业虽有所发展（到1911年华商保险公司总共有45家），但发展的势头时起时落，仍然是外商保险公司垄断着中国的保险市场。当时在整个保险业务中，外商约占80%，华商仅占20%。

1907年，中国近代史上的第一部保险法规《保险业章程草案》上报清朝政府，可惜并未批准实施。1909年、1911年又在国外专家的协助下先后拟定《海船法草案》和《商律草案》，但都未颁行。综观清末时期拟订的保险法草案，对于保险法规以及涉及的商法、海法两大法系都进行了制定法规的探索，而且内容比较周全。这些保险法规虽未颁行实施，但对于民族保险业的兴起、发展起了一定的促进作用，并对北洋政府时期的保险法规的制定起了借鉴作用。

第一次世界大战期间（1914—1918年），帝国主义忙于战争，一度放松了对中国的经济侵略，中国民族保险业又一次获得了发展。从1912年到1925年，陆续设立的华商保险公司有39家。其中于1912年设立的中国华安合群保寿股份有限公司聘请了外商寿险的精算和管理人才，向社会大力宣传人寿保险的作用与好处，为维护民族权益而励精图治，培训业务干部，其业务迅速发展，经营效益显著。到1931年，它已成为与外商寿险公司相抗衡的著名华商保险公司。

1926年以后，中国保险业出现了一个新形势，就是中国的银行业相继投资于保险业。从1926年到1936年期间，由于金融业以其雄厚的资金投入保险业，改善了公司的经营管理，注意培养专业人才，拓展险种，发展经纪人，并利用银行贷款关系，争取工商业的保险业务。民族保险业有了迅速发展，与1914年相比，公司数量增加了2倍多，资本金额增加5倍多，呈现一片新的景象。保险机构也从上海等地延伸到其他口岸和内地商埠，保险业务从国内扩展到了国外，民族保险公司开始走向联合经营管理。

1912年中华民国成立后，北洋政府曾聘请法国顾问拟定了“保险契约法草案”，共4章109条。1917年北洋政府拟定了《保险业法案》，后因北洋政府解散，上述法案均未公布。1928年国民政府金融管理局制定了《保险条例》（草案），共9章29条。1929年，国民政府通过了《保险法》，内分总则、损害保险、人身保险3章，共计82条。1937年修正后的《保险法》《保险业法》和《保险业法施行法》颁布实施。1935年颁布《简易人寿保险法》和《简易人寿保险章程》。抗日战争爆发后，国民政府迁都重庆，上述法规除《简易人寿保险法》和《简易人寿保险章程》外，均未能付诸实施。为了维护中华民族的权益，试图冲破帝国主义列强不平等条约的约束，在上述保险立法的某些条款中，限制外国保险公司在中国领土上的经营范围和特权。但在半封建半殖民地的旧中国，执政当局对帝国主义的依赖性和它本身的软弱性，决定了有关限制外商权益的立法必然会遭到干扰和反对，而不可能获得施行。

补充阅读

“壬子兵变”引发中国最早的大赔案

1912 年孙中山为和平统一南北，将中华民国大总统职位让与袁世凯，并派蔡元培、宋教仁到京请袁就职。袁心存疑虑，为拖延离京，策划了震惊中外的兵变，这一年为壬子年，故史称“壬子兵变”。

兵变起自北京，随后波及天津、保定、石家庄、济南、烟台、奉天等北方大部分城市。兵变的士兵到处烧杀掳掠。仅天津被焚掠商铺就达 2 200 多家，损失白银 12 120 万两；保定损失白银 700 余万两。

“壬子兵变”引发了中国时间最早、金额最大、范围最广的保险赔案。仅天津一地就有 300 多家受损失商铺向保险公司索赔，索赔金额高达白银 143 万两，这些商铺组成了“索偿保险会”依靠天津商会向保险人集体索赔，涉及的保险人与保险代理人有 24 家。

（佚名）

1932 年中华人寿保险协进社成立。1935 年中国保险学会成立。1935 年中国有史以来第一部《保险年鉴》(1936 年以后改为《中国保险年鉴》) 问世。1935 年《保险年鉴》辑录中外保险专家的论著，保险业及研究保险业者的指南，史料翔实，统计精确。全书共分 4 篇：保险概论、世界各国保险概况、中国保险业概况、保险法规。《中国保险年鉴》从 1935 年至 1938 年先后出版 4 册。

1925 年王效文编著的我国第一部保险学专著《保险学》出版。此后十余年，全国出版的保险书籍至多不过十余种。这也是我国民族保险业长期处于徘徊状态的主要因素之一。

同期，外商保险公司独占、垄断中国保险市场长达 100 余年。它们以上海为中心，不断向内地渗透，其分支机构遍布中国的各重要城市。据 1937 年《中国保险年鉴》统计，外商保险公司及其代理机构设在上海的共有 126 家，而华资保险公司仅有 24 家。外商保险公司在数量上占有绝对优势，而最早进入中国的保险机构是英商的。它们凭借其在华特权、雄厚资金、丰富的技术经验和再保险势力的优势，率先独占中国保险市场。到了 1919 年第一次世界大战结束之后，美商保险业就逐渐渗入中国，经营各种保险业务。到 20 世纪 30 年代，美商保险公司便与英商保险公司平分秋色，长期垄断中国保险市场，从中攫取大量的超额利润。据统计，当时从中国每年流出的保险费外汇达 235 万英镑，占全国保险费总收入的 75%。

抗日战争的全面爆发，使内地的工商业和交通一下子得到了急剧发展。而中国保险业也经历了一段从落后到繁荣，后来又逐渐衰退的过程；保险中心由抗战前的上海转移到重庆的大变化，是中国近代保险史比较重要的一页。大后方的保险机构以官办保险公司为主，包括中央信托局产物保险处、人寿保险处、中国产物保险公司、中国人寿保险公司、太平洋产物保险公司、中国农业保险公司、邮政储金汇业局寿险处、资源委员会保险事务所 8 家。地方保险机构、民办保险公司急剧增加，保险市场竞争激烈。到抗日战争胜利时止，已有 60 余家。

抗日战争以前，大后方保险业的分保业务一般要通过上海保险市场办理，其中相当部分的分保费都辗转流入外国保险商手中。抗战开始不久，重庆便成了后方各地保险业的分保中心，尤其是太平洋战争发生以后，沪、港等地相继被日军侵占，割断了与外商联系分保的渠道。因此，各种形式的再保险组织也在激烈的竞争中脱颖而出。中央信托局产物保险处曾竭力想通过再保险的国有化独占国内再保险市场，但遇到各方面的反对，在抗日战争期间一直没有办成。到了抗日战争胜利后的 1945 年 10 月，才由国民党政府财政部拨出巨款作为基金，交由中央信托局产物保险处办理再保险，在内部设立再保险科。但不久大后方的保险业中心移回上海，中国的再保险市场又呈现出另一番景象。

抗日战争以前，外商保险机构和业务在西南地区曾占一定的比重。由于第二次世界大战爆发和中国民族保险业的崛起，大部分外商保险公司均已陆续撤离回国，其势力逐渐衰落。

早在1929年到1937年间，国民政府曾先后颁布了《保险法》《保险业法》及其修正稿。但由于外商保险公司的反对和其他原因，在抗日战争以前一直没有付诸实施。国民政府迁都重庆以后，才又重新制定了一些单行法规和办法。在1941年以前公布施行的，有《国民寿险章程》《公务员团体寿险简章》《战时兵险法》及《健康保险草案》等。1942年又公布修正后的《简易人寿保险法》。但比较系统的保险法令规章，还是从1943年起，由政府陆续颁布的《战时保险业管理办法》及其施行细则，火险、水险、人寿保险基本条款和《保险代理人经纪人公证人登记领证办法》等几种。

1945年8月15日，日本帝国主义宣告无条件投降，中国人民坚持8年的抗日战争取得最后的胜利。随之而来的是，官僚资本保险机构与卷土重来的外商保险公司相互勾结，控制了保险市场。在此期间，集中在上海的大量游资再度争相投资于保险业，保险机构骤然猛增，达到破纪录的高峰，呈现出表面繁荣的景象，形成了民族保险业发展的第三次高潮。

到1947年3月底，全国保险业的总分支机构为507家，其中总公司129家，分支机构378家。外商依法履行手续后注册的保险公司有50家。按照1944年的《保险业代理人经纪人公证人登记领证办法》，截至1946年年底登记的代理人有42人、经纪人358人、公证人22人。据国民党政府财政部对全国金融机构的调查，截至1948年6月底，全国保险业的总分支机构已有602家。1948年上海的中外保险公司，包括外商保险代理机构，最多时有275家。在此期间，中央信托局产物保险处驻美分处于1948年5月6日在纽约华尔街开业，开办资本为250万美元。它是中国在美国第一家获准设立的保险机构。

抗战期间，上海原有和新建立的华商保险公司激于民族义愤，不屑与日本保险公司建立分保关系，但当时英、美、法等国的保险公司已被迫关闭，华商保险公司的分保关系中断，因此，唯一解决分保问题的就是华商保险公司组织自己的分保集团，先后成立了6家分保集团，参加公司计80家。

抗日战争胜利后，再保险机构在抗战期间建立的分保集团基础上又有了调整和发展，基本上有三类，形成了三股力量。第一类是以官僚资本保险公司为主体，并于1946年在上海成立了中国再保险公司；第二类是以上海的一些华商分保集团为主体；第三类是以外商保险公司为主体。中国保险业长期依靠外商受理大量分保业务，战后华商保险公司厘定的自留责任限额仍然很低，各分保集团的部分公司业务还各自分往国外，列入分保集团的再保险业务有限。因从国外分回的业务少，分保费反差仍大。这时期的美商保险公司凭借其新的特权，控制了官僚资本保险机构和一些民营保险公司的分保业务，继续主宰中国的再保险市场。

解放前夕的旧中国保险市场，由于国民党政府的腐败无能和恶性通货膨胀，保险业同其他行业一样，陷入了大混乱的状态，主要表现在滥发保费折扣佣金，任意放宽收费期限，任意扩大自负保险责任，随意签发外币保单。到1949年，华商保险公司的总分支机构已由1948年6月底的602家锐减为369家，其中一部分机构实际上已停止营业。

解放战争自1947年起转入战略进攻后，一些大中城市相继解放。当时共产党的政策规定，凡企业股份中官僚资本占50%以上或虽未超过50%，但其行政实权在官僚资本控制之下的保险公司应予接管，对其他保险公司进行监理。上海接管官僚资本保险机构的工作自1949年5

月30日开始，于1949年9月1日成立联合清理处，接管清理工作于同年10月23日基本结束。在官僚资本保险机构中，除批准中国产物保险公司和专营船舶保险和船员意外保险的中国航联意外责任保险公司复业外，其他被接管的保险公司对未到期火灾保险单一律办理退保手续，终止保险责任。对人寿保险金的清理，因涉及解放前货币的多次贬值，与银行存款清偿同样，草拟了《人寿保险金清偿办法》，上报审批。为有利于恢复和发展经济，解放后上海贯彻保护工商业的政策，扶持私营保险公司复业和加强对保险业的管理。期间一共有104家私营保险公司复业，包括华商62家，外商42家。

1949年下半年，人民解放战争在全国取得了决定性的胜利。8月，由陈云同志主持，在上海召开了由华东、华北、华中、东北、西北五个地区的财政、金融、贸易部门领导干部参加的财经会议。创建中国人民保险公司的建议就是在这次会议上提出来的。1949年9月25日至10月6日由中国人民银行组织的第一次全国保险工作会议在北京举行。同年10月20日，中国人民保险公司在北京成立，宣告了新中国统一的国家保险机构的诞生，中国保险史从此揭开了崭新的一页。自解放后到1950年5月，全国公私保险公司收入保费的比例，国营公司占70%，华商公司占8%，外商公司占22%。这是一种本质上的改变。它标志着国营公司领导地位的确立，而由外商保险公司操纵垄断中国保险市场的局面一去不复返。1952年6月，中国人民保险公司从中国人民银行划归财政部领导。

二、我国现代保险业

解放初期，人民政府接管各地的官僚资本保险公司，同时整顿改造私营保险公司，为新中国保险事业的诞生和发展创造了条件。中国人民保险公司的成立，标志着中国的保险事业进入一个新的历史发展时期。

（一）改造旧中国保险业

为建立起新的适应社会主义建设需要的保险业，1949年人民政府对旧中国保险业进行了全面的清理、整顿和改造。

1. 接管官僚资本保险企业

由于解放前夕官僚资本保险机构大多集中在上海，人民政府接管官僚资本保险机构的工作以上海为重点。接管工作从1949年5月开始至10月底基本结束。中国产物保险公司和专营船舶保险、船员意外保险的中国航联意外责任保险公司经批准恢复营业，其他官僚资本保险机构都予以停业。上海以外的官僚资本保险机构都由当地军事管制委员会接管。

2. 改造私营保险企业

解放后，各地相继制定私营保险企业管理办法，如重新清产核资，要求按业务类别交存相应的保证金等，并加强督促检查。根据新的管理规定，中外私营保险公司在各地复业，但大部分保险公司资金缺乏，承保能力有限。

由于原来的分保集团大部分解体，对外分保关系中断。在军管会的支持下，1949年7月20日在上海成立了由私营保险公司自愿参加的分保组织“民承分保交换处”（简称民联），主要经办火险的分保业务。民联的成立，促进了私营华商保险公司的业务发展，提高了保险业的信誉。随着私营保险企业公私合营，民联于1952年年初完成了历史使命。1951年和

1952 年，公私合营的“太平保险公司”“新丰保险公司”相继成立。1956 年，全国私营工商业的全行业公私合营完成后，国家实行公私合营企业财产强制保险，指定中国人民保险公司为办理财产强制保险的法定机构。同年，太平和新丰两公司合并，合并后称“太平保险公司”，不再经营国内保险业务，专门办理国外保险业务。两家公司的合并实现了全保险行业公私合营，标志着中国保险业社会主义改造的完成。从此，中国国内保险业务开始了由中国人民保险公司独家经营的局面。

3. 外国保险公司退出中国保险市场

1949 年以前，外国保险公司凭借政治特权以及自身雄厚的资金实力，控制了中国的保险市场。新中国成立后，人民政府废除其特权，并加强监管，要求其重新登记和缴纳保证金。1950 年 5 月，全国尚有外商保险公司 61 家，其中上海 37 家，天津 10 家，广州 8 家，青岛 5 家，重庆 1 家。人民政府采取限制和利用并重的政策，一方面允许其营业，继续办理一些当时其他保险公司不能开办的业务，如海运保险、外国侨民外汇保险等；另一方面从维护民族利益出发，对其业务范围和经营活动做了必要的限制，对其违反国家法令和不服从管理的行为进行严肃查处。随着国有保险公司业务迅速增长，外商保险公司不仅失去依靠政府特权获取的高额利润，也失去了很多的分保收入。在国营外贸系统和新的海关建立后，其直接业务来源越来越少。1949 年外商保险公司保费收入占全国保费收入的 62%，1950 年下降为 9.8%，1951 年为 0.4%，1952 年仅为 0.1%。到 1952 年年底，外国在华保险公司陆续申请停业，撤出中国保险市场。

1949 年 8 月，为尽快恢复和发展受连年战争破坏的国民经济，中央人民政府在上海举行了第一次全国财经会议。会上，中国人民银行建议成立“中国人民保险公司”，并在会后立即组织筹备。经党中央批准，中国人民保险公司于 1949 年 10 月 20 日正式成立。这是新中国成立后建立的第一家国有保险公司。中国人民保险公司成立后，迅速在全国建立分支机构，并以各地人民银行为依托，建立起广泛的保险代理网。

（二）新中国保险业务的挫折

20 世纪 50 年代初，中国人民保险公司各地机构在执行政策和具体做法上出现了很多问题，主要表现为依靠行政命令开展业务，内部管理比较混乱；农业保险在试办经验很不成熟的情况下全面推广，一些基层干部开展业务时搞强迫命令，在群众中造成不良影响；保险机构发展太快，许多干部不懂业务，只求保费数量不求保险合同质量，不少县级公司入不敷出。1953 年 3 月，中国人民保险公司第三次全国保险工作会议对上述失误和偏差进行了纠正，确定了“整理城市业务，停办农村业务，整顿机构，在巩固的基础上稳步前进”的方针。

从 1953 年开始，国家对城市强制保险业务作了调整：①停办国家机关财产强制保险和基本建设工地强制保险；②国营企业（包括合作社）的强制保险仍继续办理；③其他业务，按对生产有无积极作用、群众是否需要和自愿、自己有无条件、是否符合经济核算四项原则，分为巩固、收缩、停办三类进行清理。由于资本主义工商业社会主义改造的推进，城市自愿保险业务明显下降。

1958 年 10 月，西安全国财贸工作会议提出：人民公社化后，保险工作的作用已经消失，除国外保险业务必须继续办理外，国内保险业务应立即停办。同年 12 月，在武汉召开的全国财政会议正式做出“立即停办国内保险业务”的决定。1959 年 1 月，中国人民保险公司召开第七次全国保险工作会议，贯彻落实国内保险业务停办的精神，并部署善后清理工作。从1959年起，全国的国内保险业务除上海、哈尔滨等地继续维持了一段时间外，其他地方全部停办。

从1966年到1976年的“十年动乱”期间，中国国内保险业务彻底停办。1969年月1月停办了交通部的远洋船舶保险，海外业务受到很大影响。接着停办的是汽车第三者责任保险。1968年前，海外业务由香港民安保险公司、中国保险公司、太平保险公司分给中国人民保险公司，然后由中国人民保险公司进行对外统一分保。但1969年后，海外业务对外的分保由民安保险公司代理，寿险由中国保险公司分保，中国港澳地区和新加坡等国家和地区的保险业务下放到中国保险公司香港分公司管理。到1969年，与我国有再保险关系的国家和地区由原来的32个下降到17个，有业务来往的公司由67家下降到20家，仅与社会主义国家和个别发展中国家保持分保关系。实际上停止了多年发展起来的与西方保险市场的分保往来。

（三）中国保险业务发展新阶段

1978年12月，中共十一届三中全会确立改革开放政策，决定把工作重点转移到以经济建设为中心的社会主义现代化建设上来。中国人民银行在1979年2月召开的全国分行行长会议上提出恢复国内保险业务。

1979年4月，国务院批准《中国人民银行分行行长会议纪要》，做出“逐步恢复国内保险业务”的重大决策。中国人民银行立即颁布《关于恢复国内保险业务和加强保险机构的通知》，对恢复国内保险业务和设置保险机构做出了具体部署。

中国人民保险公司自1956年新丰、太平两家保险公司从国内保险市场撤出后，一直独家垄断中国保险市场。国内保险业务恢复后，中国保险市场也仍然由中国人民保险公司一统天下。中国人民保险公司对市场的完全垄断，在当时情况下曾起到过积极的作用，促进了中国保险业在短期内迅速恢复和发展。随着社会主义市场经济的迅猛发展，与市场经济规律相悖的垄断经营体制的固有弊端逐步暴露出来。垄断体制窒息了价值规律在保险业务发展中的作用，剥夺了被保险人选择保险人的权利，导致保险费率居高不下，保险市场开拓力萎缩。因此，改变中国人民保险公司一统天下的保险体制已成为当时迫切需要解决的问题。

1986年2月，中国人民银行批准设立“新疆生产建设兵团农牧业保险公司”，专门经营新疆生产建设兵团农场内部的种养两业保险。1992年该公司更名为“新疆兵团保险公司”，并相应扩人业务范围。新疆生产建设兵团农牧业保险公司的成立，打破了中国人民保险公司独家垄断保险市场的局面。1987年，中国人民银行批准交通银行及其分支机构设立保险部。1988年5月，平安保险公司在深圳蛇口成立。1991年，中国人民银行要求保险业与银行业分业经营、分业管理，批准交通银行在其保险部的基础上组建中国太平洋保险公司，成为继中国人民保险公司之后成立的第二家全国性综合性保险公司。1992年9月，平安保险公司更名为“中国平安保险公司”，成为第三家全国性综合性保险公司。

1994年10月，中国人民银行批准在上海成立天安保险股份有限公司。1995年1月，又批准在上海成立大众保险股份有限公司。1996年7月，经国务院批准，中国人民保险公司改组为中国人民保险（集团）公司，下设中保财产保险有限公司、中保人寿保险有限公司和中保再保险有限公司，实行产、寿险分业经营。根据《保险法》确立的商业保险与社会保险分开经营的原则，国务院决定将17家地方寿险公司全部并入中保人寿保险有限公司。为促进我国的保险事业健康发展，1998年10月7日，国务院批准《撤销中国人民保险（集团）公司实施方案》，将原中保财产保险有限公司更名为中国人民保险公司；原中保人寿保险有限公司更名为中国人寿保险公司；原中保再保险有限公司更名为中国再保险公司；将中保集团所属的其他海外经营性机构全部划归香港中国保险（集团）有限公司管理。1996年，中国人民银行还批准设立新华人寿保险股份有限公司、泰康人寿保险股份有限公司、华泰财产保险股份有限公司、永安财产保险股份有限公司、华安财产保险股份有限公司5家股份制保险公司。

改革开放后，许多外国保险公司看好中国保险市场的巨大发展潜力，希望早日进入中国保险市场。中国保险市场初步形成了以股份制保险公司为主体、中外保险公司合存、多家保险公司竞争发展的新格局，保险业务快速增长。

自从保险业务恢复以来，我国保险法制建设取得了很大成绩。1982年开始实施的《中华人民共和国经济合同法》对财产保险合同做了专门规定，这是新中国首次有了实质意义上的有关保险的法律规定。1983年9月，国务院颁布并实施了《财产保险合同条例》。1985年3月，国务院颁布《保险企业管理暂行条例》，对加强保险业的监管发挥了重要作用。1992年11月，《中华人民共和国海商法》颁布，对海上保险合同做出了规定。1995年6月，《中华人民共和国保险法》颁布，对发展社会主义市场经济，规范保险经营活动，保护保险活动当事人的合法权益，促进保险事业的健康发展，具有十分重要的意义。《保险法》出台后，中国人民银行相继制定了一些配套的保险业管理规定，如《保险管理暂行规定（试行）》《保险代理人管理规定（试行）》《保险经纪人管理规定》等。1998年11月中国保险监督管理委员会成立后，立即对保险市场的现状和存在的问题进行调查研究，并着手修改、补充和完善保险法律法规体系，先后颁布了《保险公司管理规定》《向保险公司投资入股暂行规定》《保险公估人管理规定（试行）》等一系列保险规章。

20世纪50年代初，中国人民银行是保险业的主管机关。后模仿苏联的做法，于1952年将保险业监管工作交由财政部负责。1959年国内保险业务停办，中国人民保险公司只办理涉外保险业务，在行政上成为中国人民银行国外业务局的一个处。随着国内保险业务的恢复，中国人民保险公司于1984年从中国人民银行分设出来，成为国务院直属局级经济实体。因此，在1959年到1984年之间，中国人民银行既经营保险业务，又负责对保险业的领导和管理。从1984年开始，中国人民银行专门行使中央银行职能，保险监管是其中一项重要工作。1985年颁布的《保险企业管理暂行条例》、1995年颁布的《中华人民共和国中国人民银行法》和《中华人民共和国保险法》，均明确中国人民银行是保险业的监管机关。

随着金融体制改革的逐步深入和保险业的不断发展，保险监管不断强化。1998年，为加强保险监管，落实银行、保险、证券分业经营、分业管理的方针，党中央、国务院决定成立中国保险监督管理委员会。中国保险监督管理委员会的成立，是我国保险发展史上的一个重要里程碑。从此，中国保险业进入一个新的历史发展时期。

三、我国保险业的发展趋势

进入21世纪后，中国的保险市场正向着经营主体多元化、运行机制市场化、经营方式集约化、政府监管法制化、行业发展国际化的方向发展。

一是保险市场主体不断增加，市场体系进一步优化。保险市场主体的多元化，有力地促进了保险公司经营观念的转变，使之逐步确立了服务意识、竞争意识、效益意识和发展意识。保险市场开始由量的扩张走向质的提高。

二是保险业务持续发展，保险市场发展空间日益拓宽。从保费收入的规模和增长速度来看，近 20 多年来，年平均增长速度都远远高于同期国内生产总值的年均增长速度。

三是有效防范和化解风险，加强和改进保险监管。保险公司采取积极措施防范和化解风险，加强和改进保险监管，维护保险市场安全、稳健地运行。完善动态偿付能力压力测试和先进的检测制度，改进风险识别和预警制度。发挥保险保障基金制度，对发生重大风险的公司实施风险处置和救济制度。

四是保险监管机构完善监管制度，对现行保险监管规章制度进行全面清理。完善监管组织体系，加强信息化监管改进法人机构分类监管，建立分支机构分类监管制度，研究探索宏观审慎监管，与外资保险公司的母国监管机构加强交流沟通和监管合作。明确保险公司信息披露要求，建立健全保险服务标准和赔付程序公开制度，制定电话营销行为标准，指导行业建立车险信息共享机制和保单承保理赔信息自主查询制度，积极保护被保险人利益。

五是参与社会风险管理，积极服务经济社会发展。保险业紧紧围绕国家经济建设和社会发展事业，立足保障和服务民生，扩大保险覆盖面，提升保险业务能力。积极参与社会保障体系建设，推进商业养老和健康保险专业化经营，加大产品创新力度，提高养老和健康保险服务水平。

补充阅读

2015 年中国已成全球第三大保险市场

2015 年对保险行业而言是可喜的一年，在经济增速逐渐放缓的总体环境中，中国保险业得益于政策引导，呈现出“逆势增长、一枝独秀”的爆发状态。

“中国保险业总资产预计今年全年会超过 12 万亿元。”中国保监会副主席周延礼在中美保险峰会上如是说。他提到，中国是世界上潜力最大的保险市场，13 亿人口总量蕴藏着巨大的保险商机和市场需求。

据保监会公布数据显示，全国保费收入从 2010 年的 1.3 万亿元增长到 2015 年的 2.4 万亿元，年均增长 13.4%。保险业总资产从 2010 年的 5 万亿元增长到 2015 年的 12 万亿元，成功实现翻番。

从行业利润看，从 2010 年的 837 亿元增长到 2015 年的 2824 亿元，增加了 2.4 倍。我国保险市场全球排名由第 6 位升至第 3 位，对国际保险市场增长的贡献度达 26%，居全球首位。

本资料数据主要摘自中国保监会网站新闻，人民网 2016 年 1 月 4 日新闻《2015 年保险业逆袭银行业　中国已成全球第三大保险市场》对 2015 年保险业的发展有详细介绍。

本章小结

<table>
<tr><td rowspan="3">保险的产生与发展</td><td>古代保险思想和原始形态的保险</td><td>早期外国的保险思想和做法产生于地中海沿岸的古巴比伦、古埃及、古希腊和古罗马等文明古国
中国自古以来就有积谷防饥、防患于未然的思想；各个朝代都有储粮备荒以赈济灾民的传统制度
中国是最早发明风险分散这一保险基本原理的国家</td></tr>
<tr><td>世界保险业的起源与发展</td><td>共同海损分摊原则是海上保险的萌芽
船货抵押借款制度是海上保险的雏形
海上保险的产生与发展
火灾保险是财产保险的前身
商业人身保险的产生与海上保险的发展是分不开的
世界保险业发展的现状和趋势：全球保险市场一体化，保险市场的竞争更为激烈，保险市场并购频繁，混业经营日益普遍，保险市场与资本市场的联系更加密切</td></tr>
<tr><td>我国保险业的产生与发展</td><td>中国历代封建王朝建立的仓储制度形成了社会保障的雏形
为保障往返运输的货物及船舶的安全，在广州开设了保险机构
中国人民保险公司的成立标志着中国的保险事业进入一个新的历史发展时期
中国的保险市场正向着经营主体多元化、运行机制市场化、经营方式集约化、政府监管法制化、行业发展国际化的方向发展</td></tr>
</table>

复习思考题

一、单选题

1. 近代海上保险发源于（　　）。

A. 英国　　B. 伦敦　　C. 意大利　　D. 中国

2. 被誉为“现代火灾保险之父”的（　　）人尼古拉·巴篷开办了专业承保火灾的营业所。

A. 法国　　B. 英国　　C. 美国　　D. 德国

3. 共同海损分摊原则最早出现在（　　）中。

A.《罗地安海商法》　　B.《罗马法典》

C.《佟蒂法》　　D.《英国1906年海上保险法》

4. 在1693年，天文学家哈雷编制了第一张（　　），精确表示了每个年龄的死亡率，为寿险计算提供了依据。

A. 保险表　　B. 费率表　　C. 统计表　　D. 生命表

5. 公元前916年制定的（　　）规定：为了全体利益，减轻船只载重而抛弃船上的货物，其损失由受益方共同分摊。

A.《汉谟拉比法典》　B.《罗地安海商法》C.《罗马法典》　D. 基尔特制度

6. 1998年11月，（　　）成立，标志着我国的保险宏观管理体制日渐成熟。

A. 中国人民银行　　B. 中国保险监督管理委员会

C. 中央财政部　　D. 劳动和社会保障部

二、多选题

1. 下列关于责任保险的说法正确的是（　　）。

A. 责任保险的起源比人寿保险要早

B. 首先开办责任保险的是日本

C. 责任保险可以采用强制或自愿方式实施

D. 在发达国家，责任保险已成为制造商及自由职业者不可缺少的保险

2. 中华人民共和国成立之后，为建立起新的适应社会主义建设需要的保险业，1949 年对旧中国遗留下来的保险业进行了全面清理、整顿和改造，具体措施为（　　）。

A. 接管官僚资本保险企业　　B. 新疆生产建设兵团农牧业保险公司成立

C. 改造私营保险业　　D. 外资保险公司退出中国保险市场

E. 中国人民保险公司诞生

3. 在“文化大革命”中，我国停办的保险业务是（　　）。

A. 农业保险业务　　B. 医疗保险业务　　C. 国际保险业务　　D. 人身保险业务

4. 关于保险的历史沿革，下列说法错误的是（　　）。

A. 镖局是我国特有的一种货物运输保险的原始形式

B. 现代海上保险形成于意大利

C. 中国开设的第一家保险机构是怡和洋行

D.《十二铜表法》是一部有关保险的最早法规

5. 根据保险理论，属于相互保险制度的是（　　）。

A. 黑瑞甫制度　　B. 基尔特制度　　C. 冒险借贷制度　　D. 共同海损分摊

三、简答题

1. 简述保险产生和发展的主要原因和条件。

2. 简述现代保险业发展趋势。

3. 保险产生的历史条件有哪些？

四、实训项目

上海环亚成为中国首家获劳合社资质的保险经纪公司

新华网伦敦2015年11月9日电（记者吴丛司）上海环亚保险经纪有限公司9日宣布，该公司于近日正式经英国劳埃德保险社（劳合社）批准成为其保险市场的保险经纪人。这意味着该公司成为拥有三百多年历史的英国劳合社市场第一家来自中国的保险经纪公司。

劳合社高层认为中国保险市场潜力巨大，上海环亚的海外发展前景广阔。

上海环亚保险经纪有限公司成立于2004年，总部设在上海，是一家全国性保险经纪公司。该公司表示，成为英国劳合社注册经纪人是劳合社对中国保险经纪人再保险技术和服务水准的一种认可，这也预示着中国保险经纪人已正式步入了国际保险舞台。

上海环亚还表示，成为劳合社注册经纪人是公司发展再保险业务的关键一步，有助于公司利用劳合社的信息资源平台学习国际市场化运作的专业技术，提升公司海外风险管理技能，培养更多国际化视野的再保人才，加速公司国际化战略发展。

> 需了解更多情况时读者可参考百度百科“劳合社”词条和劳合社保险（中国）有限公司官网。

作为英国最大的保险社团组织，劳合社是全球最主要的专业保险市场之一，其本身并不承保业务，但其制定的费率是世界保

险业的风向标。

实训指导：通过网络搜集相关信息资料，了解英国劳合社的起源、发展历程以及业务特点。

课外阅读资料

现代商业保险的发展之最

最早的汽车保险是美国的旅行者保险有限公司在 1898 年给纽约布法罗的杜鲁门·马丁售出的保单，原因是马丁非常担心自己的爱车会被马冲撞；随后劳合社设立了最早的有固定模式的汽车保险单，按照马力收取保费，每马力收取保费一英镑。

最早的盗窃险保单是 1887 年由劳合社设计的。

最早的分保合同是巴黎国民保险公司和布鲁塞尔业主联合公司于 1821 年签订的。

最早的保险公司于 1424 年在意大利成立，经营海上保险业务。

最早以股份制形式成立的保险公司是 1710 年在英国成立的“太阳保险公司”，它至今仍然存在，是世界最古老的保险公司之一。

2015 年中国最大的中资保险公司是中国人寿保险（集团）股份有限公司，名列 2015 年《财富》杂志世界 500 强企业第 94 位。

中国保险学会官网（isc-org）“保险史志”栏目中有丰富的保险历史资料可供读者参考。

第四章　保险合同

学习目标和要点

学习目标

掌握保险合同的概念、特征及种类，掌握保险合同的成立与生效，理解保险合同履行的关键，以及保险合同争议处理方式，为保险业务的学习奠定基础。

学习要点

保险合同的含义；保险合同的特征；保险合同的成立；保险合同的主体；保险合同的解释原则。

本章知识结构

- 保险合同概述
  - 合同与保险合同
  - 保险合同的特征
    - 有偿合同
    - 双务合同
    - 保障合同
    - 最大诚信合同
    - 射幸合同
    - 附和合同
  - 保险合同的种类
  - 保险合同的形式
    - 人身保险合同和财产保险合同
    - 单一危险保险合同与综合危险保险合同
    - 定值保险合同与不定值保险合同
    - 定额保险合同与补偿保险合同
    - 个别保险合同与集合保险合同
    - 特定保险合同与总括保险合同
    - 足额保险合同与非足额保险合同
    - 专一保险合同与重复保险合同
    - 原保险合同与再保险合同
- 保险合同的要素
  - 保险合同的主体
  - 保险合同的客体
  - 保险合同的内容
- 保险合同的订立、生效与履行
  - 保险合同的订立
  - 保险合同的成立与生效
  - 保险合同的有效与无效
  - 保险合同的履行
- 保险合同的变更、解除、中止与终止
- 保险合同的解释与争议处理

案例引入

2014年8月15日，王某在某银行办理存款业务的同时花了100元购买了一张银行代某保险公司销售的“幸福安康卡”，医疗费保额为1万元。王某购买该卡后并没有按照投保说明在网上将该卡予以激活。

2014年9月1日，王某在自家卫生间洗澡时不慎摔了一跤，造成腰部扭伤，后到医院治疗，共花去医疗费3 500元。事发当天，王某将此卡激活，并获得了电子保单。保单上载明保险期限为2014

年9月2日零时起至2015年9月1日24时止。王某腰部经治愈后，找到保险公司要求赔偿已花去的各项医疗费3 500元，但保险公司却以保险合同尚未生效为由予以拒赔。后王某将保险公司诉之法院要求赔偿。

那么，王某的保险合同是否成立呢？保险合同的生效与否又将如何影响其有关的权利与义务呢？这正是本章所要研究的内容。

第一节　保险合同概述

一、合同与保险合同

《中华人民共和国合同法》(以下简称《合同法》)第二条规定：合同是平等主体的自然人、法人、其他组织之间设立、变更、终止民事权利义务关系的协议。

补充阅读

中国《合同法》分则部分界定了15类有名合同，分别是：买卖合同，供用电、水、气、热力合同，赠与合同，借款合同，租赁合同，融资租赁合同，承揽合同，建设工程合同，运输合同，技术合同，保管合同，仓储合同，委托合同，行纪合同及居间合同。《担保法》界定了保证合同、抵押合同和质押合同等。

合同是双方的法律行为，其成立须双方意思表示一致。在先的意思表示为要约，在后的意思表示为承诺。合同可以采取口头、书面或其他形式，合法成立的合同具有法律约束力，当事人不得随意变更协议条件。任何一方无合法原因不履行或不完全履行合同义务的，对方有权请求履行或解除合同，并有权就所造成的损失请求赔偿。

概括地讲，保险合同是保险合同的当事人即投保人或被保险人与保险人约定保险权利义务的协议。如果结合保险行为本身的性质，则保险合同可具体描述为：投保人根据约定，向保险人支付保险费，保险人对保险标的（包括财产、责任或人身、生命等）因约定的保险事故发生或约定的年龄、期限等条件达到时，根据约定向被保险人承担损失赔偿责任或给付保险金责任的协议。

保险合同属于民商合同中的一种，其设立、变更、终止的权利义务关系是具有保险内容的民事法律关系，因此，保险合同不仅适用《保险法》，也适用《合同法》和《民法通则》。

二、保险合同的特征

保险合同作为一种特殊的民商合同，除具有一般合同都具有的法律特征外，还具有下列独有的法律特征。

1. 保险合同是有偿合同

有偿合同是指因为享有一定的权利而必须偿付一定对价的合同。保险合同以投保人支付保险费作为对价换取保险人对风险的保障。投保人与保险人的对价是相互的，投保人的对价是向保险人支付保险费，保险人的对价是承担投保人转移的风险。

2. 保险合同是保障性合同

保险合同的保障性主要表现在保险合同双方当事人一经达成保险协议，保险合同从约定生效时起到终止时的整个期间，保险标的的风险都受到保险人的保障。就个别的保险合同而言，保险标的发生灾害是偶然的，该保险合同的保障性是相对的，但就全部保险合同所保障的全部保险标的而言，其遭受保险事故的损失又是必然的，从这一意义上来讲，保险合同的保障性又是绝对的。

3. 保险合同是双务合同

双务合同是指合同双方当事人相互享有权利、承担义务的合同。保险合同的被保险人在保险事故发生时，依据保险合同享有请求保险人支付保险金或补偿损失的权利，投保人则承担支付保险费的义务；保险人享有收取保险费的权利，承担约定事故发生时给付保险金或补偿被保险人损失的义务。

> **思考与讨论**
>
> 试考虑，保险合同的双务性有哪些特殊的表现？

4. 保险合同是最大诚信合同

任何合同的订立和履行都应当遵守诚实信用的原则。保险合同较一般合同对当事人的诚实信用的要求更为严格，故称为最大诚信合同。保险合同的订立与履行，很大程度上依赖于投保人的诚实信用。一方面，投保人在订立合同时，对保险人的询问及有关标的情况要如实告知；在保险标的危险增加时应及时通知保险人；对保险标的过去的情况、未来事项也要向保险人做出保证。另一方面，保险人在订立保险合同时，应向投保人说明保险合同的内容；在约定的保险事故发生时，履行赔偿或给付保险金的义务等。

> **思考与讨论**
>
> 试讨论，对于单个的保险合同和整体的保险合同而言，保险合同的射幸性有何不同？

5. 保险合同是射幸合同

射幸合同是指合同当事人中至少有一方并不必然履行金钱给付义务，只有当合同中约定的条件具备或合同约定的事件发生时才履行；而合同约定的事件是有可能发生也有可能不发生的不确定事件。在保险合同关系中，保险人是否履行赔偿或给付保险金的义务，取决于约定的保险事故是否发生，而保险合同约定的保险事故是否发生或者何时发生是不确定的。

6. 保险合同是附和合同

附和合同是指其内容不是由当事人双方共同协商拟订，而是由一方当事人事先拟就，另一方当事人只是做出是否同意的意思表示的一种合同。保险合同可以采用保险协议书、保险单或保险凭证的形式订立。在采用保险单和保险凭证形式时，保险条款已由保险人事先拟订，当事人双方的权利义务已规定在保险条款中，投保人一般只是做出是否同意的意思表示。投保人可以与保险人协商，增加特别约定条款，或对保险责任进行限制或扩展，但一般不能改变保险条款的基本结构和内容。

> **思考与讨论**
>
> 针对保险合同的附和性，应如何保护投保人和被保险人的权益？

三、保险合同的种类

保险合同可以依据不同的标准进行多种划分，主要有以下几种。

1. 人身保险合同和财产保险合同

根据保险标的的性质划分，保险合同可以分为财产保险合同和人身保险合同。

财产保险合同是指以财产及其有关利益为保险标的的保险合同。财产保险合同的保险标的既包括有形财产，也包括无形财产和财产的相关利益。财产保险合同大多数属于损失补偿性质的合同。

人身保险合同是指以人的身体和寿命为保险标的的保险合同。人的生、老、病、死、残等都可以作为保险标的，只要发生约定的保险事故或被保险人生存至保险合同约定的年龄期限，保险人就要履行给付义务。

2. 单一危险保险合同与综合危险保险合同

根据保险人所承保的危险的状况不同，保险合同可分为单一危险保险合同与综合危险保险合同。

单一危险合同是指保险合同只承保一种危险责任，如农作物雹灾险合同，只对由冰雹造成的农作物损失负责赔偿。

综合危险合同是指一个保险合同承保两种以上的多种特定的危险责任，如财产保险合同等。只要损失是由所保危险造成的，被保险人就可获得赔偿。

思考与讨论

试讨论，单一危险保险合同与综合危险保险合同哪个更有优势？

3. 定值保险合同与不定值保险合同

按保险标的的价值是否载于保险合同进行分类，保险合同可分为定值保险合同和不定值保险合同。

定值保险合同是指载明保险双方约定的保险标的价值的保险合同。在定值保险合同中，若保险标的因保险事故导致全损，不论保险事故发生时保险标的的实际市场价值是多少，保险人均按保险合同中载明的保险标的的价值赔偿。定值保险合同一般适用于特殊的保险标的，如古玩、字画等，由于其本身的价值难以确定，因此需要保险双方事先约定一个固定的价值作为保险价值进行保险。在国际保险市场上，由于运输货物的市场价格在起运地、中途和目的地都不相同，为保障被保险人的实际利益，避免赔款时因市价差额而带来的纠纷，习惯上也采用定值保险合同。船舶险亦然。

不定值保险合同是指保险双方当事人事先不确定保险价值，只在保险合同中列明保险金额作为赔偿的最高限额。当保险标的发生保险责任范围内规定的事故损失时，保险人以当时损失发生地的市场价格为依据，确定保险价值并以此作为赔付的标准进行保险赔付。

4. 定额保险合同与补偿保险合同

按保险金额的确定方式，保险合同可分为定额保险合同和补偿保险合同。

定额保险合同是指合同双方当事人事先协商约定保险金额的合同。人身保险合同均采用定额保险合同的形式。因为人的生命和身体是无价的，保险金额只能根据保险人的实际需要和缴付保险费的能力来确定，发生保险事故时，保险人以保险金额作为给付金额。

补偿保险合同是指以保险标的价值确定保险金额的合同。财产保险合同即属于补偿性保险合同。

5. 个别保险合同与集合保险合同

根据保险标的的不同情况，保险合同可以分为个别保险合同与集合保险合同。

个别保险合同又称为个人保险合同，是以一人或一物为保险标的的保险合同。

集合保险合同又称为团体保险合同，是以多数人或多数物为保险标的的合同。

6. 特定保险合同与总括保险合同

按保险标的是否为特定物或是否属于特定范围，保险合同可分为特定保险合同和总括保险合同。

特定保险合同是以特定物为保险标的的合同。

总括保险合同是以可以变动的多数人或物为保险标的的合同。

7. 足额保险合同与非足额保险合同

按保险金额与保险标的的实际价值的对比关系划分，保险合同可分为足额保险合同与不足额保险合同。

足额保险合同又称全额保险合同，是指保险金额大体相当于财产的实际价值的保险合同。在这种情况下，被保险人既可获得充分的经济保障，也不会多支付保险费。在保险事故发生时，如果保险标的全部损失，则保险人按实际损失数额如数赔偿。

不足额保险合同又称低额保险合同，是指保险金额小于财产实际价值的保险合同。这种情况的出现有三种原因：①保险人的规定，以促使被保险人注意防范危险；②被保险人自愿，以节省保险费；③由于财产价值的上涨，而使财产的实际价值高于保险金额。在不足额保险合同中，保险人的赔偿方式有两种：比例赔偿方式和第一危险赔偿方式。前者是按保险金额与财产实际价值的比例计算赔偿；后者则不考虑保险金额与实际价值的比例，在保险额度内，按照实际损失赔偿。

8. 专一保险合同与重复保险合同

以保险人的人数为标准划分，保险合同分为专一保险合同与重复保险合同。

专一保险合同是指投保人就同一保险标的、同一保险利益、同一保险事故向同一保险人投保并建立保险关系的保险合同。

重复保险合同是指投保人就同一保险标的、同一保险利益、同一保险事故，在同一时期内与两个以上保险人订立数个保险合同的一种保险合同。就每一个保险合同来说，重复保险合同是一个投保人与一个保险人的关系，但保险合同的标的、保险利益、保险事故又与其他保险合同有不可分割的联系，涉及其他保险人。

提示与说明

为了防止投保人通过重复保险合同谋取超过保险价值的不当利益，同时又使重复保险合同的各保险人合理分担保险赔偿金额，我国《保险法》第五十六条规定：“重复保险的投保人应当将重复保险的有关情况通知各保险人。重复保险的各保险人赔偿保险金的总和不得超过保险价值。除合同另有约定外，各保险人按照其保险金额与保险金额总和的比例承担赔偿保险金的责任。重复保险的投保人可以就保险金额总和超过保险价值的部分，请求各保险人按比例返还保险费。”

9. 原保险合同与再保险合同

根据保险人所负保险责任的次序，保险合同可分为原保险合同与再保险合同。

原保险合同是指投保人与保险人签订的保险合同。

再保险合同又称分保合同，是指原保险人为了分摊已承保保险的危险而与再保险人签订的保险合同。这种保险合同通常以原保险人所承担的全部或一部分责任作为保险标的，由再保险人负责赔偿按规定分摊的保险赔款。再保险合同是一种补偿性保险合同。

四、保险合同的形式

对保险合同应采取何种形式这一问题，《保险法》并未做出直接规定，既没有明确规定必须采取书面形式，也没有禁止口头形式。在保险实务中，为了便于当事人双方履行合同，特别是在保险事故或事件发生后，能够为被保险人、受益人索赔和为保险人承担保险责任提供法律依据，避免日后发生纠纷，同时也为了便于举证，如无特殊情况，保险合同通常采用书面形式。书面形式的保险合同包括投保单、保险单、保险凭证、暂保单，以及除此之外的其他书面协议。

1. 投保单

投保单也称要保书，是指投保人为订立保险合同而向保险人提出的书面要约。投保单经保险人做出承诺后，即成为保险合同的一部分。实践中，投保单由保险人事先印就并提供给投保人，投保人按投保单所列条款逐一填写后交给保险人，经保险人盖章后，保险合同即告成立。

2. 保险单

保险单也称保单，是指保险合同成立后，保险人向投保人（被保险人）签发的正式书面凭证。保险单由保险人制作，经签章后交付给投保人。根据《保险法》第十二条的规定，保险合同成立后，保险人应当及时向投保人签发保险单，保险单应载明合同内容。

保险单包括以下四部分的内容。

（1）声明事项。即投保人应向保险人说明的具体事项，如被保险人名称（姓名）及住所、保险标的及其所在地、保险价值及金额、保险期限、危险说明及承诺的义务等。

（2）保险事项。即保险人责任范围，指保险人所承担的保障风险项目，包括损失赔偿、责任赔偿、费用负担（如施救、救助、诉讼费用等），以及保险金给付的一些规定。

（3）除外责任。即免除保险人责任的事项，包括道德风险、特殊风险以及保险标的物的原有品质不良和缺陷等。

（4）条件事项。即保险合同当事人双方享受权利时所应承担的义务。例如，保险单的变更、转让、注销、索赔期限、索赔手续、代位追偿、争议的处理等，在保险单上都有明确的规定，保险当事人双方必须遵守，不得违反。

3. 保险凭证

保险凭证也称“小保单”，是保险人向投保人签发的证明保险合同已经成立的书面凭证，是一种简化了的保险单。保险凭证的法律效力与保险单相同，只是内容较为简单，实践中只在少数几种保险业务如货物运输保险、汽车险及第三者责任保险中使用，另外在团体保险中也使用保险凭证，即在主保险单之外，对参加团体保险的个人再分别签发保险凭证。

4. 暂保单

暂保单也称临时保险单，是指由保险人在签发正式保险单之前，出具的临时保险凭证。暂保单的内容比较简单，一般只载明被保险人、保险标的、保险金额、保险险种等重要事项，以及保险单以外的特别保险条件。有关保险双方当事人的权利和义务，都以保险单的规定为准。

出立暂保单并不是订立保险合同的必经程序，通常是在以下四种情况下才会出立。

（1）保险代理人在招揽到保险业务，但还未向保险人办妥正式保险单时，可先出立暂保单，作为保险合同成立的证明。

（2）保险公司的分支机构在接受投保人的要约后，尚需要获得上级保险公司或者保险总公司的批准，在未获得批准前，可先出立暂保单，证明保险合同的成立。

（3）保险人和投保人在洽谈或续订保险合同时，订约双方当事人已就主要条款达成协议，但还有些需要进一步商讨，在没有完全谈妥之前，先出立暂保单，作为合同成立的证明。

（4）出口贸易结汇时，保险单是必备的文件之一，在保险人尚未出具保险单或保险凭证之前，先出立暂保单，以资证明出口货物已经办理保险，作为结汇凭证之一。暂保单的有效期一般为30天。

5. 批单

批单是合同双方当事人就已签订的保险合同进行修改、补充或者增删内容时使用的，是变更保险合同内容的一种书面形式。使用批单的情况通常有：保险标的存放地址变更、迁移、数量及保险金额增减、保险期限变动、航程改变、受益人变更等。批单经原保险人签署后生效，并应附贴于原保险单后，加盖骑缝章。批单的法律效力优于保险单。

第二节　保险合同的要素

保险合同的要素包括主体、客体、内容和形式。

一、保险合同的主体

合同关系的主体即合同的当事人，通常指订立并履行合同的自然人、法人或其他组织，他们在合同关系中享有权利并承担相应的义务。保险合同的主体一般包括保险合同的当事人和保险合同的关系人。保险合同的主体与一般合同的主体有所不同。当投保人与被保险人为同一人时，保险人、投保人和被保险人是保险合同的当事人；受益人是保险合同的关系人。当投保人与被保险人不是同一人时，投保人是保险合同的当事人，而被保险人是保险合同的关系人。

（一）保险合同的当事人

保险合同的当事人有保险人和投保人。

1. 保险人

保险人也称承保人，是与投保人订立合同，收取保险费，在保险事故发生时，对被保险人承担赔偿损失责任的人。在我国是专指与投保人订立保险合同，并承担赔偿或给付保险金责任的保险公司。保险人经营保险业务除必须取得国家有关管理部门授予的资格外，还必须在规定的业务范围内开展经营活动。

保险人必须符合以下条件。

（1）保险人要具备法定资格。具体内容包括：①保险人必须是依照法定条件和程序设立的保险公司，要接受保险监管部门的监管；②保险公司要分业经营，在保险监管部门批准的范围内开展保险业务。

（2）保险人必须以自己的名义订立保险合同。保险公司只有以自己的名义与投保人订立保险合同，才能成为保险合同的保险人。

（3）保险人须依照保险合同承担保险责任。订立保险合同的目的在于使保险人在合同约定的保险期间内，对于发生的保险事故或事件承担赔偿或给付保险金的责任。按照保险合同的约定承担保险责任，是保险人最主要、最基本的合同义务。

2. 投保人

投保人又称要保人或保单持有人，是指与保险人订立保险合同，并负有交付保险费义务的人。投保人并不以自然人为限，法人和其他组织也可以成为投保人。

投保人应具备如下条件。

> **思考与讨论**
>
> 关于公民的民事行为能力，我国法律是怎样界定的？

（1）投保人须具有民事权利能力和民事行为能力。民事权利能力是指由法律赋予的享有民事权利、承担民事义务的资格，它是自然人、法人、其他组织参加民事法律关系、取得民事权利、承担民事义务的法律依据，也是自然人、法人、其他组织享有民事主体资格的标志。民事行为能力是指能够以自己的行为行使民事权利和设定民事义务，并且能够对自己的违法行为承担民事责任，从而使民事法律关系发生、变更或消灭的一种资格。

（2）投保人须对保险标的具有保险利益。《保险法》第十二条规定："人身保险的投保人在保险合同订立时，对被保险人应当具有保险利益。财产保险的被保险人在保险事故发生时，对保险标的应当具有保险利益。"这一规定的目的在于：一是为了防范投保人利用保险合同进行投机赌博等违法活动，以降低道德危险的发生概率；二是为了限制赔偿额度，保证保险业健康发展；三是为了维护国家利益、社会公共道德和保险人合法权益，达到保护被保险人合法权益的目的。

（3）投保人须与保险人订立保险合同并按约定交付保险费给保险人。

（二）保险合同的关系人

保险合同的关系人一般是指受益人和被保险人。

1. 受益人

受益人又称保险金领受人，是指人身保险合同中由被保险人或者投保人指定的享有保险金请求权的人，投保人、被保险人可以为受益人。

受益人的成立应具备以下条件。

（1）受益人是由被保险人或投保人所指定的人。被保险人或投保人应在保险合同中明确受益人。受益人可以是自然人，也可以是法人。受益人如果不是被保险人、投保人，则多为与其有利害关系的自然人。胎儿也可以为受益人，但须以出生时存活为必要条件。人身保险合同中因投保人订立合同的目的不同，合同约定的受益人也有所不同：投保人以自己的生命、身体为他人利益订立保险合同的，投保人是被保险人，受益人是其指定的人；投保人以自己的生命、身体为自己利益而订立保险合同的，投保人既是被保险人，也是受益人；投保人以他人的生命、身体为他人利益而订立保险合同的，受益人经被保险人同意后，可以是第三人；投保人以他人的生命、身体为自己利益而订立保险合同的，经被保险人同意后，投保人是受益人。投保人指定或变更受益人时，须经被保险人同意。受益人可以是被保险人或投保人指定的一人或数人。被保险人为无民事行为能力人或者限制民事行为能力人的，可以由其监护人指定受益人。

> **思考与讨论**
>
> 为什么财产保险不需指定受益人？

（2）受益人必须是具有保险金请求权的人。受益人是独立地享有保险金请求权的人。受益人在保险合同中，不负交付保费的义务，也不必具有保险利益，保险人不得向受益人追索保险费。保险金请求权是受益人依照保险合同享有的基本权利。当被保险人与受益人不是同一人时，保险事故或事件发生后，如果被保险人死亡，则受益人能够从保险人处获得保险金。人身保险合同中被指定的受益人是一人时，保险金请求权由该人行使，并获得全部保险金。受益人是数人的，保险金请求权由该数人行使，其受益顺序和受益份额由被保险人或投保人确定；未确定的，受益人按照相等份额享有受益权。受益人的保险金请求权来自人身保险合同的规定，故受益人获得的保险金不属于被保险人的遗产，既不纳入遗产分配，也不用于清偿被保险人生前债务。但是被保险人死亡后，遇有下列情形之一的，保险金作为被保险人的遗产，由保险人向被保险人的继承人履行给付保险金的义务：①没有指定受益人的；②受益人先于被保险人死亡，没有其他受益人的；③受益人依法丧失受益权或者放弃受益权，没有其他受益人的。此时，保险金应按《中华人民共和国继承法》（以下简称《继承法》）规定分配。受益人与被保险人在同一事件中死亡，且不能确定死亡先后顺序的，推定受益人死亡在先。

（3）受益人的赔偿请求权并非自保险合同生效时开始，而只有在被保险人死亡时才产生。在被保险人生存期间，受益人的赔偿请求权只是一种期待权。受益人的受益权是直接根据保险合同产生的，可因下列原因消灭：①受益人先于被保险人死亡或破产或解散；②受益人放弃受益权；③受益人有故意危害被保险人生命安全的行为，其受益权依法取消。

在保险合同期间，受益人可以变更，但必须经被保险人的同意。受益人的变更无须保险人的同意，但应当将受益人的变更事宜及时通知保险人，否则变更受益人的法律效力不得对抗保险人。

思考与讨论

试讨论，在指定和变更受益人时，投保人与被保险人有何不同之处？

相关案例

投保时尽量避免受益人“法定”

据2010年8月31日《解放日报》报道（童鑫），伊春空难事件造成重大人员伤亡。保险公司一面积极开展客户信息排查工作，一面快速调集资金准备支付保险金。截至2010年8月26日16时，保险业实际支付保险金431.95万元，仅占预计理赔总金额的17%。

既然保险公司用于支付事故赔款的资金已经调配到位，那又为什么不能及时给付到受益人手中呢？事实上，除了正常理赔流程需要时间之外，“法定”受益人也成为保险公司赔款难以第一时间支付的关键。

伊春空难中，有相当一部分遇难者都是投保的航空意外险或者交通工具意外险，其中还有好几位遇难者是在登机之前购买的保险。本次空难事故中，有一家三口同时遇难的情况发生。在没有指定受益人的情况下，按照《继承法》有关规定，很可能出现保险公司需要向数位受益人支付保险金的情况。如果处理不当，很可能引发家庭矛盾纠纷。

分析

意外险保单有一个比较显著的特点，就是90%以上的客户在购买意外险时，保单受益人一栏都没有填写，或者直接选择“法定”。尤其是在机场购买航意险时，只是出于以防万一的投保心态，客户常常忽略填写受益人。根据《保险法》第四十二条的规定，被保险人死亡后，没有指定受益人，或者受益人指定不明无法确定的，保险金作为被保险人的遗产，由保险公司依照《继承法》的规定履行给付保险金的义务。

通过对以上案例的分析可以看出，市民在投保时，最好对保险金受益人进行明确指定，以免在发生不幸事故之后，再增添家庭矛盾负担。根据《保险法》有关规定，被保险人或者投保人在受益人指定之后，可以通过书面形式向保险公司申请受益人变更。

2. 被保险人

被保险人是指其财产或者人身受保险合同保障，享有保险金请求权的人，投保人可以为被保险人。当投保人为自己利益投保时，投保人、被保险人为同一人。当投保人为他人利益投保时，须遵守以下规定：被保险人应是投保人在保险合同中指定的人；投保人要征得被保险人同意；投保人不得为无民事行为能力人投保以死亡为给付保险金条件的人身保险。但父母为未成年子女投保的人身保险不受此限制，只是死亡给付保险金额总和不得超过保险监督管理部门规定的限额。

被保险人的成立应具备以下条件。

（1）被保险人须是财产或人身受保险合同保障的人。在财产保险合同中，当发生保险事故致使被保财产遭受损失后，被保险人可依照保险合同获得补偿；在人身保险合同中，当被保险人死亡、伤残、患疾病或达到约定年龄期限时，保险人要根据保险合同赔偿或给付保险金。

（2）被保险人须享有保险金请求权。保险金请求权的享有以保险合同的订立为前提，其行使则以保险事故或事件的发生为条件。①在财产保险合同中，保险事故发生后，未造成被保险人死亡的，保险金请求权由被保险人本人行使；造成被保险人死亡的，保险金请求权由其继承人依《中华人民共和国继承法》继承。②在人身保险合同中，保险事故或事件发生后，被保险人仍然生存的，保险金请求权由被保险人本人行使；被保险人死亡的，保险金请求权由被保险人或者投保人指定的受益人行使；未指定受益人的，保险金请求权由被保险人的继承人行使。

（三）保险合同的辅助人

保险合同的辅助人因国而异，不同的国家有不同的保险辅助人。一般来说，保险合同的辅助人包括保险代理人、保险经纪人、保险公估人等。

1. 保险代理人

保险代理人即保险人的代理人，指依保险代理合同或授权书向保险人收取报酬，并在规定范围内，以保险人名义代理经营保险业务的人。保险代理是一种特殊的代理制度，具体表现在以下三方面：①保险代理人与保险人在法律上视为一人；②保险代理人所知道的事情，都假定为保险人所知的；③保险代理必须采用书面形式。保险代理人既可以是单位也可以是个人，但须经国家主管机关核准具有代理人资格。

2. 保险经纪人

保险经纪人是基于投保人的利益，为投保人和保险人订立合同提供中介服务，收取劳务报酬的人。保险经纪人的劳务报酬由保险公司按保险费的一定比例支付。

3. 保险公估人

保险公估人是指依照法律规定设立，受保险公司、投保人或被保险人委托办理保险标的的查勘、鉴定、估损以及赔款的理算，并向委托人收取酬金的公司。公估人的主要职能是按照委托人的委托要求，对保险标的进行检验、鉴定和理算，并出具保险公估报告，其地位超然，不代表任何一方的利益，使保险赔付趋于公平、合理，有利于调停保险当事人之间关于保险理赔方面的矛盾。

> **思考与讨论**
>
> 试讨论，如果保险代理人、保险经纪人和保险公估人都能发挥应有的功能，我国的保险市场将发生怎样的变化？

二、保险合同的客体

保险合同的客体是指保险法律关系的客体，即保险合同当事人权利义务所指向的对象。由于保险合同保障的对象不是保险标的本身，而是被保险人对其财产或者生命、健康所享有的利益，即保险利益，所以保险利益是保险合同当事人的权利义务所指向的对象，是保险合同的客体。

投保人对保险标的应当具有保险利益；投保人对保险标的不具有保险利益的保险合同无效。

三、保险合同的内容

保险合同的内容包括合同当事人的权利和义务，主要通过保险条款加以明确。保险条款是确定合同双方当事人的权利和义务的依据。从条款的拟定上看，保险合同的内容由基本条款和特约条款构成。基本条款由《保险法》以列举方式直接规定，是保险合同必不可少的法定条款，由保险人拟定；特约条款是《保险法》所列举条款以外的条款，特约条款由双方共同拟定。两种条款都具有法律效力，其区别仅在于：前者是根据《保险法》必须约定的条款，是法律规定应具备的保险条款，保险合同如果缺少基本条款将可能影响保险合同的效力或者会使保险合同的履行发生困难；后者则是当事人双方根据实际需要，自由协商订立的条款，可约定、可不约定的条款。

（一）保险合同内容的构成

狭义保险合同的内容仅指保险合同当事人依法约定的权利和义务。广义保险合同的内容则是指以双方权利义务为核心的保险合同的全部记载事项。这里介绍的是广义保险合同的内容。

从保险法律关系的要素上看，保险合同由以下几部分构成。

（1）主体部分。包括保险人、投保人、被保险人、受益人及其住所。

（2）权利义务部分。包括保险责任和责任免除、保险费及其支付办法、保险金赔偿或者给付办法、保险期间和保险责任的开始、违约责任等。

（3）客体部分。保险合同的客体是保险利益，财产保险合同表现为保险价值和保险金额；人身保险合同表现为保险金额。保险标的是保险利益的载体。

（4）其他声明事项部分。包括其他法定应记载事项和当事人约定的事项，前者指除上述事项外的法定应记载事项，如争议的处理、定约日期等；后者指投保人和保险人在法定事项之外约定的其他事项。

（二）保险合同的基本条款

保险合同的基本条款是指保险合同应包括的基本内容，是保险合同的重要组成部分，是保险合同的主体享有权利和履行义务的基础。

（1）保险人的名称和住所。保险人专指保险公司，其名称须与保险监管部门和工商行政管理机关批准和登记的名称一致。保险人的住所即保险公司或分支机构的主营业场所所在地。

（2）投保人、被保险人、受益人的名称和住所。将保险人、投保人、被保险人和受益人的名称和住所作为保险合同基本条款的法律意义是：明确保险合同的当事人、关系人，确定合同权利义务的享有者和承担者；明确保险合同的履行地点，确定合同纠纷诉讼管辖。

> **思考与讨论**
>
> 试讨论，上述两项规定有怎样的法律意义？

（3）保险标的。保险标的是指作为保险对象的财产及其有关利益，或者人的生命和身体，它是保险利益的载体。保险标的如为财产及其有关利益，应包括该标的的具体坐落地点，有的还包括利益关系；保险标的如为人的生命和身体，还应包括被保险人的年龄，有的还包括被保险人的职业、健康状况，视具体险种而定。将保险标的作为保险合同的基本条款的法律意义是：

确定保险合同的种类，明确保险人承担责任的范围及《保险法》规定的适用；判断投保人是否具有保险利益及是否存在道德危险；确定保险价值及赔偿数额；确定诉讼管辖等。

（4）保险责任和责任免除。保险责任是指保险合同约定的保险事故或事件发生后，保险人所应承担的保险金赔偿或给付责任。其法律意义在于确定保险人承担风险责任的范围。责任免除是指保险人依照法律规定或合同约定，不承担保险责任的范围，是对保险责任的限制。责任免除条款的内容应以列举方式规定。其法律意义在于进一步明确保险责任的范围，避免保险人过度承担责任，以维护公平和最大诚信原则。

> **思考与讨论**
>
> 试讨论，在保险合同中同时规定保险责任与责任免除事项是否矛盾？

（5）保险期间和保险责任开始时间。保险期间是指保险人为被保险人提供保险保障的起止日期，即保险合同的有效期间。保险期间可以按年、月、日计算，也可按一个运程期、一个工程期或一个生长期计算。保险责任开始时间即保险人开始承担保险责任的时间，通常以年、月、日、时表示。保险合同成立后，投保人按照约定交付保险费；保险人按照约定的时间开始承担保险责任。保险责任开始的时间应由双方在保险合同中约定。我国保险实务中以约定起保日的0点为保险责任开始时间，以合同期满日的24点为保险责任终止时间。

（6）保险价值。保险价值是指保险标的的实际价值，即投保人对保险标的所享有的保险利益的货币估价额。保险价值的确定主要有三种方法。①由当事人双方在保险合同中约定，当保险事故发生后，无须再对保险标的估价，可直接根据合同约定的保险标的价值额计算损失。②按事故发生后保险标的市场价格确定，即保险标的的价值额随市场价格变动，保险人的赔偿金额不超过保险标的在保险事故发生时的市场价格。③依据法律具体规定确定保险价值。例如，《中华人民共和国海商法》（以下简称《海商法》）第二百一十九条就对船舶保险和海上运输保险中保险价值的确定做出了具体规定。

（7）保险金额。保险金额是指保险人承担赔偿或者给付保险金的最高限额。在定值保险中，保险金额为双方约定的保险标的的价值。在不定值保险中，保险金额可以按下述方法确定：①由投保人按保险标的的实际价值确定；②由投保人和保险人协商按保险标的的实际价值确定；③根据投保人投保时保险标的的账面价值确定。无论在定值保险中还是在不定值保险中，保险金额都不得超过保险价值，超过的部分无效。保险金额在财产保险合同中根据保险价值计算，以保险标的的实际价值为限，可以小于保险价值。在人身保险中，保险金额由双方当事人自行约定。

（8）保险费及其支付办法。保险费是指投保人为取得保险保障，按合同约定向保险人支付的费用。保险费是保险基金的来源。缴纳保险费是投保人应履行的基本义务，其多少取决于保险金额的大小、保险期限的长短和保险费率的高低等。在我国，主要险种的费率由保险监管部门确定；其他险种的费率应报保险监管部门备案。保险费的支付办法由当事人双方在保险合同中约定，可一次支付，也可分期支付。

（9）保险金赔偿或给付办法。保险金赔偿或给付办法是指保险人承担保险责任的具体方法，由保险合同当事人在合同中依法约定。投保人订立保险合同的目的在于保险事故或事件发生后，保险人能按合同约定的方式、数额或标准，通过赔偿或给付保险金来承担保险责任，因此，保险金的赔偿或给付办法是保险人在保险合同中承担的一项基本义务。保险金的赔偿或给付办法在财产保险合同中按规定的方式计算赔偿金额，在人身保险合同中保险金额按规定定额给付。

（10）违约责任和争议处理。违约责任指保险合同当事人因其过错不履行或不完全履行合同约定的义务所应承担的法律后果。保险合同关系到当事人的利益，任何一方的违约均可能给对方造成损失，因此，在保险合同中必须明确违约责任，以防范违约行为的发生。承担违约责任的方式应在保险合同中列明，主要是支付违约金或赔偿金。争议处理是指保险合同发生争议后的解决方式，包括协商、仲裁和诉讼。具体使用何种方式可由当事人双方在合同中事先约定或在争议发生后协商确定，如事先无任何约定（尤其是未约定采用仲裁方式），一方当事人也可在争议发生后直接向法院提起诉讼。

（三）保险合同的特约条款

保险合同除了基本条款以外，当事人还可根据特殊需要约定其他条款。为区别于基本条款，这类条款称为特约条款，具体又可分为以下几种。

1. 附加条款

附加条款是指保险合同当事人在基本条款的基础上另行约定的补充条款。附加条款一般采取在保险单空白处批注或在保险单上用附贴批单的方式使之成为保险合同的一部分。附加条款是对基本条款的修改或变更，其效力优于基本条款。

2. 保证条款

保证条款是指投保人或被保险人就特定事项担保的条款，即保证某种行为或事实的真实性的条款。例如，人身保险合同的投保人保证其申报的被保险人年龄真实。

保证条款一般由法律规定或同业协会制定，是投保人或被保险人必须遵守的条款，如有违反，保险人有权解除合同或拒绝赔偿。

3. 协会条款

协会条款是指保险同业协会根据需要协商约定的条款。如英国伦敦保险协会编制的船舶和货物保险条款就是协会条款，附在保险合同上。协会条款是当今国际保险水险市场的通用特约条款，具有广泛的影响力。

思考与讨论

试讨论，当合同中的特约条款与基本条款发生了分歧，应如何认定其有效性？

第三节　保险合同的订立、生效与履行

一、保险合同的订立

一般来说，订立保险合同必须遵守的原则包括自愿订立原则、协商一致原则、合法性原则、保险利益原则和最大诚信原则等。我国《保险法》第十一条第一款规定：“订立保险合同，应当协商一致，遵循公平原则确定各方的权利和义务。”当事人在保险合同中的法律地位是平等的，在订立保险合同时，应本着公平互利的精神，进行充分协商，取得一致意见。除法律、行政法规规定必须保险的外，保险合同自愿订立。因此，当事人是否订立保险合同，选择哪家保险公司订立合同，以及订立何种合同等，完全取决于当事人的意愿，任何人不得欺诈、胁迫或强制他人订立保险合同。任何单位和个人不得违背国家的法律、行政法规，利用保险合同进行违法犯罪活动。否则，所订立的保险合同无效。合法性原则包括合同的主体合格、内容合法、合同的形式符合法律要求等。此外，还要遵循保险利益原则和诚实信用原则。

保险合同的订立与其他民事合同的订立程序一样，须经过要约与承诺两个阶段，又称投保和承保。

1. 要约

要约亦称“提议”，它是指当事人一方以订立合同为目的而向对方做出的意思表示。一个有效的要约应具备四个条件：①要约人须有愿意订立合同的明确意思表示；②要约须向特定的人发出；③要约须有要约人对合同主要内容的完整的意思表示；④要约应当明确要求另一方做出答复的期限。

保险合同的要约即填写投保单。投保单是投保人向保险人申请订立保险合同的书面要约。或者说，保险合同的要约，就是投保人提出投保要求，填写并向保险人提交投保单。很显然，保险合同的要约与其他商事合同的要约在形式上不太相同。在保险合同的实际订立中，往往是保险人把承保危险规范化，订立统一的承保条件和保险费率标准，制定包括投保单、暂保单和保险单等在内的有统一格式和内容的保险合同有关文书，投保人提出投保要求往往需要填写保险人事先印制好的投保单。这样一来，有些人就误以为保险人向投保人提供投保单是保险合同的要约。其实，这只能视为要约邀请行为，是保险人规范自己业务，方便投保人，招揽生意的做法。投保人填写了保险单并将其送交保险人，才是具有法律效力的要约行为。

2. 承诺

承诺又称“接受订约提议”，是承诺人向要约人表示同意与其缔结合同的意思表示。做出承诺的人称为承诺人或受约人。承诺满足下列条件时有效：①承诺必须由受约人本人或订立合同的代理权人向要约人做出；②承诺不能附带任何条件，是无条件的，即内容和要约完全一致；③承诺须在要约的有效期内做出；④承诺须以要约要求的形式予以承诺。

保险合同的承诺也称承保，通常由保险人或其代理人做出。保险人在收到投保单后，经逐项审核，认为符合保险条件从而接受投保的意思表示就是承保，或者说是保险合同中受要约人的承诺。它在形式上表现为向承保人签发保险单或其他保险凭证。根据我国《保险法》第十二条的规定，经投保人和保险人协商同意，保险合同也可以采取保险单或其他保险凭证以外的其他书面协议形式订立。

据此，遇下列情况可以推定保险人承诺（承保）：一是在投保单上签字盖章；二是向投保人出具保险费收据表示同意；三是法律上承认的能够表示同意的其他书面形式（如书信等）。在这种情况下，保险合同的成立就不以保险人出具的保险单为要件，而是以保险合同的当事人协商一致的书面承诺为依据。

二、保险合同的成立与生效

1. 保险合同的成立

保险合同的成立是指投保人与保险人就保险合同条款达成协议。

《中华人民共和国保险法》第十三条规定：“投保人提出保险要求，经保险人同意承保并就合同的条款达成协议，保险合同成立。保险人应当及时向投保人签发保险单或其他保险凭证，并在保险单或其他凭证中载明当事人双方约定的合同内容。经投保人和保险人协议同意，也可以采取前款规定以外的其他书面协议形式订立保险合同。”从法律规定来看，保险合同成立与否取决于投保人与保险人双方是否就合同主要条款达成一致意思。显而易见，保险合同是诺成性合同，即保险合同因承诺生效而成立，虽然保险人的承诺包括了保险人的签章、保险人出具保险费收据、保险人出具保险单等多种书面形式的保险凭证，但这只能属于保险人履行保险合同义务的行为。只要保险单经保险人签发即为承诺，承诺生效，保险合同即成立。

2. 保险合同生效

保险合同的生效是指保险合同对当事人双方发生约束力，即合同条款产生法律效力。《保险法》第十四条规定："保险合同成立后，投保人按照约定交付保险费；保险人按照约定的时间开始承担保险责任。"一般来说，合同成立即生效。但是保险合同多为附条件合同，以交纳保险费为合同生效的条件。同时，我国保险实务中普遍实行"零点起保"，所以，保险合同是在合同成立后的某一时间生效。保险合同生效前发生保险事故的，保险人不承担保险责任。投保人与保险人可在保险合同中约定，保险合同一经成立就发生法律效力。

保险合同生效的条件通常包括以下几点。

（1）主体合格。即订立合同的双方当事人符合法律规定的条件。具体说保险人必须是依法能够从事保险业务的机构。作为投保人，则必须具有民事行为能力，并对保险标的具有保险利益。

（2）内容合法。保险合同作为一种民事法律行为，其内容必须合法。只有内容合法的保险合同，才受国家法律的保护，才能达到保险当事人所预期的目的。

（3）合同当事人的意思表示一致。订立保险合同，必须坚持"当事人意思表示一致"这一合同订立的基本原则。

（4）代理订立保险合同，要有事前授权或事后追认。如有书面授权，可以代理订立保险合同。

（5）保险合同必须采用书面形式。对某些保险，在形式上法律还有其他特殊要求的，则必须遵守这一要求。

3. 保险合同成立与生效的区别

> **思考与讨论**
>
> 试讨论，保险合同是成立就生效的合同吗？

保险合同的成立仅仅是反映签约当事人即投保人与保险人双方的意志，如双方合意，符合国家的意志，将被赋予法律约束力；否则不仅不能在投保人与保险人之间产生法律约束力，而且还要产生合同无效的法律责任。

保险合同的生效是强调保险合同对投保人、保险人双方的约束力，即国家法律对合同成立的一种法律认可，体现了国家对合同关系的干预。保险合同不成立是指投保人与保险人就合同的主要条款未达成一致意见，而非合同内容违反有关法律规定。保险合同签订后，可能会因为法定原因或约定原因，导致保险合同自始不产生法律效力，因而不能把不成立的保险合同当做无效合同来处理。合同不成立只能产生民事责任而不能产生其他法律责任。但对于无效合同来讲则不同，因为它不仅会产生民事责任，而且有可能带来其他法律责任。

补充阅读

《中华人民共和国保险法》第十三条的规定如下。

（1）投保人提出保险要求，经保险人同意承保，保险合同成立。保险人应当及时向投保人签发保险单或者其他保险凭证。

（2）保险单或者其他保险凭证应当载明当事人双方约定的合同内容。当事人也可以约定采用其他书面形式载明合同内容。

（3）依法成立的保险合同，自成立时生效。投保人和保险人可以对合同的效力约定附条件或者附期限。

第十四条的规定如下。

保险合同成立后，投保人按照约定交付保险费，保险人按照约定的时间开始承担保险责任。

相关案例

从信诚人寿败诉案谈保险合同的成立和生效

1. 案情简介

2001年10月5日，谢某向信诚人寿保险有限公司（以下简称信诚人寿）申请投保人寿险100万元，附加长期意外伤害保险200万元，填写了投保书。10月6日信诚人寿向谢某提交了盖有其总经理李源祥印章的《信诚运筹建议书》，谢某按信诚的要求及该建议书的规定，缴纳了首期保险费共计11 944元。为防范道德风险，10月10日信诚人寿向谢某发出照会通知书，要求谢某10天内补充提供有关财务状况的证明，并按审核程序要求进行身体检查，否则视为取消投保申请，将向其退回预交保费。10月17日，谢某到信诚人寿公司进行了身体检查，但仍未提交财务状况证明。10月18日凌晨谢某在其女友家中被其女友前男友刺杀致死。10月18日上午8时，信诚人寿接到医院的体检结果，因谢某身体问题，需增加保险费，才能承保。信诚人寿再次发出书面照会，通知谢某需增加保费，提交财务证明，才能承保，请谢某决定是否接受以新的保费条件投保。谢某家人称谢某已经出国，无法联络。2001年11月13日谢母向信诚人寿方面告知保险事故并提出索赔申请。2002年1月14日信诚人寿保险公司经调查后在理赔答复中称，根据主合同，同意赔付主合同保险金100万元；同时信诚人寿认为事故发生时其尚未同意承保（未开出保单），故拒绝赔付附加合同的保险金200万元。2002年1月15日谢母拿到信诚人寿声称按“通融赔付”支付的100万元。2002年7月16日谢母将信诚人寿诉至广州市天河区法院，请求判决信诚人寿支付“信诚附加长期意外伤害保险”保险金200万元，以及延迟理赔上述金额所致的利息。

2. 法院审理与判决

2003年5月20日，广州市天河区法院对国内这一宗最大的寿险理赔案做出一审判决。一审法院认为：由于谢某与信诚人寿的保险代理人共同签署了投保书，投保人谢某和信诚人寿的权利义务在上面列得清清楚楚，双方对此也达成了一致意见；加上谢某翌日又缴付了首期保费，也就是说，作为投保人在保险合同成立后应负的主要义务，谢某已履行。因此，法院认为这份保险合同及其附加合同均已成立、有效，谢某、信诚人寿均应按约履行。法院判决信诚人寿应该在按主合同赔付100万元之后再追加赔付附加合同的200万元。

点评与思考

结合本案，一审法院认为谢某与信诚人寿的保险代理人共同签署了投保书，投保人谢某和保险人信诚的权利义务在上面列得清清楚楚，双方对此也达成了一致意见；加上谢某翌日又缴付了首期保费，也就是说，作为投保人在保险合同成立后应负的主要义务，谢某已履行。因此，法院认为这份保险合同及其附加合同均已成立、有效，谢某、信诚均应按约履行。

编者对法官的判决有不同意见：一是不能将“投保单”理解为“正式保单”，二是不能将要约内容强加于另一方缔约人。

根据《保险法》司法解释（二）中第四条的规定：保险人接受了投保人提交的投保单并收取了保险费，尚未作出是否承保的意思表示，发生保险事故，被保险人或者受益人请求保险人按照保险合同承担赔偿或者给付保险金责任，符合承保条件的，人民法院应予支持；不符合承保条件的，保险人不承担保险责任，但应当退还已经收取的保险费。保险人主张不符合承保条件的，应承担举证责任。

结合本案，谢某由于身体问题，只有加费才能承保。而保险人并未作出承保的意思表示，因而保险人不应承担保险责任，但应当退还已收取的保险费。

各家保险公司在本案发生之前几乎都曾出现过类似的理赔事件，不过由于理赔金额不大，并没有使保险公司产生足够的警惕。本案将矛盾集中放大，为中国保险业敲响了预防投保流程风险的警钟。

三、保险合同的有效与无效

（一）保险合同的有效

保险合同的有效是指保险合同是由当事人双方依法订立，并受国家法律保护。保险合同有效与保险合同生效在保险业务中有所不同。在我国，只要保险合同具备《中华人民共和国民法通则》（以下简称《民法通则》）规定的民事法律有效要件，即当事人有相应的行为能力、意思表示真实、不违反法律或者社会公共利益，就可以认定其有效。保险合同的生效则要求合同所附条件成立，如交纳保险费或满足其他约定条件。因此，保险合同有效是保险合同生效的前提条件。在保险合同有效的前提下，只要所附条件成立，保险合同就生效；在保险合同无效的情况下，即使所附条件成立，保险合同也不生效。

（二）保险合同的无效

无效保险合同是指当事人虽然订立，但不发生法律效力、国家不予保护的保险合同。保险合同被确认无效后，始终无效。

1. 无效保险合同的概念及种类

按照无效的程度，保险合同的无效可分为全部无效和部分无效。全部无效是指有违反国家禁止性规定而被确认无效后，不得继续履行的保险合同，如投保人对保险标的不具有保险利益的保险合同、违反国家利益和社会公共利益的保险合同、保险标的不合法的保险合同等。部分无效是指保险合同某些条款的内容无效，但合同的其他部分仍然有效，如善意的超额保险，超额部分无效等。

按照无效的性质，保险合同的无效可分为绝对无效和相对无效。绝对无效是指保险合同自订立起就不发生法律效力，如行为人不合格，采取欺诈胁迫等手段订立的合同。违反法律或行政法规的合同等。相对无效是指因重大误解和显失公平等引起无效的保险合同。

2. 无效保险合同的确认

无效合同的确认权归人民法院和仲裁机关。根据我国有关合同法律、行政法规和司法解释，应从以下几方面确认合同无效：保险合同的当事人不具有行为能力；保险合同的内容不合法；保险合同的当事人意思表示不真实；保险合同违反国家利益和社会公共利益；未成年人父母以外的投保人，为无民事行为能力人订立的以死亡为保险金给付条件的保险合同；以死亡为给付保险金条件的保险合同，未经被保险人书面同意并认可保险金额者。

3. 无效保险合同的处理

无效保险合同的处理方式如下：①返还财产。保险合同被确认无效后，因其自始无效，当事人双方应将合同恢复到履行之前的状态，即保险人应将收取的保险费退还投保人；发生保险金额赔偿或给付的，被保险人应将该项金额返还给保险人。②赔偿损失。对无效保险合同给当事人造成损失的，应按照过错责任，由过错的一方赔偿；如果是双方的过错，则相互赔偿。③追缴财产。对于违反国家利益和社会公共利益的保险合同，应当追缴财产，收归国库。追缴的财产包括当事人双方已经取得和约定取得的财产；追缴时应注意保护非故意方的利益，双方都是故意的，追缴双方财产。

案例解析

针对章首的引入案例，我们分析认为，原告王某购买的“幸福安康卡”是自助保险卡，该卡只是投保的一种工具，并不是保险有效凭证，持卡人必须在自助保险卡的有效期内按保险公司的投保说明在网上进行激活，获得相应的电子保单号后，该卡所对应的保险合同才能生效。如果不进行激活，则持有该卡并不代表该卡对应的保险合同已生效。原告王某作为投保人，收到该卡后未能在保险事故发生前将其激活，从而导致保险合同未生效，根据保险条款“对本卡生效前所发生的保险事故不承担保险责任”的约定，被告保险公司不应承担保险责任。法院应驳回原告王某的诉讼请求。

本案中某银行保险代理人向王某出售“幸福安康卡”为行为要约，王某支付 100 元钱购买此卡的行为应当认定为承诺。从保险合同成立这个角度来说，因双方对保险合同的主要条款包括对保险合同如何生效的条件确实达成了一致，所以，王某与保险公司的保险合同是成立的。但基于保险合同的成立与生效确实是两个不同的法律概念，“幸福安康卡”又对保险合同的生效条件做出了明确约定，即投保人必须将该卡激活才能使合同生效。王某购买该卡时，某银行保险代理人也已经向其告知该卡激活后才能生效并告知激活方法。王某购买该卡后没有将其激活导致合同生效条件不成立，其应承担相应的不利法律后果。

四、保险合同的履行

保险合同的履行是指保险合同当事人双方依法全面完成合同约定义务的行为。

（一）投保人义务的履行

签订保险合同时，投保人需履行以下义务。

1. 如实告知

如实告知是指投保人在订立保险合同时将保险标的重要事实，以口头或书面形式向保险人做真实陈述；所谓保险标的重要事实，是指对保险人决定是否承保及影响保险费率的事实。如实告知是投保人必须履行的基本义务，也是保险人实现其权利的必要条件。《保险法》实行“询问告知”的原则，即投保人对保险人询问的问题必须如实告知，而对询问以外的问题，投保人没有义务告知；保险人没有询问到的问题，投保人不告知不构成对告知义务的违反。

2. 交付保险费

交付保险费是投保人的最基本的义务，通常也是保险合同生效的必要条件。《保险法》要求投保人在保险合同成立后，按照约定一次性或分期交付保险费。

3. 维护保险标的的安全

保险合同订立后，财产保险合同的投保人、被保险人应当遵守国家有关消防、安全、生产操作、劳动保护等方面的规定，维护保险标的的安全。保险人有权对保险标的的安全工作进行检查，经被保险人同意，可以对保险标的采取安全防范措施。投保人、被保险人未按约定维护保险标的安全的，保险人有权要求增加保险费或解除保险合同。

4. 危险增加通知

按照权利义务对等和公平原则，被保险人在保险标的危险程度增加时，应及时通知保险人，保险人则可以根据保险标的危险增加的程度决定是否提高保险费和是否继续承保。被保险人未履行危险增加通知义务的，保险标的因危险程度增加而发生的保险事故，保险人不负赔偿责任。

5. 保险事故发生的通知

《保险法》第二十一条规定："投保人、被保险人或者受益人知道保险事故发生后，应当及时通知保险人。"规定此义务的目的在于：①使保险人得以迅速调查事实真相，不致因拖延时日而使证据灭失，影响责任的确定；②便于保险人及时采取措施，协助被保险人抢救被保险财产，处理保险事故，使损失不致扩大；③使保险人有准备赔偿或给付保险金的必要时间。同时，履行保险事故发生通知义务，是被保险人或受益人获得保险赔偿或给付的必要程序。保险事故发生后的通知可以采取书面或口头形式，法律要求采取书面形式的须采取书面形式。

6. 出险施救

《保险法》第五十七条规定："保险事故发生时，被保险人有责任尽力采取必要的措施，防止或者减少损失。"为鼓励投保人、被保险人积极履行施救义务，《保险法》在本条还规定，被保险人为防止或者减少保险标的的损失所支付的必要的、合理的费用，由保险人承担。

7. 提供单证

《保险法》规定，保险事故发生后，向保险人提供单证是投保人、被保险人或受益人的一项法定义务。向保险人索赔应当提供的单证，是指与确认保险事故的性质、原因、损失程度等有关的证明和资料，包括保险单、批单、检验报告、证明材料等。提出财产保险合同、人身保险合同的保险金请求均应履行该项义务。

8. 协助追偿

在财产保险中由第三人行为造成保险事故的保险人在向被保险人履行赔偿保险金后，享有代位求偿权，即保险人有权以被保险人的名义向第三人索赔。《保险法》第六十三条规定："在保险人向第三者行使代位请求赔偿权利时，被保险人应当向保险人提供必要的文件和其所知道的有关情况。"《保险法》第六十一条规定："被保险人故意或者因重大过失致使保险人不能行使代位请求赔偿的权利的，保险人可以扣减或者要求返还相应的保险金。"

（二）保险人义务的履行

保险人在签订保险合同时需要履行以下义务。

1. 承担保险责任

承担保险责任是保险人依照法律规定和合同约定所应承担的最重要、最基本的义务。

（1）保险人承担保险责任的范围。①保险赔偿。财产保险合同中，根据保险标的的实际损失确定，但最高不得超过合同约定的保险标的的保险价值。人身保险合同中，即为合同约定的保险金额。②施救费用。见上文所述的"投保人出险施救义务"。③争议处理费用。争议处理费用是指被保险人因给第三人造成损害的保险事故而被提起仲裁或诉讼的应由被保险人支付的费用，如责任保险中应由被保险人支付的仲裁费、鉴定费等，依照《保险法》第六十六条的规定"责任保险的被保险人因给第三者造成损害的保险事故而被提起仲裁或者诉讼的，被保险人支付的仲裁或者诉讼费用以及其他必要的、合理的费用，除合同另有约定外，由保险人承担"。④检验费用。依照《保险法》第六十四条的规定："保险人、被保险人为查明和确定保险事故的性质、原因和保险标的的损失程度所支付的必要的、合理的费用，由保险人承担。"

（2）保险人承担保险责任的时限。保险人在收到被保险人或者受益人的赔偿或者给付保险金的请求后，应当及时做出核定，对于属于保险责任的，在与被保险人或者受益人达成有关赔偿或者给付保险金额的协议后 10 日内，履行赔偿或者给付保险金义务。保险合同对保险金额及赔付期限有约定的，保险人应依照合同的约定，履行赔偿或者给付保险金义务。保险人对其赔偿或者给付赔偿金的数额不能确定的，保险人自收到赔偿或者给付保险金的请求和有关证明、资料之日起 60 日内，确定最低数额先予支付；待赔偿或者给付保险金的最终数额确定后，支付相应差额。

（3）索赔时效。《保险法》对索赔时效作了明确规定。人寿保险的索赔时效：被保险人或受益人对保险人请求给付保险金的权利，自其知道保险事故发生之日起 5 年不行使而自动消灭。人寿保险以外的其他保险的索赔时效：被保险人或者受益人对保险人请求保险金赔偿或给付的权利，自其知道保险事故发生之日起两年不行使而消灭。

2. 条款说明

《保险法》第十七条规定："订立保险合同，采用保险人提供的格式条款的，保险人向投保人提供的投保单应当附格式条款，保险人应当向投保人说明合同的内容。对保险合同中免除保险人责任的条款，保险人在订立合同时应当在投保单、保险单或者其他保险凭证上做出足以引起投保人注意的提示，并对该条款的内容以书面或者口头形式向投保人做出明确说明；未作提示或者明确说明的，该条款不产生效力。"保险人承担条款说明义务的原因是：保险人因其从事保险业经营而熟悉保险业务，精通保险合同条款；保险合同条款大都由保险人制定，而投保人则常常受到专业知识的限制，对保险业务和保险合同条款大多不甚熟悉，加之对合同条款内容的理解亦可能存在偏差、误解，均可能导致被保险人、受益人在保险事故或事件发生后，得不到预期的保险保障。

对免责条款规定的说明义务是由于免责条款是当事人双方约定的免除保险人责任的条款，直接影响投保人、被保险人或者受益人的利益，被保险人、受益人可能因免责条款而在保险事故或事件发生后得不到预期的保险保障，因此，保险人在订立保险合同时，必须就免责条款向投保人作明确说明。否则，该免责条款不产生法律效力。

相关案例

保险公司未尽说明义务被判赔付

据《人民法院报》2015年4月18日讯（杨青烨）　2013年6月25日，重庆市某货运公司驾驶员文某驾驶的运输车与一辆摩托车发生了交通事故。摩托车驾驶员侯某身负重伤。2014年3月，侯某就该次交通事故的赔偿事宜将货运公司以及为该车承保的某保险公司沙坪坝支公司诉至重庆市沙坪坝区人民法院。当年6月11日，三方在沙坪坝法院的主持下达成调解。根据调解书，这次事故中货运公司垫付的19 988.6元医疗费，由货运公司自行到保险公司理赔。但是令货运公司没有想到的是，当他们进行理赔时，保险公司却仅赔偿给货运公司医疗费13 208.8元，对于其余6 779.8元，保险公司拒绝赔付。多次催收未果后，货运公司只得将保险公司起诉至沙坪坝区人民法院。

在庭审中，被告辩称，保险公司有6 779.8元未付的原因是受伤人有一部分医疗费是非医保费用，非医保费用不应属于理赔范围，因此应予以扣除。沙坪坝区法院一审认为，双方之间的保险合同关系合法有效。保险公司提出涉案6 779.8元系不能理赔的非医保费用，但未提供证据证实该非医保费用的组成，也未提供证据证明侯某治疗产生的非医保费用都包含在货运公司垫支的费用中，因此保险公司应当承担举证不能的后果。2014年12月，沙坪坝区法院作出一审判决，被告支付原告赔偿金6 779.8元，并加倍支付迟延履行期间的债务利息。

保险公司不服，提起上诉。法院终审判决驳回上诉，维持原判。

3. 及时签发保险单证

《保险法》第十三条规定："投保人提出保险要求，经保险人同意承保，保险合同成立。保险人应当及时向投保人签发保险单或者其他保险凭证。"保险合同成立后，及时签发保险单证是保险人的法定义务。保险单证即保险单或者其他保险凭证是保险合同成立的证明，也是履行保险合同的依据。

4. 为投保人、被保险人或再保险分出人保密

保险人或者再保险接受人在办理保险业务中，对投保人、被保险人或者再保险分出人的业务和财产情况，负有保密的义务。因此，为投保人、被保险人或者再保险分出人保密是保险人或者再保险接受人的一项法定义务。

第四节　保险合同的变更、解除、中止与终止

一、保险合同的变更

保险合同变更是指保险合同存续期间，因为法律规定的事由或者保险合同约定的事由发生变化，或者投保人与保险人协商同意，致使保险合同的主体、内容等发生变更的现象。

1. 保险合同主体的变更

保险合同的主体包括保险当事人以及保险关系人。保险合同的主体不同，变更所涉及的法律程序规定也不相同。

投保人的变更属于合同的转让或者保险单的转让，如在转移财产所有权或者经营管理权的同时将保险合同一并转让给新的财产受让人。《保险法》第三十三条规定，保险标的的转让应当通知保险人，保险人同意继续承保后，依法变更合同。

被保险人的变更只能发生在财产保险合同中。在人身保险合同中，保险标的即被保险人的生命或身体，这是保险关系确立的基础，是不能变更的。在财产保险合同中，保险标的变更实际上意味着投保人的变更，因为投保人对保险标的所具有的保险利益因保险标的的移转而消灭了，但是保险利益仍然存在，为受让人所有。

受益人的变更，根据《保险法》第六十二条的规定，被保险人或者投保人可以变更受益人并书面通知保险人。保险人收到变更受益人的书面通知后，应当在保险单上批注。投保人变更受益人时须经被保险人同意。

2. 保险合同的客体变更

保险合同客体变更的原因主要是保险标的的价值增减变化，从而引起保险利益发生变化。保险合同客体的变更，通常是由投保人或被保险人提出，经保险人同意，加批后生效。保险人往往根据变更后的保险合同客体调整保险费率，从而导致保险合同的权利义务的变更。

3. 保险合同的内容变更

保险合同的内容变更是指保险合同主体的权利和义务的变更。通常表现为保险标的数量的增减，品种、价值或存放地点的变化，或货物运输保险合同中的航程变更、船期变化，以及保险期限、保险金额的变更，保险双方权利义务的修改及补充说明等。保险合同内容的变更一般由投保人提出。

投保人变更保险合同的情形有两种：一是投保人根据实际需要提出变更保险合同内容，例如，延长或缩短保险期限，增加或减少保险金额等。在这种情况下，保险合同内容的变更主要取决于投保人、被保险人的主观意志。二是投保人根据法律规定提出变更保险合同内容。在保险合同的履行过程中，由于某些法定事由的出现，投保人必须根据法律规定及时通知保险人。在这种情况下，变更保险合同的内容不取决于投保人的主观意志，而取决于法律的规定。

4. 保险合同变更的程序及方式

保险合同变更有通知变更和协议变更两种。

通知变更指保险合同的变更不需征得保险人的同意，只要通知保险人即发生合同变更的效力，如货物运输保险合同的转让等。

协议变更指保险合同的变更须经投保人与保险人双方协商一致后，才能发生合同变更的效力。其中，保险合同的转让，除货物运输保险合同外，其他保险合同均须征得保险人的同意。

二、保险合同的解除

（一）保险合同解除的形式

保险合同解除的形式有两种：法定解除与协议解除。

1. 法定解除

法定解除是法律赋予合同当事人的一种单方解除权。《保险法》第十五条规定："除本法另有规定或者保险合同另有约定外，保险合同成立后，投保人可以解除保险合同，保险人不得解除合同。"投保人提出解除保险合同主要是因为主客观情况发生变化，投保人感到保险合同的履行已无必要。但是投保人解除保险合同具有两种情况的限制：①货物运输保险合同和运输工具航程保险合同，保险责任开始后，合同不得解除；②当事人通过保险合同约定，对投保人的合同解除权做出限制的，投保人不得解除保险合同。

以下几种情况保险人有权解除保险合同。

（1）投保人故意或过失未履行如实告知义务，足以影响保险人决定是否承保或者以何种保险价格承保时。

（2）投保人、被保险人未履行维护保险标的的义务。

（3）被保险人未履行危险增加通知的义务。

（4）在人身保险合同中，投保人申报的被保险人的年龄不真实，并且其真实年龄不符合合同约定的年龄限制的，保险人可以解除合同，并在扣除手续费后，向投保人退还保险费，但是自合同成立之日起逾两年的除外。

（5）分期支付保险费的保险合同，投保人在支付了首期保险费后，未按约定或法定期限支付当期保险费的，合同效力中止。合同效力中止后两年内双方未就恢复保险合同效力事宜达成协议的，保险人有权解除保险合同。

（6）保险欺诈行为发生后，下述两种情形保险人有权解除保险合同：其一是被保险人或受益人在未发生保险事故的情况下，谎称发生了保险事故，向保险人提出赔偿或者给付保险金的请求；其二是投保人、被保险人或者受益人故意制造保险事故。但是人身保险合同的投保人交足两年以上保险费的，保险人应当按照合同的约定向其他享有权利的受益人退还保险单的现金价值。保险合同的法定解除关系到双方的重大利益，故应当采取书面的形式。

2. 协议解除

协议解除又称约定解除，是指当事人双方经协商同意解除保险合同的一种法律行为。保险合同的协议解除要采取书面的形式。保险合同的协议解除要注意两个问题：①不得损害国家和社会公共利益；②货物运输保险合同和运输工具航程保险合同的保险责任开始后，在一般情况下当事人不得解除该保险合同。

（二）保险合同解除的后果

保险合同解除的后果是指解除保险合同的行为对原保险合同的权利义务的溯及力。按照《保险法》的规定，保险合同对以下情形不具有溯及力：①投保人故意不履行如实告知义务，保险人不退还保险费；②投保人、被保险人或受益人因欺诈行为而被解除保险合同的，保险人不退还保险费；③投保人要求解除保险合同的，保险责任开始后，保险人收取的自合同生效至合同解除期间的保险费不予退还。

三、保险合同的中止

保险合同的中止是指保险合同生效后，由于某种原因使保险合同的效力处于暂时停止状态，即保险合同暂时失效。在保险合同中止期间，保险标的发生保险事故时，保险人不负保险责任，不支付保险金，原因如下。

（1）在分期付款的长期人身保险合同中，除合同另有约定以外，投保人支付首期保险费后，投保人没有按照约定支付当期保险费，超过规定期限的，合同效力中止；或者由保险人按照约定的条件减少保险金额。

（2）在财产保险合同中，被保险人由于故意或者过失使保险标的的危险增加的，保险人享有请求被保险人更正其故意或过失行为的权利。在被保险人更正其行为之前，保险合同效力中止。

四、保险合同的终止

保险合同终止是指某种法定或约定事由的出现，致使保险合同当事人双方的权利义务归于消灭。保险合同终止的主要原因有合同的期限届满、履行完毕、主体消灭等法定或约定事由，其结果是合同权利义务的消灭。

保险合同的终止，除因合同被解除外，还包括下述原因。

（1）保险合同因期限届满而终止。保险合同终止的最常见、最普遍的原因，就是保险合同期限届满。

（2）保险合同因履行而终止。所谓保险合同因履行而终止，即保险合同有效期间发生保险事故后，合同因保险人按约定履行了全部保险金赔偿或给付义务而消灭。

（3）财产保险合同因保险标的灭失而终止。这里所说的保险标的灭失是指由保险事故以外的原因造成的保险标的的灭失或丧失。如果保险标的非因保险事故而灭失，投保人就不再具有保险利益，保险合同也就因客体的消灭而终止。

（4）人身保险合同因被保险人的死亡而终止。人身保险合同以被保险人的生命或健康为保险标的，其保险利益是投保人对被保险人的生命或健康所具有的法律上承认的利益。被保险人如果非因保险事故或事件而死亡，则投保人于该保险合同就不再有保险利益，保险合同也就随之而灭失。

（5）财产保险合同因保险标的部分损失，保险人履行赔偿义务而终止。《保险法》规定："保险标的发生部分损失的，在保险人赔偿后30日内，投保人可以终止合同；除合同约定不得终止以外，保险人也可以终止合同。保险人终止合同的，应当提前15日通知投保人，并将保险标的未受损失部分的保险费，扣除自保险责任开始之日起至合同终止之日止期间的应收部分后，退还投保人。"

第五节　保险合同的解释与争议处理

一、保险合同的解释原则

所谓保险合同的解释是指对保险合同条款的说明。保险合同的解释应遵循下列原则。

1. 文义解释原则

文义解释是按照保险合同条款所使用文句的通常含义和保险法律、法规及保险习惯，并结合合同的整体内容对保险合同条款所作的解释，即从文意上对保险合同进行解释。保险合同的所有条款，由语言文字所构成。保险合同所用语言文字的文义最能表达当事人的意愿和目的，故欲准确把握或者理解保险条款的意义，必须先了解其所用的词句的含义。文义解释原则是解释保险合同条款的首要基本原则。运用文义解释，应当尊重保险合同条款所用词句的文义，若保险合同的条款所用文字并无歧义，就不应当通过解释扩大或者缩小保险合同所用词句的可能文义。

我国保险合同的文意解释主要有以下两种情形。①保险合同一般文句的解释。对保险合同条款适用的一般文句通常应尽可能按文句公认的表面含义和语法意义解释。双方有争议的，以权威性工具书或专家的解释为准。例如对"暴雨"的理解，通常人理解为"大雨"，而在保险合同中则有其特定含义，一般应当按照气象部门的技术标准确定。②保险专业术语和法律专业术语的解释。对保险专业术语或其他法律术语，有立法解释的，以立法解释为准；没有立法解释的，以司法解释、行政解释为准；无上述解释的，也可按行业习惯或保险业公认的含义解释。

2. 意图解释原则

意图解释即按保险合同当事人订立保险合同的真实意思，对合同条款所作的解释。保险合同内容含义不明确，解释时应当首先考虑适用合同解释的一般原则。合同解释的一般原则为意图解释，即合同解释应当探求缔约当事人共同的真实意图，而不拘泥于合同所用文字。根据我国《合同法》第一百二十五条的规定，应当根据合同目的确定合同的真实意思。

运用目的解释的结果，应当有助于当事人缔约目的的实现，即在保险合同可以解释为有效，也可解释为无效的情况下，应当尽量按有效解释。而如当事人双方缔约目的确实很难探究或目的完全不同，那只能通过理性第三人对合同目的的理解来确定。

3. 专业解释原则

专业解释是指对保险合同中使用的专业术语，应按照其所属专业的特定含义解释。在保险合同中除了保险术语、法律术语之外，还会出现某些其他专业术语。对于这些具有特定含义的专业术语，应按其所属行业或学科的技术标准或公认的定义来解释。

4. 不利解释原则

不利解释原则又称不利条款起草人的解释原则。我国《保险法》第三十一条的规定，在立法上确认了保险合同的解释适用不利解释原则："对于保险合同的条款，保险人与投保人、被保险人或者受益人有争议时，人民法院或者仲裁机关应当作有利于被保险人和受益人的解释。"目前世界各国在解释保险合同时，均采用此原则。

采用不利解释原则，即对保险合同作不利于保险人的解释，其原因在于：保险合同是格式合同，其条款是由保险人事先拟定的，充分考虑了保险人的自身利益，而极少反映投保人、被保险人或受益人的意思，在订立保险合同时，投保人要么全部接受，要么不接受；保险合同内容复杂，并且其中有很多普通人不易理解的专业术语，投保人受专业知识和时间的限制，往往不可能对保险条款予以细致研究；保险人因其对保险具有的专业优势，使其对保险的熟悉程度远远超过被保险人和受益人。这些原因使被保险人在订立保险合同的过程中明显处于弱势地位。

因此，为了保护投保人、被保险人或者受益人的利益，平衡投保人、被保险人或者受益人与保险人双方的利益，避免保险人拟定的保险条款含义模糊，损害投保人、被保险人或者受益人的利益，立法上规定了不利于保险人解释的原则，给予投保人、被保险人或者受益人司法救济。

但不利解释原则的适用有以下条件和范围限制。

（1）不利解释原则仅适用于保险合同条款所用文字语义不清或有歧义而致使当事人意图不明的情况。当保险合同的语义明晰时，即使当事人对合同内容有争议，也不得适用不利解释原则而曲解合同内容。

（2）不利解释原则是为了保护处于弱势的普通被保险人的利益而设立的，它只能适用于普通被保险人。美国司法判决确立了以下原理：如果被保险人不是一个自然人，而是一个规模庞大，且由经验丰富的商人经营，并委托有如同保险公司的顾问水准那样的专业顾问公司，则不能适用不利解释原则。基于相同理由，再保险合同的条款发生争议时，因其当事人均为专营保险业务的保险公司，对再保险合同的内容应当具有充分的判断能力，不能适用不利解释原则。

（3）保险条款的拟订主体是保险人，国家保险监督管理部门负责审批或备案。根据《保险法》第一百零七条的规定："关系社会公众利益的保险险种、依法实行强制保险的险种和新开发的人寿保险险种等的保险条款和保险费率，应当报保险监督管理机构审批。"国家保险监管部门审批的条款完全可以有效规范保险活动并维护被保险人和受益人的利益，所以此类条款发生歧义时，应当由保险监督管理部门做出公正的解释，一般不应当适用不利解释原则。但由于此类条款无论草拟还是审批并无被保险人参与，未从根本上改变被保险人的弱势地位，故不利解释原则仍然有适用的必要。而对于其他保险险种的保险条款和保险费率，由于实行的是备案制，所以发生歧义时，应当适用不利解释原则。

5. 补充解释原则

补充解释原则是指当保险合同条款约定内容有遗漏或不完整时，借助商业习惯、国际惯例、公平原则等对保险合同的内容进行务实、合理的补充解释，以便合同的继续执行。

在解释保险合同时，首先应当按照合同明确的书面内容解释。如果合同内容不明确，语义不清或有歧义，则在合同所使用的语言范围内，适用其他解释原则和方法。各种原则和方法的适用不是孤立的，应当考虑保险合同成立时的各种因素，并同时对保险合同的内容作全面的整体评价，综合运用各种解释原则和方法，将它们有机地结合起来，以推断出保险合同的真意，真实地解释保险合同。

相关案例

对保险条款内容理解不一引发争议

据2012年7月5日《中国保险报》报道（邱伟）　1998年8月5日，投保人熊某以自己为被保险人与某保险公司订立了一份A终身保险合同，选择分20年缴纳保险费，年缴保费为12 150元，保险金额为15万元。该保险合同所使用的A终身保险条款第6条“保险金额”约定：每年在生效对应日按保险单所列明保险金额的5%增加保险金额。第7条“保险责任”约定，在保险合同有效期间内，保险人负下列保险责任：①自保险合同生效之日起，被保险人生存至每3周年生效对应日，保险人按保险单所列明保险金额的10%给付保险金；②被保险人因疾病造成死亡或身体高度残疾，保险人按保险金额给付保险金，本保险合同即告解除；③被保险人因遭受意外伤害造成死亡或身体残疾，保险人按保险金额给付保险金，本合同即告解除。

保险公司按照“保险单所列明保险金额的10%”即1.5万元的标准已向熊某给付了四次生存金。后熊某认为保险公司计算生存金的标准与保险条款不相符，应根据A终身保险条款第6条约定逐年增加后的保险金额来计算每次领取的生存金，从而诉至法院要求判令保险公司为其增加保险金额，返还生存金27 573元。

分析

综合A终身保险条款第6条“每年在生效对应日按保险单所列明保险金额的5%增加保险金额”，第7条“自保险合同生效之日起，被保险人生存至每3周年生效对应日，保险人按保险单所列明保险金额的10%给付保险金”，原告并未出现因疾病造成死亡或身体高度残疾，或因遭受意外伤害造成死亡或身体残疾的情形，故其尚不能按保险条款第6条的“保险金额”来领取保险金，而只能依照保险条款第7条的第一项领取生存金。原告要求判令增加保险金额，返还生存金27 573元的诉求，证据不足，其理由不能成立。因而应该驳回原告的诉讼请求。

二、保险合同条款的解释效力

对于保险合同条款的解释，依据解释者身份的不同，可以分为有权解释和无权解释。

（一）有权解释

有权解释指具有法律约束力的解释，其解释可以作为处理保险合同条款争议的依据。对保险条款有权解释的机关主要包括全国人大及其工作机关、人民法院、仲裁机构和保险监督管理部门。有权解释可以分为立法解释、司法解释、行政解释和仲裁解释。

1. 立法解释

立法解释指国家最高权力机关的常设机关——全国人大常委会对保险法的解释。全国人大是我国的最高权力机关，也是最高立法机关，因此，只有全国人大常委会对《中华人民共和国保险法》的解释才是最具有法律效力的解释，其他解释不能与此相冲突，否则无效。

2. 司法解释

司法解释指国家最高司法机关在适用法律的过程中对于具体应用法律问题所作的解释。

国家最高司法机关是最高人民法院。对于保险合同条款中有关保险法的内容，在适用法律时，必须遵守司法解释。

3. 行政解释

行政解释指国家最高行政机关及其主管部门对自己根据宪法和法律所制定的行政法规及部门规章所作的解释。中国保险监督管理委员会是中国保险业的最高行政主管机关，其有权解释保险合同条款中有关规章类或视同规章部分，有权解释由中国保险监督管理委员会审批的保险条款。这些解释虽对法院的判决具有重要影响，但不具有必须执行的强制力。

4. 仲裁解释

仲裁解释指保险合同争议的双方当事人达成协议把争议提交仲裁机构仲裁后，仲裁机构对保险合同条款的解释。仲裁机构对保险合同条款的解释同样具有约束力。当一方当事人不执行时，另一方当事人可以申请人民法院强制执行。

（二）无权解释

无权解释指不具有法律约束力的解释。除有权解释外，其他单位和个人对保险条款的解释均为无权解释。保险合同争议的当事人双方均可对保险条款作出自己的理解和解释。对于这些解释，法院在判决时可以参考，但不具有法律上的约束力。一般社会团体、专家学者等均可对保险条款提出自己的理解和解释。对于这部分的解释，一般称为学理解释。学理解释同样只能作为仲裁、审判过程中的参考，不具有法律效力。

三、保险合同的争议处理

保险合同订立以后，双方当事人在履行合同过程中，围绕理赔、追偿、交费以及责任归属等问题容易产生争议。因此，应采用适当方式，公平合理地处理。《合同法》第一百二十八条规定：“当事人可以通过和解或者调解解决合同争议。当事人不愿和解、调解或者和解、调解不成的，可以根据仲裁协议向仲裁机构申请仲裁。涉外合同的当事人可以根据仲裁协议向中国仲裁机构或者其他仲裁机构申请仲裁。当事人没有订立仲裁协议或者仲裁协议无效的，可以向人民法院起诉。当事人应当履行发生法律效力的判决、仲裁裁决、调解书；拒不履行的，对方可以请求人民法院执行。”据此，对保险业务中发生的争议，可采取和解、调解、仲裁和司法诉讼四种方式来处理。

1. 和解

和解是指合同主体双方在自愿诚信的基础上，根据法律规定及合同约定，充分交换意见，相互切磋与理解，求大同存小异，对所争议的问题达成一致意见，自行解决争议的方式。这种方式不但能使矛盾迅速化解，而且还可以增进双方的进一步信任与合作，有利于合同的继续执行。争议双方经协商不能达成一致时，可以约定向仲裁机构提出仲裁，也可以依法向人民法院提起诉讼。

2. 调解

为促使保险合同双方当事人达成和解，可以找第三者从中调停，这个“第三者”既可以是双方都信赖的、实践经验丰富、深谙保险业务和法律知识的人，也可以是法院。前者参与的调解称为“一般调解”，调解人的裁定或判断，对双方当事人没有约束力，任何一方或双方既可以接受，也可以不接受。后者参与的调解则称为“司法调解”，它也以双方当事人的意见为依据，但一经双方当事人同意制定好调解协议书后，对双方当事人都具有约束力，不能以各种借口拒不执行，否则法院可以强制执行。

协商和解节省时间、精力和费用，双方当事人坐下来，平心静气地找分歧，寻找共同利益所在，在比较友好的气氛中解决问题，今后仍可继续保持业务往来，因此这是解决争议的最好途径。

3. 仲裁

仲裁是指争议双方依仲裁协议，自愿将彼此间的争议交由双方共同信任、法律认可的仲裁机构的仲裁员居中调解，并做出裁决。仲裁裁决具有法律效力，当事人必须予以执行。

保险合同中具有涉外因素的，涉及对外贸易、涉外运输和海事纠纷的，应向中国国际商会组织设立的中国对外经济贸易仲裁委员会或海事仲裁委员会仲裁。

仲裁实行一裁终局制。裁决做出以后，当事人就同一争议申请仲裁或向法院起诉的，仲裁机构或法院不予受理。因此，当事人应当履行仲裁裁决，裁决自裁决书做出之日起发生法律效力，一方不履行仲裁裁决的，另一方当事人可依法向法院申请强制执行。

4. 诉讼

保险诉讼主要是指争议双方当事人通过国家审判机关——人民法院解决争端，进行裁决的办法。它是解决争议的最激烈方式。

人民法院在受理案件时，实行级别管辖和地域管辖、专属管辖和选择管辖相结合的方式。《中华人民共和国民事诉讼法》第二十六条对保险合同纠纷的管辖作了明确的规定：“因保险合同纠纷提起诉讼，通常由被告所在地或者保险标的物所在地人民法院管辖。”最高人民法院《关于适用〈中华人民共和国民事诉讼法〉若干问题的意见》中规定：“因保险合同纠纷提起的诉讼，如果保险标的物是运输工具或者运输中的货物，由被告住所地或者运输工具登记注册地、运输目的地，保险事故发生地的人民法院管辖。”如果拥有管辖权的法院在两个以上，保险合同的主体可以在以上所列有管辖权的人民法院范围内，在书面合同中选择管辖法院；一旦产生纠纷，就应到合同中约定的管辖法院提起诉讼。

本章小结

保险合同	保险合同概述	概括地讲，保险合同是保险合同的当事人即投保人或被保险人与保险人约定保险权利义务的协议 保险合同是有偿合同、双务合同、最大诚信合同、射幸合同及附和合同 保险合同可以依据不同的标准进行多种划分 书面形式的保险合同包括投保单、保险单、保险凭证、暂保单以及除此之外的其他书面协议
	保险合同的要素	合同关系的主体即合同的当事人，通常指订立并履行合同的自然人、法人或其他组织，他们在合同关系中享有权利并承担相应的义务 保险合同的客体是指保险法律关系的客体，即保险合同当事人权利义务所指向的对象 保险合同的内容包括合同当事人的权利和义务，主要通过保险条款加以明确。保险条款是确定合同双方当事人的权利和义务的依据

续表

保险合同	保险合同的订立、生效与履行	保险合同的订立须经过要约与承诺两个阶段，又称投保和承保 保险合同的成立是指投保人与保险人就保险合同条款达成协议 保险合同的生效是指保险合同对当事人双方发生约束力，即合同条款产生法律效力 保险合同的有效是指保险合同是由当事人双方依法订立，并受国家法律保护 无效保险合同是指当事人虽然订立，但不发生法律效力、国家不予保护的保险合同 保险合同的履行是指保险合同当事人双方依法全面完成合同约定义务的行为
	保险合同的变更、解除、中止与终止	保险合同变更是指保险合同存续期间，因为法律规定的事由或者保险合同约定的事由发生变化，或者投保人与保险人协商同意，致使保险合同的主体、内容等发生变更的现象 保险合同解除的形式有两种：法定解除与协议解除 保险合同的中止是指保险合同生效后，由于某种原因使保险合同的效力处于暂时停止状态，即保险合同暂时失效。在保险合同中止期间，保险标的发生保险事故时，保险人不负保险责任，不支付保险金 保险合同终止是指某种法定或约定事由的出现，致使保险合同当事人双方的权利义务归于消灭
	保险合同的解释与争议处理	所谓保险合同的解释是指对保险合同条款的说明。保险合同的解释原则有文义解释原则、意图解释原则、整体解释原则、专业解释原则、不利解释原则及补充解释原则 对保险业务中发生的争议，可采取和解、调解、仲裁和司法诉讼四种方式来处理

复习思考题

一、名词解释

保险合同　投保人　保险人　被保险人　受益人　保险合同终止

二、单选题

1. 保险合同的客体是（　　）。

A. 保险利益　B. 保险标的　C. 保险价值　D. 保险金额

2. 保险合同中保险人是否对被保险人履行赔偿或给付保险金的义务，取决于约定的保险事故是否发生，这说明保险合同属于（　　）。

A. 单务合同　B. 射幸合同　C. 附和合同　D. 诚信合同

3. 解决保险合同双方当事人争议最激烈的方式是（　　）。

A. 仲裁　B. 诉讼　C. 解除　D. 协商

4. 保险合同的关系人一般是指（　　）。

A. 受益人　B. 保险人　C. 投保人　D. 代理人

5. 其财产或人身受合同保障，享有保险金请求权的人，称为（　　）。

A. 投保人　B. 受益人　C. 保险人　D. 被保险人

6. （　　）是投保人的最基本义务，通常也是保险合同生效的必要条件。

A. 发出要约　B. 签发保单　C. 交纳保险费　D. 签发保险凭证

7. 在人身保险中，对变更受益人权力最大的是（　　）。

A. 投保人　B. 保险人　C. 被保险人　D. 保险代理人

8. 保险条款是保险人事先拟定的，投保人只是做出是否同意的意思表示，这说明保险合同具有（　　）的法律特征。

A. 有偿合同　B. 双务合同　C. 射幸合同　D. 附和合同

9. 当保险合同成立之后，保险合同当事人双方依法全面完成合同约定义务的行为称为（　　）。

A. 保险合同的承诺　　B. 保险合同的要约

C. 保险合同的履行　　D. 保险合同的生效

10.（　　）是一种简化了的保险单，与保险单的法律效力相同。

A. 暂保单　　B. 保险凭证　　C. 投保单　　D. 保险单

三、多选题

1. 根据我国《保险法》的规定，被保险人死亡后，保险金作为被保险人的遗产，由保险人向被保险人的继承人履行给付保险金义务的情形有（　　）。

A. 没有指定受益人

B. 受益人先于被保险人死亡，没有其他受益人

C. 受益人依法丧失受益权，没有其他受益人

D. 受益人没有行为能力

2. 在某人寿保险合同中，如果投保人、被保险人和受益人为三个不同的人，则该保险合同的当事人是（　　）。

A. 投保人　　B. 保险人　　C. 受益人　　D. 被保险人

3. 作为保险合同当事人一方的投保人应该具备的条件包括（　　）。

A. 必须具有民事权利能力　　B. 必须对保险标的具有保险利益

C. 必须具有民事行为能力　　D. 必须订立保险合同并交付保费

4. 对以下险种，在保险实践中使用保险凭证的有（　　）。

A. 货物运输保险　　B. 机动车辆保险　　C. 产品责任保险　　D. 团体人身保险

5. 保险合同的特征有（　　）。

A. 射幸合同　　B. 最大诚信合同　　C. 附和合同　　D. 双务有偿合同

6. 保险责任开始后，投保人不得解除的合同有（　　）。

A. 运输工具航程保险合同　　B. 信用保险合同

C. 货物运输保险合同　　D. 人身保险合同

7. 在（　　）情况下，保险人可以解除保险合同。

A. 投保人故意隐瞒事实不履行如实告知义务

B. 在财产保险中，被保险人未按约定履行其对标的安全应尽之责任

C. 在人身保险中，合同效力中止超过两年

D. 在人身保险合同中，被保险人未指定受益人

8. 保险合同的终止，除包括合同被解除外，还包括下列情形：（　　）。

A. 保险合同因期限届满而终止　　B. 保险合同因履行而终止

C. 财产保险合同因保险标的的灭失而终止　　D. 人身保险合同因被保险人的死亡而终止

9. 投保人的义务包括（　　）。

A. 维护保险标的安全　　B. 提供索赔单证

C. 如实告知　　D. 及时签发保险单

10. 投保人需要通知保险人的有以下事项：（　　）。

A. 危险增加　　B. 承保危险发生

C. 受益人变更　　D. 投保人收入增加

四、简答题

1. 简述保险合同的解释原则。
2. 保险合同终止的原因有哪些?
3. 保险合同的特征有哪些?
4. 投保人有哪些义务?
5. 保险人有哪些义务?

五、实训项目

2011 年 5 月，陈先生投保了生死两全人寿保险，投保时，考虑自己大儿子家庭生活困难，便指定其为受益人。2015 年初，陈先生患癌症住院，大儿子只是偶尔去医院看望父亲，而小儿子日夜在医院护理，陈先生知道自己将不久于人世，考虑到小儿子对自己很孝顺，且尚未成家，就立下遗嘱指定保险受益人为小儿子。陈先生去世后，两个儿子为 10 万元的保险金发生争议，大儿子认为保险合同已经明确自己是父亲指定的唯一身故受益人，应当由自己来领取保险金；小儿子则认为父亲临终前已立遗嘱将受益人变更为自己，自己才是合法的受益人。但保险公司却将保险金支付给了大儿子，小儿子不服，将保险公司起诉到法院。法院经审理，驳回了小儿子的诉讼请求。

实训指导： 根据学习的理论知识对此案例进行分析。

课外阅读资料

开展建立保险纠纷诉讼与调解对接机制试点

综合媒体报道　为贯彻中央关于诉讼与非诉讼相衔接的矛盾纠纷解决机制改革的总体部署和人民法院“调解优先、调判结合”的工作原则，充分发挥保险监管机构、保险行业组织预防和化解社会矛盾纠纷的积极作用，依法、公正、高效化解保险纠纷，最高人民法院与中国保险监督管理委员会决定在全国部分地区联合开展建立保险纠纷诉讼与调解对接机制试点工作，2012 年底发布《最高人民法院、中国保险监督管理委员会关于在全国部分地区开展建立保险纠纷诉讼与调解对接机制试点工作的通知》。

2012 年，江苏省保险合同纠纷快速处理及诉讼与调解对接处实现了 13 个地市全覆盖，同时在海安县设立调处组织，进一步延伸了保险纠纷调处触角。各地创新诉调对接机制，探索出人民调解模式、行业调解模式、仲裁调解模式。2013 年上半年，江苏保险业调解保险合同纠纷 809 件，调解成功 723 件，调解成功率达 89.37%，涉及金额 1 925.81 万元。如何化解保险合同纠纷，推进调解对接机制试点工作，做到快受理、快调解、快结案，江苏作为全国先行试点、全辖区试点省份与司法部门密切合作，诉调对接工作迈出了实质性的一步。

自 2008 年北京保监局指导保险行业协会与北京地区人民法院建立保险合同纠纷诉调对接机制，着力在化解合同矛盾纠纷、保护保险消费者合法权益、深化保险行业与司法系统交流合作等方面实现新突破。扩展广度，提高诉讼与调解对接机制覆盖面，2013 年 11 月，北京市高级人民法院与北京保险行业联合召开了诉调对接部署会，基本实现北京地区诉调对接全区域覆盖。

除此之外，福建、太原、河北等省都陆续建立了保险合同纠纷诉讼与调解对接机制。

《最高人民法院、中国保险监督管理委员会关于在全国部分地区开展建立保险纠纷诉讼与调解对接机制试点工作的通知》

第五章　保险的基本原则

学习目标和要点

学习目标

掌握保险利益原则、最大诚信原则、近因原则、损失补偿原则及其派生原则的含义与基本内容，理解保险基本原则的作用与意义，熟练运用保险的基本原则进行相关案例和保险活动实际问题的分析。

学习要点

保险利益原则；最大诚信原则；近因原则；损失补偿原则及其派生原则。

本章知识结构

- 保险利益原则
  - 保险利益及特点
  - 保险利益的种类
    - 财产保险利益
    - 人身保险利益
  - 保险利益的确立条件
    - 须为适法性的利益
    - 须为客观存在的利益
    - 须为经济上的利益
  - 保险利益原则的意义
  - 保险利益原则的应用
    - 在财产保险中的应用
    - 在人身保险中的应用
- 最大诚信原则
  - 最大诚信原则的含义及意义
  - 最大诚信原则的内容
    - 告知
    - 保证
    - 弃权与禁止反言
  - 违反最大诚信原则的后果
- 近因原则
  - 近因和近因原则
  - 近因原则的运用
    - 表现形式
    - 确定方法
    - 多种原因致损时近因的判定
- 损失补偿原则
  - 损失补偿原则的意义
  - 损失补偿原则的基本内容
    - 限制
    - 实现方式及损失赔偿方法
  - 损失补偿原则的例外
    - 定值保险
    - 重置价值保险
    - 人身保险
  - 损失补偿原则的派生原则
    - 代位追偿原则
    - 重复保险分摊原则

案例引入

小张和女朋友小李正处于热恋之中，小张想送给小李一份特殊的礼物，感觉送份保险是既体贴又浪漫的选择。小张找到了保险公司代理人员说明情况，被告知无法实现，原因是小张对小李不具有保险利益，不能投保。小张不明白，给女朋友买保险为什么不可以呢？

那么，什么是保险利益？在订立和履行保险合同的过程中要遵循哪些原则呢？学习本章的内容之后就可以对以上问题做出回答。

为了实现订立保险合同的目的，让我们购买的保险更保险，我们应该遵循保险的基本原则。国际上，保险的基本原则有保险利益原则、最大诚信原则、近因原则、损失补偿原则，以及由补偿原则派生出来的代位原则和分摊原则。这些原则是保险活动的基本准则，贯穿于保险业务全过程，是保险双方均要遵守的。坚持和贯彻保险基本原则，有利于维护保险双方的合法利益，更好地发挥保险的职能和作用，保证保险业有序发展，保障社会经济生活和谐稳定。

第一节　保险利益原则

一、保险利益及特点

保险利益也称可保利益，这一概念发源于14世纪末的海上保险，最早以法律的形式规定可保利益的是英国《1745年海上保险法》。英国《1906年海上保险法》首次对保险利益做出书面的定义。

伴随着保险实务的发展，保险利益被定义为：保险利益是投保人或被保险人对保险标的所具有的法律上承认的利害关系或权益。我国《保险法》第十二条指出："保险利益是指投保人或者被保险人对保险标的具有法律上承认的利益。"它体现了投保人或被保险人与保险标的之间经济上的利害关系。

衡量投保人或被保险人对保险标的是否具有保险利益的标志，是看投保人或被保险人是否因保险标的的损害或丧失而遭受经济上的损失，即当保险标的安全时，投保人或被保险人可以从中获益；当保险标的受损时，投保人或被保险人必然会遭受经济损失，则投保人或被保险人对该标的具有保险利益。

> **提示与说明**
>
> 保险利益是建立在保险标的基础上的，而不是保险标的本身。保险标的是保险利益产生的前提，保险利益是保险标的与投保人或被保险人的经济利益关系。

从性质上来看，保险利益的主要特点有以下两点。

第一，保险利益是保险合同的客体。保险标的是作为保险对象的财产及其有关利益，或者人的寿命和身体。保险标的是保险合同必须载明的内容，但保险并不能杜绝标的本身发生危险，投保的目的在于当保险标的遭受损失后使被保险人或受益人得到经济补偿。投保人和被保险人要求保险人予以保障的是其对于保险标的的经济利益，保险合同保障的也是投保人对保险标的所具有的利益关系，即保险利益。

第二，保险利益并非保险合同的利益。保险利益体现了投保人或被保险人与保险标的之间存在的利益关系。该关系在保险合同签订之前已经存在或已有存在条件，投保人与保险人签订保险合同的目的在于保障这一利益的安全。保险合同的利益是指因保险合同生效后取得的利益，是保险权益，如受益人在保险事故发生后得到的保险金等。保险权益在一定条件下可以由权利人自由转让，如寿险合同的投保人和被保险人可经保险人批准认可，自由变更受益人。

二、保险利益的种类

1. 财产保险利益

财产保险利益是指投保人或被保险人对保险标的因保险事故的发生以致保险标的受到损

害或者因保险事故的不发生而免受损害所具有的利害关系。这种利害关系一般是指因法律上或契约上的权利或责任而产生的利害关系。即凡因财产发生风险事故而蒙受经济损失或因财产安全而得到利益或预期利益者，均具有财产保险的保险利益。具体包括以下几种情况。

（1）财产所有人、经营管理人对其所有的或经营管理的财产具有保险利益，如公司法定代表对公司财产具有保险利益。

（2）债权人因债权债务关系对财产具有保险利益。如抵押权关系中、留置关系中债权人因债权债务关系对财产有利害关系，即保险利益。

财产的抵押权人对抵押财产具有保险利益。这种保险利益有额度和时间期限的限制。

（3）财产的保管人、货物的承运人、各种承包人、承租人等对其保管、占用、使用的财产在负有经济责任的条件下具有保险利益。

（4）经营者对其合法的预期利益具有保险利益，如因营业中断导致预期的利润损失、租金收入减少等。

依保险法上损害的性质划分，保险利益可分为积极保险利益和消极保险利益；依据利益存在形式划分，保险利益可分为现有利益、期待利益、责任利益与偶然利益。

（1）现有利益。这是积极的期待利益，即投保人或被保险人对保险财产已经拥有的利益，如所有权、使用权、经营管理权等，以及因这些权利而产生的收入利益。

（2）期待利益。这是消极的期待利益，投保人或被保险人因财产上的现有利益而产生的期待利益，也就是投保时对投保人或被保险人来说尚未存在的利益，但将来依法必将归其享有的，以现有之利益为寄存，期待某项责任不发生而有的利益。

（3）责任利益。这是指投保人或被保险人对具有利害关系的财产的损失负有责任的责任利益，是消极的利益。这是指投保人或被保险人因违约、侵权行为、意外事件或其他外来原因而造成财产的损毁，对此应负赔偿责任。

（4）偶然利益。这是指投保人或被保险人对特定财产可能有利害关系，这种不确定的利益称为偶然利益。如以离岸价格出口货物的卖方，在未收到货款前，对该批货物具有重大经济利益。如发现对方有拒付货款的可能，即可行使中途停运的权利。在他行使这项权利后，自然对该批货物有保险利益。但在提单已转让，停运通知未发生前，是否具有保险利益，就不确定。

思考与讨论

试讨论，家庭中存在哪些财产保险利益？你自己都具有哪些财产保险利益？责任保险与信用、保证保险的保险利益体现在何处？

相关案例

车辆转让后新车主是否具有保险利益

王女士于2014年7月3日购买轿车一辆，并于当日向某保险公司购买了商业性质的车辆损失险、第三者责任险等险种，并足额缴纳了保险费，保险期限为2014年7月4日—2015年7月3日。2014年9月5日，王女士将该车卖给李先生，并于当日在车辆管理部门办理了车辆过户手续，并告诉李先生，该车保险手续齐备。李先生于第二天（2014年9月6日）前往保险公司办理批改手续。在前往保险公司的途中，李先生驾车与张先生驾驶的车辆相撞，造成本车和张先生的车辆均受损的保险事故。李先生遂向保险公司申请索赔。保险公司称李先生并非被保险人，不予受理。李先生认为，自己不是被保险人，那王女士是登记在保险单上的被保险人，王女士应该有索赔权，于是请求王女士出面进行索赔。保险公司在得知车辆已经过户后，认为王女士已经不是车辆所有人，对该车不再享有保险利益，因此拒绝赔付。

分析

根据《保险法》第十二条关于“保险利益”的规定，既然王女士实际已经不享有保险利益，那么她自然已经没有索赔权。而李先生虽然实际享有保险利益，但并非被保险人，因此也不享有索赔权。从而，保险公司拒绝赔付。由此可见，被保险人是否具有保险利益是很重要的。对于此种情况，保险人一般会酌情予以通融赔付。但被保险人可以采取适当措施保证自身权利的实现。

2. 人身保险利益

人身保险利益，指投保人对于被保险人的生命或身体所具有的利害关系，也就是投保人将因保险事故的发生而遭受损失，因保险事故的不发生而维持原有利益。人身保险利益体现为投保人与被保险人之间的人身依附关系或者依赖关系。

我国采用限制家庭成员关系范围并结合被保险人同意的方式来确定人身保险的保险利益。我国《保险法》第三十一条规定，投保人对下列人员具有保险利益：①本人；②配偶、子女、父母；③前项以外与投保人有抚养、赡养或者扶养关系的家庭其他成员、近亲属；④与投保人有劳动关系的劳动者。除前款规定外，被保险人同意投保人为其订立合同的，视为投保人对被保险人具有保险利益。

由于人身保险标的的特殊性，人身保险利益不能用金钱来衡量，不存在代位追偿问题，并且人身保险利益必须在合同成立时存在；如果在订立合同时保险利益不存在，则合同无效。

相关案例

情侣不可互买保险　为他人投保应注意保险利益

陈先生和王小姐相恋多年，已谈婚论嫁，但因工作关系，仍常年两地分居。2010年的情人节，王小姐为给未婚夫陈先生一个惊喜，为其投保了一份保险期限为20年的两全保险。

不幸的是，陈先生在归家途中遭遇车祸不幸逝世。王小姐在帮助陈先生父母一起料理完后事以后，想起自己为陈先生买的两全险，随即向保险公司提出了理赔申请。但保险公司以“投保人在投保时对被保险人不具有保险利益”为由拒绝支付保险金。

分析

《保险法》第三十一条明确规定，投保人只对本人、配偶、子女、父母，与投保人有抚养、赡养或者扶养关系的家庭其他成员、近亲属，与投保人有劳动关系的劳动者具有保险利益。除前款规定外，被保险人同意投保人为其订立合同的，视为投保人对被保险人具有保险利益。订立合同时，投保人对被保险人不具有保险利益的，合同无效。既然保险合同无效，保险公司自然不应承担保险责任。

我国保险法对人身险保险利益的规定采用的是法定原则与同意原则相结合的方式，即投保人与一定范围内的亲属或者具有一定的法律关系的人之间具有保险利益，一旦投保人希望为其他人投保时，必须经过被保险人的同意。而王小姐投保时却疏忽了这一点。由此可见，在投保人身险时，明确自己与被保险人之间是否具有保险利益是很重要的。

值得注意的是，“与投保人有劳动关系的劳动者”被列为法定拥有保险利益者是2009年10月实施的新《保险法》做出的修改，这样一来企业对职工具有了当然的保险利益，从而给企业为其职工投保提供了便利。

另外，《保险法》在人身险和财产险的保险利益时效问题上的规定有很大的不同。其明确规定订立财产险合同时要求投保人对标的物必须具有保险利益；同时在保险事故发生时，被保险人也必须对标的物具有保险利益，否则不得向保险公司请求赔偿保险金。

根据人身保险利益的含义，结合我国法律规定，在订立人身保险合同时，投保人必须对被保险人具有保险利益。人身保险保险利益的具体存在形式主要包括如下几个方面。

（1）本人。本人是指投保人自己，任何人对于自己的身体或者寿命有无限的利益。投保人以其本人的寿命或者身体为保险标的，在法律允许的限度内，可以任意为本人的利益或者他人的利益订立保险合同，并可以任意约定保险金额。

（2）配偶、子女、父母。依照一般原则，家庭成员相互间具有保险利益。家庭成员相互间有亲属血缘以及经济上利害关系，投保人以其家庭成员的身体或者寿命为保险标的订立保险合同，应当具有保险利益。

（3）其他家庭成员、近亲属。投保人的其他家庭成员、近亲属，主要有投保人的祖父母、外祖父母、孙子女及外孙子女等直系血亲，投保人的亲兄弟姐妹、养兄弟姐妹、有抚养关系的继兄弟姐妹等旁系血亲。投保人对其他家庭成员、近亲属有保险利益，必须以他们之间存在抚养赡养或扶养关系为前提。

（4）有其他利害关系的人。投保人对他人具有人身信赖或者法律上的积极利益或者权利，由于该人的死亡或者残废以致影响投保人的利益的，投保人对该人有保险利益，对投保人有其他利害关系的人，主要限于投保人的债务人、投保人的财产或者事务的管理人、投保人的雇员等。

（5）同意他人投保的被保险人。投保人以他人的寿命或身体投保人身保险，不论投保人和被保险人相互之间有无其他利害关系，经被保险人书面同意，订立人身保险合同，视为投保人对被保险人有保险利益。

补充阅读

各国确定人身保险利益的不同规定

英美法系强调人身保险道德危险的防范，因此规定投保人对被保险人必须具备保险利益，并以投保人和被保险人之间是否存在金钱上的利害关系或者其他私人相互间的利害关系为判断依据；而大陆法系则认为只要经过被保险人同意即可。至于被保险人同意后，如何处置保险金的个人归属，则是被保险人个人“意思自治”的问题了。另外，还有一些国家采取“利益和同意相结合”原则，即投保人与被保险人之间具有经济上的利益关系或其他利益关系，或投保人与被保险人之间虽没有利益关系，但只要被保险人同意投保人为其订立保险合同，视为投保人对被保险人具有保险利益。我国《保险法》原则上均要求投保人对保险标的具有保险利益，并在人身保险中的保险利益问题上是兼用了英美法系和大陆法系的规定，在被保险人同意之外，另外加上保险利益的双重防范。在人身保险上，我国《保险法》将取得被保险人的书面同意也视为投保人有保险利益。

三、保险利益的确立条件

保险利益的确立需要以下三个条件。

1. 保险利益须为适法性利益

只有在法律上可以主张的合法利益才能受到国家法律的保护，因此，保险利益必须是符合法律规定、符合社会公共秩序的、为法律所认可的利益。保险合同是民事法律行为之一，所以除《保险法》有特别规定外，应适用一般有关法律行为的规定，不得违反强制性或禁止性法律规定，不得有悖社会公共秩序和善良风俗。故诸如走私、盗窃、贪污、偷税漏税等非法行为所得利益，皆不成为保险利益。例如，经营者为走私购进的商品购买保险，保险标的属于非法所得利益，因此不能成为保险利益，保险合同无效。

> **思考与讨论**
>
> 《保险法》中的保险利益原则是指投保人应当对保险标的具有法律上承认的利益，否则会导致保险合同无效。下列哪些选项符合保险利益原则？
>
> A. 甲经同事乙同意，为其购买一份人寿险
>
> B. 丙为自己刚出生一个月的孩子购买一份人身险
>
> C. 丁公司为其经营管理的风景区内的一颗巨型钟乳石投保一份财产险
>
> D. 戊公司为其一座已经投保的仓库再投保一份财产险
>
> E. 小胡的弟弟花400万购买了一栋别墅，小胡爱弟心切，为其弟弟的别墅购买家财险

2. 保险利益须为客观存在的利益

保险利益必须是一种确定的利益，是投保人对保险标的在客观上或事实上已经存在或可以确定的利益。这种利益是可以用货币形式估价而且是客观存在的利益，不是当事人主观臆断的利益。

在同一个保险客体上，可能存在数个利益，例如在特定的一栋房屋上可能存在所有利益、担保利益、使用利益等数个利益；又例如，对于同一个被保险人，也可能因亲属关系、债权债务关系、抚养关系而产生不同保险利益。这些保险利益，可能归属于同一人，也可能分别归属于不同的数人。因此投保人或者被保险人对保险客体所具有的利益，已经确定或者可以确定的，才能构成保险利益。已经确定的利益，为现有利益；尚未确定但可以确定的利益，为期待利益。

3. 保险利益须为经济上的利益

由于保险保障是通过货币形式的经济补偿或给付来实现其职能的，如果投保人或被保险人的利益不能用货币来反映，则保险人的承保和补偿就难以进行。因此投保人对保险标的的保险利益在形式和数量上应该可以用货币来计量，无法用货币衡量的利益不能成为保险利益。在财产保险合同中，保险利益为经济上的利益很容易理解，即投保标的在经济上有价；而人身保险中，说保险利益为经济上的利益似乎有些牵强，因为在人身无价的理念下，人身所具有的经济利益难以用货币衡量，而是由投保时选择的保险费率所确定的在保险事故发生后可申领的保险金额，因此可以说此要件在人身保险中部分适用。

四、保险利益原则的意义

保险利益原则的确定是为了通过法律防止保险活动成为一些人获取不正当利益的手段，从而确保保险活动可以发挥分散风险、减小损失的作用，因此保险利益原则的重要作用不可偏废。

第一，保险利益原则的使用可以有效防止和遏止投机行为的发生。保险合同是投机性合同（射幸合同），当事人义务的履行取决于机会的发生或是不发生，即保险金的给付以保险合同中约定的保险事故的发生为条件，具有一定的投机性，这与赌博相类似。如果允许不具有保险利益的人以他人的生命或是财产作为保险标的，以自己作为受益方进行投保，那么一旦发生保险事故，他就不承担任何损失而获取远远超过保险费的保险给付，保险活动就完全成为投机赌博行为，而丧失了转移风险、减小损失的作用。受益方是保险赔偿金的接受者，对保险合同有直接的利益，如果不规定受益方须有保险利益，则必然使得投机性大大增加。

第二，保险利益原则的适用是防止道德危险的必备要件。道德危险是保险理论中的固有名词，是指被保险人为了索取保险人赔款而故意促使保险事故发生，或在保险事故发生时，放任损失的扩大。受益方是保险金给付的直接接受者。如果保险合同不以受益方具有保险利益为前提，那么为了获取保险赔偿，往往会出现故意破坏作为保险标的的人或物的行为，从而导致道德危险。保险利益原则的使用较好地避免了这个问题。

第三，限制赔偿或给付保险金的最高额度。保险事故发生时，受益方请求的损害赔偿额不得超过保险利益的金额或价值。如若不坚持保险利益原则，受益方请求的损害赔偿额超过保险利益的金额或价值，也就是说获得和所受损失不相称的利益，这将损害保险人的合法利益，从更深层次上说，将否认或是减损保险活动的价值。

保险利益体现了投保人和保险标的之间的利害关系，投保人因保险标的发生保险事故而受经济损失。如果没有这种关系的存在，则谁都能以毫无关系的人或财产去投保，并以自己作为受益人，这会产生极大的道德风险。为了规避这种风险，保险就必须建立在保险利益原则之上。

相关案例

4岁女孩芳芳的父母在国外工作，她暂时由上海的外公抚养。芳芳外公为其买了一份定期保险，并指定自己为该保险受益人。半年后，芳芳意外死亡。外公与芳芳的父母同时向保险公司提出索赔。外公认为保险的投保人是自己，受益人也是自己，因此这笔保险金应归其所有；而芳芳的父母却坚持认为他们才是女儿的合法抚养人和合法继承人。双方争执不休，诉至法院。

分析

投保人以他人的生命为标的投保时，应征得被保险人同意，并且由被保险人指定受益人。本案中被保险人年龄只有4岁，未成年，不具有民事行为能力。因此，外公应征得小女孩父母同意才能为其投保，并且外公指定自己为受益人也不合法，所以这笔保险金应作为芳芳的遗产由其父母继承。

投保人在购买保险之前一定要清楚保险利益原则。投保人必须对保险标的具有法律上所承认的利益，否则保险合同无效。如果没有保险利益原则的规定，则风险将无法控制。

五、保险利益原则的应用

（一）保险利益原则在财产保险中的应用

1. 财产保险利益时效

保险利益作为保险合同的效力要件，不仅对保险合同的成立有意义，而且对保险合同效力的维持也有意义。保险利益应当在何时存在，才能作为评价保险合同效力的因素，是保险利益原则的时间效力。对保险利益的存在时间，我国现行《保险法》没有做出规定。

一般情况下，在保险合同有效期内，保险利益始终存在。然而，海上保险合同早已抛弃了这种传统观点，投保人在订立海上保险合同时，对保险标的可以不具有保险利益，但在保险事故发生时，被保险人对保险标的必须具有保险利益。英国1906年《海上保险法》第六条第1款规定，被保险人在保险合同生效时，对保险标的可以不具有利害关系；但是，在保险标的发生损失时，被保险人对保险标的必须有利害关系。

提示与说明

现代保险理论普遍认为，对于财产保险合同来说，在订立保险合同时，投保人对保险标的是否具有保险利益并不重要，但在保险事故发生时，被保险人对保险标的必须具有保险利益。因为财产保险的目的在于补偿损失，如果某人在定约时存在保险利益，但发生保险事故时不存在保险利益，则他没有受到损失，也不能获得补偿。反之，如果某人在订约时没有保险利益，但发生保险事故时已经获得该财产的保险利益，则他遭受了实际损失，应获得补偿。

2. 保险利益与赔款支付的关系

在财产保险中，保险利益不仅在损失发生时必须存在，而且，被保险人所能得到赔偿的额度也是受保险利益限制的。例如，投保人对其现值 50 万元的房屋具有 50%的保险利益，那么在房屋遭受火灾焚毁损失时，不论投保人购买了多少保险，他都不能从保险公司得到超过 25 万元的赔偿，否则就违反了保险利益原则。

3. 财产保险合同中保险利益的变更

保险合同的主体、标的变更时，在标的之上的保险利益亦随之发生改变。由此可知，保险利益具有专属性，属于投保人或被保险人所有，如投保人或被保险人转移其保险标的，保险利益当然消灭，如无保险人同意认可，保险合同终止。但在一些情况下，保险利益并不当然消灭而是继续存在，新的关系人代替了投保人的地位，这种情况即为保险利益的变更。《保险法》第二十条规定“投保人和保险人可以协商变更合同内容”。这些情况包括保险利益的移转与处分。

财产保险利益的移转分为以下三种情况。

（1）让与。保险利益附着于保险标的，保险利益应该随保险标的的转让而同时转移，我国《保险法》第四十九条规定，“保险标的转让的，保险标的的受让人承继被保险人的权利和义务。保险标的转让的，被保险人或者受让人应当及时通知保险人，但货物运输保险合同和另有约定的合同除外”。

（2）继承。国际上大多数国家的保险立法规定，在财产保险中投保人或被保险人死亡，其继承人自动获得继承财产的保险利益，保险合同继续有效直至合同期满。

（3）破产。在财产保险中，被保险人破产，保险利益转移给破产财产的管理人或债权人。但各国法律通常规定一个期限，在此期限内保险合同继续有效。经过这一期限，破产财产的管理人或债权人应与保险人解除保险合同。

4. 财产保险合同中保险利益的灭失

保险利益的灭失是指投保人或被保险人失去保险利益，即在保险合同成立后，因为发生某种法律事实而引起投保人或被保险人丧失对保险标的所具有的利害关系。在财产保险合同方面，保险标的消灭，则保险利益灭失。

（二）保险利益原则在人身保险中的应用

1. 人身保险利益时效

人身保险利益在合同订立时必须存在，至于在保险事故发生时是否存在保险利益，则无关紧要。

2. 人身保险保险利益的变更

（1）继承。被保险人死亡，如属死亡保险、两全保险，保险人即承担保险金给付责任，保险合同终止；如属其他人身保险，或被保险人因保险合同中规定的免除责任死亡，保险标的消失，保险公司终止其责任，不存在保险利益的转移问题。投保人死亡，而投保人与被保险人不是同一人的，如果人身保险为特定的人身关系而订立，如亲属关系、抚养关系，保险利益不得转移；如果人身保险为一般利害关系而订立，如债权债务关系，则该人身保险合同仍可为继承人的利益继续存在。

（2）让与。人身保险的标的是人的生命、身体或健康，是不能转让的。因此，人身保险不存在因保险标的的转让而发生的保险利益转移问题。

（3）破产。投保人的破产对人身保险合同没有什么影响。被保险人破产，对人身保险也不产生保险利益的转移问题。不过，对某些人身保险合同，如被保险人为投保人的债权人或抚养人，则当被保险人破产时，根据保险责任范围，可能发生保险金的给付责任。

3. 人身保险保险利益的灭失

在人身保险合同方面，被保险人因人身保险合同除外责任规定的原因死亡，如自杀、刑事犯罪被处决等，均构成保险利益的灭失。

提示与说明

人身保险利益与财产保险利益的差异主要体现在三方面。第一，价值估计标准方面，财产保险的保险利益必须是可以用金钱计算的利益，存在代位求偿问题；人身保险的保险利益非金钱可以计算，因为人身保险的目的并不在于赔偿被保险人的损失，故不存在代位求偿问题。第二，适用时限方面，按国际惯例，财产保险的保险利益要求投保人在投保时就具有，而且要求可保利益在保险有效期内始终存在，否则保险合同无效（海上保险合同例外）；人身保险的保险利益则必须于合同成立时就存在，否则合同也无效，但合同成立后，投保人是否失去保险利益对其在合同上的权利无影响。第三，是否需被保险人同意方面，财产保险中只要投保人对保险标的有保险利益存在，就可投保，无须征得被保险人同意；关于人身保险，许多国家法律规定，凡就第三人的生命投保人寿保险或意外伤害保险的，投保人不仅须对该第三人有保险利益，而且还需获得第三人的同意。

第二节　最大诚信原则

一、最大诚信原则的含义及意义

1. 最大诚信原则的含义

诚信即诚实、守信。诚信是世界各国立法对民事、商事活动的基本要求。具体来说，就是要求一方当事人对另一方当事人不得隐瞒、欺骗，做到诚实；任何一方当事人都应善意地、全面地履行自己的义务，做到守信。由于保险经营活动的特殊性，保险活动中对诚信原则的要求更为严格，要求做到最大诚信，即要求保险双方当事人在订立与履行保险合同的整个过程中要做到最大化的诚实守信。

最大诚信原则可表述为：保险合同当事人在订立保险合同时及在合同的有效期内，应依法向对方提供影响对方决定是否缔约及缔约条件的全部实质性重要事实；同时，绝对信守合同订立的约定与承诺。否则，受到损害的一方可以以此为理由宣布合同无效或不履行合同的约定义务或责任，还可以对因此而受到的损失要求对方予以赔偿。

2. 最大诚信原则的意义

保险经营活动的特殊性决定了保险活动必须坚持最大诚信原则，表现在以下三个方面。

第一，保险人对标的信息了解的不对称性决定了保险合同以最大诚信原则约束投保人，可以避免或减少投保人的欺诈行为或道德风险。在整个保险经营活动中，保险标的始终控制在投保人、被保险人手中，投保人对保险标的危险因素、危险程度等重要事实了如指掌。相比之下，保险人往往因没有足够的人力、物力、财力、时间对投保人、被保险人、保险标的进行详细的调查研究，因此，保险人对保险标的的了解不如投保人那么全面深刻，保险经营活动要能正常进行，就要求投保人一方在合同订立与履行过程中将保险标的的危险因素、危险程度等重要事实如实告知保险人。例如，海上保险合同的签订地点往往远离船舶和货物所在地，投保人对保险标的价值及风险程度等情况陈述是否完整准确，直接影响到保险人是否承保以及保险费率的确定，投保人的任何欺骗或隐瞒行为必然会侵害保险人的利益。所以，英国早在《1906 年海上保险法》第 17 条就规定："海上保险合同为基于最大诚信的合同，如果一方不恪守诚信原则，另一方可宣布合同无效。"要求投保人自动地对"凡影响保险人确定保险费率或决定是否承保的情况做出正确的、充分的披露"。

第二，保险条款一般由保险人事先拟定或由管理机关制定，具有较强的专业性和技术性，这就要求保险人也必须坚持最大诚信原则，必须将保险合同的主要内容告知投保人、被保险人。保险人对于合同的具体内容，如费率、赔偿方式、各种条款等的了解程度远胜过投保人，保险费率是否合理，承保条件及赔偿方式是否苛刻等均取决于保险人的诚意。《保险法》第十七条规定："订立保险合同，保险人应当向投保人说明保险合同的条款内容。"第十八条规定："保险合同中规定有关于保险人责任免除条款的，保险人在订立保险合同时应当向投保人明确说明，未明确说明的，该条款不产生效力。"不过，由于保险人经营以信用为基础，任何违反经营信誉的行为将会成为今后业务开展的障碍。而且法院对于保险判案，多做对合同非起草方（投保人）有利的解释，保险人违反诚信的情况少见，所以最大诚信原则多用于约束投保人。

第三，风险发生以及损失的偶然性决定了遵循最大诚信原则。众所周知，保险是人类抗御自然灾害和意外事故的共同行为，体现的是"人人为我，我为人人"的互助协作精神。每一个参加者都由衷地希望和要求其他当事人真诚参与，只有和衷共济、众志成城，才能抗御灾害，化险为夷。所以，当事人之间的精诚合作是保险关系成立的前提，如果一方缺乏诚意，或故意促使保险事故的发生，或于保险事故发生后拒不履行补偿或给付保险金的义务，则无异于诈欺，与保险宗旨背道而驰。当然，任何合同的签订，都须以合同当事人的诚实信用为基础。如果一方以诈欺手段诱骗他方签订合同，受诈欺的一方非但可据以解除合同，如有损害，还可要求对方予以赔偿。《合同法》第五十四条第二款明确规定："一方以欺诈、胁迫的手段或者乘人之危，使对方在违背真实意思的情况下订立的合同，受损害方有权请求人民法院或者仲裁机构变更或撤销。"

二、最大诚信原则的内容

最大诚信原则是保险合同主体必须遵守的基本行为准则，适用于保险活动中合同的订立、履行、解除等各个环节，其基本内容包括三部分：告知、保证、弃权与禁止反言。

（一）告知

从理论上讲，告知分为广义告知和狭义告知两种。广义告知是指保险合同订立时，投保方必须就保险标的的危险状态等有关事项向保险人进行口头或书面陈述，以及合同订立之后，将标的的危险变更、增加或事故的发生通知保险人；而狭义告知仅指投保方在保险合同订立时将保险标的的重要事实向保险人进行口头或书面陈述。保险实务中所称的告知，一般是指狭义的告知。关于保险合同订立后标的危险的变更、增加或保险事故发生时的告知，一般称为通知。我国《保险法》第二章第十六条规定："订立保险合同，保险人应当向投保人说明保险合同的条款内容，并可以就保险标的或者被保险人的有关情况提出询问，投保人应当如实告知。"

在告知的定义中提到了重要事实这一概念，何为重要事实？我国《保险法》没有明确规定何为"重要事实"，但其第二章第十六条中提到的"足以影响保险人决定是否同意承保或者提高保险费率"的说法，可以看作是对"重要事实"的认定标准。我国《海商法》则在第 222 条明文界定了"重要事实"，即"合同订立前，被保险人应当将其知道的或者在通常业务中应当知道的有关影响保险人据以确定保险费率或者确定是否同意承保的重要情况，如实告知保险人”。

重要事实的实质是：该事实影响到保险人对风险的推测；重要事实的表现形式是：该事实的出现能够导致保险人拒绝承保或者以更高的保费承保。一般来说，重要事实主要有：超出事物正常状态的事实、有关道德风险的情况、保险人所负责任较大的事实、有关投保人的情况、保险合同有效期内风险情况发生变化的事实等。

补充阅读

美国保险法律中两种证明重要事实的方法：风险增加法和影响损失法

风险增加法：是一种使用较为普遍的方法。按照这种方法，一个事实要构成重要的事实必须引起承保风险的增加。纽约州保险法规定：除非保险人了解到不实陈述的事实会导致其拒绝达成（保险）合同，否则不能被看作是对重要事实的不实陈述。在确定重要性时，（法庭）允许以保险人签订合同时是否会接受，抑或拒绝类似风险的习惯做法作为证据。马萨诸塞州保险法规定：除非不实陈述增加损失风险，否则不能视为对重要事实的不实陈述。使用这种方法，如果投保汽车保险，家中有一个 20 岁的青年人与投保人共开一辆车，而投保人告诉保险人家中没有 25 岁以下的人开车。由于汽车保险人按惯常做法对于年轻、单身驾车人收取较高的保费，显然，投保人所陈述的事实已经增加或严重影响保险人承保的风险，构成了被保险人的不实陈述。

影响损失法：是一种比较极端的方法，其使用不如前一种广泛。这种方法通常规定：不论事实本身的重要性如何，如果这种不实陈述从本质上并未造成承保财产损害的增加或导致其灭失，就不能使保险合同失效。

1. 告知的内容

告知是保险双方的义务。对投保人来说，通常称为如实告知义务，对保险人来说，称为说明义务。从理论上讲，投保方必须告知的内容有以下五类。

（1）合同订立时根据保险人的询问，对已知或应知的与保险标的及其危险有关的重要事实应该如实回答。

（2）在保险合同有效期内，若保险标的风险程度增加，应及时通知保险人。

（3）事故发生后应及时通知保险人。

（4）重复保险的投保人应将重复保险的有关情况告知保险人。

（5）保险标的转让时应通知保险人，经保险人同意变更合同后继续承保。

投保方无须告知的重要事实包括以下六类。

（1）众人皆知的法律常识。

（2）保险人理应知道的常识。

（3）风险减少的事实。

（4）保单明示保证条款规定的内容。

（5）保险人能够从投保人提供的情况中发现的事实。

（6）保险人表示不需要知道的事实。

2. 告知的时间

（1）订立保险合同时的告知。投保人在投保时，必须按保险的要求将与保险标的有关的实质性的重要事实告知保险人，陈述不得遗漏、隐瞒或欺诈。这种告知的目的在于让保险人了解标的物的现实风险和潜在风险。

（2）保险合同存续期间的告知。保险合同存续期间，由于客观或被保险人的主观原因致使保险标的风险增加的，须及时告知保险人。根据英国判例法的规定，这种增加的风险须是长久和惯常的，对于暂时增加的风险，一般可不告知，保险人如有被告知暂时风险的意愿，须用明示条款写明。保险人可以根据告知风险增加程度确定是否继续承保或增加保费。如船舶保险中，船舶转借、出租、变更航行区域将使风险增加，投保人如不及时履行如实告知义务，对于由保险事故而导致的损失，保险人可以拒绝赔偿。

（3）保险事故发生后的告知。保险事故发生后，被保险人必须如实上报所受损失，提供的各种单证必须真实可靠，如被保险人虚报损失，或者涂改、伪造单证等，保险人有权拒赔或减少赔款数额，已赔付的款项，可以追回。

3. 告知的方式

投保人（被保险人）和保险人的告知方式有一定的区别。

从各国保险立法来看，关于投保人或被保险人的告知方式一般分为无限告知和询问回答告知两种。①无限告知又称客观告知，是指如果法律或保险人对告知的内容没有确定性的规定，投保人或被保险人应将所有保险标的危险状况及相关重要事实全部如实告知给保险人。②询问回答告知又称主观告知，是指投保人或被保险人只需对保险人询问的问题如实告知，对询问以外的问题投保人无须告知。

目前很多国家的保险立法采用询问回答告知的方式。我国的保险立法也一样。根据我国《保险法》第十七条的规定，保险人可以就保险标的或者被保险人的有关情况提出询问，投保人应该如实告知。这是对投保人在合同订立时履行告知义务的方式要求。

至于合同订立后的危险增加和事故发生时的通知义务，法律上则没有要求具体形式，只要求投保人、被保险人及受益人应在最大诚信的基础上自觉地、主动地及时履行。

保险人的告知方式也可以分为两种，即明确列明与明确说明。明确列明是指保险人只需将保险的主要内容明确列明在保险合同当中，即视为已告知投保人。明确说明是指不仅应将保险的主要内容列明在保险合同中，还需对投保人进行明确提示，并加以适当、正确的解释。通常在国际上只要求保险人做到明确列明保险的主要内容，而我国为了更好地保护被保险人的利益，要求保险人向投保人明确说明保险的主要条款和责任免除内容。

相关案例

据2011年12月22日《重庆商报》报道（陈保发），重庆的李女士因肝脏肿瘤和慢性乙型病毒性肝炎，于2009年8月18日至8月28日，在三峡中心医院住院治疗10天。当年9月22日，经某保险公司重庆分公司业务员介绍，李女士的丈夫卢先生为妻子在该保险公司投保了“吉星高照A款两全保险（分红型）”和重大疾病保险（基本保险金额为6万元）；保险期为2009年9月23日至2037年9月22日；受益人为卢先生，受益份额为100%。双方还进行了约定：被保险人于本合同生效之日起一年后，因疾病导致身故或身体全残，本公司按基本保险金额与累计红利保险金额二者之和的两倍给付身故或全残保险金。投保当日，卢先生缴纳了保险费3 372元，保险公司向卢先生签发了保险单。在“个人寿险投保书”健康告知栏中，是否有癌症、肉瘤、肿瘤、肿块、囊肿或息肉等疾病中，全部标记为“否”。

2010年10月11日，卢先生向保险公司缴纳第二年的保险费3 372元。5天后，被保险人李女士因病死亡。卢先生向保险公司索赔。保险公司对卢先生进行理赔访谈，证实被保险人李女士在投保前患有肝癌。于是，保险公司于2010年12月7日向卢先生发出拒赔并解除保险合同、不予退还保险费的通知书。随后，卢先生将保险公司告上法院，要求保险公司进行赔偿。

一审法院确定，“个人寿险投保书”中投保人“卢先生”、被保险人“李女士”的签名，不是卢先生、李女士本人所签；且在投保时，保险公司也没向卢先生询问是否有重大疾病。因此，保险公司辩称卢先生在投保时没履行如实告知义务的理由不充分。法院认为，即使被保险人在投保前就患有重大疾病，而保险公司却同意为其承保，属保险公司审核不严所致。

2011年3月，法院一审判决保险公司给付卢先生保险金12万元。保险公司不服，向中院提起上诉。二审中，投保人卢先生在为妻子李女士投保时，对被保险人李女士患有重大疾病的事实是否尽到了如实告知义务，再次成为二审争议的焦点。中院做出终审判决：驳回上诉，维持原判。

分析

保险法所规定的如实告知义务，应针对保险公司的问询，有问询才有相应的如实告知义务。而经司法鉴定，投保书签名非卢先生本人签名。难以认定保险公司在签订保险合同时，就被保险人李女士是否患相关疾病对投保人卢先生进行了问询。因此，不能苛求卢先生尽相应的如实告知义务。通过上述案例，我们也发现，保险公司在承保时确实存在一定的过失，这也是对整个保险行业的重要警示。

（二）保证

一般意义的保证为允诺、担保。保险中的保证是指保险合同中以书面文字或通过法律规定的形式使被保险人承诺某一事实状态存在或不存在、持续或不持续存在，对某一特定事项作为或不作为的保险合同条款。在保险合同中，保险人要求被保险人承诺某种保证，其目的在于控制风险，确保保险标的及其周围环境处于良好的状态中。

保险合同中的保证不同于一般商品买卖合同中的保证，商品买卖合同中的保证是附属于该合同的主要目的——买卖的一种承诺，违反保证，无辜的一方可以要求损害赔偿，而并不是终止合同本身；与此不同，违反保险保证，保险人可以解除保险合同，但无权要求赔偿。

在保险合同中，保证与告知不同。不实告知所涉及的必须是重要事实；而保证的事项本身不一定重要，但被推定为是重要的。被保险人履行保证的义务贯穿于整个保险合同期间，保证是保险合同的一部分，保证必须是书面的。并且，在保险合同中，保证不同于其他一般条款，被保险人违反保证，则可能导致保险人终止保险合同或拒绝任何损害赔偿请求。

根据保证存在的形式不同，分为明示保证和默示保证。

（1）明示保证，指以文字或书面的形式载明于保险合同中约定的事项或保险合同的保证条款。例如，我国《机动车辆保险条款》规定“被保险人必须对保险车辆妥善保管、使用、保养，使之处于正常技术状态”，即为明示保证。明示保证是保证的重要表现形式。

（2）默示保证，一般是无须载明于保险合同中的，国际惯例所通行的准则，习惯上或社会公认的被保险人应在保险实践中遵守的规则。默示保证的内容通常是以往法庭判决的结果，是保险实践经验的总结。默示保证在海上保险中运用较多，如海上保险的默示保证有三项：保险船舶必须有适航能力；要按规定的或习惯的航线航行；必须从事合法的运输业务。

提示与说明

默示保证与明示保证具有同等的法律效力，被保险人都必须严格遵守。保证与告知都是对保险人或被保险人诚信的要求，但二者还是有区别的。告知强调的是诚实，对有关保险标的的重要事实如实申报；而保证则强调守信，恪守诺言，言行一致，许诺的事项与事实一致。所以，保证对投保人或被保险人的要求比告知更为严格。此外，告知的目的在于使保险人能够正确估计其所承担的风险，而保证则在于控制风险。

（三）弃权与禁止反言

1\. 弃权

弃权是指保险合同的一方当事人放弃其在保险合同中可以主张的某项权利，通常是指保险人放弃保险合同的解除权与抗辩权。构成保险人弃权必须具备两个要件：首先，保险人须有弃权的意思表示，无论是明示的还是默示的；其次，保险人必须知道有权利存在，即保险人知道自己因被保险人有违背约定义务的情况而享有抗辩权或解约权。

可被视为弃权的情况有以下几种。

（1）投保人有违背按期缴纳保险费或其他约定义务时，保险人原本应解除合同，但是，如果保险人已知此情况却仍旧收受补交的保险费时，则证明保险人又继续维持合同的意思表示，因此，其本应享有的合同解除权、终止权及其他抗辩权均视为弃权。

（2）在保险事故发生后，保险人明知有拒绝赔付的抗辩权，但仍要求投保人或被保险人提供损失证明，因而增加投保人在时间和金钱上的负担，视为保险人弃权。

（3）保险人明知投保人的损失证明有纰漏和不实之处，但仍无条件予以接受，则可视为是对纰漏和不实之处抗辩权的放弃。

（4）保险事故发生后，保单持有人（投保人、被保险人或受益人）应于约定或法定时间期限内通知保险人，但如逾期通知，保险人仍表示接受的，则认为是对逾期通知抗辩权的放弃。

（5）保险人在得知投保人违背约定义务后仍保持沉默，即视为弃权。

2. 禁止反言

禁止反言也称为禁止抗辩或禁止反悔，是指合同一方既已放弃其在合同中的某项权利，日后不得再向另一方主张这项权利。从法律意义上解释，一个人对他人所做的陈述已被他人合理地相信，允许这个人推翻过去所做的陈述将会是不公正的。也就是说，无论是保险人还是投保人，如果弃权，将来均不得重新主张，但在保险实践中，禁止反言主要用于约束保险人，是指保险人对某种事实向投保人（被保险人）所做的错误陈述被其所合理依赖，以至于如果允许保险人不受该陈述的约束，将损害投保人（保险人）的利益时，保险人只能接受其所陈述事实的约束，失去反悔权利的情况。以此可以看出，构成保险人的禁止反言需要符合三个条件：第一，保险人一方，包括保险代理人，对一项重要事实的错误描述；第二，投保人（被保险人）对该项描述合理依赖；第三，如果该项陈述不具法律约束力，将会给投保人（被保险人）造成危害或损害。

弃权与禁止反言在人寿保险中有特殊的时间规定，保险人只能在合同订立之后一定期限内（通常为2年）以被保险人告知不实或隐瞒为由解除合同，超过规定期限没有解除合同的视为保险人已经放弃该权利，不得再以此为由解除合同。

弃权与禁止反言的规定，约束了保险人的行为，也维护了被保险人的权益，有利于保险双方权利义务关系的平衡。

> **提示与说明**
>
> 最大诚信原则由三条重要的法理组成：一是告知，二是保证，三是弃权与禁止反言。早期的保险合同及有关法律规定中的告知与保证主要约束投保人与被保险人；现代保险合同及有关法律规定中的告知与保证则共同约束投保人、被保险人与保险人。弃权与禁止反言的规定是针对保险人进行约束的。

三、违反最大诚信原则的后果

（一）违反告知义务的法律后果

1. 投保方违反告知义务的法律后果

在保险业务中，投保人在订立保险合同或保险合同存续期间，未将重要事实如实告知保险人，即构成违反告知义务。投保人违反告知的表现主要有：漏报、误报、隐瞒和欺诈。对违反告知义务的法律后果，各国保险法律的规定不尽相同，主要分为保险合同无效和保险人有权解除保险合同两种。由于保险合同无效这种规定过于严苛，任何告知义务的违反均可导致合同无效，所以现代保险业务多采用保险人有权解除保险合同的规定，只有对故意违反告知义务采取保险合同无效的规定。

投保人违反如实告知义务时，其应当承担如下法律后果。

（1）投保人故意隐瞒事实，不履行如实告知义务的，或者因过失未履行如实告知义务，足以影响保险人决定是否同意承保或者提高保险费率的，保险人有权解除保险合同。

（2）投保人故意不履行如实告知义务的，保险人对于保险合同解除前发生的保险事故，不承担赔偿或者给付保险金的责任，并不退还保险费。

（3）投保人因过失未履行如实告知义务，对保险事故的发生有严重影响的，保险人对于保险合同解除前发生的保险事故，不承担赔偿或者给付保险金的责任，但可以退还保险费。

投保人、被保险人或受益人采用非法手段违反如实告知义务，情节严重的，将受到刑事制裁；如果致使保险人支付保险金或者支出费用的，应当退回或者赔偿。

保险人并非随意可以以告知不实为由而解除合同或拒赔，保险人必须举证两个要件：第一，投保人须有告知不实的事实，具体包括有意隐瞒、欺诈或过失遗漏，或者在合同履行期间标的物风险增加而不及时告知保险人；第二，这种事实必须是影响了保险人对投保标的风险的估计。只有同时满足上述两个条件，保险人才能够解除合同或拒赔，否则，不得擅自解除合同或拒赔。

相关案例

我国最高司法机构公报中引用最大诚信原则首案

1999年7月16日，原告外企公司（买方）与法国S公司（卖方）达成进口木材协议，约定木材从法国加蓬港运至中国张家港。9月12日，承运人为承运木材签发了正本清洁提单。10月14日，外企公司向被告丰泰保险传真发出投保书，要求投保一切险，保险单签发日须倒签为9月12日。10月18日，丰泰保险公司制作了日期倒签为9月12日的保险单，并载明了“保证1999年10月14日之前无已知或被报道（报告）的损失”的保证条款。10月21日，S公司向外企公司传真，称货船受损；10月22日，S公司向外企公司转发承运人的传真，称货船已于10月14日沉没，货物全损；11月8日，外企公司向丰泰保险报案并要求理赔。

丰泰保险所委托的保险专业鉴定机构了解到，10月12日，S公司收到承运人传真，获悉货船已因进水而于10月11日被放弃；10月14日法国时间13时38分，S公司向外企公司发送了承运人关于货损的传真，外企公司承认收到，但认为其收到时间为10月14日20点38分，已超过投保时间。

上海海事法院认为，双方当事人均同意适用英国1906年《海上保险法》，故该法为此案的准据法。丰泰保险向外企公司交付保险单的最早时间为10月18日，且该保险单附加了保证条款并改变了保险条件，故认为保险合同成立于10月18日，而非外企公司提出要约的10月14日。

法院认为，根据英国1906年《海上保险法》的规定，保险合同的订立应遵循最大诚信原则。被保险人在发出要约、接受新的要约、作出承诺的整个过程中，都应依据最大诚信原则，向保险人如实告知其知道或者在通常业务中应当知道的、可能影响保险人作出是否承保与是否增加保险费决定的任何重要情况。故最终法院判决，外企公司违反了最大诚信原则，未尽如实告知义务，丰泰保险有权宣布保险合同无效。

2. 保险人未尽到说明义务的法律后果

保险合同一般都是格式合同，保险作为一种社会服务商品，投保人与被保险人是以购买者与消费者的身份参加保险的。对购买者与消费者的权益，法律所能提供的最有力保护，在于使其享受到他本来希望得到的服务。在保险活动中，要让投保人充分了解到他所购买的保险服务能否提供给他需要的保险保障，最有效的办法之一是限制保险人不适当免除责任的行为，即要求保险人遵循最大诚信原则，明确履行说明义务。如果订立保险合同时保险人未向投保人明确地说明保险人在何种情况下免责，保险合同中关于保险人免责的条款将不产生法律效力。保险人未尽告知义务的法律后果包括下列两种情况。

（1）对于保险人来说，保险人在订立合同时未履行责任免除说明义务的，该保险合同的免责条款无效。

（2）保险公司及其工作人员在保险业务中隐瞒与保险合同有关的重要情况，欺骗投保人、被保险人或受益人，或者拒不履行保险合同约定的赔偿或给付保险金的义务，构成犯罪的，依法追究刑事责任；不构成犯罪的，由保险监督管理机构对保险公司处以5万元以上30万元以下的罚款；对有违法行为的工作人员，处以2万元以上10万元以下的罚款；情节严重的，限制保险公司业务范围或者责令停止接受新业务。

（二）违反保证义务的法律后果

因大多数保证属于明示保证，在保险合同中已用条款形式予以列明，而且保证的事项均为重要事实，所以判定被保险人是否违反保证义务相对比较容易。任何不遵守保证条款或保证约定、不信守合同约定的承诺或担保的行为，均属于破坏保证。如有所违背与破坏，其后果一般有两种情况：一是保险人不承担赔偿或给付保险金责任；二是保险人解除保险合同。

与告知不同，保证是对某个特定事项的作为与不作为的保证，不是对整个保险合同的保证，因此，在某种情况下，违反保证只部分地损害了保险人的利益，保险人只应就违反保证部分解除保险责任，拒绝承担履行赔偿义务。被保险人破坏保证而使合同无效时，保险人无须退还保费。

补充阅读

明星隐瞒危险程度可能遭拒赔

说到为演员投保，很多人首先想到的是到底由谁来负担这笔费用。经纪公司几乎给出一致答案，即演员拍戏期间的保险并非由经纪公司负责，保险问题还是剧组说了算。

那么，在投保方式上，国内剧组又是怎样做的呢？据了解，因条件不同，各方差别很大。只要没有太特别的需要，文戏和武戏所投保险一样，金额肯定能应付意外事故的需要。但如果拍的是爆破等危险戏份，还会为演员单独投保。这样的保险建立在普通形式之上，需要额外费用。据悉，在内地，暂时还没遇到保险公司不接受明星投保的情况。但如果给明星投保时隐瞒了工作危险程度等情况，一旦发生意外，则保险公司有理由拒赔。

演员在世界十大危险职业中排名第九，与战地记者、排雷工兵为伍，是保险公司不欢迎的人。由于明星职业的特殊性，一旦出现意外伤害，哪怕对普通人来说是微不足道，都可能有天价损失，比如2010年10月22日Selina与俞灏明烧伤入院，演艺事业全面被迫停止，损失惨重，有传闻称Selina的损失至少达到2 000万元人民币。所以艺人投保，一旦签订保险合同，就应该对双方的权利义务、风险责任作详细的规定，比如明星可以参与哪些有危险的拍摄，哪些是要找替身的，何种情况下出了事故由谁来赔偿，等等。一旦明星投保时隐瞒工作危险程度，或者合同履行期间违反具体规定，保险公司都可能拒绝赔偿。

第三节　近 因 原 则

一、近因和近因原则

（一）近因

伴随着保险的发展，近因原则被普遍接受，适用于所有的保险。近因是造成保险标的损失的最直接、最有效、起决定性作用的原因，而不是指在时间上最接近损失的原因。近因理论是确定保险中的损失原因与损失结果之间关系的一种理论，它既有利于保险人也有利于被保险人。对于保险人来说，保险人只需负责赔偿承保危险作为近因所造成的损失，对于承保危险为远因所造成的损失不承担赔偿责任，避免了保单项下不合理的索赔；对于被保险人来说，它可以防止保险人以损失原因是远因为借口而解除保单项下的责任，不承担承保危险所造成的损失。

补充阅读

关于近因的定义，最早的论述是1881年英国劳伦斯诉意外保险公司（Laurence V.Accidental Insurance Co.Ltd）一案的判决："我们必须考虑最近的原因，而不可能将损失的原因追溯至肇事者的出生，因为此人不出生就不会发生这一事件。"法院从解决争端的角度出发提出"只考虑最近的原因"的原则，尽管仍是种朴素简单的认识，但毕竟在保险人负责的损失和属于保险免责范围内的损失之间划下一道分界线，即只有损失的"最近的原因"属于保险责任，保险人才予以赔偿。

1904年兰博法官的一个判例Pawsey诉Scottish Union&National Insurance Co.中对近因下了一个权威的定义，指出近因就是这样一种原因：它是积极的有效的因素；它是成为一系列事件的推动力的；它没有被一个新的独立的因素形成的力量所干扰。

（二）近因原则

近因原则最早产生于18—19世纪的英国。几个世纪来，英国法院采用近因原则判断因果关系，积累了大量的保险判例，这些保险判例足以证明采用近因原则判断承保风险与承保损失之间的因果关系的合理性。该原则确立以后，逐渐地被多数国家所采纳，已成为海上保险中一项非常重要的基本原则。

近因原则的内涵可归纳为以下两点。

（1）近因是指近接于损失的原因，遥远的原因不作为近因考虑。

（2）近接原因是指效果上近接，即原因对损失的发生具有决定性的作用，而不是时间上的近接，即不是造成损失的最后原因。

最早把近因用法律条文的形式固定下来，形成原则性的东西，是《英国1906年海上保险法》，该法第五十五条第一款规定："依照本法的规定，除保险单另有约定外，保险人对于由所承保的风险近因所致的损失，负赔偿责任，但是对于非由所承保的风险近因所致的任何损失，概不负责。"

提示与说明

在处理赔案时，赔偿与给付保险金的条件是造成保险标的损失的近因必须属于保险责任，若造成保险标的损失的近因属于保险责任范围内的事故，则保险人承担赔付责任；反之，若造成保险标的损失的近因属于责任免除，则保险人不负赔付责任。只有当保险事故的发生与损失的形成有直接因果关系时，才构成保险人赔付的条件。

近因原则是保险当事人处理保险案件，或法庭审理有关保险赔偿的诉讼案，在调查事件发生的起因和确定事件责任归属时所遵循的原则。

二、近因原则的运用

（一）近因原则的表现形式

近因原则在实践中分为以下几种情况。

（1）单一原因造成损失，如果这一原因是保险人承保的风险，则这一原因就是损失的近因，保险人应承担赔偿责任；反之，则不承担赔偿责任。

（2）多数原因造成损失，如果这些原因都是保险人承保的风险，则这些原因为损失的近因，保险人应承担赔偿责任；如果这些原因都不是保险人承保的风险，则保险人不承担赔偿责任。

（3）多数原因造成损失，这些原因不都是保险责任范围内的，则要具体问题具体分析。如果前面的原因是保险责任范围内的，后面的原因虽不属保险责任范围，但后面的原因是前面原因导致的必然结果，则前面的原因是近因，保险人应承担赔偿责任；如果前面的原因不是保险责任范围内的，后面的原因属于保险责任范围，后面的原因是前面原因导致的必然结果，则近因不属保险责任范围，保险人不承担赔偿责任。

（二）确定近因的基本方法

在保险中要准确确定损失原因与损失结果之间的关系，尤其是在先后或同时存在几种原因时，要对造成承保损失最具有现实性、支配性和有效性的原因加以确定，并不是一件容易的事。

确定近因的最基本的方法有两个。

（1）从最初事件出发，按逻辑推理，判断下一事件。若最初事件导致第二事件，第二事件又导致第三事件，如此推理下去，导致最终事件，那么最初事件为最终事件的近因；若中间环节出现中断，则其他事件为致损原因，最初事件不是近因。

（2）从损失开始，向前追溯。若追溯到最初事件，且系列完整，最初事件为近因；若逆推中出现中断，其他原因为致损原因。

思考与讨论

（1）暴风吹倒了电线杆，电线短路引起火花，火花引燃房屋，导致财产损失，近因是什么？

（2）某公司被小偷偷窃财物，小偷为毁灭证据还放火把该公司烧了。如果该公司只投保了火灾保险而没有投保盗抢险，该公司可否得到赔偿？

补充阅读

英国的一个著名判例：一艘装载皮革和烟叶的船舶遭遇海难，大量海水浸入船舱，皮革腐烂。海水虽未直接接触包装烟叶的捆包，但由于腐烂皮革的恶臭使烟叶完全变质。当时被保险人以海难为近因要求保险人全部赔付，但保险人却以烟叶包装没有水渍的痕迹为由而拒赔。最后法院判决，本案烟叶全损的近因是海难，保险人应负赔偿责任。

（三）多种原因导致损失时，近因的判定

1. 多种原因相互延续

在多种原因连续发生所造成的损失中，如果后因是前因所直接导致的必然的结果，或者后因是前因合理的延续，或者后因属于前因自然延长的结果，那么前因为近因。前因属于承保风险的，即使后因不属于承保风险，保险公司仍然承担偿付责任。著名的艾思宁顿诉意外保险公司案中，被保险人打猎时不慎从树上摔下来，受伤后的被保险人爬到公路旁边等待救援，因夜间天冷又染上肺炎死亡。肺炎是意外险保单中的除外责任，但法院认为被保险人的死亡是因意外事故——从树上摔下来，因此保险公司应承担给付保险金的责任。

2. 多种原因交替

在因果关系链中，有一个新的独立的原因介入，使原有的因果关系链断裂并直接导致损失，该新介入的独立原因为近因。意外险的被保险人因车祸入院，在急救过程中因心肌梗塞死亡。在此案例中，被保险人的致死原因——疾病就是新介入的独立原因。如果该近因属保险责任范围内的风险，则保险公司应对所致的损失予以赔付；反之，则不赔。投保人投保了火险而没有投保盗窃险，当火灾发生时，一部分财产被抢救出来后又被盗走，则保险公司对被盗部分损失不承担责任。

3. 多种原因并存

此情形具体又可分为两种情况。

（1）多种原因各自独立，无重合。假如损害可以划分，保险公司仅对承保风险承担责任。如果上述因车祸入院、急救过程中因心肌梗塞死亡的被保险人同时在车祸中丧失一条腿，则人身意外险保险公司在拒绝给付死亡保险金的同时，并不免除意外伤残保险的给付责任。因为死亡的近因是除外风险——疾病，而丧失肢体的近因则是保险责任范围内的意外事故——车祸。

> **提示与说明**
>
> 当多种原因相互重合、共同作用时，首先看多种原因中是否存在除外原因，造成的结果是否可以分解。

（2）多种原因相互重合、共同作用。因为各种原因之间的关联性，使得从中判定某个原因为最直接、最有效的原因有一定困难，甚至从中强行分出主次原因会产生自相矛盾的结论。

如果同时存在导致保险事故的多种原因均为保险责任，则保险人应承担全部赔付责任；反之，若同时发生导致保险事故的多种原因均为除外责任，则保险人不承担任何赔付责任；当同时发生的导致保险事故的多种原因中，没有属于除外责任的，只要其中有一个为承保风险，则不论其他原因如何，保险人应负偿付责任；当同时发生导致保险事故的多种原因中既有保险责任又有除外责任的，则应分析损失结果是否易于分解。

如果多种原因中有除外风险和承保风险，而损失结果可以分解，则保险人只对承保风险所导致的损失承担赔付责任。如果损失的结果不能分解，而除外责任为近因，保险人可不负偿付责任。如汽车由于发动机故障导致自燃，同时又遭遇冰雹袭击，后因及时救助，车辆未全损。该车辆若投保了机动车辆险，自燃为除外责任，又未附加自燃损失险，则在自燃的损失与外界冰雹的砸伤易于分解时，保险人只承担冰雹造成的损失。

相关案例

2011年10月7日，杨某与某保险公司签订了一份机动车辆保险单。保险单上载明投保标的物为一辆宝马轿车，车辆损失险保险价值为人民币900 000元，保险期限自2011年10月12日0时起至2012年10月11日24时止。保险公司按照承保险别，依照该保险单上载明的《机动车辆保险条款》和《机动车辆保险附加险条款》《中保财产保险有限公司机动车辆保险特约条款》以及其他特别的约定，承担杨某投保车辆的保险责任。签约后杨某依约向保险公司支付了有关保费。

2012年7月17日凌晨，市区下了一场倾盆大雨，大多数道路有积水现象。同日上午9时，杨某准备开车上班，见停放在其住宅区通道的上述保险车辆轮胎一半受水淹，上车点火启动，发动机发出发动声后死火，之后则无法启动。杨某随即将车辆拖至某修理厂，经检查认为系发动机故障。杨某考虑该修理厂设备不齐全，又将车拖至某汽车维修公司，经该公司检查认为故障原因系发动机进气系统入水吸进燃烧室，活塞运转与水不可压缩之后作用力导致连杆折断，缸体破损。

杨某向保险公司报案后，因争议太大，保险公司没有赔偿损失。杨某遂诉至法院。该案在审理期间，经保险公司申请，法院委托市产品质量监督检验所对车辆受损原因进行鉴定。市产品质量监督检验所认为：①造成发动机缸体损坏的直接原因是由于进气口浸泡在水中或空气隔有余水，启动发动机，汽缸吸入了水，导致连杆折断，从而打烂缸体。②事发时的可能：当天晚上下了大雨，该车停放的地方涨过水，使该车被雨水严重浸泡，进气管空气隔进水，当水退至车身地台以下，驾驶员启动汽车时，未先检查汽车进气管空气隔有无进水，使空气隔余水被吸入发动机汽缸，造成连杆折断，缸体破损。杨某和保险公司对质监所的鉴定意见均无异议。

分析

我们分析认为，这起保险纠纷案在证据的采信和事实认定上均无异议，只是对保险公司应否赔偿车损有争议。法院应作有利于被保险人和受益人的解释。车损非杨某操作不当引起，保险公司应予以赔偿。杨某在车辆受浸低于车身地台的情况下，不可预见进气管空气隔进水，此时启动车辆属正常操作；另外，从风险事故与保险标的损失之间的因果关系来看，本案属于多种原因连续发生造成损失的情形，其中暴雨是前因；车辆进气管空气隔进水相对于暴雨是后因，而相对于启动发动机是前因；启动发动机是后因。正是由于暴雨的发生，才导致车辆进气管空气隔进水，才使启动发动机这一开动汽车必不可少的条件发生作用，导致发动机缸体损坏，根据保险法的近因原则，暴雨才是近因，因此保险公司应向杨某赔偿车辆的实际损失。

第四节　损失补偿原则

损失补偿原则是指保险事故发生使被保险人遭受损失时，保险人必须在保险责任范围内对被保险人所受的损失进行补偿。损失补偿原则是由保险的经济补偿职能决定的。通过补偿，使被保险人的保险标的在经济上恢复到受损前的状态，不允许被保险人因损失而获得额外的利益。

一般来说，损失补偿原则主要适用于财产保险合同。我国《保险法》第四十六条规定："被保险人因第三者的行为而发生死亡、伤残或者疾病等保险事故的，保险人向被保险人或者受益人给付保险金后，不得享有向第三者追偿的权利。但被保险人或者受益人仍有权向第三者请求赔偿。"

提示与说明

损失补偿原则包含了两层含义：一是损失补偿以保险责任范围内的损失发生为前提，即有损失发生则有损失补偿，无损失无补偿。被保险人只有受到约定的保险事故所造成的损失，才能得到补偿。在保险期限内，即使发生了保险事故，但如果被保险人没有受到损失，就无权要求保险人赔偿。二是损失补偿以被保险人的实际损失为限，而不能使其获得额外利益。各国保险法对保险金额超过财产实际价值的超额保险均作了限制性规定。我国《保险法》规定："保险金额不得超过保险价值，超过保险价值的，超过的部分无效，保险人应当退还相应的保险费。"

一、损失补偿原则的意义

损失补偿原则与其他保险原则密切相关，尤其与保险利益原则息息相关，还衍生出代位、委付、重复保险与分摊等规则。在英国，损失补偿原则来自于禁止赌博的公共政策；而在我国，损失补偿原则来自于公平原则和禁止不当得利的规定。损失补偿原则禁止被保险人从保险中得利，从而减少了道德风险，维护了保险制度的正常运作，因此具有重要的现实意义。这一原则有以下两层含义。

一是保险合同订立以后，保险标的遭受保险事故而产生损失，被保险人有权按合同的约定，获得全面、充分的补偿。

二是保险人对被保险人的赔偿恰好使保险标的恢复到未出险前的状况，即保险补偿以被保险人的实际损失为限，被保险人不能因保险赔偿而获得额外的经济利益。

损失补偿原则除以受损失为限外，往往还受到保险合同中约定的一些其他限制，如以保险金额为限、按比例投保因而按比例赔偿的限制。另外还受赔偿方法的限制，如某些保险中规定了免赔额，或赔偿限额等。

损失补偿原则只适用于财产保险及人身保险合同中带有费用报销型的保险，如太平洋保险公司的"附加住院医疗保险"和"附加意外伤害医疗保险"等，而对定额给付型的人身保险是不适用的。

二、损失补偿原则的基本内容

1. 损失补偿的限制

保险人履行损失补偿原则时通常以实际损失、保险金额和可保利益额度作为限制。为了既保证被保险人能恢复失去的经济利益，又不会因保险补偿而获取额外利益，在这三种限制中，应以金额最小的限额作为保险补偿的额度。

（1）以实际损失为限。实际损失是指保险事故发生所致保险标的损失的实际现金价值。

（2）以保险金额为限。保险金额是保险合同双方共同约定的保险人承担的最大损失风险。因此，无论保险标的发生全损或任何一次部分损失，保险人的最高赔付责任都不应该超过合同规定的保险金额。

（3）以可保利益额度为限。可保利益是保险赔偿的前提条件，保险赔偿要以损失发生时被保险人对所保财产具有的可保利益金额作为最高限度。例如，在房屋抵押贷款中，贷款银行以受押人名义对抵押房屋投保财产保险，如果银行的贷款额为 20 万元，房屋价值为 50 万元，保险金额为 30 万元，在保险期限内房屋因火灾而损失 30 万元，保险人只能赔偿 20 万元。

2. 损失补偿原则的实现方式及损失赔偿方法

损失补偿原则的实现方式通常有以下几种。

（1）现金赔付。在大多数情况下，保险人采用现金赔付方式。这样既可以减少很多麻烦，也符合大多数被保险人的意愿。

（2）修理。某些有形财产保险，只是标的发生部分损失或部分零部件的损残时，保险人便可以委托有关修理部门对受损害的被保险标的物予以修复，其费用由保险人承担，如机动车辆保险。

（3）更换。更换是指因保险责任事故发生导致被保险标的损失，保险人采用替换的办法，对损失标的物予以补偿。

（4）重置。重置是指被保险人的财产毁损或灭失，保险人重新购置与所保标的等价的标的，以恢复被保险人财产本来面目的补偿方式。

损失赔偿方法通常有以下几种。

（1）限额责任赔偿方法。限额责任赔偿方法是指保险人只承担事先约定的损失额以内的赔偿，超过损失限额部分，保险人不负赔偿责任。

（2）免赔额（率）赔偿方法。该方法是指对免赔额（率）以内的损失保险人不予负责，而在损失超过免赔额（率）时才承担责任。

采取绝对免赔额（率）赔偿方法的计算公式为

$$赔偿金额=保险金额\times（损失率-免赔率）$$

采用相对免赔额（率）赔偿方法的计算公式为

$$赔偿金额=保险金额\times损失率$$

相关案例

医疗费用报销保险赔偿案

2010年8月，刘某为自己投保了医疗费用报销保险，2011年4月刘某由于生病住院花去医疗费用5 000元，刘某在社会医疗保险和其他报销机构已经报销了2 600元，随后刘某又向保险公司申请报销全部的医疗费用5 000元，保险公司按照损失补偿原则，赔付刘某2 400元。

分析

在本案例中，被保险人已在社会医疗保险和其他报销机构报销 2 600 元，若保险公司赔偿刘某 5 000 元，那么刘某就重复获利 2 600 元，便因保险而“赚钱”了，这样就有违保险的“损失补偿原则”。因此保险公司只需要赔付 2 400 元就足以弥补刘某的损失。

三、损失补偿原则的例外

损失补偿原则一般有以下几种例外情况。

（1）定值保险。在定值保险中，发生损失时，不论保险标的价值如何变化，保险人仍按保险合同上所约定的保险金额计算赔款。从以赔偿实际损失为本质的损失补偿原则的角度看，该保险是一种例外。

（2）重置价值保险。重置价值保险又称复旧保险或恢复保险，是按照重置价值确定损失额的保险。由于这种保险在确定损失赔付时不扣除折旧，而按重置价值确定损失额，所以，对于损失补偿原则来说，也是一种例外。

（3）人身保险。人的生命难以用货币衡量，人寿保险中的保险金额是由投保人或被保险人自行确定的，而当发生保险事故时，倘若其持有多份保单，被保险人或受益人可获得多重给付。因此，损失补偿原则对于人身保险也是一种例外，但人身保险中的医疗费用保险仍然适用损失补偿原则。

> **提示与说明**
>
> 损失补偿原则主要适用于一般财产保险，定值保险、重置价值保险、人身保险以及施救费用的赔偿均不能运用这一原则。

（4）施救费用的赔偿。保险合同通常规定，保险事故发生时，被保险人有义务积极抢救保险标的，防止损失进一步扩大。被保险人抢救保险标的所支出的合法费用由保险人负责赔偿。这样，保险人实际承担了两个保险金额的补偿责任，显然扩大了损失补偿的范围与额度，这也是损失补偿原则的例外。

四、损失补偿原则的派生原则

（一）代位追偿原则

1. 代位追偿原则的含义

代位追偿原则是指在财产保险中，保险标的发生保险事故造成推定全损，或者保险标的由于第三者责任导致保险损失，保险人按照合同的约定履行赔偿责任后，依法取得对保险标的的所有权或对保险标的的损失负有责任的第三者的追偿权。

代位追偿原则的主要内容有以下两点。

（1）权利代位。权利代位即追偿权的代位，是指在财产保险中，保险标的由于第三者责任导致保险损失，保险人向被保险人支付保险赔款后，依法取得对第三者的索赔权。

（2）物上代位。物上代位是指保险标的遭受保险责任范围内的损失，保险人按保险金额全数赔付后，依法取得该项标的的所有权。

2. 代位追偿权产生的原因

代位追偿权产生的原因主要有三种：一是侵权行为，由第三者的故意或过失致使保险标的遭受损失；二是合同责任，第三者违约造成保险标的的损失；三是不当得利，由第三者的不当得利产生的民事责任引起的代位追偿。

3. 代位追偿权的成立要件

（1）保险人因保险事故对第三者享有损失赔偿请求权。首先保险事故是由第三者造成的；其次根据法律或合同规定，第三者对保险标的的损失负有赔偿责任，被保险人对其享有赔偿请求权。

（2）保险标的的损失原因属于保险责任范围，即保险人负有赔偿义务。如果损失发生原因属于除外责任，那么保险人就没有赔偿义务，也就不会产生代位求偿权。

（3）保险人给付保险赔偿金。对第三者的赔偿请求权转移的时间界限是保险人给付赔偿金，并且这种转移是基于法律规定，不需要被保险人授权或第三者同意，即只要保险人给付赔偿金，请求权便自动转移给保险人。

4. 保险双方在代位追偿中的权利义务

（1）保险人的权利义务。保险人的权利是保险人在赔偿金额范围内代位行使被保险人对第三者请求赔偿的权利。保险人的义务是保险人追偿的权利应当与他的赔偿义务等价，如果追得的款项超过赔偿金额，超过部分归被保险人。

（2）被保险人的权利义务。第一，在保险赔偿前，被保险人需保持对过失方起诉的权利；第二，不能放弃对第三者责任方的索赔权；第三，由于被保险人的过错致使保险人不能行使代位请求赔偿的权利的，保险人可以相应扣减保险赔偿金；第四，被保险人有义务协助保险人向第三责任方追偿；第五，被保险人已经从第三者取得损害赔偿的，保险人赔偿保险金时，可以相应扣减被保险人从第三者已取得的赔偿金额。

提示与说明

权利代位和物上代位的区别：①权利代位取得的是求偿权，物上代位取得的是所有权。②在委付的情况下，物上代位取得的赔偿金全部归保险人所有；而权利代位取得的赔偿金若超过了保险赔款，超过的部分要还给被保险人。③权利代位对所有物没有责任，而物上代位要对所有物有责任。

5. 物上代位的条件

我国《保险法》第四十四条规定："保险事故发生后，保险人已支付了全部保险金额，并且保险金额相等于保险价值的，受损保险标的的全部权利归于保险人；保险金额低于保险价值的，保险人按照保险金额与保险价值的比例取得受损保险标的的部分权利。"此规定表明：保险人在物上代位中的权益范围可能会由于保险标的保障程度的不同而有所不同。在足额保险中，保险人按保险金额支付保险赔偿金后，即取得对保险标的的全部所有权。因此，保险人在处理标的物时所获得的利益如果超过所支付的赔偿金额，超过部分归保险人所有；如有对第三者损害赔偿请求权，索赔金额超过其支付的保险赔偿金额，也同样归保险人所有。而在不足额保险中，保险人只能按照保险金额与保险价值的比例取得受损标的的部分权利。但由于保险标的的不可分割性，保险人在依法取得受损保险标的的部分权利后，通常将该部分权利折价给被保险人，并在保险赔偿金中作相应的扣除。

保险人物上代位权是通过委付来取得的。委付是指保险标的发生推定全损时，被保险人要求保险人按推定全损赔偿，并以明确方式表示将其标的所有权全部转移给保险人的行为。委付是一种放弃物权的法律行为，是海上保险独有的一种处理保险标的损失的手段。

物上代位权的取得是通过委付，委付的成立必须具备一定的条件：

第一，委付必须由被保险人向保险人提出；第二，委付应就保险标的的全部；第三，委付不得附有条件；第四，委付必须经过保险人的同意。

（二）重复保险分摊原则

重复保险分摊原则是指在重复保险的情况下，当保险事故发生时，各保险人应采取适当的分摊方法分配赔偿责任，使被保险人既能得到充分的补偿，又不会超过实际损失而获得额外的利益。

重复保险必须具备的条件有：同一保险标的及同一可保利益；同一保险期间；同一保险危险；与数个保险人订立数个保险合同，且保险金额总和超过保险标的的价值。

重复保险的分摊方式有以下几种。

（1）比例责任分摊方式，即各保险人按其所承保的保险金额与总保险金额的比例分摊保险赔偿责任。计算公式如下：

各保险人承担的赔款=损失金额×（该保险承保的保险金额÷各保险人承保的保险金额总和）

（2）限额责任分摊方式，是指在没有重复保险的情况下，各保险人依其承保的保险金额而应给付的赔偿限额与各保险人应给付赔偿限额总和的比例承担损失赔偿责任。计算公式如下：

各保险人承担的赔款=损失金额×（该保险人的赔偿限额÷各保险人赔偿限额总和）

（3）顺序责任分摊方式，是指由先出单的保险人首先负责赔偿，后出单的保险人只有在承保的标的损失超过前一保险人承保的保额时，才依次承担超出的部分。

在保险实务中，各国采用较多的是比例责任和限额责任分摊方式，因为顺序责任分摊方式下各承保公司承担的责任不公平。在我国，重复保险依法主要采用比例责任方式赔偿。

【例5.1】2015年8月10日，李某将其家庭财产向所在地A保险公司投保了家庭财产保险及附加盗窃险，保险金额为100 000元，保单有效期为一年。同年10月10日，李某所在单位为全体职工在B保险公司投保了家庭财产保险及附加盗窃险，李某的保险金额为50 000元，保单有效期为一年。次年2月，李某家被盗。李某发现后立即向公安机关报案并告知保险公司。经现场查勘，李某家两道门锁被撬开，丢失财物共计30 000元。三个月后公安机关未能破案，投保人李某先后向A、B两家保险公司索赔。采用比例责任方式，A与B保险公司应如何进行赔付？

> **思考与讨论**
>
> 某投保人以价值6万元的财产向A、B两家财险公司投保火灾保险，A保险公司承保4万元，B保险公司承保6万元。如果发生实际损失5万元，以限额责任方式来分摊，A保险公司应赔付的金额为多少？以顺序责任制来分摊呢？

按比例责任分摊方式：

各保险人承担的赔款=损失金额×（该保险承保的保险金额÷各保险人承保的保险金额总和）

A保险公司：30 000×100 000/（100 000+50 000）=20 000（元）

B保险公司：300 000×50 000/（100 000+50 000）=10 000（元）

即A公司赔偿2万元，B公司赔偿1万元。

本章小结

保险的基本原则	保险利益原则	保险利益原则是指在订立和履行保险合同的过程中，投保人或被保险人对保险标的必须具有保险利益，如果投保人对保险标的不具有保险利益，签订的保险合同无效；或者保险合同生效后，投保人或被保险人失去了对保险标的的保险利益，保险合同随之失效（人身保险合同除外）
	最大诚信原则	最大诚信原则是指保险合同当事人在订立保险合同时及在合同有效期内，应依法向对方提供影响对方决定是否缔约及缔约条件的全部实质性重要事实，同时，绝对信守合同订立的约定与承诺。否则，受到损害的一方可以以此为理由宣布合同无效或不履行合同的约定义务或责任，还可以对因此而受到的损失要求对方予以赔偿 最大诚信原则的内容主要包括告知、保证、弃权与禁止反言
	近因原则	近因是造成保险标的损失的最直接、最有效、起决定性作用的原因，而不是指在时间上最接近损失的原因 确定近因的最基本的方法有两个：一是从最初事件出发，按逻辑推理，判断下一事件；二是从损失开始，向前追溯
	损失补偿原则	损失补偿原则是指保险事故发生使被保险人遭受损失时，保险人必须在保险责任范围内对被保险人所受的损失进行补偿。通过补偿，使被保险人的保险标的在经济上恢复到受损前的状态，不允许被保险人因损失而获得额外的利益 损失补偿原则的派生原则有代位追偿、重复保险分摊原则

复习思考题

一、名词解释

保险利益　最大诚信原则　近因　代位求偿　物上代位　重复保险

二、单选题

1. 保险利益从本质上说是某种（　　）。

A. 经济利益　　B. 物质利益　　C. 精神利益　　D. 财产利益

2. 保险人在支付了 5 000 元的保险赔款后向有责任的第三方追偿，追偿款为 6 000 元，则（　　）。

A. 6 000 元全部退还给被保险人　　B. 将 1 000 元退还给被保险人

C. 6 000 元全归保险人　　D. 多余的 1 000 元在保险双方之间分摊

3. 除（　　）外，保险人不得行使代位求偿权。

A. 人寿保险　　B. 意外伤害保险

C. 医疗保险　　D. 第三者责任保险

4. 根据国际惯例，在投保时可以不具有保险利益，但是在索赔时被保险人对保险标的必须具有保险利益的财产保险险种是（　　）。

A. 企业财产保险　　B. 信用保险

C. 责任保险　　D. 海洋货物运输保险

5. 保险利益是保险合同成立的前提。某人欲将新近购买的一辆走私车向保险公司投保机动车辆保险，而保险公司拒保。这说明投保人对保险标的所具有的保险利益必须是（　　）。

A. 确定利益　　B. 合法利益

C. 具有利害关系的利益　　D. 保险公司认可的利益

6. 在最大诚信原则中，弃权与禁止反言约束的对象主要是（　　）。

A. 投保人　　B. 保险人

C. 保险代理人　　D. 投保人与保险代理人

7. 近因原则是判断风险事故与保险标的损失之间的因果关系，确定保险赔偿责任的一项基本原则。这里近因是指（　　）。

A. 导致损失的时间上最近的原因　　B. 导致损失的第一个原因

C. 导致损失的最后一个原因　　D. 导致损失的最直接、最有效的原因

8. 某人投保了人身意外伤害保险，在回家的路上被汽车撞伤送往医院，在其住院治疗期间因心肌梗塞而死亡。那么，在这一死亡事故中的近因是（　　）。

A. 被汽车撞倒　　B. 心肌梗塞

C. 被汽车撞倒和心肌梗塞　　D. 被汽车撞倒导致的心肌梗塞

9. 王某将自己价值 10 万元的财产投保了一份保险金额 5 万元的家财保险，在保险期间王某家发生火灾导致财产损失 8 万元。此时，保险公司应该赔偿（　　）。

A. 10 万元　　B. 8 万元　　C. 5 万元　　D. 4 万元

10. 投保人因过失未履行如实告知义务，对保险事故的发生有严重影响的，保险人对保险合同解除前发生的保险事故（　　）。

A. 不承担赔偿或给付保险金的责任，但可以退还保费

B. 不承担赔偿或给付保险金的责任，并不退还保费

C. 根据双方协商，可承担部分赔偿或给付保险金的责任，但不退还保费

D. 根据双方协商，可承担部分赔偿或给付保险金的责任，并退还保费

三、多选题

1. 人身保险合同没有（　　）概念。

A. 保险金额　　B. 保险利益　　C. 保险价值　　D. 重复保险

2. 下列原则中适用于人身保险合同的有（　　）。

A. 保险利益原则　　B. 损失补偿原则　　C. 最大诚信原则　　D. 近因原则

3. 代位追偿实施的前提条件是（　　）。

A. 保险标的的损失属于保险责任事故

B. 保险标的的损失是由第三方责任造成的

C. 保险人履行了赔偿责任

D. 被保险人对于第三者依法应负赔偿责任

4. 损失补偿原则的限制条件有（　　）。

A. 以实际损失为限　　B. 以保险价值为限

C. 以保险金额为限　　D. 以保险利益为限

5. 关于近因原则的表述不正确的是（　　）。

A. 近因是造成保险标的损失最直接、最有效的、起决定作用的原因

B. 近因是时间上离损失最近的原因

C. 近因是空间上离损失最近的原因

D. 只有当被保险人的损失直接由近因造成时，保险人才给予赔偿

6. 根据我国法律规定，无论财产保险合同还是人身保险合同必须以保险利益存在为前提。一般，保险利益应该符合的条件是（　　）。

A. 保险利益必须是合法的利益　　B. 保险利益应该是经济上有价值的利益

C. 保险利益应该是确定的利益　　D. 保险利益应该是不必计量的利益

7. 按照国际惯例，投保人的告知主要有（　　）。

A. 无限告知　　B. 有限告知　　C. 自觉告知　　D. 询问回答告知

8. 保证是保险活动中最大诚信原则的重要内容，根据保证事项是否存在划分，保证的种类包括（　　）。

A. 确认保证　　B. 承诺保证　　C. 明示保证　　D. 默示保证

9. 通常，重复保险的分摊方式包括（　　）。

A. 第一损失方式　　B. 比例责任方式　　C. 限额责任方式　　D. 顺序责任方式

10. 确立保险利益原则的意义在于（　　）。

A. 提供合理补偿　　B. 防止赌博

C. 防止道德风险　　D. 保护被保险人利益

四、简答题

1. 保险利益的构成要件有哪些？

2. 财产保险利益与人身保险利益有哪些区别？

3. 为什么规定最大诚信原则？

4. 什么是近因？如何判定近因？

5. 如何理解损失补偿原则？

6. 代位追偿产生的条件有哪些？保险当事人在代位追偿中的权利与义务有哪些？

五、案例分析

1. 光华建筑有限责任公司将自己的一批电器转让给光明五金公司，光华建筑有限责任公司是光明五金公司的唯一股东。后来，光华建筑有限责任公司以自己的名义，在永安保

险公司为该批电器投保。再后来，发生保险事故，全部电器被毁。光华建筑有限责任公司向永安保险公司索赔。永安保险公司认为：光华建筑有限责任公司对这批电器没有保险利益，拒绝赔偿。试分析：光华建筑有限责任公司是否对这批电器具有保险利益？保险公司是否应该赔偿？

2. 2010 年末，寿险公司新一轮"开门红"竞赛拉开序幕，保险产品说明会频频召开。半个月以来，家住杨浦区的退休职工姜先生，已经连续收到来自沪上 3 家保险公司累计 5 张《产品说明会邀请函》。姜先生心中估摸着："自己早就过了 60 周岁，不符合投保寿险产品的年龄要求。难道这些保险公司开发出适合老年人的保险产品了？"于是上周末，他带着身份证，前往说明会现场。当拿到保险代理人发放的产品说明书时，姜先生发现，60 周岁是投保年龄上限。正当他失望地准备离开时，保险代理人暗示他可以为自己的儿子或者孙子购买保险，而且这在国外还是富人躲避高额遗产税的首选方式。姜先生只有一个孙子，爱孙心切的他决定为孙子购买 5 份保险，年缴保险费 5 万元。如何能让姜先生为未成年的孙子购买的保险合同成为有效力的保单呢？试结合所学知识进行投保安排。

3. 某家银行投保火险附加盗窃险，在投保单上写明 24 小时有警卫值班，保险公司予以承保并以此作为减费的条件。后银行被窃，经调查某日 24 小时内有半小时警卫不在岗。则该保险公司是否承担赔偿责任？

4. 郑旺之子郑晓旺正在上小学。学校集体为学生买保险，是平安保险附加意外伤害医疗保险。2003 年 5 月 12 日下午，郑晓旺在学校操场上活动，被另外一个学生抛来的石子击中右眼，马上送医院抢救。医院多方医治，无奈眼球已经被打坏，最后，只能将眼球摘除。保险公司根据合同，支付了保险金和医疗费。有人说，还应该找肇事孩子的家长，要求其赔偿损失。有人说，保险公司已经赔了，不能也没有权利再要求事故责任方进行赔偿。于是郑旺于 2004 年 6 月 1 日请教律师，计划起诉。如果你是法官，如何判案？

六、实训项目

2009年10月7日，赵先生向朋友李先生借了一辆小轿车出行。深夜11点多，他在无锡市滨湖区山水东路由南往北行驶时，不慎撞上道路右侧栏杆，造成车辆损坏。事发后，交警迅速赶到现场勘察，车主李先生向保险公司报案。两天后，交警部门出具事故认定书，认定赵先生负事故全部责任，并注明事发后他离开事故现场。到年底，保险公司对车辆定损后向李先生发出拒赔通知，认为肇事司机事发后不在现场，根据保险合同条款的规定，对这起事故造成的车辆损失应该拒赔。李先生见保险公司拒赔，便向滨湖区法院提起诉讼。

经查，2008年2月，李先生为小轿车投了机动车损失险，并投保"不计免赔"特约条款，期限自2009年2月10日至2010年2月9日。双方在条款第5条约定了保险公司的免责情形，其中一项是：事故发生后，被保险人或其允许的驾驶人在未依法采取措施的情况下，驾驶保险车辆或遗弃保险车辆逃离事故现场的。同时，保险公司"投保人声明"一栏中写明，保险人已将投保险种对应的保险条款包括责任免除部分，向投保人作了明确说明，并有李先生的签名。因此，当时的开车人赵先生在事故后离开现场，属于保险公司的免赔范围。

不过，李先生否认该签名为自己所签，并指出，保险公司未就免责条款向他作出明确说明。保险公司向法院确认，保险合同上的签名的确不是李先生本人所签，而是由保险公司工作人员代签的。

实训指导：分析上述案件，试判此案。

课外阅读资料

梅艳芳瞒报病情投保 保险公司拒赔巨额保金

据2004年1月10日《华西都市报》报道（太阳） 梅艳芳2002年得知患病后，即为母亲的生活作打算，在已有一份巨额保险的情况下，又买了一份保额高达1 000万元的保险。可惜昨日传来消息：该保险公司以阿梅当日没申报病情为由，拒绝赔偿。

阿梅病逝后，其遗产分配一直备受争议。但她生前买下的两份保险，受益人均是她的母亲，两份保额共有3 000万元之多。阿梅鉴于自己是巨星的身份，一直不敢将病情公开，治病也在高度秘密下进行，除了挚友刘培基外，她的亲友均于去年9月她召开记者会时才获悉。

2002年她再买一份新保险时，也是怕患癌的秘密遭泄露，所以，不敢在保单上申报病情。结果阿梅这份供了一年多的保单，保险公司以漏报病情为由，拒绝赔偿千万的保金。梅妈最终只获得另一份2 000万元的赔偿，但足以衣食无忧。

挂靠车辆个人以挂靠单位的名义投保是否有效？

原告刘某购买重型平板半挂车与牵引车，为经营需要，将车辆挂靠于某运输公司，并签订协议约定车辆的实际所有人、营运控制人、营动收益人均是刘某；刘某借用公司企业代码证对车辆进行登记；在营运期间发生交通事故，引发的损失及赔偿责任由刘某承担，保险公司赔款归刘某所有。2006年，刘某在被告某保险公司签订机动车交通事故责任强制保险单并交纳了保险费，被保险人为运输公司。同时，刘某还签订了两份商业保险单，约定：投保人和被保险人为刘某；车辆所有人运输公司。之后，刘某雇佣的驾驶员发生交通事故，刘某赔偿各项费用3万余元。刘某赔偿后要求被告保险公司支付保险理赔条款，双方发生争议，刘某遂诉至法院。被告保险公司则称车辆交强险是以运输公司名义投保，原告无权主张交强险。

中国法院网本案例原文

那么，刘某是否能获得赔偿？推荐读者先行思考讨论，再扫描二维码阅读柏玲对本案的评析。

第六章 财产保险

学习目标和要点

学习目标

了解财产保险、企业财产保险、家庭财产保险、机动车辆保险、海洋货物运输保险、工程保险的险种及含义；掌握企业财产保险、家庭财产保险、机动车辆保险、海洋货物运输保险、工程保险的保险责任、除外责任、保险金额（赔偿限额）及赔偿计算。

学习要点

财产保险的概念、种类；企业财产保险、家庭财产保险的含义，保险标的、险种及保险责任和除外责任；机动车辆保险中车损险、第三者责任险、交强险的保险责任、除外责任、赔偿限额及赔款计算。

本章知识结构

- 财产保险概述
  - 财产保险的特征
  - 财产保险的种类
    - 企业财产保险
    - 利润损失保险
    - 家庭财产保险
    - 运输工具保险
    - 货物运输保险
    - 工程保险
    - 特殊风险保险
    - 农业保险
- 企业财产保险
  - 企业财产保险的保险标的
  - 企业财产保险的保险责任与除外责任
  - 企业财产保险的保险金额和保险价值
    - 固定资产保险金额和保险价值的确定
    - 流动资产保险金额和保险价值的确定
    - 账外资产和代保管财产保险金额和保险价值的确定
  - 企业财产保险的费率
  - 企业财产保险的保险期限
  - 企业财产保险的赔偿处理
    - 赔偿金额的计算
    - 施救费用的赔偿
    - 残值处理
    - 代位求偿的行使
    - 批改
    - 重复保险赔偿方式
- 家庭财产保险
  - 家庭财产综合险
  - 家庭财产保险附加盗抢险
- 机动车辆保险
  - 机动车辆保险的种类
  - 机动车综合商业保险
    - 保险责任
    - 除外责任
    - 保险金额和赔偿限额
    - 保险期间
    - 保险费
    - 免赔规定
    - 赔偿计算公式
- 货物运输保险
  - 海洋运输货物保险
  - 国内货物运输保险
- 工程保险
  - 工程保险的特征
  - 工程保险的主要产品
    - 工程保险的基本险种
    - 建筑安装工程保险的保险责任
    - 建筑安装工程保险的除外责任
    - 建筑安装工程保险的保险项目与保险金额

案例引入

某市居民李某将其家庭财产向保险公司投保了家庭财产保险，保险期限自2011年3月8日起至次年3月7日24时止，保险金额为83 000元。次年春节期间，李某为其刚刚8岁的儿子买了200元左右的各式烟花爆竹。2月16日上午，李某与其妻到朋友家去做客，将儿子留在家中。李某与其妻走后，其子感到清静无聊，于是将李某藏的烟花翻出，在屋里玩，将一只爆竹点着，花炮在屋里乱窜喷火，其余烟花爆竹也被相继点燃，导致大火燃起。所幸李某之子逃出门外，只有皮肉之伤，但当大火被扑灭后李某清点家财时，发现衣服、被褥、家用电器、家具等均有不同程度的损坏，经保险公司核定，损失为38 450元。对这起火灾，保险公司认为，根据家财险保险条款规定，被保险人及其家庭人员的故意行为，属于本保险的除外责任，火灾是李某之子故意行为所致，因此保险公司不承担赔偿责任。而被保险人李某则认为，其子并非故意纵火，而只是玩耍不慎导致室内财物被烧，不应视为被保险人家庭人员的故意行为。

针对该案件，保险公司是否应该履行赔偿责任呢？该案例属于财产保险的范畴。那么，财产保险具体有哪些业务？具体的赔案又该如何处理呢？相信通过本章的学习，你会找到答案。

第一节　财产保险概述

财产保险的概念包括广义概念和狭义概念。以各种财产及相关利益、责任、信用为保险标的的险种为广义的财产保险。《中华人民共和国保险法》第九十五条规定："财产保险业务，包括财产损失保险、责任保险、信用保险、保证保险等保险业务。"仅以各种财产及相关利益为保险标的的险种为狭义的财产保险。本章介绍的是狭义财产保险。

补充阅读

什么是财产

财产是指拥有的金钱、物资、房屋、土地等物质财富，国家财产、私人财产，具有金钱价值、并受到法律保护的权利的总称。财产所有人依法对自己的财产享有占有、使用、收益和处分的权利；任何人不经财产所有人的许可不得使用该财产，否则就是非法侵犯。财产从形成起就与所有权相联系。

财产的常见分类有两类。一类是不动产和动产。不动产是指依附于土地才能存在并体现其经济价值的财产，包括房屋、生长期的农作物等；凡是不符合不动产性质的财产都是动产。另一类是有形和无形资产。有形资产包括土地和某些可以作为所有物占有的有体财产；无形资产是无形体但有金钱价值，包括诉讼物、承继物、附属物等。

有些物体不属于财产的范围，主要包括人的身体，大气、流动的河水和公海；国家法律规定某些特殊财产不准许私人占有，如我国的土地、矿藏等。

一、财产保险的特征

财产保险具有以下特征。

1. 财产风险的特殊性

财产保险所保障的风险是多种多样的，各种自然灾害、意外事故均可作为财产保险承保的风险和保险责任。在财产保险中，由于保险标的的复杂性和多样性，风险事故的发生也表现出不同的形态，既包括暴风、暴雨、泥石流、滑坡和洪水等自然灾害，也包括火灾、爆炸、碰撞、盗窃和违约等意外事故。风险事故所造成的损失，既包括直接的物质损失、赔偿责任，也包括间接的费用损失、利润损失等。

2. 保险标的的特殊性

广义财产保险是以财产及其有关的经济利益和损害赔偿责任为保险标的。按标的具体存在的形态，通常可以划分为有形财产、无形财产或有关利益。有形财产是指厂房、机器设备、机动车辆、船舶、货物和家用电器等；无形财产或有关利益指各种费用、产权、预期利润、信用和责任等。狭义的财产保险的标的仅指有形财产中的一部分普通财产（如企业财产保险的保险标的、家庭财产保险的保险标的和机动车辆保险的保险标的等）。财产保险的保险标的必须是可以用货币衡量价值的财产或利益，而无法用货币衡量价值的财产或利益不能作为财产保险的保险标的，如空气、江河和国有土地等。

3. 保险利益的特殊性

财产保险与人身保险相比，其保险利益的特殊性体现在以下三个方面。

（1）保险利益的产生。财产保险的保险利益产生于人与物间的关系，即投保人与保险标的之间的关系。人身保险的保险利益则产生于人与人之间的关系。

（2）保险利益的量的限定。在财产保险中，保险利益有量的规定性，不仅要考虑投保人对标的有没有保险利益，还要考虑保险利益的额度大小。投保人对保险标的的保险利益仅限于保险标的的实际价值，因此保险金额须以财产的实际价值为限，保险金额超过财产的实际价值部分将因投保人无保险利益而无效。人身保险的保险利益，除债权人与债务人之间的保险利益外，一般没有量的限定。

（3）保险利益的时效。在一般情况下，财产保险的保险利益要求在保险合同订立时到损失发生时全过程中都存在。在财产保险中，保险利益不仅是订立保险合同的前提条件，而且也是维持保险合同效力、保险人支付赔款的条件。一旦被保险人在保险事故发生时对保险标的已丧失保险利益，保险人不负赔偿责任。人身保险的保险利益仅要求在保险合同订立之时存在即可，在发生保险事故时，投保人对保险标的（被保险人）丧失保险利益，并不影响保险合同的效力。

4. 保险金额确定的特殊性

财产保险的保险金额确定一般参照保险标的的实际价值，或者根据投保人的实际需要参照最大可能损失、最大可预期损失确定其所购买的财产保险的保险金额。确定保险金额的依据即为保险价值，保险人和投保人在保险价值限度以内，按照投保人对该保险标的存在的保险利益程度来确定保险金额，作为保险人承担赔偿责任的最高限额。由于各种财产都可依据客观存在的质量和数量来计算或估计实际价值的大小，因此，在理论上，财产保险的保险金额的确定具有客观依据。

5. 保险期限的特殊性

大部分财产保险的保险期限较短。通常，普通财产保险的保险期限为一年或一年以内，并且保险期限就是保险人实际承担的保险责任的期限。不过也有一些特殊情况。例如，在工程保险中，尽管在保单上也有一个列明的保险期限，但保险人实际承担保险责任的起止点往往要根据工程的具体情况确定，即受到承保风险的区间限制。一般根据工程的具体情况，保险责任的起止点可以向前追溯至运输期和制造期，向后延至试车期、保证期和潜在缺陷保证期。在货物运输保险和船舶保险中，保险期限实际是一个空间范围。例如，海上运输货物保险的保险期限确定依据是“仓至仓条款”。

6. 保险合同的特殊性

不同于人身保险合同，财产保险合同属于损失补偿合同，保险人只有在合同约定的保险事故发生并造成被保险人的财产损失时才承担经济补偿责任，而且补偿的额度以被保险人在经济利益上恢复到损失以前的状况为限，绝不允许被保险人获得额外利益。因此，在财产保险合同中，尽管可能出现超额保险、不足额保险，也可能出现重复保险的现象，但是保险人在赔付的过程中都会按照损失补偿原则进行处理。

> **思考与讨论**
>
> 试讨论，财产保险还有哪些特征？举例说明。

二、财产保险的种类

财产保险所包含的种类十分繁杂，常见的财产保险有以下几类。

1. 企业财产保险

企业财产保险是适用于各种企业、社团、机关和机关事业单位的一种财产保险，主要承保因火灾或其他自然灾害和意外事故造成被保险人的财产损失。目前，我国企业财产保险产品有企业财产保险基本险、企业财产保险综合险、财产险和财产一切险。

2. 利润损失保险

利润损失保险承保由于火灾等自然灾害或意外事故的发生，使被保险人在一个时期内，停产、停业或营业受到影响的间接的经济损失，即利润损失和受灾后在营业中断期间仍需支付的必要费用。利润损失保险通常作为附加险或特约保险项目，只有当企业投保足额的企业财产保险或机器损坏保险后，保险人才负责赔偿因保险责任事故的发生导致企业遭受的利润损失。

3. 家庭财产保险

家庭财产保险是适用于我国城乡居民家庭的一种财产保险，其承保责任范围与企业财产保险综合险基本相同。目前，我国家庭财产保险产品主要有普通型家庭财产保险、家庭财产两全保险、投资保障型家庭财产保险和个人贷款抵押房屋保险。

4. 运输工具保险

运输工具保险是承保因自然灾害和意外事故造成运输工具的损失及被保险人在使用运输工具过程中产生的对第三者的民事损害赔偿责任的一种财产保险。我国常见的运输工具保险险种有机动车辆保险、船舶保险和飞机保险等。

5. 货物运输保险

货物运输保险是承保货物在运输过程中因遭受自然灾害和意外事故所造成损失的一种财产保险。常见的货物运输保险的险种有国内水路、陆路货物运输保险，国内航空运输货物保险和进出口货物运输保险。

6. 工程保险

工程保险是承保各类工程项目在建设过程中因自然灾害和意外事故造成的物质损失、费用支出和依法应对第三者的人身伤亡或财产损失承担的经济赔偿责任的一种综合性财产保险。常见的工程保险险种有建筑工程一切险、安装工程一切险和机器损坏险。

7. 特殊风险保险

特殊风险保险是为特殊行业设计的各种保险，保险标的具有较强的专业性。常见的特殊风险保险险种有海洋石油开发保险、航天保险和核电站保险等。

8. 农业保险

农业保险是指保险机构根据农业保险合同，对被保险人在种植业、林业、畜牧业和渔业生产中因保险标的遭受约定的自然灾害、意外事故、疫病、疾病等保险事故所造成的财产损失，承担赔偿保险金责任的保险活动。

第二节　企业财产保险

企业财产保险是承保企业、事业单位、机关、团体的固定资产、流动资产及与其企业经济利益相关的财产，因火灾及其他自然灾害、意外事故而遭受直接损失的财产损失保险。企业财产保险是在传统火灾保险的基础上演变和发展而来的。

我国现行的企业财产保险是在保监会监管下颁布的统一条款，合同条款一般分基本条款和综合条款，习惯上称为企业财产基本险和企业财产综合险。这两种条款只在保险责任和责任免除（除外责任）上有所区别，其他内容基本相同。

一、企业财产保险的保险标的

企业财产保险的保险标的包括可保财产和特约可保财产以及不可保财产。

1. 可保财产

可保财产是指保险人根据保险条款规定认为可以承保的财产。可保财产通常用两种不同的方式加以反映：一是用会计科目来反映，如固定资产、流动资产（存货）、专项资产、投资资产、账外或已摊销的资产和代保管财产等；二是以企业财产项目类别来反映，如房屋、建筑物及附属装修设备、低值易耗品、原材料、半成品等。

2. 特约可保财产

特约可保财产是指那些价值不易确定，或在一般情况下，因遭受保险事故而致损的可能性小，经保险双方特别约定后，在保险单明细表上载明品名和金额的，保险人可以承保的财产。特约可保财产又可分为不提高费率的特约可保财产和需提高费率的特约可保财产。

（1）不提高费率的特约可保财产是指市场价格变化较大或无固定价格的财产。主要包括两类：一是市场价格变化较大，价值难于确定的财产，如金银、珠宝、钻石、玉器、首饰、古币、古玩、古书、古画、邮票、艺术品、稀有金属等珍贵财物；二是为了满足某些行业的特殊需求而特约承保的财产，如铁路、桥梁、堤堰、码头等。

（2）需提高费率或需附加保险特约条款的特约可保财产，一般包括矿井及矿坑的地下建筑物、设备和矿下物资等。

3. 不可保财产

不可保财产为保险人不予承保的财产。对以下财产，保险人不予承保。

（1）不属于一般性的生产资料和商品的财产，如土地、矿藏、森林等。

（2）缺乏价值依据或很难鉴定其价值的财产，如货币、票证、有价证券、文件、账册、图表、技术资料等。

（3）承保后会产生不良社会影响或会与政府的有关法律法规相抵触的财产。如违章建筑、非法占有的财产等。

（4）由于种种原因暂时不能承保的财产。

（5）必然会发生危险的财产，如有关部门已发出洪水警报，投保人此时来投保。

（6）可以由其他险种来承保的财产，如正在运输途中的货物应投保货物运输保险，有公共执照的车辆投保机动车辆保险等。

二、企业财产保险的保险责任与除外责任

（一）企业财产保险的保险责任

1. 企业财产保险基本险的保险责任

我国的企业财产保险基本险采用风险列明的方式承保，即保险标的只有遭受保险单中列明的自然灾害、意外事故造成损失时，保险人才负责赔偿。在企业财产基本险中，保险单上列明的风险有以下几项。

（1）火灾。我国关于火灾的解释是必须同时满足以下三个条件：一是有燃烧现象，即有光、有热、有火焰；二是偶然地、意外地发生的燃烧；三是燃烧失去控制，有蔓延扩大的趋势。

补充阅读

2015 年全国火灾造成 1 742 人死亡

据中青在线北京 1 月 18 日电（记者　何春中）　公安部消防局今天公布，2015 年，全国共接报火灾 33.8 万起，造成 1 742 人死亡、1 112 人受伤，直接财产损失 39.5 亿元，与 2014 年相比，分别下降 14.5%、4%、26.5%和 16%。

据统计，消防部门去年全年共接报较大以上火灾 63 起，死亡 234 人，受伤 114 人，直接财产损失 2.5 亿元。火灾总起数超过 1.5 万起的有 8 个省份，其中，除四川、河南、湖南 3 个人口大省外，其余全部集中在东部地区，分别是浙江 3.4 万起，江苏 2.8 万起，辽宁 2.7 万起，山东 2.5 万起，河南 2 万起，四川 1.9 万起，广东 1.8 万起，湖南 1.5 万起。

从已查明原因的火灾看，有 10.2 万起火灾是由于违反电气安装使用规定引发的，占总数的 30.1%，尤其是较大火灾中有 56.7%是由于电气原因引发，2 起重大火灾和 1 起特别重大火灾则全部是电气原因引发。乡镇农村共发生火灾 18.2 万起，死亡 971 人，受伤 492 人，直接财产损失 23.3 亿元。全年村民居民住宅火灾 11.1 万起，造成 1 213 人死亡，虽然起数只占总数的 32.9%，但死亡人数占总数的 69.6%。住宅火灾的死亡人员中，未成年人和老年人占总数的 58.2%。

死亡人数较多的几类场所有，员工宿舍火灾死亡 162 人，商业场所火灾死亡 57 人，养老院、福利院死亡 49 人，餐饮场所火灾死亡 20 人。

全年有5个月的火灾起数超过3万起，7个月的火灾起数在2万至3万起之间，其中超过3万起的为1至5月，全部在冬春季节，最多的2月份超过4万起。冬春季节（1月至5月和12月）共发生火灾19.5万起，死亡1 072人，受伤553人，直接财产损失22.9亿元。

全国消防队伍（含非现役消防队）共接警出动112万起，出警次数比2014年略微下降了1.8%，共出动车辆204.1万辆次、1 197.7万人次，营救遇险被困群众16.5万人，抢救保护财产价值650多亿元。其中，火灾扑救33.9万起，占总数的30.3%；抢险救援（31.6万起）和社会救助（26.3万起），占总数的51.7%。另外，公务执勤1.1万起，其他出动19.1万起。

（2）爆炸。爆炸分为两种情况，一种是物理性爆炸，另一种是化学性爆炸。物理性爆炸是液体变为气体或蒸气膨胀，压力急剧增加并大大超过容器所能承受的极限压力发生的爆炸。如锅炉、空气压缩机、压缩气体钢瓶、液体气罐爆炸等。化学性爆炸是指物体的瞬间分解或燃烧时放出大量的热和气体，并以很大的压力向四周扩散的现象。如火药爆炸、可燃性粉尘纤维爆炸及各种化学物品的爆炸等。

（3）雷击。雷击是由雷电造成的灾害。雷击的破坏形式分为直接雷击和感应雷击。直接雷击指的是雷电直接击中保险标的造成的损失。感应雷击指的是因雷击产生电磁感应或静电感应，使室内绝缘金属物体产生高压电放出火花，引起火灾，从而导致电器本身损毁；或因雷电的高压感应，致使电器部件损毁。

（4）飞行物体及其他空中运行物体坠落。凡空中飞行或运行的物体，如空中飞行器、人造卫星、陨石坠落、吊车、行车、起重机等在运行过程中发生物体坠落，造成保险财产损失的，均属于本项保险责任范围。

（5）“三供”（供水、供电、供气）设备损坏引起的“三停”（停水、停电、停气）损失。

（6）施救、抢救造成的保险标的的损失。

（7）必要的、合理的费用支出。当发生保险范围的灾害事故时，被保险人为减少保险财产损失，对保险财产采取施救、保护、整理措施而支付的必要的、合理的费用，由保险人负责赔偿。

2. 企业财产保险综合险的保险责任

企业财产保险综合险的保险责任，除了负责基本险的所有责任外，还负责企业财产由于以下各种自然灾害所造成的损失。

（1）暴雨。暴雨指每小时降雨量在16毫米以上，或连续12小时降雨量达30毫米以上，或连续24小时降雨量达50毫米以上。如北京“7·21”特大暴雨事件，就是一例典型的因特大暴雨，保险公司赔偿企业财产保险的案例。

（2）洪水。凡江河泛滥、山洪暴发、潮水上岸及倒灌致使保险财产遭受浸泡、淹没、冲散、冲毁的损失，都属洪水造成的损失。

（3）台风。台风是指中心附近最大平均风力在12级或以上，即风速在32.6米/秒以上的热带气旋。是否构成台风一般以当地气象台的认定为准。在大西洋一带将强台风称为飓风。

补充阅读

“彩虹”系2015年造成我国经济损失最重台风

据中国网2015年11月3日讯（辛闻） 中国气象局举办新闻发布会，中国气象局应急减灾与公共服务司介绍了10月国内外主要天气气候事件。10月，南方地区降水量普遍超过50毫米，其中江南中北部、华南中部、贵州西部和云南大部等地有100～200毫米。10月8日－12日，云南、贵州等地有25～100毫米降水，云南局地超过100毫米。10月21日－27日，陕西大部、山西南部、四川东北部和重庆北部等地有25～50毫米降水。受强降雨影响，云南、重庆、陕西、贵州4个省（市、区）的部分地区遭受暴雨洪涝灾害。据民政部初步统计，10月因强降雨引发的洪涝及次生灾害造成10人死亡，5人失踪，直接经济损失约2亿元。辽宁、山东、河南、山西等地气象干旱明显缓和。目前，仅辽宁西部、山东北部、甘肃南部等地的部分地区有中度气象干旱。10月，西北太平洋及南海共有4个台风生成，生成个数接近常年同期；台风“彩虹”登陆我国，登陆台风个数也接近常年同期。台风“彩虹”是有气象记录以来10月登陆广东和进入广西的最强台风。据民政部初步统计“彩虹”共造成19人死亡，直接经济损失超过260亿元，其中广东经济损失最为严重。“彩虹”也是今年以来造成我国经济损失最重的台风。

（4）暴风。气象学中的暴风，指的是风速在28.3米/秒以上，相当于11级风。保险人将暴风责任进行了扩展，扩展到8级以上，即风速在17.2米/秒以上。

（5）龙卷风。龙卷风是一种范围小而时间短的猛烈旋风，陆地上风速一般在79米/秒以上，最大风速可达100米/秒。

（6）雪灾。包括雪崩和雪暴。雪崩指大量积雪突然崩落的现象，是由于积雪本身过重、底部溶解、大风吹袭等原因所致。雪暴指空中大量降雪，淹没房屋、道路及压塌建筑物等现象。

补充阅读

因冰雪灾害电网保险赔付超7亿

2008年年初，冰雪灾害众多受损领域之中，电力系统的受灾首当其冲，国家电网公司下属湖南电网输变电设施大面积积雪覆冰，郴州、株洲等重灾区甚至一夜之间失去电力供应。按湖南保监局统计的资料，自1月13日至2月10日，电力报案达3 569件，预估赔款85 351万元，占到当地保险业预估赔款总额的57.61%。

按一位当时前往湖南现场处理此事的业内人士介绍，郴州、株洲、怀化、湘西等地的输电线路、铁塔等设施受损非常严重，湖南电力公司方面在救灾抢险的过程中有6人伤亡。

灾害发生后，“保电、通路、安民”，成为湖南地方救灾的中心任务。对于核心的“保电”，当地保险监管部门要求，承保该项目的人保产险、平安产险、太保产险三家承保公司进行专门督导和检查，明确要求公司对涉及油电煤运等基础行业的理赔案件一定要简化理赔手续，准备充足资金，及时赔付到位。截至2008年2月10日，三家公司已向湖南电力公司支付赔款6 166.10万元。

在历时半年，经历了多达13轮多方会谈之后，人保财险湖南分公司、平安产险湖南分公司、太平洋产险湖南分公司、长安保险经纪湖南分公司与国家电网湖南电力公司，终于就后者在年初冰雪灾害中的损失数额达成共识，以7.028 5亿元的赔付额签署了2008年冰灾案赔付协议。

据了解，根据三家保险公司最初承保份额，人保财险、平安产险与太保产险在赔款支付中所占的比例约为2:1:1。

依此计算，这一赔案或将成为冰灾、地震、洪灾三大自然灾害中，截至2009年我国保险业买单数额最大的一宗。以平安公司为例，其在这宗赔款中支付的逾1.75亿元赔款，甚至已经超过了其中期业绩中披露的1.14亿元的地震总赔款支出。

（7）雹灾。这是指因冰雹降落造成的灾害。雹块大小不一，降落大雹块时，能损毁地面财产。雹灾对农业生产危害极大。

（8）冰凌。气象学上称冰凌为“凌汛”，春季江河解冻期，冰块漂浮遇阻，堆积成坝，堵塞河道，造成水位急剧上升，以致冰凌、江水溢出河道，蔓延成灾。

（9）泥石流。这是指山地大量泥沙、石块突然爆发的洪流，在地形陡峭、地质疏松、堆积丰富的地区，出现暴雨或大量冰融水时容易发生。

补充阅读

财产保险泥石流的责任范围

2010年8月7日夜至8日凌晨，甘肃甘南藏族自治州舟曲县突发特大泥石流，造成重大人员伤亡。仅仅一周后，四川汶川境内也因强降雨而引发泥石流阻断道路、冲毁房屋的情况，并造成多人死亡、失踪。8月16日，四川省气象局向全省发出气象灾害预警，四川省“5•12”地震灾区地质灾害本身的防御能力就较为脆弱，当时阶段持续的强降水天气，很容易导致山洪、泥石流、滑坡等山地灾害的进一步加重。面对突如其来的灾难，除了政府、社会、企业、组织或个人的捐赠、救济，保险保障也是其中少不了的一环。那么，在泥石流灾害事故中，保险能够起到多大的作用呢？

在财产保险方面，与泥石流比较相关的险种主要有家庭财产险、企业财产险、车险、工程险等，“泥石流”大多都被列在了其综合险及一切险保障范围之内，至于是否能够获得理赔，除了看投保的险种所承保的保险责任范围，还要看造成泥石流的具体原因。

泥石流是指在山区或者其他沟谷深壑、地形险峻的地区，因为暴雨、暴雪或其他自然灾害引发的山体滑坡并携带有大量泥沙以及石块的特殊洪流。泥石流具有突然性以及流速快、流量大、物质容量大和破坏力强等特点。发生泥石流常常会冲毁公路铁路等交通设施甚至村镇等，造成巨大损失。

从泥石流的诱发因素上分析，形成泥石流主要有三个方面的原因：一是自然原因，岩石风化造成的；二是人为原因，比如不合理开挖、滥伐乱垦等因素；三是次生灾害，即由于地震灾害过后经过暴雨或是山洪稀释大面积的山体后发生的洪流。财产保险理论中对前两种原因造成的泥石流属于保险责任范围内，而对于次生灾害造成的泥石流，一般认为归属于地震范围，不属于保险责任范围内。

从这个角度分析，对于此次泥石流的属性认定，也就是说，舟曲和四川泥石流到底是否属于“5•12汶川大地震”引发的次生灾害，还是独立的一个自然灾害，有可能影响到部分家庭财产险和企业财产险的理赔结果。

（10）崖崩。崖崩指石崖、土崖受自然风化、雨蚀，以致崩裂下塌的现象。山上岩石滚落或因大雨使山上砂土透湿而崩落造成的保险财产损失，均属于此项风险的承保责任范围。

（11）地陷。地陷指因为地壳自然变异，地层收缩而发生突然下陷。

（12）突发性滑坡。这是指斜坡上不稳的岩体、土体或人为堆积物在重力作用下突然整体向下滑动。

（二）企业财产保险的除外责任

企业财产基本险和企业财产综合险的除外责任有一定区别。

1. 企业财产基本险的除外责任

企业财产基本险的除外责任有如下几种。

（1）战争及类似战争行为、敌对行为、军事行动、武装冲突、罢工、暴动、恐怖行为、民众骚乱。

（2）被保险人及其代表的故意行为或纵容行为。

（3）核反应、核子辐射和放射性污染。

（4）地震、暴雨、洪水、台风、暴风、龙卷风、雪灾、雹灾、冰凌、泥石流、崖崩、滑坡、水暖管爆裂、抢劫、盗窃等风险。

（5）保险标的遭受保险事故引起的各种间接损失。

提示与说明

保险标的遭受保险事故引起的各种间接损失，可以通过投保人在投保企业财产保险的基础上，附加投保营业中断保险和利润损失保险的方式予以保障。

（6）保险标的本身缺陷、保管不善导致的损毁，保险标的变质、霉烂、受潮、虫咬、自然磨损、自然损耗、自燃、烘焙所造成的损失。由于这些损失不是意外损失，因此，不属于保险责任范围。

（7）行政行为或执法行为所造成的损失。

（8）其他不属于保险责任范围的损失和费用。

2．企业财产综合险的除外责任

综合险的除外责任与基本险的除外责任基本相同，区别在于综合险对基本险除外的自然灾害造成的财产损失负责。综合险对露堆财产损失不负赔偿责任。

提示与说明

地震造成的损失，不管是企业财产基本险还是综合险，保险公司都不负责赔偿。

（三）企业财产保险的附加险

为了满足企业不同的保险需求，对于基本险和综合险的一般除外责任，通常可以通过附加险或者加贴特约责任条款予以扩展责任。

1．基本险的附加险

基本险的附加险有：暴风、暴雨、洪水保险；雪灾、冰凌保险；泥石流、崖崩、突发性滑坡保险；雹灾保险；破坏性地震保险；水暖管爆裂保险；盗抢保险；等等。

2．综合险的附加险

综合险的附加险有：破坏性地震保险、水暖管爆裂保险、盗抢保险等。也有采用加贴特约条款承保的，如橱窗玻璃意外险、矿下财产险和露堆财产险等。

相关案例

汶川地震保险平安理赔 7.2 亿元

据2009年8月21日《21世纪经济报道》报道（梁柯志），2009年8月20日，中国平安宣布，已与拉法基瑞安水泥有限公司（以下简称“拉法基瑞安”）正式签署赔付协议，平安产险就拉法基瑞安在2008年5月12日汶川地震以及后续的系列余震中遭受的损失，在保单保障范围内赔付人民币7.2亿元。

在2008年汶川地震发生后，慕尼黑再保险测算，汶川地震导致保险公司的总理赔额预计在33亿元人民币到108亿元人民币之间。而中国保监会统计，截至5月10日，保险业合计支付保险金16.6

亿元人民币，其中，已赔付保险金11.6亿元，预付保险金4.97亿元。此次赔付协议对象拉法基瑞安水泥有限公司，为法国拉法基集团和中国香港瑞安集团在华的合资子公司。2008年5月12日，四川汶川发生大地震，拉法基瑞安水泥有限公司及其中国地区下属企业在四川都江堰、江油和绵阳等地的中外合资水泥厂遭受严重损失，且在2008年8月13日的余震中，拉法基江油工厂再次受损。中国平安表示，在2008年6月至2009年6月的一年间，平安产险拉法基专案小组与被保险人、保单再保人法国AXA、再保理算人罗便士（法国）等对其300多项重建和修复项目、上万个标的进行查勘和核损，经过各方多次磋商，于2009年6月初形成最终赔付方案，平安将在保单保障范围内赔付人民币7.2亿元。平安产险已于2008年8月和11月分别向拉法基瑞安预付赔款2.6亿元和1.5亿元。另外，平安产险相关负责人表示，在本周内，平安产险将按照拉法基瑞安的要求支付第三笔预付赔款人民币7 000万元。同时，理赔专案小组正在抓紧时间完成案件的整理工作，在公司内部的全部报备流程结束后，将剩余的赔款2.4亿元人民币支付给拉法基瑞安，完成此次地震后的拉法基瑞安赔款结案工作。

点评：由以上案例可以看出，国外公司的保险意识相当强，这为我们国内公司未来的风险管理提供了有益的借鉴。

三、企业财产保险的保险金额和保险价值

1. 固定资产保险金额和保险价值的确定

固定资产的保险金额一般按以下方式确定。

（1）按照账面原值确定。账面原值就是固定资产在建造或购置时实际支付的货币金额。在固定资产价值稳定的情况下可使用，方法简单。

（2）按账面原值加成确定。在固定资产原值的基础上，根据市场价格情况，再加上一定的成数，使之趋近于重置价值。

（3）按照重置价值确定。重置价值是指重新购置或建造该项固定资产所需支付的全部费用。一般在账面原值与实际价值差距过大时，可采用此种方法。

（4）按其他方式来确定。包括被保险人依据公估或评估后的市价来确定。

固定资产的保险价值按出险时固定资产的实际价值来确定。

2. 流动资产保险金额和保险价值的确定

流动资产保险金额，可以由被保险人按照最近 12 个月任意月份的账面余额确定，或由被保险人自行确定。

流动资产的保险价值，按出险时流动资产的账面余额确定。

3. 账外资产和代保管财产保险金额和保险价值的确定

账外资产和代保管财产的保险金额，可以由被保险人自行估价确定或按重置价值确定。账外资产和代保管财产的保险价值是按出险时重置价值或账面余额确定的。

四、企业财产保险的费率和保险期限

1. 企业财产保险的费率

企业财产保险的保险费率采用级差费率制。费率分为工业险费率、仓储险费率和普通险费率三大类；级差，则是指每大类再细分为不同档次的费率。

（1）工业险费率。此费率按照原材料性质、工艺流程的危险程度来确定档次，共分六档，危险程度依次提高，费率也依次提高。

（2）仓储险费率。此费率按照储存物资的风险程度，分为金属材料、粮食专储，一般物资，危险品，特别危险品四个档次，费率依次提高。

（3）普通险费率。除工业险、仓储险之外的其他行业，适用普通险费率，按照用途的危险性质来确定档次，共分三档，费率依次提高。

表 6.1 是根据太平洋保险公司 2012 年的宣传材料整理的企业财产保险的保险费率。

表 6.1　太保企业财产保险的保险费率

（单位：‰）

类别	号次	占用性质	基本险年费率	综合险年费率	
				费率1	费率2
工业类	1	第一级企业	0.60	1.60	1.00
	2	第二级企业	1.00	2.00	1.50
	3	第三级企业	1.45	2.40	2.00
	4	第四级企业	2.50	4.00	3.50
	5	第五级企业	3.50	6.40	5.00
	6	第六级企业	5.00	8.00	7.00
仓储类	7	一般物资	0.60	1.50	1.00
	8	危险品	1.50	3.00	2.00
	9	特别危险品	3.00	5.00	4.00
	10	金属材料、粮食转储	0.35	1.00	0.50
普通类	11	社会团体、机关、事业单位	0.65	1.60	1.00
	12	综合商社、饮食服务业、商贸、写字楼、展览馆、体育场所、交通运输业、牧场、林场、科研院所、住宅、邮政、电信、供电高压线路、输电设备	1.50	2.40	2.00
	13	石油化工商店、液化石油气供应站、日用杂品商店、废旧物资收购站、修理行、文化娱乐场所、加油站	2.50	3.00	3.00

注：费率1适用华东、中南、西南地区，费率2适用于华北、东北、西北地区。

2．企业财产保险的保险期限

企业财产保险的保险期限一般是一年。

五、企业财产保险的赔偿处理

（一）赔偿金额的计算

1．固定资产的赔偿处理

固定资产发生全部损失时，当保险金额高于或等于出险时实际价值时，赔款=出险时实际价值-应扣残值；当保险金额低于出险时实际价值时，赔款=保险金额-应扣残值。

固定资产发生部分损失时，当按账面原值投保的，保险金额高于或等于出险时实际价值时，赔款=实际损失-应扣残值；保险金额低于出险时实际价值的，按比例赔偿，公式为

$$\text{赔款}=\frac{\text{保险金额}}{\text{出险时实际价值}}\times(\text{实际损失或恢复原状所需费用}-\text{应扣残值})$$

如果固定资产按原值加成投保或按重置价值投保，赔款=实际损失-应扣残值。

2．流动资产的赔偿处理

流动资产发生全部损失时，当保险金额高于或等于出险时账面余额时，赔款=出险时账

面余额-应扣残值；当保险金额低于出险时账面余额时，赔款=保险金额-应扣残值。

流动资产发生部分损失时，当保险金额高于或等于出险时账面余额时，赔款=实际损失-应扣残值；当保险金额低于出险时账面余额的，按比例赔偿，公式为

$$赔款=\frac{保险金额}{出险时账面余额}\times(实际损失或恢复原状所需费用-应扣残值)$$

3. 账外财产和代保管财产的赔偿处理

账外财产和代保管财产赔款计算与流动资产或固定资产的赔款计算方法相同。

（二）施救费用的赔偿

施救费用的赔偿与财产损失的赔偿，分别按两个保险金额计算，各以不超过一个保额为限。若受损保险财产按比例赔偿时，施救费用的赔偿也应按财产损失赔款相同的比例计算赔偿金额。施救费用的赔偿计算首先应区分用于保险财产的施救费用。当不能区分时，应根据保险财产价值占全部施救财产价值的比例计算施救费用。其计算公式为

保险财产施救费用=施救费用×（施救保险财产/全部被施救财产）

（三）残值处理

根据条款规定，对于保险标的残余部分，应协议作价给被保险人，并在赔款中扣除。如果对受损财产的损失金额要进行分摊，其残值部分也要进行分割，分割的计算公式为

保险人分得的残值=残值×（保险金额/出险时的市场价值或账面余额）

（四）代位求偿的行使

因第三者对保险财产的损害而造成保险事故的，保险人自向被保险人赔偿保险金之日起，在赔偿金额范围内代位行使被保险人对第三者请求赔偿的权利。在保险实务中，保险人可以先行行使代位求偿权。

（五）批改

保险财产遭受部分损失获得赔偿后，保险人应出具批单，应注明该保险单的保险金额减去赔偿金额后尚余的有效保险金额。保险人对该有效保险金额继续负责至保险期满为止。已经赔偿的保险金额部分，因保险人已履行其义务，故不再退还保险费。这部分已赔偿的财产恢复后，在续保时要另行办理加保手续。如果保险当事人不愿续保，则可依法终止合同。另一种方法是在保险条款中附加自动恢复保险金额条款，保险人对部分损失赔偿后，保险金额自动恢复到赔偿前的额度，但被保险人要加付一定的保险费。

（六）重复保险赔偿方式

在保险实务中，各保险公司将以按比例分摊损失的方式承担各自应负的赔偿责任，其总赔偿金额以该财产的实际损失金额为限。

【例 6.1】 某厂于 2012 年 1 月 5 日投保企业财产综合险，其中固定资产中厂房按原值投保，保额为 150 万元，流动资产保额为 230 万元。保险期限 1 年。2005 年 10 月 13 日，一场大火使该厂损失惨重。该厂向保险人报案后，保险人马上进行现场查勘工作，经查勘认定，该厂固定资产损失 80 万元，残值 5 万元，此时固定资产的实际价值为 180 万元；流动资产损失 100 万元，用于流动资产的施救费用 2 万元。此时账面流动资产余额为 340 万元。试计算保险公司的赔款。

计算结果如下:

固定资产赔款=（800 000 – 50 000）×（1 500 000 ÷ 1 800 000）= 625 000（元）

流动资产赔款=1 000 000 ×（2 300 000 ÷ 3 400 000）= 676 470.59（元）

施救费用赔款=20 000 ×（2 300 000 ÷ 3 400 000）= 13 529.41（元）

保险公司的赔款总额=625 000+676 470.59+13 529.41=1 315 000（元）

第三节　家庭财产保险

家庭财产保险是以居民的家庭财产为保险对象的保险。其保险标的是坐落或存放在保单所载明地址的自有居住房屋，室内装修、装饰及附属设施，室内家庭财产。目前国内家庭财产保险主要包括家庭财产基本险、家庭财产综合保险和附加险等。

一、家庭财产综合险

凡城乡居民、单位职工、夫妻店、家庭手工业者等个人及家庭成员的自有财产以及代他人保管或与他人共有财产都可以投保家庭财产保险。城乡个体工商户和合作经营组织的财产及私人企业的财产不适用本保险。

（一）家庭财产综合险的保险标的

1. 可以承保的家庭财产

家庭财产综合险的可保财产包括以下几类。

（1）房屋及其附属设施（含租赁）和室内装潢。

（2）存放于室内的其他财产，包括衣服、床上用品、家具、家用电器、文化娱乐用品等。

2. 特约承保的家庭财产

家庭财产综合险特约承保的家庭财产包括以下几类。

（1）属于被保险人代他人保管或者与他人共有而由被保险人负责的上述财产。

（2）存放在院内、室内的非动力农机具，农用工具。

（3）经保险人同意的其他财产。

3. 不可承保的家庭财产

家庭财产综合险的不保财产包括以下几类。

（1）价值高、物品小，出险后难于核实价值的财产，如金银、首饰、珠宝、钻石、艺术品、稀有金属等。

（2）无法鉴定价值的财产，如货币、有价证券、票证、古玩、古币、邮票、字画、书籍、文件、账册、技术资料、图表、电脑软件及资料等。

（3）日用消费品，养殖及种植物，如家畜、花、鸟、虫、鱼、盆景等。

（4）处于紧急状态或违法的财产，如危房、违章建筑等。

（5）用于从事商品生产、经营活动的财产和出租用作工商业的房屋。

（6）不属于可保财产范围内的其他家庭财产。

（二）保险责任

家庭财产综合险的保险责任与企业财产综合险类似，主要包括火灾、爆炸、雷击、飞行物体及其他空中运行物体的坠落；保单列明的自然灾害；外界建筑物倒塌；暴风、暴雨造成房屋主要结构（墙体、屋顶、屋架）倒塌以及因施救所致损失和费用。

补充阅读

舟曲特大泥石流灾害保险机构赔付首个家财险

据2010年8月16日《金融时报》报道（李常武，刘音妤），2010年8月11日下午，人保财险甘肃省分公司在舟曲灾害现场设立的理赔服务点向被保险人龙某支付赔款，这是舟曲特大泥石流灾害发生后保险机构支付的首笔赔款。龙某在人保财险舟曲支公司投保了1份“幸福通保”，其中家财险保额6万元。8月10日下午人保财险甘肃省分公司接到报案，经查勘，被保险人冰箱、洗衣机、电脑及电视等在灾害中报废。人保财险随后即向被保险人支付赔款8 000元。

（三）除外责任

家庭财产综合险的除外责任与企业财产综合险基本类似，不同之处如下：一是故意行为的主体是被保险人及其家庭成员、雇用人员等。如本章引入案例中保险公司认为火灾行为的主体是李某的儿子，虽是家庭成员，但是李某之子年仅8岁，按法律规定其无民事行为能力，因此不能认定其是故意行为。二是增加电器风险，如电机、电器等因使用过度、超电压、碰线、弧花、漏电、短路、自身发热等原因造成的本身损失。

（四）保险金额

房屋、建筑物及其附属设施的保险金额，以该财产的购置价格、建造价格或市场价格来确定。室内财产则一般由投保人根据财产的实际价值自行确定，并且按照保险单规定的保险财产项目分别列明。如难以具体分项则按大类财产在保险金额中所占比例确定。

（五）保险费率与保险期限

保险费率采用年费率。房屋的费率根据房屋结构确定，钢筋混凝土结构的为0.4‰，混合结构的为0.6‰，砖木结构的为1‰。允许费率进行上下浮动，上下浮动的范围为30%。保险期限一般为一年，实行“零时起保”原则。

（六）赔偿处理

在家庭财产保险中，房屋建筑物的损失采用比例赔偿方式，室内财产的赔偿采用第一危险赔偿方式，即全部损失和部分损失，在分项目保险金额内，按实际损失赔付。在理赔中，特别要注意进行详细的现场查勘，进行责任认定、合理计算赔款等工作，以有效避免道德风险，保护保险合同双方的合法权益。

【例6.2】 王某于2011年7月将自家房屋及附属设备、房屋装修、室内财产投保了家庭财产保险。其中房屋及附属设备保额5万元，室内装修3万元，室内财产2万元，未分项列明。缴保费240元。保险期限1年。2012年4月5日，王某家因电褥子使用不当发生火灾，经核定，损失如下：房屋修缮费用2 000元，室内装修1 000元，室内财产4 000元，残值50元。此时，经估价王某房屋保险价值为6万元，装修为4万元，室内财产7万元。保险公司应赔偿多少？

根据家庭财产保险条款规定，房屋及附属设备、室内装修采取不定值保险方式，该保户的这两项财产没有足额投保，故赔款计算如下：

$$房屋及附属设备赔款 = 2\,000 \times (50\,000/60\,000) = 1\,666.67\ (元)$$

$$室内装修赔款 = 1\,000 \times (30\,000/40\,000) = 750\ (元)$$

室内财产采取第一危险赔款方式，赔款计算如下：

$$室内财产赔款 = 4\,000 - 50 = 3\,950\ (元)$$

$$合计赔款=1\,666.67 + 750 + 3\,950 = 6\,366.67\ (元)$$

二、家庭财产保险附加盗抢险

家庭财产保险中有多种附加险，盗抢险是其中最主要的险种。

1. 保险责任

房屋及附属设施、存放于保险地址室内的家庭财产，因外来的、有明显盗窃痕迹的盗窃或持械抢劫造成的损失，在向公安机关报案后，3 个月内未能破案的，保险人负责赔偿。

> **思考与讨论**
>
> 分组讨论，盗抢险为什么以附加险的形式存在，而不是包含在综合险当中？

2. 除外责任

盗抢险的除外责任包括：①被保险人及其家庭成员、服务人员、寄居人的盗窃或纵容他人盗窃造成的损失；②无明显盗窃痕迹，如窗外钩物、顺手牵羊等行为；③因房屋门窗未锁，而遭盗窃所致保险财产的损失。

此外，一般还规定盗窃案发生后必须向公安机关报案，以避免道德风险，虚报案情。

第四节　机动车辆保险

机动车辆保险是以机动车辆本身及机动车辆的第三者责任为保险标的的一种运输工具保险，国外称为汽车保险。机动车辆保险是我国城市商业保险业务中财产保险第一大险种。

一、机动车辆保险的种类

中国的机动车辆保险主要包括商业机动车辆保险和机动车交通事故责任强制保险（简称交强险）。

保险公司经营的商业性机动车辆保险可以分为主险和附加险。根据 2015 年 3 月中国保险业协会公布的《机动车综合商业保险示范条款》《特种车综合商业保险示范条款》《摩托车、拖拉机综合商业保险示范条款》和《机动车单程提车保险示范条款》，主险包括机动车（或特种车、摩托车和拖拉机）损失保险、机动车（或特种车、摩托车和拖拉机）第三者责任保险、机动车（或特种车、摩托车和拖拉机）车上人员责任保险、机动车（或特种车、摩托车和拖拉机）全车盗抢保险共四个独立的险种（其中机动车单程提车保险不包含全车盗抢险），投保人可以选择投保全部险种，也可以选择投保其中部分险种。机动车综合商业保险附加险包括玻璃单独破碎险，自燃损失险，新增设备损失险，车身划痕损失险，发动机涉水损失险，修理期间费用补偿险，车上货物责任险，精神损害抚慰金责任险，不计免赔率险，机动车损失保险无法找到第三方特约险，指定修理厂险 11 种；特种车综合商业保险的附加险包括玻璃单独破碎险，自燃损失险，新增设备损失险，修理期间费用补偿险，车上货物责任险，精神损害抚慰金责任险，不计免赔率险，特种车损失保险无法找到第三方特约险，指定修理厂险，起重、装卸、挖掘车辆损失扩展条款，特种车辆固定设备、仪器损坏扩展条款 11 种；摩托车、拖拉机综合商业保险的附加险包括不计免赔险，摩托车、拖拉机损失保险无法找到第三方特约险两种；机动车单程提车保险附加险包括不计免赔率险和机动车损失保险无法找到第三方特约险两种。附加险不能独立投保。

由政府推出的强制性保险有机动车交通事故责任强制保险。2006 年 7 月 1 日，《机动车交通事故责任强制保险条例》开始实施。2013 年 3 月 1 日起实施新修改的《机动车交通事故责任强制保险条例》。

补充阅读

交强险发展历程

2004 年 5 月 1 日起实施的《道路交通安全法》首次提出“建立机动车第三者责任强制保险制度，设立道路交通事故社会救助基金”。

2006 年 3 月 28 日国务院颁布《交强险条例》，机动车第三者责任强制保险从此被“交强险”代替，条例规定自 2006 年 7 月 1 日起实施。

2006 年 6 月 30 日，中国保监会发布《机动车交通事故责任强制保险业务单独核算管理暂行办法》，规定自发布之日起实施。

2007 年 6 月 27 日，保监会发布《机动车交通事故责任强制保险费率浮动暂行办法》，规定自 7 月 1 日起实行。

2007 年 7 月 1 日，随着配套措施的完善，交强险最终普遍实行，此前普遍实行的为“机动车第三者责任强制保险”（第三者强制保险）。

2012 年 3 月 30 日，温家宝总理签署第 618 号中华人民共和国国务院令：“现公布《国务院关于修改〈机动车交通事故责任强制保险条例〉的决定》，自 2012 年 5 月 1 日起施行。”新版《机动车交通事故责任强制保险条例》只有一处修改，修改后的第 5 条第 1 款为：“保险公司经保监会批准，可以从事机动车交通事故责任强制保险业务。”自 2006 年 7 月 1 日起施行的旧版条例中，允许从事交强险业务的只限于“中资保险公司”。去掉“中资”两个字，意味着中国正式向外资保险公司开放交强险市场，中国保险业进入全面开放阶段。

2012 年《国务院关于修改〈机动车交通事故责任强制保险条例〉的决定》公布，修改后的交强险自 2013 年 3 月 1 日起施行。

本章介绍保险业协会公布的《机动车综合商业保险示范条款》中的机动车损失险、机动车第三者责任险和交强险。

二、机动车综合商业保险

（一）保险责任

1. 机动车损失险的保险责任

机动损失险的保险责任包括两大类，一是保险期间内，被保险人或其允许的驾驶人在使用被保险机动车过程中，因下列原因造成被保险机动车的直接损失，且不属于免除保险人责任的范围，保险人依照本保险合同的约定负责赔偿：碰撞、倾覆、坠落；火灾、爆炸；外界物体坠落、倒塌；雷击、暴风、暴雨、洪水、龙卷风、冰雹、台风、热带风暴；地陷、崖崩、滑坡、泥石流、雪崩、冰陷、暴雪、冰凌、沙尘暴；受到被保险机动车所载货物、车上人员意外撞击；载运被保险机动车的渡船遭受自然灾害（只限于驾驶人随船的情形）。二是发生保险事故时，被保险人或其允许的驾驶人为防止或者减少被保险机动车的损失所支付的必要的、合理的施救费用，由保险人承担；施救费用数额在被保险机动车损失赔偿金额以外另行计算，最高不超过保险金额的数额。

2. 第三者责任险的保险责任

第三者责任险的保险责任包括：保险期间内，被保险人或其允许的驾驶人在使用被保险机动车过程中发生意外事故，致使第三者遭受人身伤亡或财产直接损毁，依法应当对第三者承担的损害赔偿责任，且不属于免除保险人责任的范围，保险人依照本保险合同的约定，对于超过机动车交通事故责任强制保险各分项赔偿限额的部分负责赔偿。

（二）机动车损失险的除外责任

1. 免责的情形

在上述保险责任范围内，下列情况下，不论任何原因造成被保险机动车的任何损失和费用，保险人均不负责赔偿。

（1）事故发生后，被保险人或其允许的驾驶人故意破坏、伪造现场、毁灭证据。

（2）驾驶人有下列情形之一者：事故发生后，在未依法采取措施的情况下驾驶被保险机动车或者遗弃被保险机动车离开事故现场；饮酒、吸食或注射毒品、服用国家管制的精神药品或者麻醉药品；无驾驶证，驾驶证被依法扣留、暂扣、吊销、注销期间；驾驶与驾驶证载明的准驾车型不相符合的机动车；实习期内驾驶公共汽车、营运客车或者执行任务的警车、载有危险物品的机动车或牵引挂车的机动车；驾驶出租机动车或营业性机动车无交通运输管理部门核发的许可证书或其他必备证书；学习驾驶时无合法教练员随车指导；非被保险人允许的驾驶人。

（3）被保险机动车有下列情形之一者：发生保险事故时被保险机动车行驶证、号牌被注销的，或未按规定检验或检验不合格；被扣押、收缴、没收、政府征用期间；在竞赛、测试期间，在营业性场所维修、保养、改装期间；被保险人或其允许的驾驶人故意或重大过失，导致被保险机动车被利用从事犯罪行为。

2. 致损原因免责

下列原因导致的被保险机动车的损失和费用，保险人不负责赔偿：地震及其次生灾害；战争、军事冲突、恐怖活动、暴乱、污染（含放射性污染）、核反应、核辐射；人工直接供油、高温烘烤、自燃、不明原因火灾；违反安全装载规定；被保险机动车被转让、改装、加装或改变使用性质等，被保险人、受让人未及时通知保险人，且因转让、改装、加装或改变使用性质等导致被保险机动车危险程度显著增加；被保险人或其允许的驾驶人的故意行为。

3. 损失和费用免责

下列损失和费用，保险人不负责赔偿：因市场价格变动造成的贬值、修理后因价值降低引起的减值损失；自然磨损、朽蚀、腐蚀、故障、本身质量缺陷；遭受保险责任范围内的损失后，未经必要修理并检验合格继续使用，致使损失扩大的部分；投保人、被保险人或其允许的驾驶人知道保险事故发生后，故意或者因重大过失未及时通知，致使保险事故的性质、原因、损失程度等难以确定的，保险人对无法确定的部分，不承担赔偿责任，但保险人通过其他途径已经及时知道或者应当及时知道保险事故发生的除外；因被保险人违反本条款第十六条约定（第十六条规定："因保险事故损坏的被保险机动车，应当尽量修复。修理前被保险人应当会同保险人检验，协商确定修理项目、方式和费用。对未协商确定的，保险人可以重新核定。"），导致无法确定的损失；被保险机动车全车被盗窃、被抢劫、被抢夺、下落不明，以及在此期间受到的损坏，或被盗窃、被抢劫、被抢夺未遂受到的损坏，或车上零部件、附属设备丢失；车轮单独损坏，玻璃单独破碎，无明显碰撞痕迹的车身划痕，以及新增设备的损失；发动机进水后导致的发动机损坏。

（三）第三者责任险的除外责任

1. 免责的情形

机动车辆第三者责任险的免责情形三类与车损险的免责情形基本一致，唯一的不同点是在第三种情形的第四点上不一样，其内容是：全车被盗窃、被抢劫、被抢夺、下落不明期间。

2. 致损原因免责

下列原因导致的人身伤亡、财产损失和费用，保险人不负责赔偿：地震及其次生灾害、战争、军事冲突、恐怖活动、暴乱、污染（含放射性污染）、核反应、核辐射；第三者、被保险人或其允许的驾驶人的故意行为、犯罪行为，第三者与被保险人或其他致害人恶意串通的行为；被保险机动车被转让、改装、加装或改变使用性质等，被保险人、受让人未及时通知保险人，且因转让、改装、加装或改变使用性质等导致被保险机动车危险程度显著增加。

3. 损失费用免责

下列人身伤亡、财产损失和费用，保险人不负责赔偿：被保险机动车发生意外事故，致使任何单位或个人停业、停驶、停电、停水、停气、停产、通讯或网络中断、电压变化、数据丢失造成的损失以及其他各种间接损失；第三者财产因市场价格变动造成的贬值，修理后因价值降低引起的减值损失；被保险人及其家庭成员、被保险人允许的驾驶人及其家庭成员所有、承租、使用、管理、运输或代管的财产的损失，以及本车上财产的损失；被保险人、被保险人允许的驾驶人、本车车上人员的人身伤亡；停车费、保管费、扣车费、罚款、罚金或惩罚性赔款；超出《道路交通事故受伤人员临床诊疗指南》和国家基本医疗保险同类医疗费用标准的费用部分；律师费，未经保险人事先书面同意的诉讼费、仲裁费；投保人、被保险人或其允许的驾驶人知道保险事故发生后，故意或者因重大过失未及时通知，致使保险事故的性质、原因、损失程度等难以确定的，保险人对无法确定的部分，不承担赔偿责任，但保险人通过其他途径已经及时知道或者应当及时知道保险事故发生的除外；因被保险人违反本条款第三十四条约定（第三十四条规定："因保险事故损坏的第三者财产，应当尽量修复。修理前被保险人应当会同保险人检验，协商确定修理项目、方式和费用。对未协商确定的，保险人可以重新核定。"），导致无法确定的损失；精神损害抚慰金；应当由机动车交通事故责任强制保险赔偿的损失和费用；保险事故发生时，被保险机动车未投保机动车交通事故责任强制保险或机动车交通事故责任强制保险合同已经失效的，对于机动车交通事故责任强制保险责任限额以内的损失和费用，保险人不负责赔偿。

（四）保险金额、责任限额和保险期间

1. 机动车辆损失险的保险金额

保险金额按投保时被保险机动车的实际价值确定。投保时被保险机动车的实际价值由投

保人与保险人根据投保时的新车购置价减去折旧金额后的价格协商确定或其他市场公允价值协商确定。折旧金额可根据本保险合同列明的参考折旧系数表确定。

2. 第三者责任险的责任限额

每次事故的责任限额，由投保人和保险人在签订本保险合同时协商确定。主车和挂车连接使用时视为一体，发生保险事故时，由主车保险人和挂车保险人按照保险单上载明的机动车第三者责任保险责任限额的比例，在各自的责任限额内承担赔偿责任，但赔偿金额总和以主车的责任限额为限。

3. 保险期间

除另有约定外，保险期间为一年，以保险单载明的起讫时间为准。

（五）保险费

1. 保险费的计算

（1）机动车损失险的保险费。各家保险公司计算车辆损失保费的方法大同小异，一般是按照被保险人类别、车辆用途、座位数或吨位数或排量或功率、车辆使用年限所属档次查找基础保费和费率，然后按照以下公式计算基准保费：

基准保费=基础保费+保险金额×费率

或者：

基准保费=基础保费+实际新车购置价×费率

计算出基准保费后，再根据投保车辆的具体情况对基础保费进行调整，一般是用基础保费乘以调整系数。影响调整系数的因素主要有车的类型、上一年的赔款记录、投保险种的多少、投保车辆的多少、客户忠诚度（连年在本公司投保的优惠）、上一年度交通违章记录、平均行驶里程等。挂车保险费按同吨位货车对应档次保险费的50%计收。

（2）第三者责任保险的保险费。第三者责任保险实行固定基准保费，按照被保险人类别、车辆用途、座位数或吨位数或排量或功率、责任限额直接在费率表中查找保费。挂车按照对应吨位货车保险费的50%计算。

> **思考与讨论**
>
> 试讨论，机动车辆保险的保险费计算原理与企业财产保险和家庭财产保险有何不同？为什么？

2. 无赔款优待

保险车辆在上一年保险期限内无赔款，续保时可享受无赔款减收保险费优待，优待金额为本年度续保险种应交保险费的10%。被保险人投保车辆不止一辆的，无赔款优待分别按车辆计算。上年度投保的车辆损失险、第三者责任险和附加险中任何一项发生赔款，续保时均不能享受无赔款优待；不续保者不享受无赔款优待。如果续保的险种与上年度相同，但投保金额不同，无赔款优待则以本年度保险金额对应的应交保险费为计算基础。不论机动车辆连续几年无事故，无赔款优待一律为应交保险费的10%。

（六）免赔规定

1. 机动车损失险的免赔规定

保险人在依据本保险合同约定计算赔款的基础上，按照下列方式免赔：被保险机动车一方负次要事故责任的，实行5%的事故责任免赔率；负同等事故责任的，实行10%的事故责任免赔率；负主要事故责任的，实行15%的事故责任免赔率；负全部事故责任或单方肇事事故的，实行20%的事故责任免赔率；被保险机动车的损失应当由第三方负责赔偿，无法找到第三方的，实行30%的绝对免赔率；违反安全装载规定、但不是事故发生的直接原因的，增加10%的绝对免赔率；对于投保人与保险人在投保时协商确定绝对免赔额的，本保险在实行免赔率的基础上增加每次事故绝对免赔额。

2. 第三者责任险的免赔规定

保险人在依据本保险合同约定计算赔款的基础上，在保险单载明的责任限额内，按照下列方式免赔：被保险机动车一方负次要事故责任的，实行5%的事故责任免赔率；负同等事故责任的，实行10%的事故责任免赔率；负主要事故责任的，实行15%的事故责任免赔率；负全部事故责任的，实行20%的事故责任免赔率；违反安全装载规定的，实行10%的绝对免赔率。

（七）赔偿计算公式

1. 机动车损失险的赔偿计算公式

（1）全部损失，赔款计算公式如下：

赔款=（保险金额－被保险人已从第三方获得的赔偿金额）

×（1－事故责任免赔率）×（1－绝对免赔率之和）－绝对免赔额

（2）被保险机动车发生部分损失，保险人按实际修复费用在保险金额内计算赔偿：

赔款=（实际修复费用－被保险人已从第三方获得的赔偿金额）

×（1－事故责任免赔率）×（1－绝对免赔率之和）－绝对免赔额

（3）施救费。施救的财产中，含有本保险合同未保险的财产，应按本保险合同保险财产的实际价值占总施救财产的实际价值比例分摊施救费用。

2. 第三者责任险的赔偿计算

（1）当（依合同约定核定的第三者损失金额－机动车交通事故责任强制保险的分项赔偿限额）×事故责任比例等于或高于每次事故赔偿限额时：

赔款=每次事故赔偿限额×（1－事故责任免赔率）×（1－绝对免赔率之和）

（2）当（依合同约定核定的第三者损失金额－机动车交通事故责任强制保险的分项赔偿限额）×事故责任比例低于每次事故赔偿限额时：

赔款=（依合同约定核定的第三者损失金额－机动车交通事故责任强制保险的分项赔偿限额）

×事故责任比例×（1－事故责任免赔率）×（1－绝对免赔率之和）

思考与讨论

《机动车综合商业保险示范条款》与各保险公司现行的《机动车商业保险条款》比较，在赔款计算上有何不同？为何有这样的变动？

【例6.3】 某单位将一辆大货车投保车损险及第三者责任险（不考虑交强险），车损险保额按新车购置价8万元投保，第三者责任险责任限额为10万元。在保险期限内与一辆轿车相撞，发生货车修复费用10 000元，货车司机医疗费500元，轿车修复费用15 000元，轿车司机的治疗费、误工费、护理费等共24 000元。经交警队认定，货车负事故主要责任，承担此次事故责任的70%；轿车负次要责任，承担此次责任的30%。假设轿车的车损险保额为10万元，第三者责任险限额为10万元，同时只考虑事故责任免赔率，其他免赔不考虑。双方保险公司应怎样赔付？

货车保险公司第三者责任险赔款=（15 000＋24 000）×70%×（1－15%）=23 205（元）

轿车保险公司第三者责任险赔款＝（10 000＋500）×30%×（1－5%）＝2 992.5（元）

货车保险公司车损险赔款=[10 000−10 000×30%×（1−5%）]×（1−15%）=6 077.5（元）

轿车保险公司车损险赔款=[15 000−15 000×70%×（1−15%）]×（1−5%）=5 771.25（元）

货车保险公司赔款金额=23 205+6 077.5=29 282.5（元）

轿车保险公司赔款金额=2 992.5+5 771.25=8 763.75（元）

三、机动车交通事故责任强制保险

机动车交通事故责任强制保险，是指由保险公司对被保险机动车发生道路交通事故造成本车人员、被保险人以外的受害人的人身伤亡、财产损失，在责任限额内予以赔偿的强制性责任保险。

1. 投保人范围

在中华人民共和国境内（不含港、澳、台）道路上行驶的机动车的所有人或者管理人，应当依照《中华人民共和国道路交通安全法》的规定投保机动车交通事故责任强制保险。

2. 保险责任

被保险机动车发生道路交通事故造成本车人员、被保险人以外的受害人人身伤亡、财产损失的，由保险公司依法在机动车交通事故责任强制保险责任限额范围内予以赔偿。如道路交通事故的损失是由受害人故意造成的，保险公司不予赔偿。

有下列情形之一的，保险公司在机动车交通事故责任强制保险责任限额范围内垫付抢救费用，并有权向致害人追偿：①驾驶人未取得驾驶资格或者醉酒的；②被保险机动车被盗抢期间肇事的；③被保险人故意制造道路交通事故的。

3. 除外责任

下列损失和费用，机动车交通事故责任强制保险不负责赔偿和垫付：①因受害人故意造成的交通事故的损失；②被保险人所有的财产及被保险机动车上的财产遭受的损失；③被保险机动车发生交通事故，致使受害人停业、停驶、停电、停水、停气、停产、通讯或者网络中断、数据丢失、电压变化等造成的损失以及受害人财产因市场价格变动造成的贬值、修理后因价值降低造成的损失等其他各种间接损失；④因交通事故产生的仲裁或者诉讼费用以及其他相关费用。此外，对于不符合机动车交通事故责任强制保险有关抢救费用垫付和赔偿规定的其他损失和费用，保险人也不负责垫付和赔偿。

4. 赔偿限额

机动车交通事故责任强制保险的责任限额是被保险机动车发生道路交通事故，保险公司对每次保险事故所有受害人的人身伤亡和财产损失所承担的最高赔偿金额。机动车交通事故责任强制保险在全国范围内实行统一的责任限额。责任限额分为死亡伤残赔偿限额、医疗费用赔偿限额、财产损失赔偿限额以及被保险人在道路交通事故中无责任的赔偿限额。

从 2008 年 2 月 1 日零时起实行的机动车交通事故责任强制保险责任限额。被保险机动车在道路交通事故中有责任的赔偿限额为：死亡伤残赔偿限额 110 000 元人民币；医疗费用赔偿限额 10 000 元人民币；财产损失赔偿限额 2 000 元人民币。被保险机动车在道路交通事故中无责任的赔偿限额为：死亡伤残赔偿限额 11 000 元人民币；医疗费用赔偿限额 1 000 元人民币；财产损失赔偿限额 100 元人民币。

5．保险费

（1）保险费率的规定。机动车交通事故责任强制保险实行统一的保险条款和基础保险费率。保监会按照机动车交通事故责任强制保险业务总体上不赢利不亏损的原则审批保险费率。保监会在审批保险费率时，可以聘请有关专业机构进行评估，可以举行听证会听取公众意见。

> **思考与讨论**
>
> 若上文例 6.3 考虑交强险，那么双方保险公司如何赔偿？

（2）保险费的计算。机动车交通事故责任强制保险保险费的计算取决于两大因素：一是机动车交通事故责任强制保险基础保险费，二是与道路交通事故相联系的浮动比率。用公式表式即

机动车交通事故责任强制保险保险费=机动车交通事故责任强制保险基础保险费×（1+与道路交通事故相联系的浮动比率）

第五节　货物运输保险

一、海洋运输货物保险

海洋运输货物保险可以分为基本险和附加险，其中附加险又分为一般附加险、特别附加险和特殊附加险三种。

基本险包括平安险、水渍险和一切险。一般附加险包括偷窃提货不着险；淡水雨淋险；短量险；混杂、沾污险；渗漏险；碰损、破碎险；串味险；受热、受潮险；钩损险；包装破裂险；锈损险 11 种险。特别附加险包括交货不到险、进口关税险、舱面险、拒收险、黄曲霉素险和出口货物到香港（包括九龙在内）或澳门存仓火险责任扩展条款 6 种。此外，还包括战争险和罢工险两种特殊附加险。

（一）保险责任

由于篇幅所限，在此只介绍基本险的三个险别。

1．平安险

“平安险”英文原意是指单独海损不负责赔偿。根据国际保险界对单独海损的解释，它是指部分损失，因此，平安险原来的保障范围是只赔全部损失和共同海损。但在长期实践的过程中，业界对平安险的责任范围进行了补充和修订，当前平安险的责任范围已经超出只赔全损的限制。概括起来，这一险别的责任范围主要如下。

（1）被保险货物在运输途中由于恶劣气候、雷电、海啸、地震、洪水等自然灾害造成整批货物的全部损失或推定全损。

（2）由于运输工具遭受搁浅、触礁、沉没、互撞，与流冰或其他物体碰撞以及失火、爆炸等意外事故造成货物的全部或部分损失。

（3）在运输工具已经发生搁浅、触礁、沉没、焚毁等意外事故的情况下，货物在此前后又在海上遭受恶劣气候、雷电、海啸等自然灾害所造成的部分损失。平安险不负责自然灾害造成的部分损失，只有符合本条的规定才赔偿。

（4）在装卸或转运时，一件或数件整件货物落海造成的全部或部分损失，又称“吊索损

害”，比如在吊运货物时，钓钩、钢索、钓杆折断造成货物损失。

（5）被保险人对遭受承保责任内危险的货物进行抢救，采取防止或减少货损的措施而支付的合理费用，保险人的赔偿责任以不超过该批被救货物的保险金额为限。

（6）运输工具遭受海难后，在避难港由于卸货所引起的损失，以及在中途港、避难港由于卸货、存仓及运送货物所产生的特别费用。

（7）共同海损的牺牲、分摊和救助费用。

（8）运输契约订有“船舶互撞责任”条款时，应由货方偿还船方的损失。

补充阅读

单独海损与共同海损的区别

单独海损（particular average）是指保险标的物在海上遭受承保范围内的风险所造成的部分灭失或损害，即除共同海损以外的部分损失。共同海损是指在同一海上航程中，当船舶、货物和其他财产遭遇共同危险时，为了共同安全，有意地、合理地采取措施所直接造成的特殊牺牲、支付的特殊费用，由各受益方按比例分摊的法律制度。只有那些确实属于共同海损的损失才由获益各方分摊，因此共同海损的成立应具备一定的条件，即海上危险必须是共同的、真实的；共同海损的措施必须是有意的、合理的、有效的；共同海损的损失必须是特殊的、异常的，并由共同海损措施直接造成。共同海损与单独海损的区别表现在以下几方面。

（1）造成海损的原因不同。单独海损是由所承保的风险直接导致的船、货的损失；而共同海损是为解除或减轻风险，人为地、有意识地采取合理措施造成的损失。

（2）损失的承担者不同。单独海损的损失，由受损者自己承担；而共同海损的损失则由受益各方根据获救利益的大小按比例分摊。

（3）损失的内容不同。单独海损仅指损失本身，而共同海损则包括损失及由此产生的费用。

（4）涉及的利益方不一样。单独海损只涉及损失方个人的利益，而共同海损是为船货各方的共同利益所受的损失。

2. 水渍险

水渍险的责任范围除了包括上列“平安险”的各项责任外，还负责恶劣气候、雷电、海啸、地震、洪水等自然灾害造成的部分损失，即水渍险的保险责任是在平安险的基础上，加上被保险货物由于海上自然灾害所造成的部分损失。

思考与讨论

试比较平安险、水渍险和一切险的保险责任的差异。

3. 一切险

一切险的责任范围除包括上列“平安险”和“水渍险”的所有责任外，还负责由于一般外来风险造成的全部或部分损失。我国的一切险仍属于列明责任制，被保险人仍负责损失原因的举证责任。

（二）除外责任

1. 被保险人的故意行为或过失

（1）故意是指明知自己的行为会发生危害社会的结果，并且希望或放任这种结果的发生，如烧毁船舶等。

（2）过失是指应当预见自己的行为可能发生危害社会的结果，因为疏忽大意而未预见或已经预见而轻信能够避免，以致发生这种结果，如酒后驾车肇事。

2. 属于发货人责任引起的损失

此项一般是指由于发货人的故意行为或过失行为引起的货物损失，包括货物包装不足、不当、标志不清或错误。

3. 保险责任开始前，被保险货物已存在的品质不良或数量短差

这种情况通称货物的“原残”，如易生锈的钢材、二手机械设备等货物，常存在严重的原残。但在一般情况下，货物的损失是原残，还是在保险期限内由保险风险造成，通常会引起双方的争议。因此为了避免这种情况的发生，最好在货物装船前进行检验。

4. 被保险货物的自然损耗、本质缺陷、特性及市价跌落、运输延迟引起的损失与费用

货物的自然损耗是因货物自身特性而导致的在运输途中必然会发生的损失，如粮谷、豆类含水量减少而导致的货物自然短重；油脂类货物在油舱、油管四壁沾留而造成的短量损失。

货物的本质缺陷指货物本身固有的缺陷，或是货物在发运前已经存在的质量上的瑕疵。如某些粮谷商品在装船前已有虫卵，遇到适当温度而孵化，导致货物被虫蛀受损。

货物特性指在没有外来原因或事故的情况下，在运输途中，货物自身性能变化引起的损失，如水果腐烂、面粉受热起霉、煤炭自燃等。

市价跌落属于商业风险，是一种投机风险。

运输延迟指在运输途中因种种原因致使货物未能在规定的时间内在约定的港口交货。可能会造成市价跌落，新鲜蔬菜、水果腐烂、变质等损失。

5. 战争险和罢工险中的保险责任和除外责任

这两种保险在我国属于特殊附加险，不在基本险范围之内，要投保需要特别约定附加。

二、国内货物运输保险

（一）含义及险种

国内货物运输保险是以国内运输过程中的货物作为保险标的的保险。国内货物运输保险按运输工具的不同可分为以下四类。

（1）铁路运输货物保险。该险种主要承保利用火车运输的货物。在此基础上还衍生出鲜活货物运输保险和行包保险等独立的险种。

（2）水路运输货物保险。该险种是以水上运输工具运输的货物为保险标的的一种保险，保险险种分为基本险和综合险。航行水域包括沿海和入海河流以及国内江、河、湖、川等。

（3）公路运输货物保险。该险种承保公路运输的货物，保险责任与铁路运输货物保险的保险责任基本相同，但一般不负责盗窃和整件提货不着的损失。

（4）航空运输货物保险。该险种专门承保航空运输的货物，其责任范围除了自然灾害或意外事故外，还包括雨淋、渗漏、破碎、偷盗或提货不着等风险。

按照保险人承担责任的方式，国内货物运输保险划分为基本险、综合险与附加险三类。

（二）保险责任与除外责任

1. 水路、陆路（公路、铁路）货物运输保险的保险责任及除外责任

（1）基本险的保险责任。国内水路、陆路（公路、铁路）运输货物保险基本险的保险责

任包括：因火灾、爆炸、雷电、冰雹、暴风、洪水、海啸、地陷、崖崩、突发性滑坡、泥石流造成的损失；由于运输工具发生碰撞、搁浅、触礁、倾覆、沉没、出轨或隧道、码头坍塌所造成的损失；在装货、卸货或转载时，因遭受不属于包装质量不善或装卸人员违反操作规程所造成的损失；按国家规定或一般惯例应分摊的共同海损的费用；在发生上述灾害、事故时，因纷乱造成货物的散失以及因施救或保护货物所支付的直接合理的费用。

（2）综合险的保险责任。综合险除包括基本险责任外，保险人还负责赔偿：因受震动、碰撞、挤压而造成货物破碎、弯曲、凹瘪、折断、开裂、渗漏等损失，以及包装破裂致使货物散失的损失；液体货物因受震动、碰撞或挤压致使所用容器（包括封口）损坏而渗漏的损失，或用液体储装的货物因液体渗漏而造成储装货物腐烂变质的损失；遭受盗窃的损失；因外来原因致使提货不着的损失；符合安全运输规定而遭受雨淋所致的损失。

（3）除外责任。无论是基本险还是综合险，由于下列原因造成保险货物的损失，保险人不负责赔偿：战争、军事行动、扣押、罢工、哄抢和暴动；地震造成的损失；核反应、核子辐射和放射性污染；保险货物本身的缺陷或自然损耗，以及由于包装不善所致的损失；投保人或被保险人的故意行为或违法犯罪行为；市价跌落、运输延迟所引起的损失；属于发货人责任引起的损失；由于行政行为或执法行为所致的损失；其他不属于保险责任范围的损失。

基本险的除外责任与综合险的除外责任是有区别的。因此，货物运输保险的保险责任范围，应当根据其合同条款中列明的保险责任与除外责任来规定。

2. 国内航空货物运输保险的保险责任与除外责任

（1）保险责任。由于下列保险事故造成保险货物的损失，保险人负赔偿责任：因遭受火灾、爆炸、雷电、冰雹、暴风、暴雨、洪水、海啸、地面陷落、崖崩等所造成的货物损失；因飞机遭受碰撞、倾覆、坠落、失踪（在 3 个月以上），在危难中发生卸载以及遭受恶劣气候或其他危难事故发生抛弃行为所造成的损失；因受震动、碰撞或压力而造成破碎、弯曲、凹瘪、折断、开裂等损害以及由此引起包装破裂而造成货物的损失；凡属液体、半流体或者需要用液体储装的被保险货物，在运输途中因受震动碰撞或压力致使所装容器（包括封口）损坏发生渗漏而造成的损失，或用液体储装的货物因液体渗漏而致储装货物腐烂的损失；被保险货物因遭受偷窃或者提货不着的损失；在装货、卸货时以及地面运输过程中，因遭受不可抗力的意外事故及雨淋所造成的被保险货物损失；在发生保险责任范围内的灾害事故时，因施救或保护保险货物而支付的直接合理费用。

（2）除外责任。在航空运输货物保险中，保险单上列明的除外责任，一般与铁路运输货物保险等相同。

第六节 工程保险

工程保险是以各类工程项目为保险标的的保险业务。传统的工程保险主要指建筑工程保险、安装工程保险以及船舶工程项目的保险，新兴的科技工程保险则主要包括航天保险、核能保险和海洋石油开发保险。

本章介绍工程保险的两个基本险种：建筑工程保险（以下简称“建工险”）和安装工程保险（以下简称“安工险”）。

建筑工程保险主要承保以土木建筑为主体的工程，负责赔偿保险工程项目在整个建筑期间，由于保险责任范围内的风险造成的物质损失和列明费用损失，以及被保险人在施工过程中因给第三者造成损害应承担的法律赔偿责任。

安装工程保险主要承保新建、扩建或改造的工矿企业的机器设备或钢结构建筑物，负责赔偿保险财产在整个安装、调试期间，由于保险责任范围内的风险造成的物质损失和列明费用损失，以及被保险人在安装期间因给第三者造成损害应承担的法律赔偿责任。

一、建筑安装工程保险的保险责任

1. 物质损失部分的保险责任

在保险期限内，若保险单明细表中分项列明的保险财产在列明的工地范围内，因保险单除外责任以外的任何自然灾害或意外事故造成的损失，包括物质损坏或灭失，保险公司按保险单的规定负责赔偿。对经保险单列明的因发生上述损失所产生的有关费用，保险公司也可负责赔偿。保险公司对每一保险项目的赔偿责任均不得超过保险单明细表中列明的分项保险金额以及保险单特别条款或批单中规定的其他适用的赔偿限额。在任何情况下，保险公司在保险单项下承担的对物质损失的最高赔偿责任不超过保险单明细表中列明的总保险金额。

这里所说的自然灾害是指地震、海啸、雷电、飓风、台风、龙卷风、风暴、暴雨、洪水、水灾、冻灾、冰雹、地崩、山崩、雪崩、火山爆发、地面下陷下沉及其他人力不可抗拒的破坏力强大的自然现象；意外事故是指不可预料的以及被保险人无法控制并造成物质损失或人身伤亡的突发性事件，包括火灾和爆炸。

2. 第三者责任部分的保险责任

在保险期限内，因发生与保险单所承保工程直接相关的意外事故引起工地内及邻近区域的第三者人身伤亡、疾病或财产损失，依法应由被保险人承担的经济赔偿责任，由保险公司按照约定负责赔偿。对被保险人因上述原因而支付的诉讼费用以及事先经保险公司书面同意而支付的其他费用，保险公司也负责赔偿。保险公司对每次事故引起的赔偿金额以法院或政府有关部门根据法律裁定的应由被保险人偿付的金额为准。但在任何情况下，均不超过保险单明细表中列明的每次事故赔偿限额。在保险期限内，保险公司在保险单项下对上述经济赔偿的最高赔偿责任不超过保险单明细表中列明的累计赔偿限额。

相关案例

地铁工程事故赔偿案例

综合媒体报道，2003年7月1日，上海轨道交通4号线施工工地发生事故，事故造成地面数栋建筑遭到破坏。轨道交通4号线事故涉及的险种主要是建工险和第三方责任险，其中，第三方责任险的最高限额为5 000万元人民币，建工险的最高限额达56亿元，有四家保险公司共保。其中，平安保险占40%的份额，太平洋保险占30%份额，中国人保占20%份额，大众保险占10%份额。2007年10月12日，该保险理赔终于结案，赔付金额超过5亿元。

2008年11月15日发生在杭州风情大道地铁站施工工地的塌陷事故造成21人死亡。浙江省部分保险公司承保了事故工程的建筑安装工程一切险和建筑施工人身意外伤害综合保险。其中建筑安装工程一切险由人保财险、太保产险、平安产险、大地保险、天安保险和永诚保险6家保险公司共同承担，人保财险为首席承保人。建筑施工人身意外伤害综合保险由太保产险承保。塌陷事故发生后，浙江保监局要求各承保公司全力以赴配合相关部门做好抢险救援和事故处理。截至2008年

12月5日，已由人保财险代表共保体预付建筑安装工程一切险800万元，太保产险预付建筑施工人身意外伤害综合保险225万元。

二、建筑安装工程保险的除外责任

1. 物质损失部分的除外责任

建工险与安工险相同的除外责任有：自然磨损、内在或潜在缺陷、物质本身变化、自燃、自热、氧化、锈蚀、渗漏、鼠咬、虫蛀、大气（气候或气温）变化、正常水位变化或其他渐变原因造成的保险财产自身的损失和费用；维修保养或正常检修的费用；档案、文件、账簿、票据、现金、各种有价证券、图表资料及包装物料的损失；盘点时发现的短缺；领有公共运输行驶执照的，或已由其他保险予以保障的车辆、船舶和飞机的损失；除非另有约定，在保险工程开始以前已经存在或形成的位于工地范围内或其周围的属于被保险人的财产的损失；除非另有约定，在保险单保险期限终止以前，保险财产中已由工程所有人签发完工验收证书或验收合格或实际占有或使用或接收的部分。

建工险与安工险不同的除外责任如下。

建工险：除外责任还包括设计错误引起的损失和费用；因原材料缺陷或工艺不善引起的保险财产本身的损失以及为换置、修理或矫正这些缺点错误所支付的费用；非外力引起的机械或电气装置的本身损失，或施工用机具、设备、机械装置失灵造成的本身损失。

安工险：除外责任还包括因设计错误、铸造或原材料缺陷或工艺不善引起的保险财产本身的损失以及为换置、修理或矫正这些缺点错误所支付的费用；由于超负荷、超电压、碰线、电弧、漏电、短路、大气放电及其他电气原因造成电气设备或电气用具本身的损失；施工用机具、设备、机械装置失灵造成的本身损失。

2. 第三者责任部分的除外责任

保险公司对下列各项不负责赔偿：保险单物质损失项下或应在该项下予以负责的损失及各种费用；工程所有人、承包人或其他关系方或他们所雇用的在工地现场从事与工程有关工作的职员、工人以及他们的家庭成员的人身伤亡或疾病；工程所有人、承包人或其他关系方或他们所雇用的职员、工人所有的或由其照管、控制的财产产生的损失；领有公共运输行驶执照的车辆、船舶、飞机造成的事故；被保险人根据与他人的协议应支付的赔偿或其他款项，但即使没有这种协议，被保险人仍应承担的责任不在此限。

此外，建工险的保险人对由于震动、移动或减弱支撑而造成的任何财产、土地、建筑物的损失及由此造成的任何人身伤害和物质损失不负责赔偿；领有公共运输行驶执照的车辆、船舶、航空器造成的事故损失不负责赔偿。

3. 物质损失险和第三者责任险共同的除外责任

在保险单项下，保险公司对下列原因造成的损失、费用不负责赔偿：战争、类似战争行为、敌对行为、武装冲突、恐怖活动、谋反、政变；行政行为或司法行为；罢工、暴动、民众骚乱；被保险人及其代表的故意行为或重大过失行为；核裂变、核聚变、核武器、核材料、核辐射、核爆炸、核污染及其他放射性污染；大气、土地、水污染及其他各种污染；工程部分停工或全部停工引起的任何损失、费用和责任；罚金、延误、丧失合同及其他后果损失；保险单明细表或有关条款中规定的应由被保险人自行负责的免赔额。

本章小结

财产保险	财产保险概述	以各种财产物资及相关利益、责任、信用为保险标的的为广义的财产保险。仅以各种财产物资及相关利益为保险标的的为狭义的财产保险。本章介绍的是狭义的财产保险 财产保险的特征有：财产风险的特殊性、保险标的的特殊性、保险利益的特殊性、保险金额确定的特殊性、保险期限的特殊性、保险合同的特殊性等。 财产保险分为企业财产保险、利润损失保险、家庭财产保险、运输工具保险、货物运输保险、工程保险、特殊风险保险、农业保险
	企业财产保险	企业财产保险是承保企业、事业单位、机关、团体的资产及与其企业经济利益相关的财产，因自然灾害、意外事故而遭受直接损失的财产损失保险 我国现行的企业财产保险是在保监会监管下颁布的统一条款，合同条款一般分基本条款和综合条款
	家庭财产保险	家庭财产保险是以居民的家庭财产为保险对象的保险。其保险标的是坐落或存放在保单所载明地址的自由居住房屋，室内装修、装饰及附属设施，室内家庭财产 本章介绍的家庭财产保险主要包括家庭财产基本险、家庭财产综合保险和附加险等
	机动车辆保险	机动车辆保险是以机动车辆本身及机动车辆的第三者责任为保险标的的一种运输工具保险。保险公司经营的商业性机动车辆保险可以分为主险和附加险。根据保险行业协会示范条款的规定，主险有机动车（或特种车、摩托车和拖拉机）损失保险、机动车（或特种车、摩托车和拖拉机）第三者责任保险、机动车（或特种车、摩托车和拖拉机）车上人员责任保险、机动车（或特种车、摩托车和拖拉机）全车盗抢保险共四个独立的险种（其中机动车单程提车保险不包含全车盗抢险）。本章介绍了机动车损失保险、机动车第三者责任保险和交强险
	货物运输保险	海洋运输货物保险可以分为基本险和附加险两个险种，附加险又分为一般附加险、特别附加险和特殊附加险三种。海洋运输货物保险基本险的三个险别为平安险、水渍险和一切险 国内货物运输保险是以国内运输过程中的货物作为保险标的的保险。该险种包括铁路运输货物保险、水路运输货物保险、公路运输货物保险、航空运输货物保险等四个险种
	工程保险	工程保险是以各类工程项目为保险标的的保险业务。工程保险具有以下特征：风险广泛而集中，涉及较多的利害关系人，工程保险的内容相互交叉，工程保险承保的是技术风险等。本章主要介绍了建筑工程保险和安装工程保险的保险责任、除外责任以及保险金额等

复习思考题

一、名词解释

财产保险　企业财产保险　利润损失保险　家庭财产保险　运输工具保险　货物运输保险　工程保险　特殊风险保险　农业保险　可保财产　特约可保财产　不可保财产　机动车交通事故责任强制保险　平安险　水渍险　一切险　国内货物运输保险　建筑工程保险　安装工程保险

二、单选题

1. 以各种财产物资及相关利益、责任、信用为保险标的的为（　　）。
   A. 广义的财产保险　B. 狭义的财产保险　C. 人身保险　D. 健康保险
2. 下面哪个选项不是判断暴雨的标准。（　　）
   A. 雨量每小时在 16 毫米以上　B. 连续 12 小时降雨量 30 毫米以上
   C. 连续 24 小时降雨量达 50 毫米以上　D. 连续 48 小时降雨量达 80 毫米以上
3. 我国城市商业保险业务中财产保险第一大险种是（　　）。
   A. 企业财产保险　B. 家庭财产保险　C. 机动车辆保险　D. 货物运输保险
4. 目前我国实行的强制保险的险种是（　　）。
   A. 远洋船舶保险　B. 家庭财产保险　C. 交强险　D. 建筑工程保险

5. 车辆损失保险费的计算公式是（　　）。

A. （基本保费+保险金额）×费率　　B. 基本保费×保险金额×费率

C. 基本保费/（保险金额×费率）　　D. 基本保费+（保险金额×费率）

6. 海洋运输货物保险出口货物保险金额的确定方法是（　　）。

A. 保险金额=CIF 价×（1+加成率）　　B. 保险金额=CIF 价+1+加成率

C. 保险金额=CIF 价+1×加成率　　D. 保险金额=CIF 价×1×加成率

7. 海洋运输货物保险在确定保险期限时使用（　　）。

A. 门至门条款　　B. 港至港条款　　C. 仓至仓条款　　D. 罐至罐条款

8. 仓至仓条款通常规定，被保险货物在最后卸载港全部卸离海轮后满（　　），责任终止。

A. 30 天　　B. 60 天　　C. 120 天　　D. 240 天

9. 机动车辆损失保险的保险责任包括（　　）原因导致的被保险机动车的损失和费用。

A. 地震及其次生灾害　B. 雷击　　C. 战争　　D. 军事冲突

10. 商业保险中被保险机动车的下列损失和费用，保险人负责赔偿（　　）。

A. 自然磨损

B. 被保险人或驾驶人的故意行为造成的损失

C. 应当由机动车交通事故责任强制保险赔偿的金额

D. 发生保险事故时，被保险人为防止或者减少被保险机动车的损失所支付的必要的、合理的不超过保险金额的施救费用

三、多选题

1. 属于企业财产保险中特约可保财产的是（　　）。

A. 房屋建筑物　　B. 钻石　　C. 首饰　　D. 桥梁

2. 列入企业财产综合保险的责任范围的有（　　）。

A. 暴雨　　B. 洪水　　C. 台风　　D. 龙卷风

3. 属于物理性爆炸的是（　　）。

A. 锅炉爆炸　　B. 空气压缩机爆炸 C. 压缩气体钢瓶爆炸 D. 液体气罐爆炸

4. 企业财产保险确定固定资产保险金额的方法有（　　）。

A. 按照账面原值确定　　B. 按账面原值加成确定

C. 按照重置价值确定　　D. 按其他方式来确定

5. 企业财产保险的费率分为（　　）。

A. 工业险费率　　B. 仓储险费率　　C. 普通险费率　　D. 特别险费率

6. 下列属于家庭财产保险不予承保的财产有（　　）。

A. 彩电　　B. 钻石　　C. 首饰　　D. 冰箱

7. 机动车辆保险的主险包括（　　）。

A. 车辆损失险　　B. 全车盗抢险　　C. 第三者责任险　　D. 自燃损失险

8. 机动车辆损失险按责免赔中，下列表述正确的有（　　）。

A. 事故全部责任的（包括单方事故）免赔 20%

B. 负事故主要责任的免赔 15%

C. 负事故同等责任的免赔 10%

D. 负事故次要责任的免赔 5%

9. 海洋运输货物保险基本险的险别有（　　）。

A. 平安险　　B. 水渍险　　C. 一切险　　D. 战争险

10. 建筑安装工程险的除外责任包括（　　）。

A. 自然磨损

B. 内在或潜在缺陷

C. 自燃、自热、氧化、锈蚀、渗漏、鼠咬、虫蛀、大气（气候或气温）变化

D. 维修保养或正常检修的费用

E. 档案、文件、账簿、票据、现金、各种有价证券、图表资料及包装物料的损失

四、简答题

1. 财产保险有哪些特征？
2. 机动车辆保险有哪些种类？
3. 无赔款优待的条件有哪些？
4. 工程保险具有哪些特征？
5. 建筑工程保险包含哪些保险项目？

五、计算题

1. 某用品厂在 2010 年 9 月 27 日投保企业财产综合险，其中固定资产中厂房、机器设备均按原值投保，保额分别为 400 万、200 万元，流动资产保额为 150 万元。保险期限 1 年。2011 年 7 月 25 日，由于雷击引发电线走火发生火灾，损失惨重。经保险人查勘认定，该厂房屋被烧损失 80 万元，残值 10 000 元，机器设备损失 50 万元，残值 5 000 元，此时被烧房屋重置价值 500 万元，机器设备的重置价值为 300 万元。流动资产损失 30 万元，用于流动资产的施救费用 10 000 元。此时账面流动资产余额为 200 万元。试计算保险公司的赔款。

2. 张某于 2011 年 5 月将自家房屋及附属设备、房屋装修、室内财产投保了家庭财产保险。其中房屋及附属设备保额 10 万元，室内装修 2 万元，室内财产 3 万元，未分项列明。保险期限 1 年。2012 年 4 月 5 日，张某家发生火灾，经核定，损失如下：房屋修缮费用 5 000 元，室内装修 2 000 元，室内财产 6 000 元，残值 100 元。此时，经估价王某的房屋保险价值为 8 万元，装修为 4 万元，室内财产 7 万元。保险公司应赔偿多少？

3. 某日，两辆家用机动车发生碰撞事故，推定全损。发生事故时，A 车车辆实际价值 40 000 元，残值 1 000 元，本车人伤残赔偿额为 20 000 元，医疗费用赔偿额 10 000 元。A 车投保的是车辆损失险和商业第三者责任险以及机动车交通事故责任强制保险，其中，车身险保险金额为 80 000 元，是按照投保时的新车购置价确定的，商业第三者责任险每次事故最高赔偿限额为 50 000 元，机动车交通事故责任强制保险有责任的责任限额为：死亡伤残赔偿限额 50 000 元人民币；医疗费用赔偿限额 8 000 元人民币；财产损失赔偿限额 2 000 元人民币。B 车车辆发生事故时实际价值为 50 000 元，本车人身伤残赔偿额为 10 000 元。B 车投保了车辆损失险，保险金额为 6 万元，是按照投保时实际价值确定的，投保商业第三者责任险，最高赔偿限额 5 万元，投保了机动车交通事故责任强制保险。经公安部门裁定，A 车负 70%责任，B 车负 30%责任。A 车的承保人是保险公司甲，B 车的承保人是保险公司乙。问 A 车和 B 车的承保人各应付多少赔款？

六、实训项目

项目内容：调查机动车辆保险。

实训目的：了解现实中有哪些车辆保险险种，熟悉车辆保险条款，掌握车辆保险业务基本流程。

实训器材：笔或电脑、A4 打印纸、保险条款、投保书、保险单、车辆事故材料。

实训指导：10 人一组，集体活动；联系一家保险公司，到公司进行实地调查；在保险公司指导下熟悉机动车辆保险业务流程；设计一模拟案例，办理机动车辆保险投保、理赔程序。

课外阅读资料

索马里海盗催生战争险

据 2011 年 2 月 21 日《航运交易公报》报道（雷海），2006 年以来，海盗事件逐年增加，而且增加的幅度很大，2007 年至 2009 年成倍增加。虽然很多国家在亚丁湾水域派有军舰，但是索马里海盗攻击和劫持船舶的数量并没因此而减少。他们采用伏击战术，装扮成渔民，以母船配置快艇，航行到离岸上千海里的印度洋上，伺机劫持船舶，使一些以前相对安全的海域也变得不安全了。

肯尼亚外交部长表示，由于国际社会没有遵守承诺向肯尼亚提供起诉和关押海盗的相关帮助，该国将不再接受任何被抓获的索马里海盗到肯尼亚受审。他说，肯尼亚正在考虑终止与欧盟达成的有关协议。这让国际社会遇到了新难题，据悉，截至目前，肯尼亚法律机构尚有超过 100 名索马里海盗嫌疑人的案件待处理，法律机构人员已经无法应对继续增加的待处理案件。欧盟驻肯尼亚代表对肯尼亚的做法表示理解，事实上，肯尼亚已经停止接受审判索马里海盗嫌疑人。荷兰海军在 2010 年 3 月抓获的至少 44 名海盗嫌疑人，都因国际社会难以对他们提起诉讼而被释放。

越来越高的赎金由谁承担，或能否在保险公司得到理赔，还存在很大的争议。巨额赎金，类似共同海损计算是否成立，又如何向有关保险公司提出分摊要求都存在争议。赎金由船东还是租船人承担，尚无明确法律规定，发生劫持后用赎金解救船舶，船东及保险人对租船人承担何种责任，仍有争议，需要进一步明确立法。

2010 年，伦敦海事仲裁庭已对赎金的分担和理赔做出首个案件裁决，由此提供了一个可供法院参考的典型案例。当前需要裁决的类似案件堆积如山，2010 年在英国海事仲裁庭仍有 247 个类似案例，法国也有 43 个。

劳合社市场协会战争险评估委员会针对索马里海盗现状和目前的护航法律、航运安全和航运金融保险所处的困境，于 2010 年 12 月 28 日宣布，在整个印度洋海域及相关水域 2011 年 1 月 1 日开收船舶险附加战争险（战争险）。战争险保费为每单航次途经印度洋海域原船舶险保额×0.125%。战争险期限仅为 7 天，如在印度洋航行时间超过 7 天，应以 7 天为一个周期，以 7 天战争险保费为单元再加收保费。不光对每年进出亚丁湾、红海的 2.5 万艘船要征收战争险，而且对进出阿拉伯海、波斯湾（又称阿拉伯湾）、孟加拉海和途径南非、东非、澳大利亚西海域的船舶也要征收战争险。据有关资料统计，仅印度洋战争险一项，对途经印度洋船舶收取的保费将在原有保费已增加 10 倍基础上，再增加 1 倍，大大增加了船舶保险成本。此项战争险仅对船舶险而言，受船舶险保费增加影响，货物险、船东责任险和租船人责任险也将会大幅度上升。

第七章 责任保险和信用保证保险

学习目标和要点

学习目标

了解产品责任保险、雇主责任保险、公众责任保险和职业责任保险、信用保证保险的概念；理解产品责任保险、雇主责任保险、职业责任保险、公众责任保险、信用保证保险等的责任范围和除外责任。

学习要点

责任保险的概念、特征、承保方式和承保基础；责任保险的种类；信用保证保险的含义和种类。

本章知识结构

- 责任保险
  - 责任保险的概念
  - 责任保险的特点
  - 责任保险的承保方式与承保基础
  - 责任保险的主要险种
    - 产品责任保险
    - 雇主责任保险
    - 职业责任保险
    - 公众责任保险
- 信用保证保险
  - 信用保险
    - 信用保险的定义
    - 信用保险的种类
      - 一般商业信用保险
      - 出口信用保险
      - 投资保险
  - 保证保险
    - 保证保险的概念
    - 保证保险的特点
    - 保证保险的险种
      - 诚实保证保险
      - 确实保证保险
        - 合同保证保险
        - 产品保证保险

案例引入

综合媒体报道，2011年7月5日9时36分，北京地铁4号线动物园站A出口上行自动扶梯发生故障，正在搭乘电梯的部分乘客摔倒。事故发生之后，媒体又曝出了一系列电梯安全事故，让不少市民对电梯产生了惧怕情绪。据了解，与多数地铁公司“裸奔”不同，北京地铁4号线是北京唯一一条投保了公众责任险的地铁线路。4号线公众责任险由太平洋产险牵头，太平洋产险和人保财险共同承保。按照合同规定，地铁4号线在运营过程中，因发生意外事故而造成他人（第三者）人身伤亡和财产损失，由保险公司承担相应的经济赔偿责任。

通过该案例，我们不禁要问：什么是公众责任保险？保险公司对此案件是否应该赔偿？本章将对这个问题进行探讨。

第一节　责 任 保 险

一、责任保险的概念

责任保险是一种以被保险人对第三者依法应承担的民事赔偿责任为保险标的的保险。责任保险的保险标的是被保险人在法律上应负的民事损害赔偿责任。企业、团体、家庭和个人在各种生产活动和日常生活中，由于疏忽、过失等行为对他人造成人身伤亡或财产损害，依法应承担的民事赔偿责任，可以通过投保有关责任保险转移给保险人。

从广义上说，责任保险是一种财产保险。从承保环节看，该保险要遵循财产保险的保险利益原则；从赔偿环节看，要遵循财产保险的损失补偿原则。

补充阅读

责任保险的发展历程

责任保险产生于19世纪的欧美国家，20世纪70年代以后在工业化国家迅速得到发展。1880年，英国颁布《雇主责任法》，当年即有专门的雇主责任保险公司成立。1886年，英国在美国开设雇主责任保险分公司，而美国自己的雇主责任保险公司在1889年才出现。汽车责任保险始于19世纪末，并与工业保险一起成为近代保险与现代保险分界的重要标志。当时的英国“法律意外保险公司”最为活跃。到1901年，美国才开始有现代意义的汽车第三者责任险——承保人身伤害和财产损失法律赔偿责任的保险。进入20世纪70年代以后，责任保险的发展在工业化国家进入了黄金时期。在这个时期，首先是各种运输工具的第三者责任保险得到了迅速发展；其次是雇主责任保险成了普及化的责任保险险种。随着商品经济的发展，各种民事活动急剧增加，法律制度不断健全，人们的索赔意识不断增强，各种民事赔偿事故层出不穷，终于使责任保险在20世纪70年代以后的工业化国家得到了全面的、迅速的发展。进入20世纪90年代以后，许多发展中国家也日益重视发展责任保险业务。

二、责任保险的特点

责任保险虽然是一种财产保险，但作为一种独特的保险业务，它在产生与发展的基础、补偿对象、承保标的、赔偿处理等方面有着自己明显的特征。

1. 以无形的民事责任为保险标的

责任保险的承保标的是被保险人在法律上应负的民事损害赔偿责任，是无形的。民事责任是指公民或法人因不履行自己的民事义务或侵犯他人的民事权利而按照民法的规定所承担的法律责任。

民事责任主要是财产责任，也有极少数的非财产责任。根据我国《民法通则》的规定，民事责任一般有三种：一种是违反合同的民事责任，又称违约责任；一种是侵权的民事责任，又称侵权责任；还有一种是既不属于违约责任也不属于侵权责任的其他民事责任，就叫其他违反民事义务的责任。并非所有的民事责任责任保险都承保。责任保险承保的民事责任主要涉及侵权责任和违约责任两种。在侵权责任中，责任保险只承保过错侵权责任和无过错侵权责任。前者是指被保险人因过失行为侵害他人财产或人身并造成损害而依法应承担的侵权责任，后者则是指被保险人没有过错行为但根据法律规定仍需要对他人受到的损害应承担的侵权责任。至于违约责任，责任保险一般不承保，因为大多数违约责任当事人是能够控制的，只有当事人不能直接控制的违约责任，如雇主责任、承运人责任等，经过特别约定，保险人才给予承保。责任保险特约承保的违约责任包括直接责任和间接责任，前者是指被保险人作为合同一方违反合同义务给另一方造成损害应承担的违约责任，后者则是指被保险人作为合同一方根据合同的规定对另一方给第三者造成的损害应承担的违约责任。

2. 具有双重的补偿对象

在一般财产保险的经营实践中，保险人的补偿对象都是被保险人，其赔款完全归被保险人所有，不涉及第三者。而各种责任保险不同，其直接补偿对象虽然也是被保险人，但被保险人无损失则保险人无须补偿；被保险人的利益损失表现为因被保险人的行为导致第三方的利益损失，这里被保险人称为致害人，而受损的第三者称为受害人。受害人的利益损失客观存在并依法应由致害人负责赔偿时就会产生致害人的利益损失。因此，责任保险中保险人的赔款是支付给被保险人，但实质上是对被保险人之外的受害方即第三者的补偿。因而，责任保险是直接保障被保险人利益，间接保障受害人利益的一种双重保障机制。

3. 以赔偿限额取代了保险金额

责任保险承保的是被保险人对不确定的第三者依法所承担的经济赔偿责任，而且这一经济赔偿责任同样具有不确定性。责任保险在事先难以明确第三者及对其承担的责任的情况下无法在合同中确定保险金额。为了限制保险人承担赔偿责任的额度，责任保险通过规定赔偿限额来取代保险金额，以赔偿限额作为保险承担赔偿责任的最高限度及计算保险费的依据。当被保险人因保险事故发生而要承担对第三者的赔偿责任时，被保险人应当根据法院的判决或有关部门的裁定，或者在保险人的同意下与受害人商定赔款数额，保险人则在合同规定的赔偿限额内向受害人支付这笔赔款；超过赔偿限额的部分，由被保险人自行承担。

三、责任保险的承保方式与承保基础

（一）责任保险的承保方式

责任保险主要采用以下两种承保方式。

> **思考与讨论**
>
> 试讨论，责任保险是自愿投保好，还是强制投保好？

1. 作为财产损失保险的组成部分承保

以这种方式承保的责任保险的特点是它们与财产损失保险都存在一定的联系，一般不签发专门的责任保险单。这类责任保险又可分为以下三种。

（1）作为财产损失保险的基本责任。这是指船舶中的碰撞责任。船东在经营船舶营运业务过程中有可能遇到的责任风险主要是碰撞责任，船东只要通过投保船舶保险，在取得财产（船舶）风险保障的同时，也就可以获得责任（碰撞责任）风险保障，不必另外投保别的险种，也不必加保其他险种。

（2）作为财产损失保险的附加责任。这是指建筑工程保险的第三者责任部分和安装工程保险的第三者责任部分。工程所有人或承包人等在工程项目建设过程中，有可能因发生意外事故而应对受到损害的工地或邻近地区的第三者承担经济赔偿责任，要转移这部分责任风险，他们就得在投保建筑工程保险和安装工程保险的基础上加保第三者责任部分，才能在获得工程物质损失部分风险保障的同时，也取得第三者责任部分风险保障。

（3）作为财产损失保险的独立组成部分。这主要是指机动车辆第三者责任保险和飞机第三者责任保险。车主和飞机所有者为了转移他们的机动车辆和飞机受到意外事故造成第三者人身伤亡或财产损失在法律上应承担赔偿责任的风险，在分别投保机动车辆车损险和飞机机身险以取得财产风险保障的同时，还必须另外投保机动车辆第三者责任保险和飞机第三者责任保险。这是两个独立的基本险别，习惯上常将它们直接列入财产损失保险（即机动车辆保险和飞机保险）的范围，一般由同一个保险人承保。

2. 作为完全独立的责任保险单独承保

这些责任保险与财产损失保险不存在联系，完全是独立的险种，保险人单独承保，而且签发专门的责任保险单。完全独立的责任保险主要有四类，即产品责任保险、职业责任保险、公众责任保险和雇主责任保险。

补充阅读

环境污染责任保险

环境污染责任保险又称为“绿色保险”，是以企业发生污染事故对第三者造成的损害依法应承担的赔偿责任为标的的保险。它是随着环境污染事故和环境侵权行为的频繁发生以及公众环境权利意识的不断增强，从公众责任保险、第三者责任保险中逐渐独立出来的。环境污染责任保险在我国起步较晚。1991 年，我国的保险公司和环保部门联合推出环境污染责任保险，首先在大连试点，后来在沈阳、长春、吉林等城市相继开展。这一时期，由于该险种的开办范围较小，投保企业数量少，市场赔付率低等原因，相关产品在 20 世纪 90 年代中期就退出了市场。2006 年 6 月，国务院发布的《关于保险业改革发展的若干意见》中明确指出要大力发展环境责任保险。2007 年 12 月 4 日，国家环保总局和中国保监会联合出台《关于环境污染责任保险工作的指导意见》。随后，华泰保险公司正式推出“场所污染责任保险”和“场所污染责任保险（突发及意外保障）”，湖南省 2008 年将化工、有色、钢铁等 18 家重点企业作为投保试点。江苏省 2008 年 7 月推出了内河船舶污染责任保险，由人保、平安、太平洋和永安四家保险公司组成共保体共同承保。湖北省 2008 年 9 月率先在武汉进行试点。

随后，浙江宁波、上海、深圳等地的环境污染责任保险业务也相继展开。沈阳市率先在地方立法中明确规定：自 2009 年 1 月起，支持和鼓励保险企业设立危险废物污染损害责任险种，并鼓励相关单位投保。2013 年中国环境保护部门和保监会联合出台的《关于开展环境污染强制责任保险试点工作的指导意见》，已经提出在“涉重金属企业”等高危行业启动“环境污染强制责任保险”。

（二）责任保险的承保基础

保险人一般采用两种承保基础来确定责任事故有效期：一种是期内发生式，另一种是期内索赔式。

1. 期内发生式

期内发生式以责任事故发生的时间为承保基础。具体地说，就是保险人只对在保险有效期内发生的责任事故引起的索赔负责赔偿，而不管受害人是什么时候向被保险人提出索赔。它强调的是，只要责任事故发生在保险有效期内，受害人是在保险有效期内提出索赔也好，是在保险有效期已经结束以后索赔也好，保险人均给予赔偿。

采用期内发生式承保，实际上是延长了保险人承担的保险责任期限。这种承保基础的优点是保险人支付的赔款与他在保险期限内实际承担的风险责任相适应；缺点则在于保险人在该保险单项下的赔偿责任经常要拖很长时间才能确定。在国外，也常称其为“长尾巴保险”。

2. 期内索赔式

期内索赔式以受害人向被保险人提出索赔的时间为承保基础。具体地说，就是保险人只对在保险有效期内受害人向被保险人提出的索赔负责赔偿，而不管导致该索赔的事故是否发生在保险有效期内。它强调的是，只要受害人是在保险有效内向被保险人提出索赔，不管责任事故是发生在保险有效期内，还是发生在保险有效期尚未开始之前，保险人均给予负责。

采用期内索赔式承保，实际上将保险人承担的保险责任时间往前移了。这种承保基础的优点是保险人能了解受害人向被保险人提出索赔的情况，对应承担的风险责任能够做出比较切合实际的估测，确切把握自己在保险单项下应支付的赔款；缺点则是保险承担的风险责任较大，但可以通过在保险单规定的责任追溯日期来控制自己前移的风险责任，也就是说，保险人仅对从该追溯日期开始至保险有效期满这段期间内所发生的责任事故并在保险有效期内提出的索赔负责。

思考与讨论

试讨论，为什么责任保险会有以上两种承保基础？二者是否有优劣之分？

四、责任保险的主要险种

根据业务内容分类，责任保险主要可以分为产品责任保险、雇主责任保险、职业责任保险及公众责任保险。这是责任保险最主要的分类方式。

1. 产品责任保险

产品责任保险是指以产品生产者和销售者等的产品责任为承保风险的责任保险。产品的生产者或销售者等向保险人投保产品责任保险，缴付一定的保险费后，将这种赔偿风险转嫁给保险人，一旦因产品责任给消费者或其他人造成人身伤害或财产损失，依法应由该生产者或销售者等负责时，由保险人给予赔偿。产品制造者、销售者、修理者等一切可能对产品责任事故造成的损害负有赔偿责任的人，均可作为投保人或被保险人。

产品责任保险主要承保两项保险责任：①保险有效期内被保险人生产、销售的产品或商品在承保区域内发生事故，造成用户、消费者或其他任何人的人身伤害（包括疾病、伤残和死亡）或财产损失，依法应由被保险人负责赔偿时，保险人在保单规定的赔偿限额内予以赔偿；②有关法律费用。被保险人为产品责任所支付的诉讼、抗辩费用及其他经保险人事先同意支付的费用，保险人也予以赔付。

产品责任保险可采用“期内发生式”或“期内索赔式”作为承保基础。选择哪一种方式，一般取决于产品事故发生后是否能够马上得知或发现来确定。若产品事故一发生，受害人立即能够得知或发现其损害后果的，一般采用“期内发生式”；若产品事故发生后，受害人要过一段时间方能得知或发现损害后果的，则一般采用“期内索赔式”。

产品责任保险通常规定每次事故的赔偿限额和保险期内累计赔偿限额两项。每项赔偿限额又可分为人身伤害和财产损失两项，当因产品事故同时造成消费者人身伤害和财产损失时，保险人按各自的限额处理赔偿。

补充阅读

“丰田召回事件”引起我国企业对产品责任保险的思考

综合媒体报道，2009 年，全球最大的汽车巨头日本丰田汽车公司接连曝出油门踏板、刹车系统存在缺陷的问题，先后在全球范围内召回多款车型接近 1 000 万辆，在中国，召回的问题车辆总计 688 314 辆。2015 年 5 月 14 日，丰田中国发布公告称天津一汽丰田汽车有限公司根据《缺陷汽车产品召回管理条例》的要求，向国家质检总局备案了召回计划，决定自 2015 年 6 月 12 日起，召回 2004 年 1 月 1 日至 2007 年 3 月 31 日生产的威驰、花冠汽车，共计 302 705 辆。针对丰田召回事件铺天盖地的报道，不仅影响了丰田汽车的销售量，使其蒙受了巨额的经济损失，而且也让丰田汽车陷入了质量和诚信的双重危机。丰田汽车的股价大幅度贬值，国际信用评级机构也降低了丰田的信用等级。

丰田汽车召回事件给丰田公司造成的巨大经济损失应当引起国内企业的深思。在中国由于没有法律强制企业购买产品责任保险，导致产品责任长期被忽视。中国的众多企业，尤其是出口加工型企业的产品在进入欧美等发达国家的市场时，一旦发生责任赔偿，几十年的收入可能付之东流。产品责任保险是分散风险的有效手段和途径，能够促成企业和社会的双赢局面，但是我国的产品责任保险在推广的过程中却遇到了意想不到的困难，市场覆盖率较低。通过丰田召回门事件，我们要对产品责任保险在我国的缺位现象进行深思，不管从企业、保险公司还是政府的角度，都要考虑如何才能使产品责任保险发挥其应有的功能和作用，为我国企业的长期健康发展提供更好的服务。

2. 雇主责任保险

雇主责任保险是指以雇主的雇主责任为承保对象的责任保险。它为作为雇主的被保险人因其雇员在受雇期间受到人身伤害而依法或根据雇佣合同应承担经济赔偿责任的风险提供保障。若雇主向保险人投保了雇主责任保险，也就把自己有可能承担的雇员损害赔偿责任风险转移给了保险人，一旦其雇员在受雇期间因发生意外事故或因职业病而造成人身伤残或死亡时，他们依法应承担的经济赔偿责任由保险人承担。

雇主责任保险由雇主投保，雇主是投保人也是被保险人，但保险的最终受益者却是雇员。雇主在投保时必须为其根据雇佣合同所雇佣的全体雇员投保，还可把短期工、临时工、季节工和学徒工也全部纳入承保对象。

雇主责任保险的基本责任包括两方面内容：一是被保险人雇佣的人员（包括长期固定工、临时工、季节工、学徒工），在保单有效期间，在受雇过程中，在保单列明的地点，从事保单列明的被保险人的业务活动时，遭受意外而受伤、致残、死亡或患与业务有关的职业性疾病所致伤残或死亡的经济赔偿责任；二是被保险人的有关诉讼费用。

雇主责任保险扩展的附加责任有附加医疗费用保险、附加第三者责任保险和附加雇员第三者责任保险等。

雇主责任保险大多采用"期内索赔式"作为承保基础。索赔程序是受害雇员或其家属先向雇主索赔，雇主再作为被保险人向保险人索赔。索赔期限一般规定从损失发生之日起，不得超过一年或两年。

思考与讨论

试讨论，雇主责任保险与工伤保险的相同点与不同点？

3. 职业责任保险

职业责任保险是承保各种专业技术人员因工作疏忽或过失造成第三者损害的赔偿责任的保险。它为作为专业技术人员的被保险人因其在职业服务过程中的疏忽或过失而造成服务对象或他人人身伤害或财产损失依法应承担经济赔偿责任的风险提供保障。专业技术人员向保险人投保了职业责任保险，也就把自己有可能承担的赔偿风险转移给了保险人，一旦因职业责任给服务对象或他人造成人身伤害或财产损失，他们依法应负的赔偿责任转而由保险人承担。

由于职业责任存在于许多服务领域或职业活动中，任何从事专业技术职业的人都面临职业责任风险，他们都有必要通过投保职业责任保险获得保障。正因为如此，职业责任保险作为四大完全独立的责任保险之一，险种很多，遍及医疗、法律、财会、管理、金融保险等诸多行业。目前主要有以下一些险种：医疗职业责任保险、药剂师职业责任保险、美容师职业责任保险、会计师职业责任保险、律师职业责任保险、设计师职业责任保险、建设工程监理职业责任保险、保险代理人或保险经纪人职业责任保险等。

职业责任保险的保险责任为两项：一是承保被保险人在任何时候、任何地方为其服务对象提供专业技术服务时，由于其职业上的疏忽行为、错误或失职造成服务对象或其他人的人身伤害或财产损失依法应承担的经济赔偿责任；二是承保被保险人为处理保险责任范围内的索赔纠纷或诉讼案件所支出的法律费用，以及其他经保险人同意的有关费用。

职业责任保险通常采用"期内索赔式"，但一般在保单上规定有责任追溯期限，以控制保险人承保责任的实际期限。

补充阅读

董事和高管人员职业责任保险

20 世纪 30 年代初，美国股市大崩溃，产生了对完善证券市场监管制度的强烈要求。随着美国证券交易委员会的设立和《1933 年证券法》和《1934 年证券交易法》的通过，美国上市公司董事和高管人员需要承担的经营风险陡然增加。在这种背景下，英国伦敦劳合社在 1934 年推出了董事和高管人员职业责任保险，开启了该险种的先河。20 世纪 80 年代以来，董事和高管人员职业责任保险在西方发达国家逐渐得到了证券界的青睐，并成为了保险公司的一项重要业务。

1996 年，美国美亚保险公司在上海签发了中国第一张"董事与高级管理人员责任保险"保单，不过当时的保单是来自美国的"舶来品"，而且针对的客户主要是在中国的外资企业和中国到海外上市的公司。近年来，我国先后有多家上市公司被中小投资者提起证券民事赔偿诉讼，年度案件数量随着相关法律法规的不断完善而有所上升，这些证券民事赔偿诉讼相应的索赔金额也在逐年上升。美国美亚保险公司推出了国内首个针对中国 A/B 股上市公司管理责任的保险产品——"中国董监事和高级管理人员责任保险"，将为上市公司的董监事和高级管理人员提供诸多的保障，而且该保单完全是针对国内上市公司的企业高管的，完全是本土制造。

4. 公众责任保险

公众责任保险又称普通责任保险或综合责任保险，它指以损害公众利益的民事赔偿责任为保险标的的责任保险。公众责任保险承保的民事赔偿责任可以是侵权责任，也可以是合同责任。公众责任保险承保的合同责任通常需要特别约定。

公众责任保险保障被保险人或其雇员在从事所保业务活动时，因意外事故对第三者造成的人身伤害和财产的损害或灭失所引起的法律赔偿责任。公众责任保险还可以保障妨碍通行、阻塞道路、失去舒适环境和非法侵入等原因造成的第三者责任。

公众责任保险的适用范围极为广泛，投保人可以是不同行业的企业、团体，也可以是家庭或个人。为了满足不同的保障需求，公众责任保险的种类相当多，主要有场所责任保险、承包人责任保险、承运人责任保险、个人责任保险等。

场所责任保险是公众责任保险业务量最大的险别，承保固定场所因存在结构上的缺陷或管理不善，或被保

思考与讨论

支付宝扶老人险是支付宝于 2015 年 10 月推出的全新保险项目，需支付 3 元就能享受一年期的"扶老人险"，期间最高可获得 2 万元的法律诉讼费用，并提供全年的法律咨询服务。该保险是由华安财产保险股份有限公司承保的，支持北京、上海、广东、广西、福建、湖南、湖北、江苏、浙江、四川、重庆、辽宁、河南、天津、山东等省市的用户购买。

请读者思考该险种属于公众责任保险吗？如果属于，那么属于公众责任保险的哪种？

险人在该场所内进行生产经营活动时因疏忽发生意外事故，造成他人人身伤害或财产损失应负的经济赔偿责任。如电梯责任保险、展览会责任保险、旅馆责任保险。本章章首案例中，北京地铁 4 号线当时若投保的是电梯责任保险，那么保险公司应该就旅客的人身伤亡和财产损失展开赔偿。

承包人责任保险适用于建筑、安装、修理工程等承包人在进行合同项下的工程或其他作业时造成的对他人的损害赔偿责任。

承运人责任保险是承保承运人在运送旅客和运输货物过程中可能产生的对货主或对旅客的人身伤害或货损在法律上应承担的损害赔偿责任。

个人责任保险是承保个人在日常生活中由于意外事件的发生导致该个人对第三者的损害依法应负责赔偿的责任。

思考与讨论

近些年来，随着保险的不断创新，一些新险种不断涌现，如环境污染责任保险、传媒责任保险等。试列举其他新兴的责任保险，并判断它们分别属于产品责任保险、雇主责任保险、公众责任保险、职业责任保险中的哪类。

第二节 信用保证保险

一、信用保险

（一）信用保险的定义

信用保险是指由权利人投保，保险人承担义务人信用风险的保险。也就是在义务人不能履行其应尽义务时，由保险人代为履行，因此其实质上是一种由保险人提供担保的担保业务。信用保险不同于保证保险，其合同当事人是权利人（被保险人）和保证人（保险人）。信用保险的一个特点是投保人都是权利人。

补充阅读

信用保险的发展历程

信用保险的产生是伴随着资本主义商业风险而出现的。当经济合同中的一方不能承担应尽义务而给对方造成损失时，客观上就需要一种保障，以保证经济秩序的正常运行。因此，在 19 世纪中期，法国、德国和瑞士的一些私人保险公司开办了国内信用保险。1850 年，法国的一些保险公司开始经营商业信用保险业务。1893 年，美国成立了专门经营商业信用保险的美国信用保险公司。同年地方受托资产公司开始承保澳大利亚的贸易风险。1919 年英国出口信用担保局成立，标志着世界上第一家官办的出口信用保险机构的产生，并成为其他国家纷纷效仿的样板。紧随其后，比利时于 1921 年成立出口信用保险局（ONDD），荷兰政府于 1925 年建立国家出口信用担保机制，挪威政府于 1929 年建立出口信用担保公司。1934 年，英国、法国、意大利和西班牙的私营和国营信用保险机构成立了“国际信用和投资保险人联合会”。这标志着出口信用保险已为世界所公认。

我国的信用保险产生于 20 世纪 80 年代初。1983 年，原中国人民保险公司上海市分公司对一笔出口船舶买方信贷试办了中国内地第一笔中、长期出口信用保险业务。1986 年，中国开始试办短期出口信用保险业务。1988 年，国务院正式决定由中国人民保险公司试办出口信用保险业务。1994 年，中国进出口银行成立，其业务中也包括了出口信用保险业务。1995 年，中国平安保险公司在国内率先开办了赊销信用保险业务。2001 年，在中国加入 WTO 的大背景下，国务院批准成立专门的国家信用保险机构——中国出口信用保险公司（中国信保），由中国人民保险公司和中国进出口银行各自代办的信用保险业务合并而成。它成为中国内地唯一一家办理出口信用保险的专业公司，注册资本 40 亿美元。

（二）信用保险的种类

信用保险的险种有一般商业信用保险、出口信用保险与投资保险。

1. 一般商业信用保险

一般商业信用保险又称国内信用保险，是承保权利人（商业活动的一方当事人）因被保证人（另一方当事人）不履行商业信用而使权利人遭受商业利益损失的信用保险。一般商业信用保险的保险标的是被保证人的商业信用，由权利人投保。国内信用保险一般承保批发业务，不承保零售业务；承保 3～6 个月短期业务，不承保长期商业信用风险。一般商业信用保险又具体分为赊销信用保险、贷款信用保险和个人贷款信用保险等险种。

2. 出口信用保险

出口信用保险是承保出口商在出口过程中因进口商的商业风险或进口国的政治风险而遭受损失的一种信用保险。出口信用保险承保的风险特别巨大，且难以使用统计方法测算损失概率，所以，一般商业性保险公司均不愿经营这种保险，出口信用保险大多数是靠政府支持来经营的。

出口信用保险产生于国际贸易中的收汇风险，最早出现在英国。在 19 世纪后半叶，随着英国海外贸易的不断开拓，出口货物的增多，收汇风险日益增长，贩运商品到澳大利亚的英国商人开创了历史上有记载的投保出口信用保险的先河。到 20 世纪初期，已经出现了专业的出口信用保险公司，但只限于私人市场。1983 年，我国试办出口信用保险。

补充阅读

资料一　中化辽宁公司获赔 1 850 万元

综合媒体报道　2002 年 8 月 9 日，中国出口信用保险公司对中化辽宁进出口公司签署赔款文件及交付赔款仪式在大连举行。至此，中化辽宁进出口公司（以下简称中化公司）在对古巴出口尿素拖欠案中，因很好地运用了国家政策性工具——出口信用保险，而免除了总计 1 850 万元的企业贸易风险。

中化公司在 2000 年底与古巴化工进出口公司签订了 10 万吨尿素的出口合同，总合同金额为 1 944 万美元，支付条件为 LC360 天。中化公司在中国出口信用保险公司投保。2000 年 12 月 19 日至 2001 年 3 月 22 日期间，按照合同约定分 7 船出运了 9.6 万吨尿素，货值 1 874 万美元。古巴方对中化公司装运的尿素的质量、数量、包装等各方面的履约都很满意，并全部投入使用。但是 2001 年，受种种因素影响，古巴的对外支付面临严重的困难。至此合同的最终付款期为 2002 年 3 月，中化公司实际收汇 1 624 万美元，古巴的逾期未付的款项为 250 万美元。

中国出口信用保险公司在收到中化公司的索赔申请后，进行了索赔文件的审核和案情的核实。鉴于拖欠款的责任已认定，该公司决定立即进行赔付，赔偿金额为 224 万美元，合计 1 850 万元人民币。赔偿后，中国出口信用保险公司将行使追偿权，向古巴方追讨欠款。

资料二　2015 年中国信保承保金额同比增长 5.8%

据新华社北京 2016 年 2 月 3 日专电（记者雷敏）　中国出口信用保险公司 2 日发布数据，2015 年中国信保实现承保金额 4 715.1 亿美元，同比增长 5.8%；其中中长期出口信用保险新增承保金额 238 亿美元，海外投资险承保金额 409.4 亿美元，短期出口信用保险承保金额 3 638.8 亿美元，向客户支付赔款达 14.5 亿美元，承保规模持续位居国际同业前列。

2015 年中国信保全年承保我国面向“一带一路”沿线国家的出口、投资、承包工程金额达到

1 163.9 亿美元，其中承保“一带一路”战略清单项目 38 个，承保金额 232.2 亿美元。发挥中长期出口信用保险、海外投资保险和短期出口信用保险政策性作用，重点支持电力、铁路、电信、能源、海洋装备以及对外工程承包等资本和技术密集型行业，支持一批拥有技术和服务实力的自主品牌龙头企业，承保巴基斯坦卡哈拉水电站、俄罗斯奥杰罗铅锌矿等一批“一带一路”重大项目，有效推动我国产品、装备、产能、资金“走出去”。

为推进国际产能和装备制造合作，中国信保对大型成套设备出口融资应保尽保，2015 年承保大型成套设备出口 222.9 亿美元，支持越南莱州水电站成套设备项目、埃塞俄比亚轻轨配套输变电项目、阿根廷布宜诺斯艾利斯市地铁供货等一批重大项目。

3. 投资保险

投资保险又称政治风险保险，它是承保被保险人因投资引进国政局动荡或政府法令变动所引起的投资损失的保险。本国投资者是投保人，也是权利人，要求保险人保障的是他们在国外的投资利益。投资保险承保的风险包括战争风险、征用风险和外汇风险。投资保险一般规定有赔偿等待期。

投资保证保险是于 20 世纪 60 年代在欧美国家形成的。此后，投资保证保险成了海外投资者进行投资活动的前提条件。在我国，对外开放政策的实施使许多外商来华投资，投资保证保险首先是为了适应外国投资者的需要于 1979 年开办的；同时，从 80 年代以来，我国对外投资也日渐增加，也需要保险人提供投资保证保险服务。

由于投资保证保险承担的是特殊的政治风险，责任重大，因此，外国通常由政府部门办理，民间保险公司很少办或不准办。如在美国，由政府设立的海外私人投资公司经办。在我国，2001 年前由中国人民保险公司信用保险部经办此项保险业务；2001 年中国出口信用保险公司成立，负责办理这项业务。

二、保证保险

保证保险是被保证人根据权利人的要求，向保险人投保，要求保险人担保自己信用的保险。

保证保险与信用保险从本质上说，都是一种担保性质的业务，由保险人为义务人提供担保，如果义务人（被保证人）不能履行合同中应尽的义务，则由保险人代为履行，以保证权利人的权益不受损失。在这个过程中，保险人实际上处于一个担保人的地位。但从适用法律等角度分析，保证保险又不完全等同于《担保法》中的担保业务。

（一）保证保险的特点

保证保险最大的特点是保险人一般要求被保证人出具反担保（保全措施）。在保证保险中，若被保证人不履行合同义务或出现犯罪行为，如建筑方不履行维修义务，雇员出现贪污、盗窃行为致雇主受损等，保险人作为担保方需承担经济赔偿责任。但这不意味着有了保险的出现而可以豁免义务人的义务；保险人在赔偿之后，必须向义务人追偿。因此，保险人为了保证追偿效果，常常要求义务人在投保时提供反担保（如抵押、现金担保等）。而在保险实务中，这种反担保是很难取得的，或者即使取得也无法保证保险人的追偿权最终能够得以实现。

（二）保证保险的险种

保证保险可以分两大类：一类是诚实保证保险，另一类是确实保证保险。确实保证保险包括合同保证保险和产品保证保险。

1. 诚实保证保险

诚实保证保险又称忠诚保险、忠实保险、信任保险等，是指因雇员的不法行为，如抢夺、盗窃、欺诈、侵占、伪造、挪用或私用公款、隐匿、卷逃等不诚实行为，致被保险人遭受金钱或财物损失时，由保险人负责赔偿的一种保证保险。

诚实保证保险实际上是一种品德或道德担保业务。投保时，雇主可投保全体雇员，也可以只投保特定雇员如前台主管、出纳、会计等人员。

目前实务上有关员工诚实保证保险多以任职于金融企业或政府机构或人民团体为对象，尤以任职于金融机构的较为常见。金融机构员工，特别是银行行员，每日所进行的商业行为往往涉及大笔金钱交易，是员工诚实保证保险需要重点关注的对象。

补充阅读

雇员忠诚保证保险拒赔案

2008年年初，广州某公司策划在上海某百货商场举办某产品专柜特卖活动月。该公司通过某人才市场的招聘，雇佣了5人担任此次活动的推销员。

某天，该公司急需将价值五万多人民币的货物从公司驻沪办事处运往商场。公司专用送货车辆均外出未归，负责这次活动的业务员便安排推销员A叫一辆出租车送货，同时联系商场派人在商场门口接货。后推销员及此笔货物失踪。

该公司立即向当地派出所报了案。公安部门对所有线索作了追查，但没有结果。该公司事后根据投保的雇员忠诚保证保险向保险公司提出了索赔申请。

保险公司向该公司的有关人员进行了调查取证，并根据保险单所列明的条款，要求被保险人提供对雇佣推销员A受雇前情况进行查询所获得的证明资料。但事实表明，该公司在雇佣A时未对其受雇前情况作必要的查询。由于被保险人在使用其雇员前，未通过必要的查询来防范其雇员在忠诚信用方面所潜在的风险，因此，保险公司依据保单条款对此案作出了拒赔的决定。

2. 合同保证保险

合同保证保险又称契约保证保险，是指因被保证人不履行合同义务而造成权利人经济损失时，由保险人代被保证人进行赔偿的一种保险。合同保证保险目前主要是用于建筑工程的承包合同。根据建筑工程的不同阶段划分，合同保证保险可以分为供应保证保险、投标保证保险、履约保证保险、预付款保证保险及维修保证保险。

合同保证保险根据工程承包合同内容来确定保险责任。合同保证保险承保被保证人因违约行为所造成的经济损失。合同保证保险的除外责任主要包括：一是因人力不可抗拒的自然灾害造成的权利人的损失；二是工程所有人提供的设备、材料不能如期运抵工地，延误工期而造成的损失。

3. 产品保证保险

产品保证保险亦称产品质量保险或产品信誉保险，它承保被保险人因制造或销售的产品丧失或不能达到合同规定的效能而应对买方承担的经济赔偿责任，即保险人对有缺陷产品的本身以及由此引起的有关间接损失和费用负赔偿责任。

产品质量保证保险的保险责任主要包括：一是使用者更换或修理有质量缺陷的产品所承受的损失和费用；二是使用者因产品质量不符合使用标准而丧失使用价值的损失和由此引起的额外费用；三是被保险人根据法院的判决或有关政府当局的命令，收回、更换或修理已投放市场的存有质量缺陷的产品所承受的损失和费用。

产品质量保证保险的除外责任包括：一是产品购买者故意行为或过失引起的损失；二是不按产品说明书安装、调试和使用引起的损失；三是产品在运输途中因外来原因造成的损失或费用。

补充阅读

产品保证保险与产品责任保险的区别

（1）保险标的不同。产品责任保险的保险标的是产品责任；产品保证保险的保险标的是被保险人因提供的产品质量有缺陷，依法应承担的产品本身损失的经济赔偿责任。

（2）业务性质不同。产品责任保险是保险人针对产品责任提供的替代责任方承担因产品事故造成对受害方的经济赔偿责任的责任保险；产品保证保险是保险人针对产品质量违约责任而提供的带有担保性质的保证保险。

（3）责任范围不同。产品责任保险承保的是因产品质量问题导致用户财产损失或人身伤亡依法应负的经济赔偿责任，对产品本身的损失不予赔偿；产品保证保险则承保投保人因其制造或销售的产品质量有缺陷而产生的对产品本身的赔偿责任，也就是承保因产品质量问题所应负责的修理、更换产品的赔偿责任。

试分析：我们经常在电视、广播中看到很多商家在做广告时会说，该产品由某某保险公司承保，运用你所学的资料进行分析，这些商家投保的是产品质量保证保险还是产品责任保险？如果发生保险事故，保险公司将如何进行赔偿？

本章小结

责任保险和信用保证保险	责任保险	责任保险是一种以被保险人对第三者依法应承担的民事赔偿责任为保险标的的保险
		主要包括产品责任保险、雇主责任保险、职业责任保险和公众责任保险四类
	信用保证保险	信用保险是指由权利人投保，保险人承担义务人信用风险的保险。信用保险的险种有一般商业信用保险、出口信用保险与投资保险三类
		保证保险是被保证人根据权利人的要求，向保险人投保，要求保险人担保自己信用的保险。主要包括诚实保证保险和确实保证保险，确实保证保险包括合同保证保险和产品保证保险

复习思考题

一、名词解释

责任保险　民事责任　期内发生式　期内索赔式　产品责任保险　雇主责任保险　职业责任保险　公众责任保险　信用保险　一般商业信用保险　出口信用保险　投资保险　保证保险　诚实保证保险　合同保证保险　产品保证保险

二、单选题

1. 责任保险是一种以被保险人对第三者（　　）应承担的赔偿责任为保险标的的保险。

A. 依合同　　B. 依法　　C. 依保险条款　　D. 协商

2. 期内发生式是指保险人负责赔偿（　　）。

A. 在保单有效期间内由受害人向被保险人提出的索赔

B. 在保单有效期间内由受害人向保险人提出的索赔

C. 在保单有效期间内发生的应由被保险人负责的损失

D. 在保单有效期间内发现的应由保险人负责的损失

3. 期内索赔式是指保险人负责赔偿（　　）。

A. 在保单有效期间内由受害人向被保险人提出的索赔

B. 在保单有效期间内由受害人向保险人提出的索赔

C. 在保单有效期间内发生的应由被保险人负责的损失

D. 在保单有效期间内发现的应由被保险人负责的损失

4. 某制药厂在 1998 年投保了产品责任保险，保险期限为一年，以“期内发生式”为基础承保。在保险期限内，一患者服用该厂 1998 年生产的药物，因其配制上的过失致使该患者身体受到了潜在的伤害。该患者在 2001 年发现并提出索赔，法院判定制药厂应承担相应的经济赔偿责任。保险人是否应承担赔偿责任？（　　）

A. 否，因为索赔是在保险期满后提出的

B. 是，因为患者的损害是在保险期内发生的

C. 是，因为导致患者损害的被保险产品是在保险期限内生产的

D. 否，因为患者的损害是在保险期满后发现的

5. 雇主责任是指雇主对其雇员在受雇期间因发生意外或职业病而造成的（　　）依法应承担的经济赔偿责任。

A. 人身伤残或死亡及财产损失　　B. 财产损失

C. 人身伤残或死亡及收入减少　　D. 人身伤残或死亡

6. 雇主责任保险的（　　）。

A. 投保人和被保险人都是雇主　　B. 投保人是雇主，被保险人是雇员

C. 投保人既可以是雇主又可以是雇员　　D. 被保险人既可以是雇主又可以是雇员

7. 下列费用中属于雇主责任保险基本责任的是（　　）。

A. 医疗费用　　B. 有关诉讼费用

C. 自身伤亡的相关费用　　D. 以上所有费用

8. 雇主责任保险的附加医疗费保险是承保雇员在保单有效期间内因（　　）所需要的费用。

A. 职业病　　B. 意外事故

C. 职业病以外的疾病　　D. 职业病及意外事故

9. 在雇主责任保险单下，保险人不予赔偿的是（　　）。

A. 被保险人的重大过失造成的雇员伤亡所负的经济赔偿责任

B. 被保险人对雇员患职业性疾病所致伤残的经济赔偿责任

C. 被保险人对雇员因从事其业务时遭受意外死亡的经济赔偿责任

D. 被保险人的有关诉讼费用

10. 职业责任是指专业技术人员因工作上的疏忽或过失造成他人的当事人或其他人的（　　），依法应当由提供服务的专业技术人员承担的经济赔偿责任。

A. 追溯日期开始后发生的疏忽行为

B. 保单有效期间内提出的索赔

C. 追溯日期后提出的索赔

D. 追溯日期后发生而在保单有效期间内提出索赔

11. 公众责任保单的基本责任不包括（　　）。

A. 被保险人因意外事故对第三者的人身伤害引起的法律赔偿责任

B. 被保险人因意外事故对第三者的财产损失引起的法律赔偿责任

C. 被保险人照管控制他人的财产的损失

D. 相关的诉讼费用

12. 由权利人投保，保险人承担义务人信用风险的保险是（　　）。

A. 人身保险　　B. 信用保险　　C. 保证保险　　D. 责任保险

13. 被保证人根据权利人的要求，向保险人投保，要求保险人担保自己信用的保险是（　　）。

A. 信用保险　　B. 保证保险

C. 机动车辆保险　　D. 家庭财产保险

14. 1919年，（　　）的成立，标志着世界上第一个官办的出口信用保险机构的产生。

A. 印度出口信用担保公司　　B. 韩国出口保险公司

C. 荷兰出口信用保险局　　D. 英国出口信用担保局

15. 承保被保险人因投资引进国政局动荡或政府法令变动所引起的投资损失的保险称为（　　）。

A. 家庭财产保险　　B. 机动车辆保险　　C. 投资保险　　D. 职业责任保险

三、多选题

1. 责任保险的承保基础包括（　　）。

A. 期内索赔式即以损失和索赔同时发生的时间为承保基础

B. 期内发生式即以损失发生的时间为承保基础

C. 期内发生式即以损失发现的时间为承保基础

D. 期内索赔式即以索赔发生的时间为承保基础

2. 责任保险的赔偿范围是（　　）。

A. 被保险人对第三者造成的人身伤害与财产损失依法应负的赔偿责任

B. 保险人对第三者的间接财产损失一般不予负责

C. 第三者人身伤害的赔偿范围不包括第三者死亡及丧葬费用

D. 因赔偿纠纷引起的诉讼、律师费用及其他事先经保险人同意支付的费用

3. 下列可以作为产品责任保险投保人的是（　　）。

A. 生产商　　B. 出口商　　C. 零售商　　D. 修理商

4. 雇主责任保险的基本责任是（　　）。

A. 被保险人对雇用人员在受雇期间的人身伤害的经济赔偿责任

B. 被保险人对雇用人员在受雇期间的财产损失的经济赔偿责任

C. 被保险人的雇用人员对第三者人身伤害或财产损失应负的经济赔偿责任

D. 有关的诉讼费用

5. 下列险种中属于职业责任保险的有（　　）。

A. 会计师职业责任保险　　B. 医生职业责任保险

C. 保险代理人职业责任保险　　　　　　D. 赔偿限额

6. 有关公众责任保险说法正确的是（　　）。

A. 公众责任保险承保的民事赔偿责任可以是侵权责任，也可以是合同责任

B. 公民、企业、机关团体均可投保公众责任保险

C. 凡是被保险人对他人造成的人身伤害和财产损失，都可以在公众责任保险中得到赔偿

D. 公众责任保险被保险人不只包括投保人，还可以是其他人

7. 责任保险承保的民事责任主要包括（　　）。

A. 违约责任　　B. 侵权责任　　C. 行政责任　　D. 刑事责任

8. 下列属于责任保险的险种是（　　）。

A. 产品责任保险　　　　B. 雇主责任保险

C. 职业责任保险　　　　D. 产品质量保证保险

9. 投资保险承保的风险主要有（　　）。

A. 战争风险　　B. 征用风险　　C. 外汇风险　　D. 自然风险

10. 诚实保证保险负责因雇员的下列风险中的（　　）而造成的雇主损失。

A. 遭受意外伤害　　B. 贪污　　C. 盗窃　　D. 欺诈

四、简答题

1. 简述责任保险的特征。
2. 简述责任保险的承保方式。
3. 简述责任保险的承保基础。
4. 简述责任保险的保险责任与除外责任。
5. 简述责任保险的种类。
6. 简述公众责任保险的种类。
7. 我国目前的职业责任保险有哪些？
8. 产品责任保险的基本内容有哪些？
9. 出口信用保险的类型有哪些？
10. 合同保证保险主要包括哪些险种？

五、实训项目

项目内容： 调查我国开办的责任保险险种。

实训目的： 熟悉我国责任保险的发展现状，找出我国责任保险存在的缺点或不足。

实训指导： 通过网络搜集我国保险公司开办的具体责任保险的条款（相关网站可参考附录三），对其进行分类，并到保险公司去作实地调研，分析责任保险经营中存在的问题，最后提出解决的方案。

课外阅读资料

火灾公众责任保险缘何举步维艰

据2012年8月6日《河北日报》报道（杨雪美，王晓云）　火灾是一种危害人民群众生命财产安全的多发性灾害。一些重特大火灾造成的人员群死群伤事件的善后工作，如果不能妥善解决，极易引发群体性事件，甚至影响社会稳定。

火灾公众责任保险可以为火灾事故造成的第三者人身伤害或财产损失提供补偿，保证补偿资金的及时性和充分性，是灾后补偿的最佳方式。早在1995年，我国公安部下发的《公共娱乐场所消防安全管理规定》中提出："重要企业、易燃易爆化学危险品场所和大型商场、宾馆、饭店、影剧院、歌舞厅等公共场所必须参加火灾保险和公众责任险。"2006年，随着《国务院关于保险业改革发展的若干意见》（简称"国十条"）的出台以及公安部和中国保监会联合发布的《关于积极推进火灾公众责任保险切实加强火灾防范和风险管理工作的通知》，全国大多数省市相继出台政策，建立火灾公众责任保险的试点地区开展推广工作，推动了火灾公众责任保险的发展。但是与整个行业的发展情况相比，与国外同业相比，我国火灾公众责任保险依然处在试点阶段并难以推行，发展缓慢。主要原因如下。

第一，火灾公众责任保险保费低，赔偿高，导致保险市场供给不足。火灾公众责任保险类似于巨灾保险，其发生概率低，但是一旦发生，损失较大。一般小型保险公司很可能会因此面临偿付能力危机，即使是大保险公司也会影响其自身经营。因此，在一些城市的试点过程中，如上海市、云南省、苏州市等地就选择采取共保体的模式，化解由单一保险公司承保的风险，这在应对大规模赔偿的风险上显然是比较有效的，但也产生了一些新的问题。

第二，公众风险意识、法律意识薄弱，导致保险市场有效需求不足。公共场所火灾公众责任保险的投保人和被保险人是事故责任方，真正的受益人是受害的第三方。因此事故责任方作为一个追求经济利益最大化的个体，如果缺乏严格的法律责任体系的约束，则对购买保险就缺乏兴趣。因为侵权行为付出的成本很小，事故责任方无须购买保险来转嫁风险，致使其投保动力不足，火灾公众责任保险市场缺乏有效需求。

第三，政府救济容易产生"慈善风险"。火灾事故发生后，由于大部分事故责任方未投保火灾公众责任保险，而事故责任方在火灾事故中往往遭受了一定的经济损失，无力承担善后工作和对死伤者给予相应的经济补偿。在这种情况下，为安抚受害公众的情绪，火灾事故的赔偿责任最后往往是由政府"兜底包揽"。一直以来，在历次社会重大事故中，政府始终承担"重大事故的救火队员"和"重大损失的最终埋单者"角色，于是人们形成了普遍的思维定式"万事靠政府"。但是这种由于政府救济产生的"慈善风险"在满足社会公平、维护社会稳定的同时，也在一定程度上限制了火灾公众责任保险的发展。

第四，缺乏合理的核保、核赔数据支持。据三井住友海上火灾保险公司的调研表明，我国责任保险所面临的最大问题是缺乏合理的核保、核赔基础，很多保险公司只能依赖于国外的统计数据，甚至仅仅是凭自身经验开发销售产品，并不能反映火灾风险的实际情况。

第八章　人身保险

学习目标和要点

学习目标

了解并掌握人身保险的基本内容；掌握人寿保险、健康保险、人身意外伤害保险的特点与保险责任，清楚人身保险的常见条款，能熟练运用本章知识分析实际问题，制定相应的保险规划。

学习要点

人身保险的概念与特征及主要险种；人寿保险的种类与主要内容；健康保险的主要内容；意外伤害保险的主要内容。

本章知识结构

- 人身保险概述
  - 含义
  - 特征
    - 不可估价性
    - 定额给付性
    - 储蓄性
    - 长期性
    - 相对稳定性
    - 特殊性
  - 种类
    - 按人身保险保障范围划分
    - 按人身保险投保方式划分
    - 按保险期限划分
- 人寿保险
  - 含义及特征
  - 种类
    - 传统寿险：定期寿险、终身寿险、生存寿险、两全保险、简易保险、团体保险、年金保险
    - 新型寿险：分红保险、投资连结保险、万能寿险
  - 寿险附加条款
  - 常见条款
- 健康保险
  - 含义
  - 特征
  - 种类
- 人身意外伤害保险
  - 含义及条件
  - 特征
  - 种类

案例引入

综合媒体报道，吴斌是杭州长运客运二公司的快客大巴司机，安全驾驶里程超过百万公里，工作多年无一起违章、无一起投诉。2012年5月29日上午，他驾驶杭州长运集团大型客车从无锡返回杭州，遭遇了一场惨烈的飞来横祸。大巴在高速上正常行驶，不知从哪里飞出一块铁片，砸碎了大巴的前挡风玻璃砸中正在开车的吴斌。肝脏破损，肋骨骨折，肺、肠严重挫伤……重伤后的短短几十秒钟里，吴斌先将大巴车缓缓停下，然后拉上手刹、开启双闪灯，艰难地站起来，告知车上乘客注意安全。用尽最后一丝力气后，吴斌瘫坐在了座位上。

> 读者可通过百度百科“吴斌（杭州长运司机）”词条了解本案例更多情况。

危急时刻，强烈的职业责任感让他保障了车上24名乘客的安全。因伤势过重，6月1日凌晨，48岁的吴斌不幸去世。

我们在感慨最美司机的无私与伟大的同时，不得不感叹生命的脆弱，飞来横祸致使一个生命、一个家庭遭受了沉重打击，如何让我们的人身更有保障，生命价值充分体现，对我们的家人更负责？人身保险不失为一项好的选择。那么，什么是人身保险？人身保险又有哪些具体的产品呢？本章我们将系统研究人身保险的特有规律和内容。

第一节　人身保险概述

人身保险是以人的生命和身体为保险标的的一种保险。人身风险包括客观存在的生、老、病、死、伤、残等。当被保险人在合同期限内遭受不幸事故或因疾病、年老以致丧失工作能力、伤残、死亡或达到合约年龄时，根据保险合同条款的规定，保险人对被保险人或受益人给付预定的保险金或年金，以解决生、老、病、死、伤、残所造成的经济困难。

人身保险是一种社会福利保障制度。从其发展历史来看，它的业务范围经历了从窄到宽、险种由少到多的过程。在一些国家，人身保险已经深入到千家万户，成为家庭的必需品。多年来，世界寿险业务在保险行业中占据重要地位。特别是20世纪80年代以来，人寿保险业务已超过总保险业务的一半。由于西方国家在第二次世界大战以后陆续建立政府社会保障制度，私人寿险业务增长速度转慢。但是2008年以来，一些国家因物价上涨，财政预算赤字增多，劳保福利开支紧缩，职工感到劳保福利保障不足，对寿险的需要有新的上升趋势。我国从1982年恢复保险业务以来，随着改革开放的深化，人民生活水平不断提高，人身保险业务发展迅速。

一、人身保险的特征

1. 保险标的具有不可估价性

人身保险的保险标的是人的生命和身体，其价值是无法用货币衡量的，是不同于被保财产的特殊标的。因此一般情况下，保险金额由投保人和保险人共同协商后确定，其确定取决于投保人的实际需要和交费能力。主要有“生命价值”确定方法和“人身保险设计”方法。

2. 保险金额的定额给付性

由于人身保险标的的特殊性，人身保险（医疗费用保险除外）只能按照保险合同规定的保险金额支付保险金，不能随意增减。因为人身保险事故发生时，不能像财产保险那样以保险金额为限，根据事故发生时财产损失的实际程度支付赔款。人身保险中，被保险人既可以有经济上的损失，也可以没有经济上的损失，即使有经济上的损失，也难以用货币来衡量。因此，人身保险不适用损失补偿原则，也不存在财产保险中比例分摊和代位求偿原则的问题。同时，在人身保险中一般没有足额投保、超额投保和不足额投保的问题。

> **思考与讨论**
>
> 人身保险的储蓄性与银行储蓄各自的优势体现在哪些方面？二者可以相互替代吗？

3. 人身保险的储蓄性

人身保险，尤其是人寿保险，具有明显的储蓄性。一般而言，人寿保险期间较长，自然保费随年龄增加，为缓解保户后期压力，采取了不同于自然保费的均衡保险费的交费方法，这使得在投保后的一定时期内，投保人交付的保费大于自然纯保费。对于这部分保费，保险人可以充分利用，并且取得投资收益。被保险人或投保人在保单生效的一定时间后，就可以对其保单享有一定的储蓄利益，如保单贷款、领取退保金或其他选择。

4. 保险期限的长期性

人身保险的保险期间都比较长，特别是人寿保险，其保险期间通常在五年以上，有的险种长达几十年乃至人的一生。因此，人身保险经营受利率、通货膨胀、预期率（死亡率、利息率、费用率）偏差等因素的影响较大。

5. 生命风险的相对稳定性

人身保险的重要部分是人寿保险，其风险测算基础是死亡率。死亡率的规律直接影响人寿保险的经营成本。对于死亡保险而言，死亡率越高，则费率越高，死亡率因素受很多因素的影响，如年龄、性别、职业等。同时，其死亡率随着经济的发展、医疗卫生水平和生活水平的提高而不断降低，因此可以说死亡率是变动的。但是许多专业机构对死亡率数据的研究结果表明，死亡率因素较其他非寿险风险发生的概率的波动则是相对稳定的。所以在寿险经营中的巨灾风险较少，稳定性较好，与此相适应在寿险经营中对于再保险手段的运用相对较少，保险公司只是对于大额的次标准体保险进行再保险安排。

6. 人身保险的保险利益具有特殊性

在人身保险中，作为保险标的的人的生命或身体是无价的，保险利益也不能用货币估算和衡量，因此，人身保险没有金额上的限制。同时，保险利益只是订立合同的前提条件，并不是维持合同效力、保险人给付保险金的条件，即人身保险的保险利益只需在合同订立时存在即可。

补充阅读

最“昂贵”的女人有多“贵”？折合人民币 110 亿

综合媒体报道　这个星球上哪个女明星最值钱？既不是小甜甜布兰妮，也不是“雷神”Lady Gaga，而是拉丁天后波多黎各女星詹尼弗·洛佩兹。从头到脚，她日前总共为全身“8 个零件”投保，13 万美元的单眼皮，100 万美元的眼睛，5 000 万美元的脸，1 000 万美元的牙齿和笑容。詹尼弗·洛佩兹给面部几大器官投保，保险金总价将近 4 亿元人民币，如果按照金价 260 元/克计算，詹大美人整张脸保险金能买到超过 1.5 吨的黄金。丰胸美臀的 S 形身材一直是詹尼弗·洛佩兹最引以为傲的，她为性感的臀部投保 3.5 亿美元；她为一双美腿投保 10 亿美元；她为一头金棕色长发投保 5 000 万美元；她为胸部投保 2 亿美元。如果我们将这些部位拼在一起，那这个全球最“贵”的女人价值 16.611 3 亿美元，按 2010 年 11 月 18 日人民币对美元中间价 6.645 5 计算，折合人民币 110.39 亿元。

二、人身保险的种类

依照不同的标准，人身保险可以划分为不同种类。

（一）按照人身保险保障的范围划分

按照保障范围不同，人身保险分为人寿保险、健康保险和意外伤害保险。

1. 人寿保险

人寿保险亦称“生命保险”，简称寿险，是以人的生命为保险对象的保险，它是投保人或被保险人向保险人缴纳约定的保险费后，以保险人的生存或死亡为保险事故的一种人身保险。传统的人寿保险可分为死亡保险、生存保险和两全保险三类。

（1）死亡保险是指以被保险人在规定的时间内死亡为给付保险金条件的人身保险。死亡保险包括定期死亡保险和终身死亡保险。

（2）生存保险是以被保险人在规定期间内生存作为给付保险金条件的人身保险。被保险人在一定的保险期限届满时，若还生存于世，则由保险人给付保险金；若被保险人在合同期限内死亡，则保险人不再给付保险金。

（3）两全保险又称生死合险，是指被保险人在保险合同约定的保险期间内死亡，或在保险期间届满仍生存时，保险人按照保险合同约定均应承担给付保险金责任的人寿保险。这种保险由生存保险与死亡保险合并而成，所以称为两全保险。

2. 健康保险

健康保险是以人的身体为保险标的，保险人对被保险人因疾病或意外事故或生育等所致伤害时的医疗费用支出或者因疾病、伤害丧失工作能力导致收入减少承担保险赔偿或保险金给付责任的一种人身保险业务。健康保险包括医疗保险、失能保险和护理保险，其中，最常见的医疗保险包括了疾病医疗保险和意外医疗保险。

3. 意外伤害保险

意外伤害保险的全称为人身意外伤害保险，它是指在保险合同有效期限内，被保险人因遭受意外伤害事故造成死亡或残废等保险事故时，保险人按照保险合同约定向被保险人或者受益人给付残疾金或者身故金的一种人身保险。保险人的给付，通常包括丧失工作能力给付，丧失手足或失明的给付，因伤致死给付，以及医疗费用给付。意外伤害保险产品可以分为普通意外伤害保险和特种意外伤害保险两类。

（二）按照人身保险投保的方式划分

按照投保方式不同，人身保险可以分为个人保险、团体保险及联合保险。

1. 个人保险

个人保险是以单一个体为投保人，一张保险单只承保一个被保险人的人身保险。个人人身保险又分为普通人身保险和简易人身保险。

2. 团体保险

团体人身保险是以法人为投保人，以一张总的保险单承保某一个企业、事业或机关团体的全部或大部分成员（至少为总人数的 75%）的人身保险，投保人为法人或社团组织，被保险人是团体中的在职成员，受益人为指定或法定。团体人身保险可以分为团体人寿保险、团体意外伤害保险和团体健康保险等，如在校大学生投保的“学生团体意外伤害保险”。

3. 联合保险

联合保险是以具有一定利害关系的两个以上的人为被保险人，如以夫妻或者合伙人等多人作为联合被保险人同时投保的人身保险。它既不同于个人保险，也不同于团体保险。联合人寿保险又可以分为联合终身寿险和最后生存者保险。

（三）按照保险期限划分

人身保险按保险期限分类，可以分为长期业务、一年期业务和短期业务。

长期保险业务一般是指保险期限超过一年的人身保险业务，人寿保险和部分健康保险属于长期保险；一年期保险业务是指保险期限为一年的人身保险业务，这类保险以意外伤害保险居多；短期业务是指保险期限不足一年的人身保险业务，如旅客意外伤害保险等。

以上几种是在人身保险分类中经常使用的方法，除此之外还有其他的方法，如按照是否分红可将人身保险分为分红保险和不分红保险；按被保险人具有的风险程度可划分为标准体保险、次标准体保险和完美体保险；等等。

补充阅读

人身保险险种选择技巧

保险公司推出的人身保险险种种类繁多、功能各异，从功能上来讲，大致分类如下。

（1）保障型保险。万一发生伤、残、死亡等不幸事故，这类保险能够有一笔数额不小的保险金留给亲人来保障以后的生活。

（2）储蓄型保险。利用保险这种特定的半强制性的储蓄方式，保障子女教育金或退休时的养老金。

（3）医疗型保险。其中又分重大疾病医疗、一般疾病住院医疗、住院津贴和意外伤害门诊医疗保险。

（4）投资分红型保险。这类保险险种不但有投资功能，而且还具有投资分红功能。

工薪阶层购买保险应首选医疗型险种和保障型险种，这样在生病或意外伤残时，可以及时得到经济上的补偿，购买时一定要注意险种的搭配组合，力求保障全面。

如果您是位下海经商的成功人士，建议您有高收入的同时，一定要有高保障，高保障型险种、医疗型险种的保额一定要充足，如果能兼顾子女教育和养老保险，那保障将更为全面，当然也可以通过分红险的投资功能来达到养老的目的。

如果您是位各方面保障都比较全面的公务员，购买一些储蓄和投资分红型的险种将是一个不错的选择。

如果您刚刚踏入社会，收入较少且并不稳定，购买一些交费低廉的短期意外保险就可以了，等以后有一定的经济基础时再逐步购买其他险种。

第二节　人寿保险

人寿保险是以人的生命为保险标的，以人的生死为保险事件，当发生保险事件时，保险人履行给付保险金责任的一种保险。人寿保险作为人身保险中的主要组成部分，其保障项目包括死亡和期满生存，即如果被保险人在保险有效期内死亡或按照合同规定到期仍生存时，保险人按照约定支付死亡保险金或生存保险金。人寿保险是人身保险中最基本、最主要的险种，人寿保险的业务量占人身保险的绝大部分。

人寿保险具有人身保险的一般特征，其保险标的具有不可估价性，承保风险具有特殊性、风险变动呈现规律性，保费计算的基础是各年龄的死亡率或生存率，保险期限具有长期性，人寿保险除提供一般保险保障外，还兼具有储蓄性质，即具有返还性和收益性，人寿保险经营具有稳定性。随着人们对寿险产品需求的增加、金融产品的丰富以及现实条件的成熟，人寿保险产品种类逐渐增加，既有传统寿险产品又有新型寿险产品。

一、人寿保险的种类

（一）传统寿险

1. 定期寿险

定期寿险是在合同约定期限内被保险人发生死亡事故，由保险人给付保险金的一种人寿保险，也称定期死亡寿险。如果被保险人在保险期间内未发生死亡事故，则到期合同终止，保险人不给付保险金。

定期寿险大多期限较短，保险费不退还，不具备储蓄因素，没有现金价值，保险费比较低廉，容易发生逆选择。因此，它适合低收入阶层、家庭经济负担较重，又有保险需求的人投保。除此之外，偏重死亡保障的人也适合投保定期寿险。

2. 终身寿险

终身寿险是一种不定期的死亡保险。保险单签发后除非应缴的保险费不缴，否则被保险人在任何时候死亡，保险人都给付保险金。终身寿险的保险单都具有现金价值，带有储蓄性。

终身寿险按其保费缴纳的方法可分为以下几种。

（1）连续缴费的终身寿险（又称普通终身寿险）。这是投保人一直缴费至被保险人死亡为止的终身寿险，只要被保险人活着，就得继续缴费。

（2）限缴保费的终身寿险。该险种与普通终身寿险类似，只是保险费限定在特定期间内缴付。特定期间可以是特定的年数，也可以是特定的年龄。特定期间的表示方法以及缴费期的长短可视投保人的需求及具体情况而定。它适合收入期间有限而又需要长期死亡保障的人投保。

（3）趸缴保费的终身寿险。这是指投保人在投保时一次将全部保险费交付完毕的终身寿险。趸缴保费的终身寿险具有较高的储蓄性，因此，对于偏重储蓄的人较有吸引力。在国外，它还常被用来抵消遗产税的税负问题。

3. 生存保险

生存保险是以被保险人于保险期满或达到某年龄时仍生存为给付条件的一种人寿保险。生存保险的保障目的与死亡保险的保障目的不同，它主要是为年老的人提供养老保障，或者为子女提供教育金等。在寿险实务中，生存保险一般不作为独立的险种。

4. 两全保险

两全保险是被保险人在保险期内死亡或生存至保险期满，由保险人给付保险金的一种人寿保险。两全保险是既提供死亡保障，又提供生存保障的一种保险，两全保险中的死亡给付对象是受益人，而期满生存给付的对象是被保险人。两全保险主要有以下几种类型。

（1）普通两全保险。这是一种单一保额的两全保险，即不论被保险人在保险期内死亡还是期满生存，保险人给付的保险金均相同。例如，某人投保保额为 5 万元，保险期限为 10 年的普通两全保险，则无论被保险人在 10 年内死亡，还是生存至第 10 年年底，本人或其受益人均可领到 5 万元的保险金。一旦保险人履行了给付义务，保险合同即告终止。

（2）期满双倍两全保险。这种保险的被保险人如果生存至期满，保险人给付保险金额的两倍；如果在保险期内死亡，则只给付保险金额。

（3）两全保险附加定期寿险。这种保险的被保险人如果生存到保险期限届满，保险人按保险金额给付保险金；如果被保险人在期内死亡，保险人则按保险金额的多倍进行给付。因此，这种保险侧重于对被保险人家属经济生活的保障，较适合家庭生计的主要负担者投保。

（4）联合两全保险。这种保险承保两人或两人以上的生命，在约定的期限内，任何一人先死亡，保险人给付全部保险金，保险合同终止。若满期时联合投保人全部健在，也给付全部保险金。这种保险适合家庭投保。

> **思考与讨论**
>
> 试讨论，两全保险真的“两全其美”吗？

5. 简易人寿保险

简易人寿保险是为低收入阶层获得保险保障而开办的险种。它是一种小额的、免体检的两全性质的人寿保险，始于英国，在 20 世纪三四十年代，简易人寿保险的发展达到了鼎盛时期，曾一度成为英美等发达国家的主要险种之一。

简易人寿保险是两全性质的人寿保险，具有保障性和储蓄性双重作用。其特点如下。

（1）不要求被保险人体检。这是为了充分体现投保此险种的方便性，但是，并不是说对所有的被保险人都不加选择地予以承保。它要求被保险人如实告知健康状况，对不符合健康标准的被保险人将拒绝承保。

（2）低保额。简易人寿保险是为了满足只能负担少量保费的低收入者设计的，所以，保险金额比较低。

（3）内容简单，容易为投保人所接受。此险种是两全保险，保险期限分 5 年、10 年、15 年、20 年、25 年和 30 年六档，投保人可以任意选择。保险费按份计收，每一份的保费金额是相等的。保险金额是根据被保险人所处的年龄段和所选择的保险期限等确定的。

（4）简易人寿保险的保险费率高于普通寿险的保险费率。其主要原因在于：被保险人未经体检，又是工作、生活条件较差的低收入者，死亡率相对较高；上门收费、次数频繁，且金额很小，各项业务费用支出大于一般寿险；保单续保率较低。

（5）保险期限、保险费、保险金额采取标准化格式。

6. 团体人寿保险

团体人寿保险是以团体为投保人，将其在职人员作为被保险人，由单位统一组织向保险公司投保的保险。在团体人身保险中，其“团体”是指机关、社会团体、企事业单位等独立核算的组织。其“在职人员”不包括已退休、离休、退职的人员，是用一张总的保险单对一个单位的全体成员提供人身保险保障。其特征如下。

（1）风险选择的对象是团体，而不是个人。要求投保团体必须是依法成立的组织，要有自身专业活动，投保团体寿险只是该组织的附带活动；投保团体中参加保险的人数必须达到规定的标准，一般是对参保人员绝对数或比例有要求。

（2）使用团体保单。团体人寿保险用一张总的保险单为成百上千甚至更多的人提供保险保障。投保团体是保单的持有人，而每个被保险人则仅持有一张保险凭证。

> **思考与讨论**
>
> 团体人寿保险保费较低的影响因素包括哪些？

（3）保险费率较低。团体人寿保险由于采取个体投保的方式，具有规模经营效益的特点，使团体可以以较低的保费获得较高的保险保障。

（4）采用经验费率的方法。团体人寿保险的投保人是一个团体，同个人投保一样，每个投保团体的风险程度也是不同的。因此，团体人寿保险也应按风险程度的不同，分别制定费率。主要考虑投保团体的业务性质、职业特点、以往的理赔记录等，其中理赔记录是决定费率的主要原因。

思考与讨论

为什么理赔记录是决定团体人寿保险费率的主要原因呢？

（5）保障范围比较广泛，保险计划相对灵活。较大规模的团体投保团体人寿保险，投保单位可以就保单条款的设计和保险条款内容与保险公司进行协商。但团体人寿保险单也应遵循一定的格式和包括一些特定的标准条款。

相关案例

综合媒体报道，2011年7月14日，中国人寿广西分公司根据保险责任，在第一时间向已确认死亡的4名在合山“7・2”煤矿事故中遇难矿工的受益人赔款60万元。

7月2日中午12点30分，合煤公司八矿辖下樟村井因近日连降暴雨，导致矿井上方地面近7 000立方米泥土出现塌方，并压在300多米深处的井下。当时22人被困井下。7月10日早晨9时，经过全力抢救，2名矿工在黑暗的矿井下经历188小时后奇迹生还。已确认8名矿工遇难，12人仍被困井下。

经核实，此次煤矿事故中共有21名矿工在中国人寿投保了国寿绿洲团体定期寿险和附加绿洲残疾和烧伤团体意外伤害保险（A型），保险金额总计408万元，预计赔款372万元。

7. 年金保险

年金保险是按年金的方法支付保险金的一种生存保险，即按合同的规定，在被保险人生存期间，每隔一定的周期支付一定的保险金给被保险人。年金保险是生存保险的特殊形态，表现在保险金的给付采取年金方式，而非一次性给付。年金保险有积累期（或缴费期）和清偿期（或给付期）的规定，有的年金保险还有等待期规定。积累期是指年金保险资金积累时期或投保人分期缴纳保险费的期间。清偿期是指保险人向年金受领人给付年金的期间。等待期是指交费结束后至开始给付保险金的期间。

（1）根据年金给付的期限可分为定期年金保险和终身年金保险。定期年金保险的被保险人如果在合同规定的期限内生存，保险人按期给付约定的年金额；若期限届满或被保险人在约定的期限内死亡，则保险人停止给付（以两者先发生的日期为准）。终身年金的给付没有期限的规定，保险人给付年金至被保险人死亡时为止。

（2）根据年金给付是否有保证，可分为有保证年金保险和无保证年金保险。有保证年金保险是为防止被保险人在领取年金的早期死亡所带来的损失而设计的年金品种，具体分为两种。一种是期间保证年金，无论被保险人寿命长短，年金的给付都有一个保证期，若被保险人在保证期内死亡，保险人继续给付年金予其受益人，直到保证期届满时为止；另一种是金额保证年金，如果被保险人死亡时，其所领的年金数额不足所缴的年金现价，余下的由其受益人领取。无保证年金保险的年金给付以被保险人生存为条件，死亡则停止给付。

（3）根据给付开始期的不同，可分为即期年金保险和延期年金保险。即期年金保险的被保险人在投保后立即开始领取年金，其年金现价采取趸缴的形式。一次缴清年金现价需要的数额较大，一般投保人难以负担，因而即期年金通常采用较少。延期年金保险的被保险人在合同订立后，经过一段时间才进入年金的领取期。延期年金通常有两种，一种情况是立即进入领取期，另一种情况是先经历等待期再进入领取期。

（4）根据被保险人的人数，可分为个人年金保险、联合生存者年金保险、联合最后生存者年金保险。个人年金保险是指被保险人只有一人的年金保险，通常这种年金保险的被保险人就是年金受领人。联合生存者年金保险，是指两人或两人以上的被保险人联合投保的年金保险。即当联合被保险人全部活着时，年金全数给付；如果其中任何一个被保险人死亡，保险人即停止年金给付。联合最后生存者年金保险，是指两个或两个以上的被保险人联合投保的年金保险。在约定的给付开始日，只要有一个被保险人生存，保险人就全数给付保险金；直至被保险人全部死亡，保险人才终止给付保险金。

（5）根据年金金额是否变动，可分为定额年金保险和变额年金保险。定额年金保险是指在年金给付周期中，年金受领人领取的年金额都相等的年金保险。变额年金保险是指在年金给付周期中，年金受领人领取的年金额随投资收益而变动的年金保险。变额年金保险是为了克服通货膨胀对长期年金保险的影响而设计的产品。

（二）新型寿险

1. 分红保险

分红保险是指保险公司将其实际经营成果优于定价假设的盈余，按一定比例向保单持有人进行分配的人寿保险产品。

分红保险产品的特征主要体现在以下几个方面。

（1）保单持有人享受经营成果。分红保险每年要将经营分红险种产生的部分盈余以红利的方式分配给保单持有人。

（2）客户承担一定的投资风险。由于每年保险公司的经营状况不一样，客户所能得到的红利也会不一样。在保险公司经营状况良好的年份，客户会分到较多的红利；如果保险公司的经营状况不佳，客户能够分到的红利就会比较少，甚至没有。因此，分红保险使保险公司和客户在一定程度上共同承担了投资风险。

（3）定价的精算假设比较保守。寿险产品在定价时主要以预定死亡率、预定利率和预定费用率三个因素为依据，这三个预定因素与实际情况的差距直接影响到寿险公司的经营成果。对于分红保险，由于寿险公司要将部分盈余以红利的形式分配给客户，所以在定价时对精算假设估计较为保守，即保单价格较高，以便在实际经营过程中产生更多的可分配盈余。

（4）保险给付、退保金中含有红利。分红保险的被保险人身故后，受益人在获得投保时约定保额的保险金的同时，还可以得到未领取的累积红利和利息。在满期给付时，被保险人在获得保险金额的同时，也可以得到未领取的累积红利和利息。分红保险的保单持有人在退保时得到的退保金也包括保单红利和利息。

2. 投资连结保险

投资连结保险，简称投连保险，也称单位连结（unit-linked）、证券连结（equity-linked）、变额寿险（variable life），是一种融保险与投资功能于一身的新险种。投资连结保险适合于具有理性的投资理念、追求资产高收益同时又具有较高风险承受能力的投保人。最早于 1976 年在美国寿险市场上出现。这种产品被认为可以有效抵消通货膨胀对寿险的不利影响。

投资连结保险设有保证收益账户、发展账户和基金账户等多个账户。每个账户的投资组合不同，收益率就不同，投资风险也不同。由于投资账户不承诺投资回报，保险公司在收取资产管理费后，将所有的投资收益和投资损失由客户承担。它可以充分利用专家理财的优势，客户在获得高收益的同时也承担投资损失的风险。

保障主要体现在被保险人保险期间意外身故，会获取保险公司支付的身故保障金，同时通过投连附加险的形式也可以使用户获得重大疾病等其他方面的保障。投资方面是指保险公司使用投保人支付的保费进行投资，获得收益。其特点是身故保险金和现金价值是可变的。

投资连结保险是一种寿险与投资基金相结合的产品，具有以下特点。

（1）保险的保障功能与投资功能高度统一。投保人在购买保险保障的同时，可以获得其保险基金投资的选择权，享受期望的高投资回报。因为保险公司将投保人缴纳的保险费用于购买投资单位，单位价格随单位基金的资产表现不同而不同，所以保户有经常选择投资基金的选择权。

（2）保单持有人的利益直接与投资回报率挂钩。保单持有人拥有获得所有投资利益的权利，当投资表现好时，保单持有人享有所有的回报；反之，当投资表现差时，保单持有人则要承担风险，同时，保单持有人的回报有很高的变动性和不确定性。

（3）投资风险的转移。投资连结保险的费用较低，且具有无担保及弹性特点，较低的准备金及资本要求将投资风险转移给保单持有人。保单持有人承担投资的风险，保险公司负责保单持有人资金的投资运用，不保证任何投资回报率，保险公司的回报是收取一定比例的管理费用。由于投资风险由投保人来承担，保险公司用同样的资本金可承担更大的保险风险，有利于扩大业务规模。

（4）投资连结保险对投保人有更高的透明度。投保人在任何时候都可以通过电脑查询其保险单的保险成本、费用支出以及独立账户的资产价值，使投保人明明白白地消费，确保了投保人的利益。

（5）为投保人提供了更大的方便。按照国外的做法，投保人通过购买一份投资连结保险，便可获得其需要的所有保险保障。

（6）投资连结保险弱化了对精算技能的要求，而更强调电脑系统的支持，因此该产品的投保人可随意选择或中途更改其投资组合。

知识链接

投资连结保险

投资连结保险是一种融保险与投资于一身的险种，早在20世纪70年代的英国就已产生，现已成为欧美国家人寿保险的主流险种之一。传统寿险都有一个固定的预定利率，保险合同一旦生效，无论保险公司经营状况如何，都将按预定利率赔付给客户。而“投资连结保险”则不存在固定利率，保险公司将客户交付的保险费分成“保障”和“投资”两个部分。其中，“投资”部分的回报率是不固定的。如果保险公司投资收益比较好，客户的资金将获得较高回报；反之，如果保险公司投资不理想，客户也将承担一定的风险。

投资连结保险产品的重要意义体现在以下几方面。①促进寿险业金融功能创新。寿险业将不仅具有一般保障和定期给付功能，它已趋向寿险产品金融证券化。将来寿险业的重点，已不再是保障而是趋向为客户投资理财。②促进我国投资市场的繁荣和稳定。由于保险公司聚集的资金规模大、投资队伍专业化，在市场投资规范性和专业性方面都较为科学，对于投资市场的稳定和健康发展必将起到积极作用；客户和保险公司都能“双赢”，保险公司在很大程度上化解了客户个人投资所存在的风险，促进了社会的稳定和繁荣。

3. 万能寿险

万能寿险是一种缴费灵活、保额可调整、非约束性的寿险。首先于1979年在美国寿险市场上出现，当时是为了满足那些要求保费支出较低且方式灵活的寿险消费者的需求而设计的。万能寿险确实为保单持有人选择灵活的缴费方式提供了便利，但保费高低与其他寿险险种一样，取决于保险人是如何定价的。

万能寿险的保费缴纳方式灵活，保险金额可以根据规定进行调整，保单持有人在缴纳一定量的首期保费后，也可以按自己的意愿选择任何时候缴纳任何数量的保费，只要保单的现金价值足以支付保单的相关费用，有时甚至可以不再缴费。而且，保单持有人可以在具备可保性前提下，提高保额，也可以根据自己的需要降低保额。

投保人决定一个初期的保额，然后每年可调整，并在适当范围内无须体检就可增加保险金额，保单所有人可以自行确定保险金额，而且可以提高和降低保险金额，在提高保险金额时通常要提供可保证明，目的是为了防止逆选择。降低保险金额时不需要提供可保证明。一些保险单还允许保单所有人选择带有生活成本调整附加条约和可保选择权的万能寿险保单，生活成本调整附加条约的死亡给付金可以随着物价指数的上升而提高；可保选择权是允许保单所有人在未来某一年龄或某一事件发生时，不必出示可保证明就可以增加保险金额。

保险人定期向保险单持有人公开组成账户价格的各种因素。保单持有人每年都可以得到一份保险单信息状况表，用以说明保险费、保险金额、利息、保险成本、各项费用以及保险单现金价值的数额与变动状况，便于客户进行不同产品的比较，并监督保险人的经营状况。

万能寿险设立独立的投资账户，并且个人投资账户的价值（即保险单的现金价值）有固定的保证利率。但是，当个人账户的实际资产投资回报率高于保证利率时，寿险公司就要与客户分享高于保证利率部分的收益。

万能寿险主要提供两种死亡给付方式。第一种方式是均衡式给付，该方式与传统的具有现金价值的终身寿险类似，死亡给付金额在若干年内固定不变，净风险保额每期都进行调整，以使得净风险保额与个人账户上的现金价值之和成为均衡的死亡给付额。这样，如果个人账户现金价值增加，则风险保额就会等额减少；反之，若现金价值减少了，则风险保额就会等额增加。计算公式如下：

死亡保险金=保险金额

净风险保额=死亡保险金－现金价值

第二种方式是递增式给付，该方式规定了死亡给付额为均衡的净风险保额与现金价值之和。现金价值的变化直接影响死亡给付额，即死亡给付额与现金价值成正比，如果现金价值增加了，死亡给付额会等额增加，但是，不会改变净风险保额，净风险保额是不随时间变化的。计算公式如下：

死亡保险金=保险金额+现金价值

净风险保额=保险金额

补充阅读

保险行业新推一款万能险　专项资金挂钩债权计划

据 2012 年 8 月 29 日《北京商报》报道（刘伟），太平人寿近日在全国推出“太平盛世金享·南水一号全能保险计划”，由太平盛世金享终身年金保险（分红型）与太平附加南水一号两全保险（万能型）组合而成，其中的万能险资金将投向大型债权计划，提供养老和理财的双重功能。

“盛世金享”属终身年金，可以锁定未来养老保障的长期收益。该分红险采用 3 年或 8 年期缴方式，从第一年年末开始，即提供一笔生存保险金，客户在60周岁前每年可领到保额的5%，60周岁后领取比例跃升为投保时的4倍，达到保额的20%。这笔“退休工资”的领取期限将与客户的生命等长，以越来越高的领取金额陪伴客户终身。

“南水一号”是太平人寿借助太平资产独家发起为南水北调债权投资计划而专门设计的，是一款8年满期的万能型产品。在投保时，客户一次性缴费即可获得一个专属保单账户，通过每月定期公布的结算利率，保单账户价值将按月增长，而支撑该产品未来结算利率的正是南水北调债权投资计划的收益。“南水一号”万能型将50%以上的产品资金投入南水北调债权投资计划，如此高比例的投资在行业内较为鲜见。

上述两款产品的功能性和缴费期限有较大差异。对于短期资金充足的客户，通过增加“南水一号”的比重，可以充分享受中短期理财带来的收益并减轻后续年度的缴费压力；而对于收入稳定的客户，则建议搭配较高比例的“盛世金享”，以期在长期稳健养老的同时兼顾理财。在“南水一号”满期之时，投保客户还可以自主选择充实养老保障。

Martyn Parker：中国寿险保障缺口18.7万美元

据东方财富网2015年6月26日报道　6月26日，2015陆家嘴论坛在上海举行。在题为《改革论坛：保险业改革创新与上海国际保险中心建设》的分论坛上，瑞士再保险公司全球合作伙伴主席Martyn Parker表示，根据计算出来的结果，中国寿险保障缺口已经达到18.7万亿美元，占亚太地区总保障缺口的45%。财险领域保障缺口也很大，从1974年到2013年间大型自然灾害造成的经济损失，98%的经济损失是没有保险作为保障的。

二、人寿保险合同的常见条款

1．不可抗辩条款

不可抗辩条款又称不可争条款，是指在被保险人生存期间，从人身保险合同订立之日起满2年后，除非投保人停止缴纳续期保险费，否则保险人不得以投保人在投保时的误告、漏告和隐瞒事实等为由，主张人身保险合同无效或拒绝给付保险金。合同生效2年内为可抗辩期，超过2年后就变成不可抗辩期。

在人身保险合同中列入不可抗辩条款，是为保护被保险人的利益、限制保险人权利的一项措施。根据最大诚信原则的要求，投保人在投保人身保险时，要如实向保险人告知被保险人的职业、年龄、健康状况情况等，以便由保险人决定是否承保，或以什么条件承保。如果投保人隐瞒真实情况，保险人查实后可主张合同无效，从而可以不承担保险责任。但是，人身保险合同的期限一般较长，投保许多年之后，被保险人情况会发生变化，如果保险人以上述理由主张合同无效，就会损害被保险人的权益，因而列入不可争辩条款，使保险合同在两年后成为无可争辩的文件，避免了保险人方面发生道德危险，即虽然早已查明被保险人的年龄申报不真实却仍收取保费，只是到应承担给付责任时才声明保险合同无效。

补充阅读

根据从2009年10月1日开始实行的新《保险法》的规定，当投保人故意或因重大过失未履行如实告知义务，足以影响保险公司决定是否同意承保或者提高保险费率的，保险公司有权解除合同。但为了防止保险公司滥用该解除权，新保险法对合同解除权的期限加以限制，规定合同解除权“自保险人知道有解除事由之日起，超过 30 日不行使而消灭”。

同时，新《保险法》还借鉴国际惯例，增设了保险合同“不可抗辩”条款，规定“自合同成立之日起超过 2 年的，保险人不得解除合同”。即保险合同成立满 2 年后，保险公司不得再以该投保人未履行如实告知义务为由解除合同。此规则对于长期人寿保险合同项下的被保险人利益的保护意义重大，填补了现行保险法的空白。

2. 年龄误告条款

我国《保险法》规定，投保人申报的被保险人年龄不真实，并且真实年龄不符合合同约定的年龄限制的，保险人解除保险合同，并在扣除手续费后，向投保人退还保险费，但是自合同成立之日起满 2 年的除外。投保人申报的被保险人年龄不真实，致使投保人支付的保险费少于应付保险费的，保险人有权更正并要求投保人补交保险费，或者在给付保险金时按照实付保险费与应付保险费的比例支付。投保人申报的被保险人年龄不真实，致使投保人实付保险费多于应付保险费的，保险人应当将多收的保险费退还投保人。

年龄误告条款主要是针对投保人申报的被保险人的年龄不真实，而真实年龄又符合合同约定限制的情况而设立的。法律与保险合同中一般均规定有年龄误告条款，要求保险人按被保险人真实年龄调整保费。

相关案例

2013年6月22日，谢某向太平洋人寿保险公司购买了一份人身保险。2015年8月谢某因交通事故不幸死亡，他的家人带了相关的证明资料，到保险公司申领保险金。保险公司在查验这些单证时，发现被保险人谢某投保时所填写的年龄与其户口簿上所登记的不一致，投保单上所填写的63岁是虚假的。实际上，投保时谢某已经超出了人身保险条款规定的最高投保年龄。保险公司遂以谢某投保时虚填年龄且谢某投保时的实际年龄已超出了保险合同约定的年龄限制为理由，拒付该笔保险金，只同意扣除手续费后，向谢某家人退还谢某的保险费。谢某家人则以谢某并非故意虚报年龄，谢某不存在过错为由，要求保险公司按照合同支付保险金。双方争执不下，于是谢某家人将太平洋人寿保险公司告上法院，要求该保险公司按照合同支付保险金。

分析

保险公司应当支付谢某部分保险金。我国《保险法》第五十三条第一款明确规定：“投保人申报的被保险人年龄不真实，并且其真实年龄不符合合同约定的年龄限制的，保险人可以解除合同，并在扣除手续费后，向投保人退还保险费，但是自合同成立之日起逾两年的除外。投保人申报的被保险人年龄不真实，致使投保人支付的保险费少于应付保险费的，保险人有权更正并要求投保人补交保险费，或者在给付保险金时按照实付保险费与应付保险费的比例支付。”本案中一方面谢某年龄误告构成了对最大诚信原则的违反，虽并非故意虚报年龄，但影响了保险人保险费率的核定；另一方面保险公司在订立保险合同时未尽审查义务，有疏忽责任。在出险时解除合同，不予赔付，显然对被保险人极不公平。故本案中保险公司应当支付谢某部分保险金。

3. 宽限期条款

我国《保险法》规定，合同约定分期支付保险费，投保人交纳第一期保险费后，除合同另有约定外，投保人超过规定的期限六十日未支付当期保险费的，合同效力中止，或者由保险人按照合同约定的条件减少保险金额。

> 思考与讨论
>
> 从投保人的角度而言，应如何利用宽限期来保护自己呢？

宽限期条款是指如果保险合同约定分期支付保险费，但投保人支付首期保险费后未按时交付分期保险费的，法律或合同规定给予投保人一定的宽限时间（通常为三十天或六十天），在此期间，即使未交纳保险费，仍能保持保险合同效力，如宽限期满投保人仍未补交保险费，保险合同自宽限期满翌日起效力中止。

4. 中止和复效条款

保险合同效力中止是指保险合同在有效期间内，由于缺乏某些必要条件而使合同暂时失去效力，称为合同中止；一旦在法定或约定的时间内所需条件得到满足，合同可以恢复原来的效力，称为合同复效。

复效条款是指，投保人在人寿保险合同因逾期交费中止后，两年内向保险人申请复效，经保险人审查同意，投保人补交失效期间的保险费及利息，保险合同即恢复效力。保险合同复效后，对失效期间发生的保险事故，保险人不予负责。但是，自合同效力中止之日起两年内双方未达成协议的，保险人有权解除合同。如果投保人已交足两年以上的保险费，保险人应按照合同约定退还保险单的现金价值；投保人未交足两年保费的，保险人应当在扣除手续费后，退还保险费。

> 思考与讨论
>
> 试讨论，从客户的角度而言，什么样的人比较适合保单复效？从保险人的角度而言，如何管理保单中止后的复效？

5. 自杀条款

为了更好地保障投保人、被保险人、受益人的合法权益，保险人也出于维护自己的利益，在很多人寿保险合同中都将自杀列入保险条款，但规定在保险合同生效（或复效）较长的期限后被保险人出现自杀行为，保险人才承担给付保险金的责任，通常是两年，以防止被保险人预谋保险金而签订保险合同。

在人寿保险产生之初的很长一段时期内，因顾虑将自杀列为保险责任会助长道德风险的发生，影响保险经营。“自杀”一直被作为合同的除外责任。后来，随着人寿保险经营技术的逐步发展，保险人发现将“自杀”作为完全除外责任是很不合理的。

因为投保人寿保险的目的是保障受益人的利益，如果对自杀一概不负给付保险金的责任，必将损害许多受益人的利益。另外，编制生命表时已经考虑了自杀这个因素。而且从理论上说，对图谋保险金的自杀不承担保险责任，对于其他原因的自杀死亡应该履行给付义务。然而自杀行为发生之后其自杀动机难以判定，所以，保险人将自杀的免责期限制在两年以内，是建立在以下假设的基础之上的：两年之内自杀死亡为有预谋；两年之后自杀死亡的并非图谋保险金。这样可在一定程度上减少逆选择，避免怀有自杀意图的人购买人寿保险（含有死亡责任的）。这样规定既有利于保险人的利益，也有利于为受益人提供保障。所以，规定在两年内自杀不赔、两年后自杀给付保险金是合理的。

> 补充阅读
>
> 心理学家指出，自杀是一种心理异常行为，随时间推移会有所改善，故保险条款中给出 2 年的时间期限。但 10 岁以下的未成年人是不受此限的，实际上，由于认知能力的限制，10 岁以下的未成年人即使实施了自杀行为，一般也不被认定为自杀，而认定为意外。

6. 不丧失现金价值条款

不丧失现金价值条款又称不没收条款，是指人寿保险合同的投保人享有保险单现金价值的权利不因合同效力的变化而丧失。即当投保人无力或不愿意继续支付保费维持合同效力时，由其选择如何处理保单项下积存的责任准备金。可以作为退保金以现金返还，也可以作为趸缴保险费将原保险单改为缴清保险单或展期保险单。

思考与讨论

作为投保人而言，如何利用保单的不丧失现金价值条款比较好？

7. 保单贷款条款

人寿保险单经过两年时间后，允许投保人以保单为抵押向保险人申请贷款，贷款金额以低于该保单项下积累的责任准备金或退保金（也称保单的现金价值）为限。

保险单贷款条款多见于两全保险或终身寿险合同中。实行保单贷款方便了投保人，降低了保单解约率，增加了保险人的资金运用渠道。保单贷款的期限一般不超过一年，贷款金额不得高于保险单项下积累的现金价值。投保人应按时归还贷款并支付利息。贷款利率略高于或等于金融机构的贷款利率，如果投保人在还款前发生了保险事故或退保，保险人从保险金或退保金中扣还贷款本息。当贷款本息达到责任准备金或退保金数额时，保险合同即告终止。

思考与讨论

试比较，保单贷款与银行贷款有何不同？保险公司为什么要创造保单的此项功能？

8. 自动垫缴保费条款

投保人在合同有效期内已缴足两年以上保险费的，若以后的续期保险费超过宽限期仍未支付，而保险单当时的现金价值足以垫缴应缴保险费及利息时，除投保人事先另以书面作反对声明外，保险人将自动垫缴其应缴保险费及利息。如果垫缴后，投保人续期保费仍未支付，垫缴应继续进行，直到累计的垫缴资金及其利息达到保险单上的现金价值时，保险合同的效力中止。

如果被保险人在垫缴期间发生保险事故，保险人给付保险金时应从中扣除已垫付的保险费的本金和利息。

9. 红利任选条款

寿险保单包括分红保单和不分红保单。如果投保人投保的是分红保险，则享受红利分配的权利。人寿保险业务中的红利主要来源于三个方面：一是被保险人实际的死亡率低于用来计算保险费的预定死亡率而产生的“死差益”；二是保险人运用保险资金的实际收益超过预定利息而产生的“利差益”；三是保险人实际支出的业务费用低于预定的费用开支而产生的“费差益”。

红利任选条款规定了取得红利的方式如下。

（1）领取现金，即保险单持有人直接领取现金红利。

（2）抵交续期保费。通常保险人会通知保单持有人红利金额及扣除红利应交保费金额。

（3）积累生息，即将红利留在保险公司，并由保险公司支付相应的利息，常有最低利率保证，并可获得保险人所取得的超额利益。

（4）增加保额，即以红利作为趸缴保费，购买日期与原保单相同的缴清保险，或购买定期寿险，通常是用每年的红利来购买附加的一年定期保险。

（5）提前满期，即在生存保险中把红利并入保险责任准备金中，使被保险人提前领取保险金。在生存保险和两全保险中，如果在责任准备金中加入一笔资金，就可以使责任准备金的数额达到和保险金额相一致，从而可以使保单满期。

保险单持有人可以根据自己的情况选择红利取得的方式。现在有不少保险公司开办分红寿险保单，但规定的红利取得方式仍比较少，常见的取得红利方式是领取现金和积累生息。

10. 战争除外条款

战争除外条款规定将战争和军事行动作为人寿保险的除外责任。该条款是保险人的免责条款。

在战争中往往有大量的人员死亡，远远超过正常的死亡率。对于按照正常死亡率计算的保险费而言，保险人若对此也承担给付责任，将会对保险人的正常经营造成很大影响。所以，各保险公司一般都将战争或军事行为作为除外责任。

相关案例

2011年4月28日，严某为其9岁的女儿向某保险公司投保了5份少儿保险，身故受益人为严某。2012年3月22日晚，严某的妻子刘某携带其女儿从11层办公楼跳楼死亡。经公安部门现场勘察和调查询问，认定刘某及其女儿的死亡性质为自杀。事故发生后，受益人严某向保险公司申请赔付意外身故保险金。本案的被保险人在保险合同成立之日起两年内自杀，但其年仅9岁，属于无民事行为能力，其自杀是否适用责任免除条款？

分析

我国《保险法》第六十五条规定："以死亡为给付保险金条件的合同，被保险人自杀的，保险人不承担给付保险金的责任，但对投保人已支付的保险费，保险人应按照保单退还其现金价值。"其立法宗旨之一在于防止道德风险的发生，遏止被保险人通过保险图谋保险金而蓄意自杀。据此保险实务一般将被保险人自杀作为免责条款。但在理论和实务中，一般都认为适用免责条款的自杀必须是故意自杀。本案中的严某之女，年仅 9 岁，属未满 10 周岁的无民事行为能力人，其智力状况和认知水平尚低，无法正确理解其行为的性质和预见行为的后果，所以不构成故意自杀，保险公司应当赔付保险金。

若本案的被保险人已满 18 周岁具有完全民事行为能力，保险公司将适用自杀免责条款，不承担保险赔偿责任。不过，限制民事行为能力人两年内自杀是否适用免责条款，目前尚无定论。保险实务中，一般认为，精神病人在精神病发作期间的自杀行为不适用免责条款，可以予以赔付。已满 10 周岁不满 14 周岁的被保险人两年内自杀，可以考虑协议赔付。已满 14 周岁时，根据《刑事诉讼法》可以承担刑事责任，故一般可以适用免责条款，予以拒赔。

第三节 健康保险

健康保险是指以被保险人身体为保险标的，保险人承担被保险人在保险期限内因患疾病、生育或发生意外事故受到伤害时所导致的医疗费用或收入损失进行补偿的一种保险。

2006 年 8 月中国保监会颁布的、自 9 月 1 日起实施的《健康保险管理办法》第三条规定："本办法所指健康保险，是商业保险公司通过疾病保险、医疗保险、失能收入损失保险和护理保险等方式对健康因素导致损失给付保险金的保险。"按照该办法规定，健康保险保障的内容包括疾病保险、医疗保险、失能收入损失保险和护理保险。

一、健康保险的特征

健康保险与人寿保险、意外伤害险均属人身保险业务的范畴，因而在保险合同主体、客体及内容规定，以及在保险业务经营管理方面也存在一定相似性，但是健康保险与其他人身保险业务也存在诸多不同。

1. 保险期限

健康保险的期限与人寿保险比较，除重大疾病保险外，绝大多数为一年期的短期合同。主要原因：一是医疗服务成本呈递增趋势；二是疾病发生率每年变动较大，保险人很难计算出一个长期适用的保险费率，而人寿保险的合同期限多为长期合同，在整个缴费期间可以采用均衡的保险费率。

2. 精算技术

健康保险与其他人身保险，特别是人寿保险相比较，在产品的定价基础和准备金计算方面有较大的不同。人寿保险在制定费率时是依据人的生死概率、费用率、利息率来计算的，而健康保险计算费率是依据发病率、伤残率和疾病（伤残）持续时间等因素，并以保险金额损失率为基础，同时结合药品价格和医疗费用水平对费率进行调整。年末到期责任准备金一般按当年保费收入的一定比例提存。此外，健康保险合同中规定的等待期、免责期、免赔额、共保比例和给付方式、给付限额也会影响最终的费率。

3. 健康保险的给付

健康保险的给付依据保险合同中承保责任的不同，而分为补偿性给付和定额给付。费用型健康保险，即对被保险人因伤病所致的医疗花费或收入损失提供保险保障，属于补偿性给付，类似于财产保险。定额给付型健康保险，则与人寿和意外伤害保险在发生事故时依据保险合同事先约定的保险金额予以给付相同。

因为健康保险的特性，一些国家把健康保险和意外伤害保险列为第三领域，允许财产保险公司承保。我国也遵从国际惯例，放开短期健康保险和意外伤害保险的经营限制，财产保险公司也可以提供短期健康保险和意外伤害保险。

4. 经营风险的特殊性

健康保险经营的是伤病发生的风险与人寿和意外伤害保险相比较易发生逆选择和道德风险。因为，一方面健康保险各环节中的技术问题其结论往往不是唯一的。例如，被保险人的疾病可选择的合理的诊疗方法有多种，但其花费是不同的，有的相差甚远。另一方面，健康保险的构成环节较多，包括被保险人门诊、住院治疗、医生开药方出具有关证明和被保险人持单索赔，其中任一环节都可能发生道德风险。例如，小病大治，冒名顶替他人就诊，带病投保等。因此，为降低逆选择和道德风险，健康保险的核保要严格得多，对理赔工作的要求也高得多，同时也要求精算人员在进行风险评估及做好计算保费时，不仅依据统计资料，还要获得医学知识方面的支持。此外，在医疗服务的数量和价格的决定方面保险人难以控制，也是健康保险的风险之一。

5. 成本分摊

在健康保险中，保险人对所承担的医疗保险金的给付责任往往带有很多限制或制约性条款，以此来分摊成本和降低经营风险。例如，住院医疗费用，采取分级累进制的报销方法；用药必须属于医保中心颁布的药品目录中的药品，并分等级按比例报销；医用材料与器械使用以国产标准价格报销等。

6. 合同条款的特殊性

健康保险除带有死亡给付责任的终身医疗保险之外，都是为被保险人提供医疗费用和残疾收入损失补偿，基本以被保险人的存在为条件，受益人与被保险人为同一人，所以无须指定受益人。健康保险条款中，除适用一般寿险的不可抗辩条款、宽限期条款、不丧失价值条款等外，还采用一些特有条款，如体检条款、免赔额条款、等待期条款、既存状况条款、转换条款、协调给付条款等。此外，健康保险合同中有较多的医学方面的术语和名词定义，有关保险责任部分的条款也显得比较复杂。

7. 健康保险的除外责任

健康保险的除外责任主要有两方面：一方面，因为战争和军事行动造成的损失程度较高，且难以预测。在制定正常的健康保险费率时，不可能将战争和军事行动的伤害因素和医疗费用因素计算在内，故将其作为除外责任。另一方面，健康保险只承担偶然发生事故的风险，对故意自杀或企图自杀造成的疾病、死亡、残疾，不属健康保险的责任。

二、健康保险的种类

健康保险的形式多种多样，可按多种方法进行分类。

（一）按照保障内容划分

健康保险按照保障内容划分为疾病保险、医疗保险、失能收入损失保险和护理保险。

1. 疾病保险

疾病保险是指以保险合同约定的疾病的发生为给付保险金条件的保险。疾病保险并不考虑被保险人的实际医疗费用支出，而是依照保险合同约定给付保险金。疾病保险是健康保险业务的重要组成部分，它是以特定人群或特种疾病发生的医疗费、护理费等为保险金给付条件向被保险人提供的经济保障。

疾病保险所承保的“疾病”首先应符合健康保险“疾病”的基本条件：内部原因的疾病，必须是由人体内部的某种原因引发的，即是由于某个或多个器官或组织异常，甚至某个系统产生病变而致功能异常，从而出现各种病理表现的情况，这是区分疾病保险与意外伤害保险的一个重要特征；非先天性疾病，保险人履行保险赔偿或保险金给付义务是以保险合同成立并生效后在保险期间内发生的保险事故为条件，因此，疾病保险要求疾病发生在保险合同的有效期间，是偶然性原因所致的疾病。这里偶然性是指被保险人是否会发生某种疾病存在不确定性，包括患病的时间、地点、原因等无法预测，以及感染之后的治疗费用、对健康的影响程度等情况不可估量。

我国《健康保险管理办法》第十四条规定：“长期健康保险中的疾病保险产品，可以包含死亡保险责任，但死亡给付金额不得高于疾病最高给付金额。前款规定以外的健康保险产品不得包含死亡保险责任，但因疾病引发的死亡保险责任除外。医疗保险产品和疾病保险产品不得包含生存给付责任。”

疾病保险主要包含以下两种类型。

（1）重大疾病保险。重大疾病保险是指当被保险人在保险合同有效期间内（观察期结束后）罹患合同所指定的重大疾病（如心脏病、癌症等）时由保险人按合同的约定给付保险金。

（2）特种疾病保险。特种疾病保险是保险人以被保险人罹患某些特殊疾病为保险给付条件，按照合同约定金额给付保险金或者对被保险人治疗该种疾病的医疗费用进行补偿的保险。如生育保险、牙科费用保险、眼科保健保险、艾滋病保险、团体传染性非典型肺炎疾病保险、禽流感保险等。

2. 医疗保险

医疗保险是医疗费用保险的简称，我国《健康保险管理办法》第二条规定："医疗保险是指以保险合同约定的医疗行为的发生为给付保险金条件，为被保险人接受诊疗期间的医疗费用支出提供保障的保险。"

医疗保险是健康保险最重要的组成部分，保险的目的在于使被保险人因疾病、生育或意外伤害发生后其治疗时所支出的医疗费用能够得到补偿。医疗保险所承保的医疗费用一般包括医生的医疗费和手术费、药费、诊疗费、护理费、各种检查费和住院费及医院杂费等。各种不同的医疗保险单所保障的费用一般是其中一项或若干项医疗费用的组合。

医疗保险主要有以下几种。

（1）普通医疗保险。普通医疗保险主要用以保障被保险人治疗疾病时所发生的一般性医疗费用支出，即对于门诊医疗费用、住院医疗费用和手术医疗费用提供补偿（主要包括门诊、医药、检查等项费用）的医疗保险。

（2）住院医疗保险。住院医疗保险是以保险人对被保险人因疾病或意外伤害住院而支出的各种医疗费用提供保障的医疗保险。其目的在于解决被保险人因住院而产生的高额费用支出问题。

（3）手术医疗保险。手术医疗费用保险是以保险人对被保险人在患病治疗过程中所必须进行的各种大小外科手术而产生的医疗费用提供补偿的医疗保险。补偿范围包括手术费、麻醉师费、各种手术材料费、器械费和手术室费等。

（4）高额医疗保险。高额医疗费用保险是针对支付限额以上医疗费用不足部分而专门设计的补充性保险险种，该险种主要对于被保险人遭遇重大且不可预期的疾病提供广泛的保障，高额医疗费用保险承保的医疗费用主要有：住院费、手术费、就诊费、急诊及看护费等。承保对象包括团体和个人。保险期限通常为一年，到期后符合条件可申请续保。

（5）门诊医疗保险。门诊医疗保险是以保险人对被保险人门诊发生的诊断、治疗费用提供保险保障的一种保险。主要费用包括检查费、化验费、医药费等。鉴于门诊医疗保险风险管理环节多，且较复杂，道德风险难以控制，目前，门诊医疗保险主要采取团体方式承保，且仅限于被保险人住院前后一段时间内的门诊诊断和治疗费用的补偿。

（6）特种疾病医疗费用保险。特种疾病医疗费用保险是以被保险人罹患某些特殊疾病为保险事故，当被保险人经确诊为患有某种特殊疾病时，保险人按照约定金额给付保险金或者对被保险人治疗该种疾病的医疗费用进行补偿。现行的重大疾病保险、长期护理保险就属此类。

（7）综合医疗保险。综合医疗保险是保险人为被保险人提供的一种保障范围较全面的医疗保险，能够对疾病或意外伤害导致的大多数医疗费用进行补偿，其保障内容主要包括住院床位费、检查检验费、手术费、诊疗费和门诊费等，此外，还包括门诊费和对某些康复治疗费用的补偿。与前述几项基本医疗保险相比，综合医疗保险保障的范围广泛、补偿程度高，给付限额相对较高，除外责任较少，实际上是前几个医疗保险险种的组合。这种保单的保险费率较高，同时还确定一个较低的免赔额及适当的分摊比例。

> **思考与讨论**
>
> 试讨论，疾病保险与医疗保险哪个更重要？为什么？

3．失能收入损失保险

失能收入损失保险是指以因保险合同约定的疾病或者意外伤害导致工作能力丧失为给付保险金条件，为被保险人在一定时期内收入减少或者中断提供保障的保险。

开办本保险的目的在于通过保险人的失能收入损失保险金的给付，缓解被保险人自身及家庭在遭遇类似不幸事件时所面临的经济压力。但是，值得注意的是，投保收入保障保险的前提是在投保时被保险人必须有固定的全职工作和收入，否则，不能够投保本保险。同时，本保险并不承保被保险人因疾病或意外伤害所发生的医疗费用。

失能收入损失保险具有独特的业务规定。以被保险人发生残疾为给付条件；导致被保险人残疾的原因必须是意外伤害或疾病；保险金给付金额的确定有固定给付和比例给付两种；保险金给付方式有一次给付和分次给付；保险金给付有最高限额规定、免赔期规定；在维护被保险人利益方面有免缴保险费条款规定、抵御通货膨胀条款的规定；保险费率的厘定要考虑通货膨胀的因素；“残疾”有特定的含义和标准。

4．护理保险

护理保险是指以因保险合同约定的日常生活能力障碍而引发护理需要为给付保险金的条件，为被保险人的护理支出提供保障的保险。

护理保险主要是为被保险人在老年护理中心和其他一些康复机构，甚至被保险人家中因各种护理需要或者接受各类护理服务所产生的费用提供补偿的保险。

按照保险人对被保险人所承担的护理费用划分，护理保险可以分为专门护理或家庭护理两大类。专门护理是指在康复机构由专业护理人员，如注册护士或有执照的护士或在他们指导下进行的护理；家庭护理是指在病人家中为病人提供的日常生活照顾，如洗澡、吃饭等。

按照护理服务性质划分，可分为治疗性质护理服务和非治疗性质护理服务。前者有诊断、预防、康复等；后者有家庭护理、成人日常护理等。

按服务时间划分，分为全天 24 小时特别护理和非全天一般性护理。

（二）按照保险期限划分

按照保险期限划分，健康保险可以分为长期健康保险和短期健康保险。

长期健康保险是指保险期间超过一年，或者保险期间虽不超过一年但含有保证续保条款的健康保险。

短期健康保险是指保险期间在一年及一年以下，且不含有保证续保条款的健康保险。

（三）按照投保方式划分

按照投保方式划分，健康保险可以分为个人保险与团体保险。

个人健康保险是指保险人与保险单所有人之间达成的合同，是保险人以一个或数个自然人为保险对象提供健康保险保障的保险。

团体健康保险是指保险人与团体保险单持有人（投保人一般为雇主或法人代表）之间达成的合同，是保险人对于主契约下的群体提供健康保险保障的保险。但该群体不能是为购买团体健康保险而组成的群体。

（四）按照保险金给付方式划分

按照保险金给付方式划分，健康保险分为定额给付型保险、实报实销型保险与津贴给付型保险。

定额给付型保险的保险人在被保险人发生合同约定的保险事件（罹患合同约定的某种疾病）时，按照合同约定的保险金额和方法一次或分次给付保险金。

实报实销型保险的保险人对于被保险人因患疾病或发生意外伤害实际支出的医疗费用，按照保险合同的约定补偿其经济损失。

津贴给付型保险的保险人按照被保险人的实际住院天数和合同约定的每天住院补贴的一定标准额度给付保险金。

补充阅读

中国太平首推高端养老社区“梧桐人家”

保险公司投身养老社区正呈加速之势。2012 年 7 月底中国太平集团在上海投资设立了太平养老产业投资有限公司（下称“太平养老产业投资公司”），拟投资约 20 亿元在周浦设立太平养老社区，2013 年该养老社区在上海浦东周浦动工，2014 年 7 月该高端养老社区正式推出，命名为“梧桐人家”。该项目总投资约 37 亿元，可供 3 600 多位老人入住。

相关人士介绍，梧桐人家以 home（家）、hotel（酒店）、health& Hospital（健康医疗）、happiness（幸福）、holiday（旅行）5H 为服务理念，致力为长者带来自信、温暖、充实、愉悦的乐龄生活。“梧桐人家”最大的优势在于“医养”结合。由于坐落于集“医、教、研、产”为一体的新型综合性医学园区内，“梧桐人家”拥有优质的医疗资源，区内还设专业护理院，在社区内的住宅也配置了不同的医疗或保健设备。

除了中国太平之外，包括平安、国寿、泰康、合众人寿等多家保险公司都已经在全国纷纷拿地推出养老社区，从武汉到北京、从上海到广州，都能找到险企投资的养老社区，而这些养老社区基本都和保险产品挂钩，年缴保费达到数十万，缴费期间可以达到 20 年，从保险产品到养老社区，这一条产业链已经在国内渐趋成型。

（相关资料整理汇总而成）

第四节　人身意外伤害保险

一、人身意外伤害保险的含义及条件

意外伤害保险是人身意外伤害保险的简称。人身意外伤害是指在被保险人没有预见到或违背被保险人意愿的情况下，突然发生的外来致害物对被保险人的身体明显、剧烈地侵害的客观事实。意外伤害包含“意外”和“伤害”两个必要条件。目前，我国寿险公司条款中通常对“意外伤害”的界定是：“意外伤害”是指遭受外来的、突发的、非本意的、非疾病的使被保险人身体受到剧烈伤害的客观事件。具体包括以下三个要点。

（1）客观上必须有意外事故发生，事故原因为意外的、偶然的、不可预见的。

（2）被保险人必须有因客观事故造成人身死亡或残疾的结果。

（3）意外事故的发生和被保险人遭受人身伤亡的结果之间存在着内在的、必然的联系，即意外事故的发生是被保险人遭受伤害的原因，而被保险人遭受伤害是意外事故的必然后果。

二、人身意外伤害保险的特征

相对其他险种，人身意外伤害保险有以下几个特征。

1. 人身意外伤害保险的保险责任

意外死亡给付是因意外事故造成被保险人死亡的情况下，一次性支付的保险金。它和意外伤残给付是人身意外伤害保险的基本保险责任。疾病导致被保险人的死亡和残疾不属于人身意外伤害保险的保险责任。

2. 人身意外伤害保险的保险费率厘定

人身意外伤害保险的纯保险费率是根据保险金额损失率计算的。与人寿保险的被保险人的死亡概率取决于年龄不同，人身意外伤害保险的被保险人遭受意外伤害的概率取决于其职业、工种或所从事的活动，一般与被保险人的年龄、性别、健康状况无必然的内在联系。在其他条件都相同的情况下，被保险人的职业、工种、所从事活动的危险程度越高，应交的保险费就越多。因此，人身意外伤害保险的费率厘定不以被保险人的年龄为依据，而被保险人的职业、工种是人身意外伤害保险费率厘定的重要因素。另外，人身意外伤害保险属于短期保险，保险期限一般不超过 1 年，因此，意外伤害保险的保险费计算一般也不考虑预定利率的因素。基于这一特点，人身意外伤害保险保险费的计算原理近似于非寿险，即在计算意外伤害保险费率时，应根据意外事故发生频率及其对被保险人造成的伤害程度，对被保险人的危险程度进行分类，对不同类别的被保险人分别厘定保险费率。

3. 人身意外伤害保险的承保条件

人身意外伤害保险的承保条件较宽。相对于其他业务，人身意外伤害保险的承保条件一般较宽，高龄者可以投保，而且对被保险人不必进行体格检查。

4. 人身意外伤害保险的保险期限

人身意外伤害保险的保险期较短，一般不超过 1 年，最多 3 年或 5 年。但是，有些意外伤害造成的后果却需要一定时期以后才能确定，因此，人身意外伤害保险有一个关于责任期限的规定，即只要被保险人遭受意外伤害的事件发生在保险期限内，自遭受意外伤害之日起的一定时期内即责任期限内（通常为 90 天、180 天或 1 年）造成死亡或残疾的后果，保险人就要承担给付保险金的责任。即使在死亡或者被确定为残疾时保险期限已经结束，只要未超过责任期限，保险人就要承担给付保险金的责任。

思考与讨论

试讨论，人身意外伤害保险的责任期限与健康保险的观察期有何不同？

5. 人身意外伤害保险金的给付

人身意外伤害保险属于定额给付保险。在人身意外伤害保险中，死亡保险金的数额是保险合同中约定的，当被保险人死亡时如数给付；残疾保险金的数额多按保险金额的一定百分比给付，一般由保险金额和残疾程度两个因素确定。

6. 人身意外伤害责任准备金的计算

人身意外伤害保险在责任准备金的提存和核算方面，与寿险业务有着很大的不同，往往采取非寿险责任准备金的计提原理，即按当年保险费收入的一定百分比（如 40%、50%）计算。

补充阅读

保险费率的分级

保险费率（以寿险公司的意外险为例）一般分为四级：第一级主要是非生产部门的脑力劳动者，年费率为 0.2%；第二级主要是轻工业工人和手工业劳动者，年费率为 0.3%；第三级主要是重工业工人和重体力劳动者，年费率为 7%；第四级主要是职业危险比较特殊的劳动者，年费率为 10%。

每个人都可能遇到的危险机会有：受伤，危险概率是 1/3；难产（行将生育的妇女），危险概率是 1/6；车祸，危险概率是 1/12；在家中受伤，危险概率是 1/80；受到致命武器的攻击，危险概率是 1/260；死于心脏病，危险概率是 1/340；家中成员死于突发事件，危险概率是 1/700。

三、人身意外伤害保险的种类

意外伤害保险可按多种方式进行分类。

1. 按照保险对象不同分类

意外伤害保险按照保险对象不同，可以分为个人意外伤害保险和团体意外伤害保险。

（1）个人意外伤害保险，是以个人作为保险对象的各种意外伤害保险。这类险种的主要特点是保险费率低，而保障程度较高，投保人只要交纳少量的保险费，即可获得较大程度的保障。

（2）团体意外伤害保险，是以团体为保险对象的各种意外伤害保险。团体意外伤害保险是我国意外伤害保险中最主要和最基本的险种。团体意外伤害保险的基本特点为：以投保人单位为投保人；用对团体的选择取代了对个别被保险人的选择；规定最低保险金额；保险费率低，工作性质不同可采用不同的费率标准。

2. 按照保险承保风险不同分类

按保险承保风险不同，可以分为普通意外伤害保险和特种意外伤害保险。

（1）普通意外伤害保险，又称一般意外伤害保险。意外伤害保险是为被保险人在日常生活中因一般风险导致的意外伤害而提供保障的一种保险。在实际业务中，大多数意外伤害保险均属普通意外伤害保险。这类险种属于意外伤害保险的主要险种，其主要特点是：保险费率低，承保一般可保的意外伤害。

（2）特种意外伤害保险，是指以特定时间、特定地点或特定原因而导致的意外伤害事件的保险。该保险与普通意外伤害保险相比较为特殊，故称之为特种意外伤害保险。这类险种的主要特点是：承保危险较广泛；保险期限短；意外伤害的概率较大。在实际业务中，大多采取由投保方和保险方协商一致后临时签订协议的方式办理。其种类主要有旅行意外伤害保险、交通事故意外伤害保险、电梯乘客意外伤害保险及特种行业意外伤害保险等。

3. 按照保险实施方式不同分类

按照保险实施方式不同，可以分为法定意外伤害保险和自愿意外伤害保险。

（1）法定意外伤害保险，又称强制意外伤害保险，是政府通过颁布法律、行政法规、地方性法规强制施行的人身意外伤害保险。强制保险是基于国家保险法令的效力构成的被保险人与保险人的权利和义务关系。自 2006 年 7 月 1 日起实施的机动车交通事故责任强制保险

（简称“交强险”）是我国第一个法定强制险种。

（2）自愿意外伤害保险，是投保人和保险人在自愿基础上通过平等协商订立保险合同的人身意外伤害保险，即由投保人根据自己的意愿和需求投保的意外伤害保险。我国目前开办的意外伤害保险的险种绝大多数都属于自愿形式。

4. 按照保险期限不同分类

按照保险期限不同，可以分为长期意外伤害保险和短期意外伤害保险。

（1）长期意外伤害保险，是指保险期限超过 1 年的意外伤害保险。

（2）短期意外伤害保险，一般是指保险期限为 1 年的人身意外伤害保险业务，可以分为 1 年期和极短期两种意外伤害保险。在人身意外伤害保险中，1 年期意外伤害保险占大部分。极短期意外伤害保险是指保险期限不足 1 年，只有几天、几小时甚至更短时间的意外伤害保险。极短期意外伤害保险大多是特种意外伤害保险。

5. 按照保险承保的责任不同分类

按照保险承保的责任不同可以分为意外伤害死亡残疾保险、意外伤害医疗保险、综合性意外伤害保险和意外伤害失能收入损失保险。

（1）意外伤害死亡残疾保险，是指保险人仅以被保险人遭受意外伤害而致死亡或残疾为保险金给付条件的一种保险。

（2）意外伤害医疗保险，是指当被保险人由于遭受意外伤害需要治疗时，保险人给付医疗保险金的一种保险。

（3）综合性意外伤害保险，是指保险人除了承担被保险人因意外伤害而身故或残疾的保险金给付责任之外，还提供意外医疗保险金，即在普通意外伤害保险的基础上扩大了保障范围的一种保险。它具有投保范围广、保障全面的特点，既保障意外死亡，又保障意外伤残和医疗。

（4）意外伤害失能收入损失保险，是指当被保险人由于遭受意外伤害暂时丧失劳动能力不能工作时，保险人给付误工损失保险金的一种保险。由于薪金标准不好掌握，故目前我国这类险种并不多见。

四、人身意外伤害保险的内容

（一）保险责任

人身意外伤害保险的保险责任通常有两个方面。

（1）死亡保障。被保险人因遭受意外伤害造成死亡时，保险人给付死亡保险金。被保险人死亡即机体生命活动和新陈代谢的终止。在法律上发生效力的死亡包括两种情况，一是生理死亡，即已被证实的死亡；二是宣告死亡，即按照法律程序推定的死亡。《中华人民共和国民法通则》第二十三条规定：“公民有下列情形之一的，利害关系人可以向人民法院申请宣告他死亡：①下落不明满 4 年的；②因意外事故下落不明，从事故发生之日起满 2 年的。”

（2）残疾保障。被保险人因遭受意外伤害造成残疾时，保险人给付残疾保险金。残疾包括两种情况，一是人体组织的永久性残缺（或称缺损），如肢体断离等；二是人体器官正常机能的永久丧失，如丧失视觉、听觉、语言机能，运动障碍等。

根据意外伤害易产生医疗费用的特点，有些意外伤害保险险种以附加合同的方式将医疗费用一并承保，即被保险人因遭受意外伤害所支出的、符合有关规定可报销的医疗费用，保险人在扣除免赔额后，按一定比例给付医疗保险金。

（二）除外责任

意外伤害保险的除外责任有以下两种。

1. 不可保意外伤害

不可保意外伤害一般是指被保险人因违反法律规定和社会公共道德规范而引发的道德风险，保险人一般不承担这类风险的给付责任。

具体包括：被保险人在犯罪活动中所遭受的意外伤害，被保险人在寻衅殴斗中所受的意外伤害，被保险人在酒醉、吸食（或注射）毒品（如海洛因、鸦片、大麻、吗啡等麻醉剂、兴奋剂、致幻剂）后发生的意外伤害，被保险人的自加伤害和自杀行为造成的意外伤害。

2. 特约可保意外伤害

特约可保意外伤害一般列为普通意外伤害保险的除外责任，不予承保。被保险人确实需要投保的，可选择特种意外伤害保险，或在办理普通意外伤害保险的基础上，经与保险人特别约定，在保险单上特别批注，并另外交纳保险费后由保险人予以承保。特约可保意外伤害一般包括：战争造成的意外伤害，被保险人从事登山、跳伞、滑雪、江河漂流、赛车、拳击、摔跤等剧烈的体育活动或比赛中造成的意外伤害，核辐射造成的意外伤害，医疗事故造成的意外伤害等。

（三）意外伤害保险保险金的给付

人身意外伤害保险属于定额给付性保险。由于意外伤害事故可能造成不同的损害结果，保险人给付保险金的方式也不同。

1. 死亡保险金的给付

在人身意外伤害保险合同中，死亡保险金的数额是保险合同中规定的，被保险人在保险有效期内因发生保险单规定的意外事故而死亡时，保险人按照保险合同规定如数给付保险金。按照我国人身意外伤害保险条款规定，死亡保险金为保险金额的100%。

死亡保险金的给付要具备两个前提：被保险人因约定的意外事故而死亡；死亡的时间必须在保险期限或责任期限内。

当保险人承担身故保险金给付责任后，保险责任即告终止；如果在死亡给付保险金之前，已经给付过伤残保险金，则应当从死亡保险金中扣除已支付的伤残保险金；如果被保险人因意外事故而被依法宣告失踪或死亡，保险人给付死亡保险金后，被保险人如生还，则被保险人应当向保险人退还死亡保险金；如果意外伤害保险中附加了医疗保险，则保险人在给付保险金时，应当分别计算医疗保险金与死亡或伤残保险金。

2. 残疾保险金的给付

残疾保险金的给付比较复杂。保险公司要将残疾分为暂时性残疾和永久性残疾，并只对永久性残疾负给付责任，所以，在给付前要对被保险人的残疾状况进行认定，然后再确定残疾程度，残疾程度一般以百分率表示。残疾保险金的数额由保险金额和残疾程度两个因素确定，其计算公式为

$$残疾保险金=保险金额\times 残疾程度百分率$$

人身意外伤害保险的保险金额不仅是确定死亡保险金、残疾保险金数额的依据，而且是

保险人给付保险金的最高限额，即保险人给付每一被保险人的死亡保险金和残疾保险金，累计以不超过该被保险人的保险金额为限。当一次意外伤害造成被保险人身体若干部位残疾时，保险人按保险金额与被保险人身体各部位残疾程度百分率之和的乘积计算残疾保险金；如果各部位残疾程度百分率之和超过 100%，则按保险金额给付残疾保险金。被保险人在保险期限内多次遭受意外伤害时，保险人对每次意外伤害造成的残疾或死亡均按保险合同中的规定给付保险金，但是，给付的保险金以累计不超过保险金额为限。

被保险人的身体损伤在医疗终结时间内彻底治愈的不予以伤残给付。在医疗终结时间结束后仍不能治愈的，留有不同程度后遗症的，可按 180 天时的有效鉴定，对照给付标准给付伤残保险金。这里的 180 天是残疾鉴定的等待期，等待期的设置可以减少理赔纠纷，保障了客户的利益，也为保险公司的实务操作提供了便利。

相关案例

2006年6月20日，重庆市渝万集团有限公司下设的巴东县文家滑坡治理工程项目部为80名员工在天安保险股份有限公司恩施中心支公司（以下简称恩施天安保险支公司）处投保建筑工程团体人身意外伤害保险，交纳保险费8 835元，每人保险金为10万元，附加团体意外医疗保险，交纳保险费7 068元，每人保险金为2万元。保险期限为2006年6月21日0时至2007年6月20日24时。2007年3月29日11时许项目部的员工钱正青在工地受伤，左髋关节脱位、股骨头骨折，后在巴东县人民医院住院治疗。因其左髋关节部分功能受限，经州劳动能力鉴定委员会于2008年3月27日评定为六级伤残。钱正青持该鉴定及相关保险凭证要求保险公司予以赔偿，保险公司赔偿了医疗保险费，但以钱正青的伤残程度未达到《人身保险残疾程度与保险金给付比例表》中的标准为由不予受理。经当地政府协调，渝万集团赔偿了钱正青的伤残补助金等费用，并于2008年 7月29日，委托巴东县楚峡法医司法鉴定所对钱正青的损伤进行司法鉴定。经鉴定，钱正青髋关节囊内骨折，且进行开放复位后，功能部分丧失，根据GB/T 16180—2006《劳动能力鉴定——职工工伤与职业病致残等级分级》之规定，其伤残程度为六级。渝万集团有限公司为此支付鉴定费600元。再次依据该鉴定结论要求恩施天安保险支公司给付伤残保险金，保险公司仍以该结论不是依据附表中标准进行鉴定为由拒赔，于是重庆市渝万集团有限公司向当地法院提起诉讼。

本案的详细资料参见巴东法院网本例原文：

分析

本案争论焦点一是髋关节部分功能丧失是否构成保险合同中所述的残疾，二是按照何种比例进行赔偿。双方所签保险合同虽对保险责任范围中的“残疾”没有作出特别约定，但被保险人钱正青在保险期限内从事建筑施工受伤，左髋关节部分功能丧失，经鉴定其损伤程度为六级伤残，应属于有残疾的人，该残疾应属保险合同约定的保险责任范围，天安保险股份有限公司恩施中心支公司应按合同约定承担保险责任。

本章小结

人身保险	人身保险概述	人身保险是以人的生命和身体为保险标的的一种保险 人身保险具有保险标的不可估价性、定额给付性、保险期限的长期性、储蓄性、生命风险的相对稳定性、保险利益的特殊性等特征
	人寿保险	人寿保险是以人的生命为保险标的，以人的生死为保险事件，当发生保险事件时，保险人履行给付保险金责任的一种保险 人寿保险具有保险标的的不可估价性、承保风险的特殊性、风险的变动呈现规律性、保险经营的稳定性、保险费计算的特殊性、保险期限的长期性及储蓄性等特征

续表

	健康保险	健康保险是指以被保险人身体为保险标的，保险人承担被保险人在保险期限内因患疾病、生育或发生意外事故受到伤害时所导致的医疗费用或收入损失的一种保险 健康保险的特点有：保险责任范围的广泛性，承保风险的变动性和不易预测性，承保管理的严格性，保险合同的多样性及短期性
	人身意外伤害保险	意外伤害保险是人身意外伤害保险的简称。人身意外伤害是指在被保险人没有预见到或违背被保险人意愿的情况下，突然发生的外来致害物对被保险人的身体明显、剧烈地侵害的客观事实 意外伤害保险具有短期性、给付条件的差异性、保险费率测定基础的不同、保险金的定额性等特征

复习思考题

一、单选题

1. 按（　　）分类，人身保险可分为人寿保险、人身意外伤害保险、健康保险。

A. 保障范围　B. 保险期限　C. 投保方式　D. 风险程度

2. 某定期死亡保险的被保险人死亡时，保险人发现其实际年龄为 40 岁，而其投保时申报年龄为 38 岁，则保险人应采取的措施是（　　）。

A. 增加给付额　B. 按实际缴费与应缴费比例给付

C. 退还多收保费　D. 收取少交保费

3. 下列描述不属于人身保险特点的是（　　）。

A. 寿险保单具有储蓄性

B. 人身保险的保险期限具有长期性

C. 人身保险的保险金给付属于约定给付

D. 人身保险的保险金额是以保险标的价值来确定的

4. 均衡保费在早期会（　　）自然保费。

A. 等于　B. 低于　C. 高于　D. 不确定

5. 某中学生投保了“学平险”，交纳保费 50 元，保险期限 1 年。在保险期间内因患阑尾炎住院治疗 8 天痊愈，共花掉医疗费 3 600 元，依据“学平险”附加住院医疗保险条款（免赔额 100 元）应给付（　　）医疗保险金。

A. 1 750 元　B. 2 000 元　C. 2 800 元　D. 2 060 元

6. 人身保险合同必须以（　　）形式订立。

A. 法律　B. 口头　C. 公证　D. 书面

7. 人身保险合同成立之后，如果投保人不按约定缴纳保险费，保险人可以（　　）。

A. 终止保险合同　B. 向法院起诉　C. 继续履行合同　D. 申请仲裁

8. 人身保险合同的被保险人是以生命和身体作为保险标的，所以，被保险人只能是（　　）。

A. 机构　B. 自然人　C. 法人　D. 单位

9. 投保人填写投保单被视为（　　）。

A. 承诺　B. 要约　C. 保证　D. 索赔

10. 关于人身保险合同的生效时间，除一些极短期的保险外，我国实行（　　）制。

A. 24 时起保　B. 签单时生效　C. 随时起保　D. 0 时起保

11. 在投保时一次缴清全部保险费称为（　　）。

A. 期缴　　B. 年缴　　C. 趸缴　　D. 汇缴

12.（　　）是指一张保险单只为一个人提供保障的保险。

A. 人寿保险　　B. 健康保险　　C. 团体保险　　D. 个人保险

13. 投保人甲以自己为被保险人，以自己10岁的儿子乙为受益人，于1997年1月1日与保险公司订立了一份死亡保险合同。1999年4月5日，甲与其丈夫丙吵架而投河自尽。下列陈述中正确的是（　　）。

A. 受益人乙不能获得保险赔偿金，因甲的自杀行为属于道德风险

B. 保险公司应当向丙支付保险金

C. 保险公司可以向乙支付保险金

D. 保险公司应将甲的死亡保险金作为其遗产，均分给乙、丙

14. 寿险理赔程序中最重要的环节是（　　）。

A. 报案处理　　B. 理算审批　　C. 案件审理　　D. 立案处理

15. 李女士所在单位为其购买了一份终身保险，此时李女士已有身孕并指定其胎儿为受益人。胎儿出生半年后，李女士在一次车祸中遇难。此时保险公司应该将保险金支付给（　　）。

A. 李女士的法定继承人　　B. 小孩的监护人

C. 李女士的单位　　D. 李女士的代理人

16. 意外伤害保险是以被保险人因遭受（　　）造成死亡或伤残为保险事故的人身保险。

A. 疾病　　B. 意外伤害事故　　C. 生育　　D. 职业病

17. 以两个或两个以上的被保险人均生存作为年金给付条件的是（　　）。

A. 个人年金　　B. 最后生存者年金

C. 联合年金　　D. 联合及生存者年金

18. 一般人身保险合同的不可抗辩条款的抗辩期规定为（　　）。

A. 1年　　B. 2年　　C. 3年　　D. 4年

19. 下列不属于定期死亡保险特征的是（　　）。

A. 保费低廉　　B. 可以更新或展期　　C. 保单具有储蓄性　　D. 期限较短

二、多选题

1. 按给付额是否变动划分，年金保险可分为（　　）。

A. 定额年金　　B. 变额年金　　C. 终身年金　　D. 趸缴年金

E. 年缴年金

2. 投保人应具备的条件包括（　　）。

A. 投保人应具有民事行为能力　　B. 投保人应具有民事权利能力

C. 投保人应为被保险人的直系亲属　　D. 投保人不得超过50岁

E. 投保人应承担缴纳保险费的义务

3. 普通人寿保险通常可分为（　　）。

A. 生存保险　　B. 死亡保险　　C. 意外伤害保险

D. 生死两全保险　　E. 健康保险

4. 按保险对象分类，意外伤害保险分为（　　）。

A. 个人意外伤害保险　　B. 团体意外伤害保险

C. 自愿意外伤害保险　　D. 强制意外伤害保险

E. 普通意外伤害保险

5. 人寿保险费由（　　）构成。

A. 纯保费　　B. 附加保费　　C. 经营保费　　D. 管理保费

E. 利润保费

6. 人身保险合同的终止包括（　　）。

A. 届满终止　　B. 单方终止　　C. 履行终止　　D. 约定终止

E. 协商终止

7. 人身保险合同的解释原则包括（　　）。

A. 意图解释原则　　B. 文义解释原则

C. 专业解释原则　　D. 有利于保险人解释的原则

E. 有利于被保险人和受益人的解释原则

三、简答题

1. 人身保险的基本特征有哪些？

2. 定期寿险有哪些特点？

3. 简述健康保险并列举其主要险种。

4. 简述意外伤害保险的含义。

5. 人寿保险的主要条款有哪些？

四、案例分析

1. 某公司采购员刘某于2015年10月15日在某旅馆住宿，室内有“请勿吸烟”的标志，但刘某仍在床上抽烟。疲劳至极的刘某很快入睡，手中的烟头掉落在棉絮上引起火灾。刘某的皮肤被大面积烧伤，花去医疗费8 000余元。事后刘某持3个月前购买的意外伤害附加医疗保险单和其他有关单据向保险公司索赔。

试根据学过的知识分析保险公司是否应当履行赔偿义务，并说明原因。

2. 张某，男，8岁，某小学二年级学生，2015年9月投保了学生平安意外伤害保险，保险金额1万元，年缴保险费20元，保险期限1年。当年11月的一天，张某在学校与同学打架受到老师批评，放学回家后与哥哥又发生争吵。加之不满父母外出打牌忘记自己生日，趁人不注意跳楼自杀身亡。张某父母作为受益人持相关证明到人寿保险公司索赔。

保险公司是否应该赔偿？并说明理由。

五、实训项目

2009年9月23日，陈静在招商信诺人寿保险有限公司江苏分公司投保信福无忧-PQ意外险保险合同一份，保险合同生效日期为2009年9月23日24时，缴费方式为月缴50.90元，身故及残废意外伤害保险的赔偿金额为100 000元。陈静自2009年9月23日开始至2010年2月23日，共交纳了5期保费。

招商信诺身故及残废意外伤害保险条款第七章第28条释义部分载明：“意外伤害”是指意外事故对被保险人身体的任何部位所造成的伤害，这些伤害是在本合同有效期间由于外部性的、猛烈的和显而易见的手段所造成的，而且其发生不是由于疾病（包括潜在的疾病和机能障碍）所导致，也不是出于当事人的本意。

2010年1月20日11时20分，陈静因感染流行性出血热而入院治疗，于次日19时16分死亡，死亡记录上入院时情况部分载明：入院前两天出现头昏、四肢酸痛、发热，体温38.5℃，于当地医院给予抗炎对症处理，入院前四小时出现神志不清……死亡原因：流行性出血热致各脏器功能衰竭。

保险合同系陈静本人签订，2009年9月27日陈静进行了客户确认书签收。客户确认书载明：本人已收到贵公司送达的保险合同的全部资料。本人认可本保险计划，理解保险责任，知晓本人的权利义务。

本人已仔细阅读《保险合同送达通知》，并完全了解所提示的内容。

陈静离世后，其父母向招商信诺人寿保险有限公司江苏分公司索赔，保险公司以被保险人死亡非属保险责任范围为由拒赔。

实训指导：结合人身意外伤害保险知识，分析感染流行性出血热是否属于意外原因。本案件是否适用保险责任免责条款？

课外阅读资料

人身保险公司保险条款和保险费率管理办法（2015年修订）

2015年养老保险公司企业年金业务情况表

2015年、2016年宝能收购万科事件不仅仅成为财经大事件，在社会上也引起了极大反响，万能险因此再次“走红”。做为保险人，我们应该如何看待万能险？

推荐读者阅读金投保险网2016年7月22日《从“宝万之争”事件了解万能险功能和作用》一文，最好再查阅后续相关报道，展开更深入的思考与讨论。

第九章　保险公司经营管理（一）

学习目标和要点

学习目标

掌握保险公司经营管理的基本内容，理解保险产品开发与费率厘定的方法，掌握保险销售主要环节及渠道，熟悉保险核保、承保、理赔流程，清楚保险防灾防损的方法与程序。

学习要点

保险公司经营管理的特征；保险费率的厘定；保险销售的主要环节和渠道；保险核保、承保、理赔的主要内容；保险防灾防损的方法与程序。

本章知识结构

- 保险公司经营管理概述
  - 特征
    - 保险经营活动是一种特殊的劳务活动
    - 保险经营资产具有负债性
    - 保险经营成本和利润计算具有特殊性
    - 保险经营具有分散性和广泛性
    - 投资在保险经营中占有重要地位
  - 原则
    - 风险大量、同质原则
    - 风险选择原则
    - 风险分散原则
- 保险产品开发与保险费率
  - 保险产品开发
    - 基本原则
    - 开发程序
  - 保险费与费率
    - 纯费率
    - 附加费率
    - 毛费率
  - 保险费率的计算原则
  - 财产保险费率厘定
  - 人身保险费率厘定
- 保险销售
  - 主要环节
    - 寻找准客户
    - 拜访准客户
    - 递送保单
    - 售后服务
  - 渠道
    - 直接展业
    - 间接展业
- 保险核保与承保
  - 核保
    - 内容与意义
    - 流程
  - 承保
    - 承保控制
    - 流程
    - 处理结果
- 防灾防损
  - 保险防灾防损的方法
  - 保险防灾防损的程序
- 保险理赔
  - 保险理赔的原则
  - 保险理赔的程序

案例引入

保监会内部发文提示：夸克联盟涉嫌非法经营保险业务

据 2016 年 4 月 20 日《上海证券报》报道（卢晓平）　近日国务院印发整治互联网金融文件。互联网保险属于本次专项整治的范畴。互联网保险专项整治方案由保监会发改部牵头，其中人身险监管部等相关部门参与。本次专项整治的重点主要包括整治从事互联网保险和类互联网保险业务的机构的资质和经营方式，线上投资理财也被列为重点规范领域。

近日，一份保险监管部门《建议关注互联网公司涉嫌非法经营保险业务存在的风险》的内部文件提示，互联网公司涉嫌非法经营保险业务存在风险，称“夸克联盟”的成立背景、人员构成和管理方式是目前互联网公司涉嫌非法经营保险业务的典型模式。

保监会认为，如果不了解保险背后的运作模式，部分消费者可能被“夸克联盟”所宣传的“超低价”“产品创新”等口号所吸引，并误以为它是保险机构，所推销的是保险产品，从而可能对正规的保险市场和规范的车险经营行为产生误解和排斥。一旦该互联网公司服务不到位或卷款跑路，又可能引发群体事件风险。

业内人士认为，目前互联网保险发展良莠不齐，资金管理和可行性也是值得担忧的一个问题，特别是资金管理方面存在较大的道德风险，如何给出合理发展空间，值得探寻。

未经保险监管部门核准，任何机构均不能代理销售保单。具有合法保险代理资格的网点，其销售假保单的行为也涉嫌违法，要承担相应的法律责任。保险公司的经营管理应遵循相关法律法规和一定的规律，本章将对保险公司经营管理的基本内容予以介绍。

第一节　保险公司经营管理概述

一、保险公司经营管理的特征

保险公司的经营活动是依据保险经营的特征，向被保险人提供必要的风险融资。保险公司的经营活动具有以下几个方面的特征。

1. 保险经营活动是一种特殊的劳务活动

保险经营是以特定风险的存在为前提，以集合尽可能多的单位和个人风险为条件，以大数法则为数理基础，以经济补偿和给付为基本功能。因此，保险企业所从事的经营活动不是一般的物质生产和商品交换活动，而是一种特殊的劳务活动。首先，这种劳务活动依赖于保险业务人员的专业素质，如果保险企业拥有一批高素质的业务人员，提供承保前、承保时和承保后的系列配套服务，社会公众对保险企业的信心会增强，保险公司的竞争力会进一步提高。其次，这种劳务活动体现在保险产品的质量上。保险公司根据保险市场需求，精心设计保险条款，合理确定保险责任范围，科学厘定保险费率，保险公司承保的业务就会扩大，而随着经营规模的扩大，保险公司的经营也会越来越稳定。

2. 保险经营资产具有负债性

保险公司的经营活动是运用所聚集的资本金，以及各种准备金而建立起来的保险基金，实现风险分散、进行经济补偿的职能。保险公司的经营资产主要来源于投保人按保险合同向保险人缴纳的保险费，而这些保险费正是保险人对被保险人未来赔偿或承担给付责任的负债。

3. 保险经营成本和利润计算具有特殊性

保险经营成本的计算与其他商品成本相比具有不确定性。由于保险产品现时的价格是依据过去的支出的平均成本确定的，而现时的价格又是用来补偿将来发生的损失，即过去成本产生现时价格，现时价格补偿将来成本。这就使保险公司的经营成本具有较大的不确定性，也使保险产品的价格远不如其他商品的价格容易确定。此外，保险公司利润的计算也与一般企业不同。一般企业经营利润的计算是从当年销售收入中减去成本、税金后剩下的部分。保险公司的利润除了从当年的保费收入中减去当年的赔款、费用和税金外，还要减去各项准备金和未决赔款。如果保险公司提取的各项准备金数额比较大，则会对保险公司的利润产生比较大的影响。

思考与讨论

保险经营成本与利润计算的特殊性，会如何影响保险企业的经营？对保险企业而言是有利还是不利呢？

4. 保险经营过程具有分散性和广泛性

保险经营的风险、险种比较多，涉及的被保险人也比较广泛。例如，被保险人包括法人和自然人。就法人来说，包括工、农、交通运输、服务业、商业企业，各种社会团体，事业单位以及国家机关。就自然人来说，有各行各业的人士。一旦保险公司经营失败，它就会丧失偿付能力，势必影响被保险人利益，乃至整个社会的安定。因此，保险公司的经营过程不仅是风险大量集合的过程，而且是风险广泛分散的过程。众多投保人将其所面临的风险转嫁给保险人，保险人通过承保将众多风险集合起来。当发生保险责任范围内的损失时，保险人又将少数人发生的损失分摊给全体投保人承担。

思考与讨论

试讨论，保险经营中，利润来自于哪些方面？哪个更重要呢？

5. 投资在保险经营中占有重要地位

保险费收取与保险金赔付之间往往在时间上相隔比较久，因此保险公司必须重视保险投资，以避免保险基金的闲置，并通过保值、增值来增强保险公司的偿付能力，增强保险公司的竞争能力，减轻投保人的经济负担。

二、保险公司经营管理的原则

保险公司经营管理的原则是指企业从事保险经济活动的行为准则。从微观上讲，保险公司在经营保险商品这种特殊商品时，应当遵循如下原则。

（一）风险大量、同质原则

风险大量、同质原则是保险经营的基本原则，是指保险人在可保风险的范围内，应根据自己的承保能力，争取承保尽可能多的风险和标的，并在承保的同一类业务中，不同保险标的在风险性质上要基本相同。

根据风险大量、同质原则，保险企业应积极组织拓展保险业务；在维持、巩固现有业务的同时，不断发展新客户，扩大承保数量，拓展承保领域，实现规模经营。

（二）风险选择原则

为保证保险经营的稳定性，保险人在承保时不仅要订立承载大量可保风险的保险合同，还需要对所承保的风险加以选择。风险选择原则要求保险人充分认识、准确评价承保标的的风险种类与风险程度，以及投保金额的恰当与否，从而决定是否接受投保。

保险人对风险的选择表现在两方面：一是尽量选择同质风险的标的承保；二是淘汰那些超出可保风险条件或范围的保险标的。

1. 事先风险选择

事先风险选择是指保险人在承保前考虑是否接受承保。此种选择包括对“人”和“物”的选择。所谓对“人”的选择，是指对投保人或被保险人的评价与选择。所谓对“物”的选择，是指对保险标的及其利益的评估与选择。

2. 事后风险选择

事后风险选择是指保险人对保险标的的风险超出核保标准的保险合同做出淘汰的选择。

保险合同的淘汰通常有三种方式：第一，等待保险合同期满后不再续保；第二，按照保险合同规定的事项对合同予以注销；第三，保险人若发现被保险人有明显误告或欺诈行为，可以中途终止承保，解除保险合同。

事先与事后风险选择都是风险管理中避免风险的手段，保险经营与风险管理关系密切。

（三）风险分散原则

风险分散是指由多个保险人或被保险人共同分担某一风险责任。保险人在承保大量风险后，若所承保的风险在某段时间或某个区域内过于集中，一旦发生较大的风险事故，会导致保险企业偿付能力不足，从而损害被保险人利益，也威胁自身生存发展。因此，保险人在选择承保的基础上，应当遵循风险分散原则，以确保经营的稳定。

1. 核保时的风险分散

核保时的风险分散主要是通过控制保险金额、规定免赔额（率）、实行比例承保等手段实现保险人对承保风险责任的控制，减少被保险人对保险的过分依赖，防止因保险而可能产生的道德风险。

核保时的风险分散主要通过以下三种方式实现。一是保险人在核保时对保险标的要合理划分风险单位，按照每个风险单位的最大可能损失确定保险金额，来分散风险；二是对一些保险风险造成的损失规定一个额度或比率，由被保险人自负这部分损失，保险人对该额度或比率内的损失不负赔偿责任；三是保险人按照保险标的实际金额的一定比例来确定承保金额，而不是全额承保。

2. 承保后的风险分散

承保后的风险分散原则以再保险和共同保险为主要手段。

从保险行业宏观管理来讲，保险经营应当遵循分业经营原则、禁止兼营原则和保险专营原则。

相关案例

高风险业务引爆 AIG

据2011年7月11日《证券市场周刊》报道　2008年9月，美国次贷危机骤然恶化并引发了一场席卷全球的金融危机。在此次金融危机中，保险业由于深陷次贷利益关系链中，为此次金融危机的形成起到了重要的推波助澜作用，同时也遭受了重大损失。其中最具有标志性的事件是美国国际保险集团（AIG）被美国政府注资850亿美元而接管。

我们通过分析得到以下结论。第一，保险公司是一个典型的风险厌恶者，而美国国际保险集团在短期利润压力下，冒险引入高风险业务，组建了AIGFP（AIG Financial Products），并使其成为集团四大支柱业务（财险、寿险、金融服务、资产管理）之一，为自己埋下了一颗定时炸弹。第二，将美国国际保险集团拖入破产的信贷违约掉期（CDS/CDO），实际上是一种保险，从本质上说，是一种涉及信用的保证保险。但是，美国国际保险集团没有按照保险原理对信贷违约掉期进行管理。第三，1999年之后，美国国际保险集团也加入与银行混业经营的大军之中。不过美国国际保险集团混业经营的目的不是在于获得银行的销售渠道，而是为了规避监管。美国国际保险集团游离于双重监管之外交叉运营的合并财务报表，已经完全不能反映其企业的运营状况，市场的无形之手无法在短时间内淘汰劣质公司。同时政府的监管又处于分业状态。这就等于这家公司既无须对股东负责，又无须对政府的监管负责，更无须对保户们负责。第四，美国国际保险集团自身对于其风险的认识不足，缺失了最关键的风险防范体系。在选择和分析保险公司时，不能首先去考察其赢利能力，而是要考察它的风险管理和规避能力。

第二节　保险产品开发与保险费率

一、保险产品开发

产品开发创新是公司可持续赢利经营的重要手段。随着保险主体的不断增加，保险业面临的竞争将会日益加剧。各家保险公司面临的首要问题就是如何提供有竞争力的保险产品，逐渐形成自己的产品特色，建立具有特色的客户群体。

（一）保险产品开发的基本原则

保险产品的开发遵循以下基本原则。

1. 市场性原则

市场需求是保险产品开发的标杆，没有市场的需求，产品即便是开发出来也没有生命力。因此，以市场需求为导向开发新产品尤为重要。

2. 效益性原则

保险公司的经营必须讲效益，而产品的开发就必须从效益出发，做到保险新产品的开发既能适应国民经济发展的需要，又能合理防范和减少风险，为公司带来合理的商业利润。新开发的保险产品要取得可观的经济效益，必须注意处理好社会效益和自身经济效益的关系、产品开发与销售推广的关系、眼前利益与长远利益的关系。

3. 合法性原则

保险产品开发必须坚持合法性原则，尤其不能与社会公共利益相违背。例如，与《律师法》相对应的律师职业责任保险。寿险产品的开发，其费率、预定利率的确定都必须符合《保险法》及监管部门的相关规定。

4. 规范性原则

对于新产品的开发，要有一套规范的流程及严格的管理办法，并实行条款逐级报批制度，自觉接受监管部门的监管；条款的名称、体例应符合企业标志规定，充分体现公司的企业标志形象。

5. 国际性原则

我国加入世贸组织后，中资保险公司要想具有国际竞争力，保险产品开发工作必须适应经济形势的发展需要，增强与国际保险市场接轨的能力，在条款设计上积极吸收先进技术。因此，必须加强对国外保险市场的调研，使条款设计更趋完善，更加贴近市场。

（二）保险产品开发程序

保险产品一般都是由各家总公司的保险产品开发部，根据市场需求开发研制保险责任、免赔责任、保险合同样本、销售方式、缴费期限、保费价格制定等内容，然后经过精算师精确计算缴费、现金价值、到期给付、赔付比例、管理费用等，上报保监会产品审批部门审批。保监会同意批复后，总公司业务管理部门才设计保单填写流程，制订业务流程、缴费流程、保全流程、理赔流程；信息技术部门设计操作程序，然后进入试销售流程。

二、保险费与保险费率

保险费简称保费，是投保人向保险人购买保险产品所支付的价格。保险费即保险产品价格的高低取决于保险金额的大小、保险费率的高低程度和保险期限的长短，且这三个因素均与保险费成正比关系，即保险金额越大，费率越高；保险期限越长，应缴纳的保费就越多。但由于保险金额一般根据保险标的实际价值或由保险双方当事人协商确定，保险期限在具体险种中也是事先规定好的，两者弹性都比较小，因此，保险费的问题就转化成保险费率的问题。

保险费率简称费率，是保险人按照单位保险金额向投保人收取保险费的标准，计算公式为

$$保险费率=保险费\div保险金额$$

从构成上来讲，保险费率由纯费率和附加费率两部分构成。

1. 纯保险费率

纯保险费率是保险费率的基本部分。用纯费率计算出来的那部分保险费用以建立赔偿基金。纯保险费率由保额损失率加稳定系数组成。保额损失率是一定时期保险赔款总额与总保险金额的比率，它是保险人根据大数定律原理，将以往若干年度（一般为五年）的统计资料在平衡年度间风险的基础上整理计算出的平均值。保额损失率可用公式表示为

$$保额失率=保险赔偿总额\div总保险金额\times1\,000‰$$

保额损失率是制定纯费率的依据，需要注意的是，损失率会受到很多因素的影响。主要包括保险事故的发生率、保险事故的损毁率、保险标的的损失程度，以及受损保险标的的保险金额均值与总保险金额均值之间的比率。通常保额损失率等于它们相乘的积。

2. 附加费率

附加费率是保险企业经营保险业务的各项费用和适当的利润与纯保险收入总额的比率。各项费用主要包括：办公费、水电费、宣传费、印刷费、防灾防损费、员工工资、手续费和营业税等各种管理费用和业务费用。附加费率在保险费率中居次要地位。用公式表示为

$$附加费率=\frac{附加费用+预期利润+意外准备金}{保险金额总额总和}\times1\,000‰$$

3. 毛费率

以上纯费率和附加费率共同组成毛费率或总费率。但是这种方式计算出来的毛费率只适合财产保险中某一大类保险，而承保的每一项具体保险业务不可能全部都符合标准毛费率，因此就需要按照每项保险业务的实际情况根据级差费率对其进行费率的调整性适用。所谓级差费率是指在同类风险范围内，保险人用于核算不同风险程度和损失率的差别费率。因此，保险公司就要以标准费率为基础，参考级差费率对每项具体业务进行费率的调整，即分项业务的费率以标准费率为基础，在适用级差费率的基础上围绕标准费率上下波动。

三、保险费率的计算原则

保险费率是确定保险产品销售价格的基础。但是保险产品的成本并不能事先确定，而只能等待保险合同到期或者标的物出险，因此其定价具有特殊性。通过一定的技术手段测算出的未来损失和未来费用，在投保了相同保险的投保人之间按照其投保保额的不同来进行分摊的过程被称做保险费率的制定。

费率的制定需要遵循适当性、合理性、稳定性、预防损失的鼓励性、公平性原则。

四、财产保险费率厘定方法

财产保险保险费率的厘定方法一般分为分类法、评价法、增减法三种。

1. 分类法

分类法是将相同的风险并入同一等级，课以相同的费率，该方法通常适用于火灾保险和意外伤害保险。因为其他费率的厘定方法都要直接或间接地利用到分类法，因此该方法是费率厘定中最为常用的方法。

2. 评价法

所谓评价法是针对每一个特殊的风险单位制定与其相匹配的保险费率，因此采用评价法厘定保险费率并没有一个公式可以参考，而需要综合参考风险单位的特性。该方法主要适用于一些新开发险种的保险费率厘定。

3. 增减法

增减法是将属于同一级别的风险，根据被保险人在保险单有效期间内的实际损失经验或者预期经验，对被保险人课以不同的保险费率的方法。而增减法又可以分为表定法、经验法、追溯法和折扣法四种。

（1）表定法。表定法的做法是：首先根据分类法制定不同风险种类的风险费率表，然后将被保险人的实际情况与表中项目进行对照，并按对比情况进行相应的增减。该法主要用于火灾保险、责任保险及盗窃险等险种。

（2）经验法。经验法就是根据保险人以往的经营经验来厘定保险费率的方法。但是该法的采用需要用过去的经验数据来对保险费率进行适当的修正。因此，过往经验的准确度就显得至关重要。其计算公式为

$$M=\frac{A-E}{E}\times C$$

式中，M 为经验调整数；A 为经验时期被保险人的实际损失；E 为被保险人适用某费率的预期损失；C 为可靠度。

【例 9.1】 某投保人在过去 3 年经验期间预期损失 4 万元，实际损失 3 万元，可靠度为 80%，则其经验调整数为

$$M = \frac{3-4}{4} \times 80\% = -20\%$$

（3）追溯法。追溯法是与经验法相对应的一种费率厘定方法，是通过调整某一特定期间的保险费率来反映保险人在该期间的赔款记录的方法。

（4）折扣法。折扣法就是对于个别投保人给予折扣费率的一种费率厘定方法。其计算公式为

实际费率=表中费率×（1-折扣率）

折扣率的高低是由保险公司自由裁量确定的，通常的参考因素包括投保人投保规模、业务联系等。

例如，A 保险公司为争取到 B 公司为全体员工投保的家庭财产保险业务，决定在 10‰费率基础上给予 A 公司 15%的折扣，则 A 公司适用的费率为

10‰×（1-15%）=8.5%

补充阅读

阳光创造："车险生命表"全球第一

据 2010 年 8 月 11 日《中国保险报》报道，2010 年世界上第一张生命表是英国天文学家哈雷于 1693 年编制的，它是反映人口死亡过程与规律的普通生命表，最早被广泛使用在人寿保险中，并为经营人寿保险业务奠定了科学定价的数理基础，是计算人身保险的保险费、责任准备金、退保金的主要依据。

受到寿险生命表和阳光"红黄蓝"赢利模式的启发，阳光产险提出一个大胆的设想：能不能研发出一个类似寿险生命表的车险生命表，作为对车险业务进行风险定价的工具，从而将传统的以事后经营结果来判断车险业务风险赢利状况的做法，调整为在业务承保时就能够进行科学的风险定价并锁定赢利水平？

项目启动了，然而难度比想象的要大得多。作为车险业务，影响其利润的因素非常多，包括车型、驾驶者的驾驶习惯、不同地区的交通状况、价格、市场费用、配件价格、保险公司的理赔管理水平等。而单就驾驶者的驾驶习惯而言，又受到其年龄、性别、职业等多种因素的影响。面对如此多的变量，要建立起一个科学的定价模型，难度可想而知。项目组的工作人员感到了巨大的压力和挑战。

经过了大量的数据统计与分析，项目组终于创造性地运用统计分析等方法解决了样本量与置信区间的问题以及数据提取、分析和判断等难点，形成了一套较为完整的风险分析方法，最终解决了建模以及影响车险风险因子各自影响程度的量化问题。2009 年 12 月，车险生命表项目获得了突破性的成果，涵盖 100 余种主要车型、以三级机构为单位的阳光车险生命表诞生了，并应用于阳光产险的车险业务经营管理中。

五、人身保险费率厘定方法

（一）人身保险纯费率厘定的依据

1. 死亡率或生存率

人身保险费率厘定与财产保险费率厘定有很大的不同。保险公司在开展保险业务的过程

中非常关注一定时期的死亡率变化，会以此作为厘定寿险费率的基础指标。

死亡率是指一定规模的人口在一定时间内死亡人口占总人口数量的比率，用来计算一定人口在一定时间内死亡的数量。但是保险业务中关注的死亡率，主要是以被保险人作为计算样本的被保险人的死亡率。而且，在人寿保险中保险金的给付是以被保险人的生存或者死亡作为给付条件的，被保险人死亡率或者生存率的高低直接影响到保险公司保险金给付的数额和给付的时间，也会影响保险公司的经营收益。由于以死亡率为重要编制指标之一的生命表要随着死亡率的变化而适当地加以修正，因此这会影响到保险公司的寿险产品定价。

2. 生命表

生命表是根据以往一定时期内各种年龄的死亡统计资料编制的，由每个年龄死亡率所组成的汇总表，通过以往经验来预测一些未来事件。通常分为国民生命表和经验生命表。国民生命表是以全体国民或特定地区人口统计资料综合而成的；经验生命表是根据人寿保险公司承保的被保险人实际死亡率的统计资料编制的统计表，是以加入生命保险的被保险人为对象，根据该特殊人口集团的死亡记录所编制的生命表。生命表是人寿保险公司厘定费率的基础，保险公司必须根据其业务性质选取合适的生命表。国民生命表样本过大，并没有经过保险公司的风险核查，因此，保险公司通常选用经验生命表，如表 9.1 所示。

表 9.1　中国人寿保险业经验生命表

非养老金业务男表（部分）CL1（1990—1993年）

年龄	死亡率	生存人数	死亡人数	生存人年数		平均余命
x	q_x	l_x	d_x	L_x	T_x	e_x
21	0.001 048	980 111	1 027	979 597	52 890 558	53.96
22	0.001 030	979 084	1 008	978 579	51 910 961	53.02
23	0.001 003	978 075	981	977 585	50 932 381	52.07
24	0.000 972	977 094	950	976 619	49 954 797	51.13
25	0.000 945	976 144	922	975 683	48 978 178	50.18
26	0.000 925	975 222	902	974 771	48 002 494	49.22
27	0.000 915	974 320	892	973 874	47 027 723	48.27
28	0.000 918	973 428	894	972 982	46 053 849	47.31
29	0.000 933	972 535	907	972 081	45 080 868	46.35
30	0.000 963	971 627	936	971 160	44 108 787	45.40
31	0.001 007	970 692	977	970 203	43 137 627	44.44
32	0.001 064	969 714	1 032	969 198	42 167 424	43.48
33	0.001 136	968 682	1 100	968 132	41 198 226	42.53
34	0.001 222	967 582	1 182	966 991	40 230 094	41.58
35	0.001 321	966 400	1 277	965 761	39 263 103	40.63
36	0.001 436	965 123	1 386	964 430	38 297 341	39.68
37	0.001 565	963 737	1 508	962 983	37 332 911	38.74
38	0.001 710	962 229	1 645	961 406	36 369 928	37.80
39	0.001 872	960 583	1 798	959 684	35 408 522	36.86
40	0.002 051	958 785	1 966	957 802	34 448 838	35.93
41	0.002 250	956 819	2 153	955 742	33 491 036	35.00
42	0.002 470	954 666	2 358	953 487	32 535 294	34.08
43	0.002 713	952 308	2 584	951 016	31 581 807	33.16

续表

年龄	死亡率	生存人数	死亡人数	生存人年数		平均余命
x	q_x	l_x	d_x	L_x	T_x	e_x
44	0.002 981	949 724	2 831	948 309	30 630 791	32.25
45	0.003 276	946 893	3 162	945 342	29 682 482	31.35
46	0.003 601	943 791	3 399	942 092	28 737 140	30.45
47	0.003 958	940 393	3 722	938 532	27 795 048	29.56
48	0.004 352	936 670	4 076	934 632	26 856 516	28.67
49	0.004 784	932 594	4 462	930 363	25 921 884	27.80
50	0.005 260	928 133	4 882	925 692	24 991 521	26.93

保险公司在选取生命表时必须注意：第一，承保的被保险人数满足大数法则的要求；第二，承保的被保险人生命状况应与生命表反映群体的生命规律相接近；第三，要适时对生命表的内容加以修正以符合实际的生命规律的变化。

3. 利息

利息是一定数量的本金在一定时间内的收益。因为人寿保险是采取均衡费率收取保费的，且人寿保险具有长期性，因此厘定人寿保险费率必须考虑利息因素。利息的计算方式有单利和复利两种。

单利是按照固定本金计算的利息。对已过计息日而不提取的利息不计利息。复利是指在每经过一个计息期后，都要将所生利息加入本金，以计算下期的利息。

这里，还应该了解现值和终值的概念。现值，是按照一定的利息率计算的经过一定时间累计达一定数额所需要的本金数额；终值，是一定的本金按照一定的利息水平，在经过一段时间后所积累的本息和。

（二）人寿保险产品定价的影响因素

人寿保险产品价格的确定是一件非常复杂的事情，需要由保险精算师按照适当、公平、充足的原则进行确定，并且在这其中要重点考虑到死亡率、投资收益率及费用率的影响。

1. 死亡率

所谓死亡率，就是一组被保险人的预计死亡率。因为保险人需要按照保险合同的约定承担保险金给付的责任，要确定未来需要的资金数量来承担合同项下的各项义务，因此保险公司必须精确估计发生索赔的次数和索赔的金额。要做到这一点就必须精准地预测被保险人的死亡率。

2. 投资收益率

投资收益率之所以会影响到寿险产品的定价，主要是因为在均衡保费下，保险人的投资有很大一部分源于投保人多缴纳的保险费，因此必须对这部分被用作投资的资本金的所有者按照约定利率进行相应的补偿。所以在寿险产品定价中必须考虑到投资收益率因素。

3. 费用率

保险公司在厘定保险费率时必须考虑业务经营费用的补偿，因此保险公司必须在净保费的基础上加收一部分，这一部分保费称作附加保费。简单讲，保险费=纯保费+附加保费。附加保费由营业费用和预期利润组成，可见费用率的高低直接影响到保险费的水平。

（三）寿险纯保费的计算

人寿保险纯保费的计算有两种：一是趸交纯保费的计算，另一种是年交纯保费的计算，而寿险纯保费的计算要遵循收支额现金价值相等的原则，即所有投保人所交纳的纯保费的现值要与保险人给付的保险金现值相等。

1．趸交纯保费的计算

所谓趸交保费就是指在投保时一次交清纯保费。

定期寿险趸交纯保费的计算。定期寿险是指被保险人在保险期限内因保险事故死亡，由保险公司向受益人支付保险金的险种。如果在合同期满终止时被保险人仍然生存，保险公司则无须支付保险金。

假定在 x 岁时，有 l_x 人参加 n 年期的定期死亡保险，年利率为 i。第一年有 d_x 人死亡，每人给付 1 元，共给付 d_x 元，给付额的现值为 $d_x \cdot v_1$，其中 $v=\dfrac{1}{1+i}$。年初每个投保人应缴纯保费为 $A^1{}_{x:n}$ 元，保险公司收取的纯保费金额为 $l_xA^1{}_{x:n}$。

第二年有 d_{x+1} 人死亡，共给付 d_{x+1} 元，给付额的现值为 $d_{x+i}V^2$……第 n 年有 d_{x+n-1} 人死亡，共给付 d_{x+n-1} 元，给付额的现值为 $d_{x+n-1} \cdot V^{n-1}$。

那么按照纯保费的厘定原则有

$$l_x \bullet A^1{}_{x:n} = d_x\frac{1}{1+i} + d_{x+1}\frac{1}{(1+i)^2} + \cdots + d_{x+n-1}\frac{1}{(1+i)^{n-1}}$$

因此，每个人应交纳的纯保费为

$$A^1{}_{x:n} = \frac{d_x v + d_{x+1}v^2 + \cdots + d_{x+n-1}v^{n-1}}{l_x}$$

终身寿险趸交纯保费的计算。终身寿险与定期寿险都是以被保险人的死亡为保险金给付条件的保险，只是在合同期限上有所不同，因此我们可以把终身寿险合同看作长期的定期寿险。在计算终身寿险趸交纯保费的时候只要将合同期限作特殊处理即可，即将保险期限视为 $w-x=1$ 年。假设生命表中的年龄极限为 y 岁，则有

$$A_x^y = \frac{vd_x + v^2 d_{x+1} + \cdots + v^{w-x+1}d_w}{l_x}$$

定期生存保险趸交纯保费的计算。定期生存保险是指以保险合同期限届满被保险人生存作为给付保险金条件的险种。如果被保险人在保险期限内死亡，则保险人无须给付保险金。

定期生存保险趸交保费的计算如下：假设在 x 岁有 l_x 人投保 n 年期的定期生存保险，在保险合同期限届满时生存的 l_{x+n} 人每人领取 1 元保险金，其现值为 $l_{x+n} \cdot v^n$，则定期生存保险的趸交保费为

$$l_x \bullet A_{x:n} = l_{x+n} \bullet V^n$$

$$A_{x:n} = \frac{l_{x+n} \bullet v^n}{l_x}$$

由于人寿保险的长期性导致一次性交清保险费超过了一般人的支付能力，所以在人寿保险实践中多以分期支付保费较为常见。

2．年交纯保费的计算

年交纯保费是投保人在每一保险年度的年初交纳的保险费。但是根据纯保险费的计算原理，无论投保人采取趸交还是采取年交保险费的方式，其所交纳保险费的现值应该是相

等的。因此假设 T 为趸交纯保费，Y_i 为年交纯保费，在缴费期间内 $Y_1=Y_2=Y_3=\cdots=Y_n$。且由于 Y 是每年支付的，所以假设缴费发生在每年年初，那么投保人累积缴纳保费的现值和为

$$l_x \cdot T = Y \cdot l_x + Y \cdot v \cdot l_{x+1} + \cdots + Y \cdot v^{n-1} \cdot l_{x+n-1}$$

则有

$$Y = T \cdot \frac{l_x}{l_x + v \cdot l_x + 1 + \cdots + v^{n-1} \cdot l_{x+n-1}}$$

$$Y = \frac{T}{\ddot{a}_{x:\overline{n|}}}$$

因此，我们只要把各类保险险种的趸交纯保费除以 $\ddot{a}_{x:\overline{n|}}$，就可以求得相对应的年交纯保费金额。

（四）人寿保险毛保费的计算

保险公司向被保险人或者受益人支付的保险金以及保险公司经营所发生的各项业务开支（如体检费用、代理手续费等）都需要由收取的保险费进行弥补。保险费中用于保险金支付的部分叫做纯保费，而用于补偿业务开支的部分称做附加保费。纯保费与附加保费之和称为毛保费。

附加保费的计算一般没有固定的方式，通常需要对不同性质业务的开支作不同的处理，一般根据对公司业务费用的分析以及对未来的预测来决定。例如，对被保险人的体检费用等原始费用是在第一年承保时一次性支出的，虽然如此，但是对于被保险人来说在均衡费率下每年所交纳的保险费应该是相同的，因此保险公司应该将承保时一次性支出的原始费用平均摊到各期保费上；对于公司的一般管理费用则是按照保险金额进行计算的。

下面具体说明毛保费的计算方法。

1. 三元素法

三元素法是把附加费用分解成原始费用、管理费和手续费三个部分，分别用 α、β 和 γ 表示。然后根据“毛保费现值=纯保费现值+附加保费现值”的原则计算毛保费。

2. 比例法

比例法是以保费的一定比例作为附加费用进而计算毛保费的一种相对简单的方法。而选取的比例通常要参照保险公司以往的经营经验和对未来经营状况的估计。

因此，如果用 P'表示毛保费，P 表示纯保费，k 表示附加费用占保险金额的比例，则有

$$P' = P + kP'$$

$$P' = \frac{P}{1-k}$$

如果用 L 表示附加保费，则有

$$L = kP' = \frac{kP}{1-k}$$

比例法最大的优点就是计算简单，只要确定合理水平的 k 值，就很容易计算出毛保费的数值。我国目前计算毛保费一般采用的就是比例法。但是该法确定的附加费用不够合理，尤其是对于保险金额比较低的保单，所收取的附加费用有时甚至无法满足实际支付的经营费用。

3. 比例常数法

比例常数法是在比例法的基础上，在毛保费构成中再加入一个常数的毛保费计算方法。该方法首先根据以往的业务资料确定每单位保险金额所必须支出的费用，以此作为一个固定费用常数（α）加入到毛保费计算公式中，然后确定一定比例的营业费用作为其余部分的附加费。该法的计算公式如下：

> **视野拓展**
>
> 读者看到本节的数学公式是否感到头疼？鉴于本书基础性质，对这些计算未详加论述。如果能精通这类计算，读者就可以就职于一种稳定且高收入的岗位——精算师。
>
> 精算师（actuary）主要从事保险费、赔付准备金、分红、保险额、退休金、年金等的计算，读者可通过百度百科“精算师”词条作简要了解。

$$P' = P + \alpha + kP'$$

$$P' = \frac{P + \alpha}{1 - k}$$

比例常数法计算简单，而且避免了单纯的比例法中所遇到的个别业务营业费用弥补不足的缺陷。

补充阅读

中国人寿保险公司康宁终身保险的费率表如表 9.2 所示。

表 9.2　中国人寿保险公司康宁终身保险的费率表（节选）

保险金额：1 000元　　　　（单位：元）

投保年龄	趸交		十年年交		二十年年交	
	男性	女性	男性	女性	男性	女性
0	655	595	73	70	39	35
1	661	601	74	71	39	35
2	671	610	75	72	40	36
3	682	620	76	73	40	36
4	694	632	77	74	41	37
5	708	645	79	76	42	38
6	722	659	80	77	42	39
7	737	673	82	79	43	39
8	753	688	84	81	44	40
9	769	704	85	83	45	41
10	786	720	87	84	46	42

第三节　保险销售

保险销售，是保险公司引导具有同类风险的投保人购买保险的行为。具体来讲，就是保险人通过保险宣传使对保险不甚了解的消费者加深对保险的理解，树立风险保障的观念，进而产生购买保险的动机，再将潜在的投保需求转化为现实的购买行为。

保险销售是保险业务活动的起点和基础，没有保险销售就没有业务来源，也就谈不上承保、防灾防损、理赔、投资等其他保险业务工作的开展。保险销售对保险经营具有重要意义，主要体现为：保险销售是实现保险经营的基础；保险销售是扭转保险消费需求心理滞后的有效手段；保险销售可以增强保险公司的竞争力。

一、保险销售的主要环节

为实现保险销售的目标，注重保险销售的主要环节十分重要。从寻找、拜访准客户，及时递送保单，一直到提供优质的售后服务都是重中之重。

（一）寻找准客户

1. 准客户应具备的条件

一般来讲，理想的准客户应具备下列条件：具有一定的经济能力和支付能力；有风险存在，有投保的主观意愿；易于沟通、接近和交谈；符合投保条件，可通过公司的核保；具有决定权，能定夺投保与否。

2. 寻找准客户的方法

寻找准客户的方法，也称为准客户的开拓方法。寻找准客户有许多方法，营销员可以根据自身的情况，自己的个性、能力、习惯和需要，来选择一种或几种方法实践。一般而言，寻找准客户常用的、有效的方法主要有以下几种。

（1）缘故法。这种方法是从亲戚、朋友、同学、同事、邻里等社会关系网络中去寻找和挖掘客户。这种方法容易受到信任、易沟通，成功率高，是销售新人最有价值的准客户来源。

（2）介绍法。这种方法主要是通过已签订了保险合同的客户或通过缘故关系介绍等。通过缘故关系获得转介绍是销售人员最重要的业务来源。

（3）陌拜法。陌拜法即陌生拜访，就是直接寻找素不相识的人面谈来销售，可以是随机的、顺路的拜访，也可以是有选择的拜访。

（4）机缘法。机缘法实际是前三种方法的一个特例情况，指利用各种与他人相处的机会进行保险销售。这种方法对销售人员的素质要求较高，不仅要求反应机敏、心思缜密，还要求在运用该方法时要表现自然、分寸得当。

> **思考与讨论**
>
> 分组讨论以上各种寻找准客户的方法各有哪些优缺点。

销售中还有些常用的方法，与上述方法有些交叉，如网络法、电话法、直邮法、信函法、回访法、咨询法、讲课法、座谈法，等等。

（二）拜访准客户

拜访准客户也称为“接洽”或“接触”，是与客户直接面谈，并试图与之建立良好的关系，使准客户对销售人员产生信任和依赖感，为促成合作做好准备。

1. 拜访前的准备

物质准备包括客户资料和销售工具的准备，这些准备可以让销售人员在客户面前树立专业形象，赢得客户的信任。客户资料的收集应从多角度、多渠道出发，越多、越详细越好。

行动准备是为实施有效接触而进行的行动规划与设计，包括拜访计划的拟订、信函接触与电话预约等。拜访计划主要包括拜访时间的安排、拜访地点的选择、拜访礼仪的确定等。

2. 与准客户接洽

接洽亦即接触，它是销售人员推销自己的过程，可以为与准客户面谈创造条件，并试图与之建立良好关系，使准客户对销售人员产生信任和依赖感，为促成合作做好准备。在接洽时，应妥善安排面谈的时间、地点，营造和谐的气氛，消除准客户的顾虑、不安，推敲其感兴趣的话题，创造激发需求的媒介，并辅以销售人员的自信、专业、诚恳的表达，才能获得准客户的好感与接纳。接触可采用写信、打电话或当面接触等多种方式进行。

3. 需求分析与方案设计

销售人员最重要的工作是发现准客户的财务需求，并据此拟定出相应的保险计划，这一步骤称为需求分析。

进行需求分析时应考虑的主要因素有：准客户的年龄、家庭人口；长期资金积累目标；收入和储蓄的来源；现已投保的团体和个人保险；其他资金或资产、平均月消费；若准客户（或其他家庭成员）身故或残疾所需要的资金和对风险的态度。需求分析是销售过程中很重要的步骤，在综合的需求分析中，业务员可以协助客户，让他发现他需要购买保险，帮助客户发现他的人生计划、理财计划还有缺口，而保险正是堵住这个缺口最适当的安排。准客户在这一步骤中越投入，就越觉得他是在购买保险保障，而不是被推销保险产品。

4. 方案讲解

在设计好解决方案以后，销售人员应该向准客户表述解决方案，说明其保险计划的特性和功能。表述解决方案时应做到资料准备充分、信息传递明朗、语言简练通俗。方案讲解必须包括对推荐保险险种的保险责任、功能、责任免除、交费方式和告知义务等的解释。

5. 异议处理和促成

在销售过程中，准客户常常提出许多疑问或不同的意见，销售人员要耐心倾听，并正确地解答问题，使其加深对保险的理解。通过对一些问题的探讨和交流，不仅可以提高人们对保险的认识，而且也加强了销售人员和销售对象之间的理解和信任。

（三）递送保单

保险公司经过核保，做出承诺，出具保险单，由销售人员递送给客户。在递送保单时，销售人员应对客户表示肯定和赞许，进一步解释保单条款并回答客户的问题，承诺优质的售后服务，顺势索取转介绍，以取得新的准客户名单，开始另一个销售循环。

（四）售后服务

售后主要包括：随时解答并解决客户在整个销售过程中所遇到的问题；向客户介绍最新险种；协助客户进行保单事项的变更；帮助客户进行保险索赔；通知续保或催收续期保费；与客户保持联系，了解客户的动向，并根据客户的经济状况和保险需求的变动，提出新的方案。优质的售后服务是保单销售过程的延续。对于保险产品，尤其是长期性的寿险产品，售后服务可以大大减少保单的退保和失效，提高持续率，对客户和保险公司都有利。

> **思考与讨论**
>
> 分组讨论，分别有人扮演保险公司工作人员与客户的角色，模拟演练保险销售的过程，再进行角色互换。

二、保险销售渠道

保险销售渠道有直接销售和间接销售两种。

（一）直接销售

直接销售是指保险公司的员工直接向客户销售保险单的过程。在实际业务中又把这种业务称为直接业务。它较适合那些经营规模大、实力雄厚、分支机构健全的保险公司。其特点是保险公司直接与客户联系，保险协议的达成没有任何中间环节。一般情况下，财产保险特别是企业财产保险业务，适宜采用直接销售。人身保险的团体业务，被保险人集中，也适宜于直接销售。

直接销售往往因为销售人员的业务素质较高、经营技巧娴熟、道德修养较好、责任心较强等原因能够获得客户的信任，并能把销售与核保、防灾防损、理赔等相关环节紧密结合起来，从而保证业务质量。但是，直接销售需要配备大量的业务人员，增设机构，而且由于季节性原因，在业务旺季时，人员可能显得不够；而在淡季时，人员又过多，增加营业费用支出，提高了业务成本，从而影响保险公司的经济效益。

（二）间接销售

间接销售就是利用保险代理人、保险经纪人进行客户招揽的过程。间接销售的特点是保险双方必须通过中间人才能达成协议。保险公司把通过中间人获得的业务称为间接业务。除上述提到的适宜采用直接销售的团体保险业务外，许多客户分散的业务，如面向千家万户的个人寿险业务和家庭财产保险业务、机动车辆保险业务，若依靠公司职员销售，则成本高昂，因此，一般宜采用间接销售方式。间接业务的佣金提取一般与业务量直接挂钩，无业务则无佣金。这样就避免了更多的工资支出、办公费用支出，也无须增设机构。同时，因代理人和经纪人都具有较好的业务素质以及良好的社会关系，因此也降低了公司的销售成本，如公关费用和培训费用支出等。

1. 保险代理人销售

保险代理人是根据保险人的委托，向保险人收取代理手续费，并在保险人授权的范围内代为办理保险业务的单位或者个人。保险代理人根据保险人的授权代为办理保险业务，由保险人承担保险责任。在我国，保险代理人分为专业保险代理人、兼业保险代理人和个人保险代理人。三种代理人的代理权限不完全相同。

2. 保险经纪人销售

保险经纪人是基于投保人的利益，为投保人与保险人订立保险合同提供中介服务，并依法收取佣金的单位。从这一规定可以看出，保险经纪人只能以保险经纪公司的形式出现，这一点与保险代理人中有个人代理人形式不一样。保险经纪人销售是指保险公司利用保险经纪人招揽保险业务。

保险经纪人销售的业务权限主要包括以下几方面：为投保人拟定投保方案，选择保险人，办理保险手续；协助被保险人或受益人进行索赔；为委托人提供防灾、防损或风险评估、风险管理咨询服务；中国保监会批准的其他业务。

思考与讨论

试讨论，直接销售与间接销售有何不同？并进行优缺点分析。

补充阅读

2016 中国十大保险经纪公司排名

在我国，保险经纪公司排名主要是以业务收入为标准的，下面罗列出 2014 年、2015 年两年的中国十大保险经纪公司排名。

第一名，长安保险经纪有限公司；　　第二名，中怡保险经纪有限责任公司；

第三名，北京联合保险经纪有限公司；　　第四名，江泰保险经纪有限公司；

第五名，达信（北京）保险经纪有限公司；　第六名，韦莱保险经纪有限公司；
第七名，竞盛保险经纪股份有限公司；　第八名，航联保险经纪有限公司；
第九名，长城保险经纪有限公司；　第十名，华泰保险经纪有限公司。

（根据沃保网资料整理）

第四节　保险核保与承保

一、保险核保

核保也称风险选择，是指保险人对新业务的风险进行评估、鉴定，以决定是否承保；如果决定承保，则须进一步确定其保险费率的工作过程。

在核保过程中，核保人员会按标的的不同风险类别确定不同的费率，以保证业务质量，保证保险经营的稳定性。

在评估风险并进行风险分类时，核保人员应坚持保证客户的公平性、防止逆选择、保证公司的赢利、方便代理人的销售的原则。

（一）核保的主要内容和意义

核保的主要内容有：投保人资格的审核，是否具有保险利益；保险标的审核；保险金额审核；保险费率的审核和确定；投保人或被保险人的信誉审核。

核保是保险公司在业务经营过程中的一个重要环节。通过核保可以防止逆选择，排除经营中的道德风险；确保业务质量，实现经营稳定；扩大保险业务规模，与国际惯例接轨；实现经营目标，确保公司业务持续发展。

（二）核保流程

核保的过程就是保险人对保单申请人的状况进行评估、选择和分类的过程，由于个体的差异性和信息不对称的特点，使得核保的过程较为复杂。下面以人寿保险业务的核保流程为例进行说明。

1. 业务员的风险选择

个人寿险业务的开展主要是通过业务员进行的，业务员是投保人和被保险人与保险公司连接的桥梁，对诸如既往史、职业、家族病史、生活环境及生活方式、经济状况、投保动机等都比较清楚。尤其在免体检投保时，业务员的第一次风险选择对于保险公司有效地进行风险控制有着极其重要的意义。

营销人员在推销保单过程中，也完成了第一次风险选择。在这个过程中业务员采取的主要方式包括：面晤、观察、询问、报告。

2. 业务内勤初审

业务内勤的初审，是对投保者基本资料进行初步的审查核对，以确定资料是否齐全，是否符合保险公司的投保规则，客户的投保需求是否超出保险公司的承保能力，客户有无不良投保记录等。

初审也称“快速核保”，对于那些简单的投保单，保险公司先进行快速审核，如果投保单符合保单的严格要求，审核人员就可以同意该投保申请并立即签发保单。否则，退回营销部门进行修正。快速核保大大降低了保险公司的核保成本，使有经验的核保人能够更专注于特殊的保单。同时，保险公司可以迅速处理和签发一些保单，有助于改善客户服务。

3．电脑核保

电脑核保主要是通过内勤人员对投保单中被保险人基本信息的录入，将投保单所载信息与电脑相应模块中的标准信息进行对比的过程。与人工核保相比，电脑核保具有准确率高、速度快、成本低廉的优点。但是，电脑核保只能对简单的、定量化的、客观的信息进行分类审核，而无法对较复杂的、定性的、主观的信息进行分析和判断。

4．核保人员核保

这是核保人员根据业务人员的报告和投保单再次进行核审，判别是否可以承保或以何种条件进行承保的过程。能通过快速核保和电脑核保的投保单称为正常保件或标准保件，随即进入出单程序。不能通过的称为问题保件或非标准保件，需要医务上的支持，即相应的体检，也称为医务风险选择。有的还需要派工作人员到投保人、被保险人生活和工作的环境走访，向其家属、邻居和同事调查了解有关情况，即做生存调查。核保人员根据体检和生存调查的结果，对被保险人的风险进行分类，根据投保规则和核保规定做出相应的核保结论，确定承保费率或拒保。

二、保险承保

保险承保是指保险人对投保人的保险标的给予保险保障的合同行为。当投保人提出订立保险合同的“要约”时，保险公司会对投保人进行审核，以确定是否符合投保条件等。如果符合保险公司相关条件，则保险公司就会进行“承诺”，也就是承保。

（一）承保控制

承保控制是指在承保时，依据保险人的条件、能力，控制保险人承担的责任，并避免道德风险、心理风险等。核保控制的主要内容有：控制逆选择，控制保险责任，控制保险金额，预防保险欺诈，控制保障程度。

（二）承保流程

承保流程包括续保业务与新单业务。与新单业务相比，续保业务的承保手续简单。为了全面熟悉掌握承保流程，以下以新单业务流程为例介绍人身保险承保的全部程序。

新单业务流程，是指投保人向保险人发出要约直至缔结保险合同的全过程。具体为业务员向保险公司柜台交送投保资料，保险公司在接收投保资料后，对其进行初审、录入和核保直至保险合同的缮制、清分与寄送等一系列运作过程。新单业务流程主要包括以下步骤。

1．接单初审

承保内勤接收业务员递交来的保险费和投保资料，并进行初审。投保材料一般包括投保单、保费暂收收据，有的公司还有客户回访约定告知书、业务员报告书、委托银行代扣保险费协议书和附加问卷。

接单初审是新单进入保险公司的第一关，主要是将明显不合格的投保件剔除，以尽可能减少因投保单填写不合格、投保资料不齐全，导致其他后续业务处理工作不能正常进行。内勤人员根据客户签字后的投保单逐项认真审核，投保单上的保险费金额应与暂收收据、委托银行代扣保险费协议书上的金额一致，填写应准确无误，取费正确。再看投保人的基本情况是否符合公司的承保要求。如果有误，退回业务员纠正；如果无误，则在“新单登记簿”上进行登记。

2. 预收录入

收银员根据初审合格的投保单、暂收收据及委托银行代扣保险费协议书等相关文件，核实与业务员所交保险费是否一致，并收取保险费。对现金缴费者在相关文件上加盖相应的收讫章，将暂收收据第三联退还业务员，以备其进行查询；对采用银行划账方式缴费者直接录入。录入是指内勤人员将投保资料中的各项信息输入电脑，并以电脑进行核保，若不通过，说明投保单填写有误，退给业务员由客户重新填写签字；如通过，则进入下一个环节。

3. 专业核保

专业核保由负责核保工作的专业人员进行。核保人员根据投保规则和总公司的核保规定进行风险选择，得出核保结论，提出处理意见。不能承保的，将保险费和投保资料退还给业务员，由业务员将保险费退还投保人并负责解释工作；可以正常承保或附带条件承保的，例如有的需要补充提供材料或体检的，要做好相关业务处理工作，然后将投保材料和处理意见交给专门负责缮制保单的内勤人员。

4. 缮制保单

制单内勤将暂收收据号快速连续输入，电脑则根据暂收收据号自动生成保单号并连续打印出正式保单，根据保单号由专人负责打印正式收据并加盖保费业务结算专用章。清分人员将投保书、暂收收据、委托银行代扣保险费协议书、保单和正式收据等单证按其所列用途进行清分，加盖保险合同专用章，并配齐保险合同的封面、现金价值表、保险条款、投保单副本和保险合同送达书等文件，然后将其成套装订，在相应交接本上登记后装箱，由通勤车传至各初审收银岗后再由业务员交到客户手中。

5. 递送保单

业务员从递交投保单的窗口领取保险合同，登记后送达客户的同时，请客户填写《保险合同送达书》，并将回执部分剪下交由业务人员送回公司存档。

6. 整理归档

承保内勤每天分险种将当天的业务汇总成日报表，连同保费暂收收据和保险费交给财务部门，财务人员核对后在保费暂收收据业务留存联上加盖财务收讫章后返回承保内勤。内勤人员每天将回执单录入，将保费收据、保险合同副本和原始投保材料整理好放在一起，装进档案袋中，放进卷柜，月底统一登记后归入档案室保存。

此外，为了获得充分的保障，许多投保人在投保人寿保险基础上附加意外伤害或健康保险作为附加险。附加险应填写相应的附加险投保单，连同主险的投保单一并交上去，一起核保。附加险的生效对应日应与主险的生效对应日相同，续保时附加险是没有宽限期的，应提前办理续保手续。

续保是在原有保险合同即将期满时，投保人在原有保险合同的基础上向保险人提出续保申请，保险人根据投保人实际情况，对原有合同条件稍加修改而继续签约承保的行为。保险人在续保时应注意以下问题：对保险标的及时进行再次审核，避免保险期间中断；若保险标的危险程度发生变化，要对保险费率做出调整；保险人要根据上年经营情况，对承保条件和费率进行适当调整；保险人还要考虑通货膨胀因素影响，随生活费用指数变化而对保险金额做出调整。

（三）承保处理结果

核保人员通过核保，可做出以下几种承保决策：①正常承保，即按标准费率承保；②附加条件承保，即增加限制性条件或加收保费承保，如要求投保人安装警报器等安全措施，承保人低于承保标准，减少保险金额或提高免赔额或调高费率；③拒保。

第五节　防 灾 防 损

防灾防损是保险的职能之一，它是保险经营的重要环节，是保险服务的重要内容。实施防灾防损，有利于维护人民生命和财产安全，减少社会财富损失，是保险经营的基本目标之一，也是提高保险经济效益和社会效益的重要途径。

保险防灾防损是指保险双方共同努力，采取措施，减少或消除风险发生的因素，从而降低保险经营成本，提高经济效益的经营活动。保险防灾防损是保险公司一项不可忽视的重要工作，需要遵循积极主动、经常、及时、有效和与社会有关防灾部门密切配合的原则。

一、防灾防损的方法

1. 法律方法

通过国家颁布有关的法律来实施保险防灾管理。例如，我国《保险法》第三十七条规定："投保人、被保险人必须按约定履行其对保险标的的安全应尽的责任，否则，保险人有权增加保险费或解除合同。"

2. 经济方法

保险人通过调整保险费率来促进投保人重视防灾活动。对于防灾措施完备的投保人采用优惠费率，以示鼓励；反之，对懈怠防灾，缺乏必要防灾措施的投保人则采用较高的费率，促使其加强防灾。

3. 技术方法

一是通过制定保险条款和保险责任等技术来体现保险的防灾精神，二是运用科学技术成果从事保险防灾活动。

二、防灾防损的程序

1. 进行防灾防损宣传

在我国，人们的防灾防损意识比较淡薄，保险企业应运用多种宣传形式，向保户宣传防灾防损的重要性，提高安全意识，普及防灾防损知识。宣传内容如下：

（1）宣传保险必须与防灾防损相结合的意义；

（2）宣传消防条例和其他法律法规；

（3）宣传防灾防损的基本常识。

防灾防损宣传要结合当地实际，有针对性地进行。由于地理、气象、生产力发达程度以及人们的教育水平等方面的差异，使得各地的风险状况、保险标的的集中程度以及人们的防灾防损意识和实际能力等方面存在差别，这就要求保险防灾防损宣传要有目标、有针对性地进行。宣传方式方法上应力求做到通俗化、多样化，使防灾防损宣传生动活泼，易于理解和掌握。

2. 根据保险条款的有关规定，制定保险防灾防损措施和具体实施细则

保险防灾防损范围广、内容多，为将其贯穿于整个保险经营过程，在保险合同中，除规定主体、客体及保险金额、保险价值、保险期限等主要内容外，还应在有关条款中（如被保险人的义务条款中）写明对保险标的进行防灾防损的主要措施。保险合同条款一般比较简明扼要，在订立合同之后，还须据此制定具体实施细则以保证落实各种防灾防损措施。在各项实施细则中，一方面要对各项规定做出详细解释，提出实施方案和执行办法，以帮助防灾防损人员贯彻执行各项规定；另一方面，应结合具体情况，制定出责权利相结合的岗位责任制，使防灾防损工作与部门和个人的经济利益挂钩，并定期加以考核，做到奖优罚劣，从制度上保证防灾防损工作顺利进行。

3. 进行防灾防损检查，落实各项防灾防损措施

在制定了防灾防损措施和具体实施细则后，最重要的是付诸实践，否则一切措施只能是纸上谈兵。在实施过程中，还要经常检查监督其实际执行情况，及时发现风险隐患，将某些可以避免的风险因素消除在萌芽之中。一旦发生灾害事故，应及时采取避免或减少损失的合理措施，保证保险标的尽可能完好。同时，要加强防灾制度建设，将检查、监督纳入业务管理规划之中，保证检查和监督工作经常化、制度化。

4. 及时处理不安全因素和事故隐患

防灾防损检查以帮助客户查隐患、堵漏洞，纠正违章现象为主，也要从制度、组织、措施、宣传教育等多方面促进其安全管理整体水平。对检查中发现的问题，应提请被查单位领导予以重视，单位能整改的就立即整改，不能拖延。对一时解决不了的安全隐患，应要求和指导被查单位尽快采取应急措施，在限定期限内定项、定人、定措施整改，并建立立案销案制度，改一件销一件。对一些经过客户自身的努力仍得不到解决的重大隐患，应督促客户向其上级主管负责人请示报告，求得帮助解决。涉及市政建设的问题，应向政府有关部门汇报，提请纳入建设规划，逐步加以解决。对于重大隐患，在得到解决以前，应督促客户采取可靠的临时性补救措施。对检查中发现的问题，保险防灾人员应将其归入保户防灾档案。在客户整改措施的制订和落实过程中，保险防灾人员也应经常予以关心，整改结果也要归档。

对客户存在的安全隐患，在保险公司有能力的情况下，可将帮助客户消除安全隐患作为防灾服务的内容。有关技术性问题，可由保险防灾人员或聘请工程技术人员协助解决。

5. 参与抢险救灾

参与抢险救灾，是保险防灾防损的一项十分重要的工作。抢险救灾主要包括两个方面：一是灾害正在蔓延时，与被保险人一道，组织抢救保险财产，防止灾害蔓延；二是在灾害之

后，同被保险人一道，对受灾财产进行整理、保护和妥善处理残余物资。

为做好抢险救灾工作，保险企业要对全体干部职工进行抢险救灾技术培训，使其掌握在危险环境中的各种救灾技术，并且能够在救灾过程中有效地保护各种财产和个人生命安全，减少不必要的人员伤亡。

6. 拨付防灾防损费用

保险企业每年从收入的保险费中提取一定比例作为防灾防损基金，并以其中的一部分作为防灾防损补助费，拨给地方防灾部门使用。这是保险企业支持和参与社会防灾防损工作的具体表现。按照我国现行规定，各级保险公司应从当年财产保险的实收毛保费中，提取一定的比例作为总防灾防损基金。该基金分成三个部分：一部分作为全国统一使用的防灾基金；一部分由保险公司分公司作为防灾费用；还有一部分分配给基层保险公司作为防灾费用。

7. 开展灾情调查，积累灾情资料

保险企业要搞好防灾防损工作，除了配合有关部门具体参与防灾防损活动外，还要经常对各种灾情进行调查研究和积累必要的灾情资料，以便了解掌握灾害发生的规律性，提高防灾防损工作的效果。

思考与讨论

试讨论，防灾防损功能对保险业的经营有怎样的作用？对保险行业而言真的那么重要吗？

补充阅读

防灾防损 平安中国

平安产险的防灾防损工作一直处于国内行业领先地位。早在1995年，平安产险就率先成立了风险控制部。平安产险的各分公司都设置了专职防灾防损工作人员，三级机构也设置兼职风险控制人员，每年公司会聘请一些防灾防损机构的专业人士、各行业技术专家对防灾防损人员进行专业再培训，使防灾防损人员的技能不断提升。

平安产险开发使用了一套国内仅有的风险管理系统，该系统可以有效地保留客户风险信息，协助开展风险评估，及时提醒防灾防损人员进行客户回访，协助客户开展防灾防损工作。

为了及时、有效地将各种灾害信息传递给客户，和客户一起防御灾害、减少损失，平安产险建立起“中国平安一灾害预警”平台。在灾害来临前，系统通过电话中心95512发送手机短信，向客户传递灾害信息，提醒客户做好灾前的防灾防损工作，保护客户利益。目前该系统收集了平安产险的几万个企业客户和十几万个手机号码。一旦有台风、暴雨、洪水、暴风、暴雪、高温等灾害性天气来临某区域时，系统自动向该区域的公司客户发送灾害预警信息，温馨提示客户做好防灾防损工作。

平安产险防灾防损人员针对客户进行不定期的培训与交流，既加深了与客户的交流，又减少了事故发生的频率，降低了损失。像海化集团、台山电厂、沙角C电厂等都取得良好的效果。客户惠来风力发电有限公司存在比较大的雷灾风险隐患，曾经发生过两次雷击事故，损失比较大。为此平安产险专门安排了专业防雷检测和防雷整改，从根本上解决了该客户的雷灾风险隐患。某物流公司仓库，位于东莞大塘朗，在防汛工作中，按照平安为其提出的防损建议加建了一条挡水墙，结果在8月中旬的暴雨洪水中，基本上没有受到损失。

平安产险每年都会进行两次专项的防灾防损工作，一次是在每年的4—5月全国性的防洪防台检查，一次是10—11月的防火检查。

第六节 保险理赔

在保险经营活动中，理赔是保险经济补偿功能的体现。通过保险理赔，可以检验承保工作的质量，发现防灾防损工作中的漏洞和问题，为改进工作提供依据。理赔在保险业务经营中占有重要的地位。

保险理赔是指在保险标的发生保险事故而使被保险人财产受到损失或人身受到损害时，或保单约定的其他保险事故出现而需要给付保险金时，保险公司根据合同规定，履行赔偿或给付责任的行为，它是直接体现保险职能和履行保险责任的工作。保险索赔必须在索赔时效内提出，如超过时效，被保险人或受益人不向保险人提出索赔，不提供必要单证和不领取保险金，视为放弃权利。

相关案例

为什么保险金领取也受时间限制

王先生是一份人寿保险合同的指定受益人，2004年7月，王先生出国留学，由于种种原因，王先生与投保人和被保险人中止了联系。2004年12月，被保险人发生车祸身故，投保人知道后既没有向保险公司申请索赔，也没有通知王先生。2010年1月，王先生回国，得知了上述情况，于是向保险公司提出了索赔申请。由于王先生提出理赔申请时离保险事故的发生已有5年多的时间，有些必要的证据和事故性质、原因难以认定，因此，保险公司的理赔人员对是否应当给付王先生保险金产生了分歧意见。

分析

通过对本案例的分析，我们认为，本案中所投保险为人寿保险，索赔时效应为 5 年，虽然保险事故发生在 5 年以前，但并不意味着该案已超过索赔时效，因为，根据保险法的规定，索赔时效自被保险人或受益人知道保险事故发生之日起计算，而不是自保险事故发生之日起计算。如果王先生能够证明自己 5 年前并不知道保险事故的发生，那么，他仍然有权获得该笔保险金。

但是，如果因王先生被延迟通知，导致必要的证据及事故性质、原因无法认定或者增加了保险公司的勘查、检验等各项费用，保险公司有权从保险金中扣除。

一、保险理赔的原则

1. 重合同，守信用

保险合同所规定的权利和义务关系受法律保护，因此，寿险公司必须重合同、守信用，正确维护保户的权益。在处理赔案时，要严格按照保险合同中的条款来理赔，既不能"惜赔"，也不能"滥赔"。

2. 坚持实事求是

在处理赔案过程中，根据保险条款精神，要实事求是地进行处理，根据具体情况，正确确定保险责任、给付标准、给付金额，恰当运用条款处理具体问题，做到合情合理。不能教条主义，笼统拒赔。可以适当运用通融赔付。

3. 主动、迅速、准确、合理

这一原则是衡量和检查保险理赔工作质量的标准，是保险企业信誉的集中表现，它是我国保险业在长期理赔实践中总结出来的经验，又称理赔工作的“八字方针”。“主动、迅速”即要求保险人在处理赔案时积极主动，不拖延并及时深入事故现场进行查勘，及时理算损失金额，对属于保险责任范围内的灾害事故所造成的损失，应迅速赔偿或给付。“准确、合理”即要求保险人在处理赔案时，分清责任，合理定损，准确履行赔偿或给付义务。对不属于保险责任的案件，应当及时向被保险人发出拒付的通知书，并说明理由。

思考与讨论

试讨论，以上三个原则中，哪个更重要？

二、保险理赔的程序

保险理赔的程序一般包括以下几个环节。

（一）登记立案

保险事故发生后，被保险人或受益人应将事故发生的时间、地点、原因及其他有关情况，以最快的方式通知保险人。客户报案可以口头或函电，然后补交书面通知。理赔内勤认真填写“报案登记簿”，记载事故发生时间、地点、原因、简单经过，以及联系人姓名、联系方式、与被保险人的关系等情况。

根据报案人提供的情况，理赔内勤应尽快与业务内勤联系，进行单证的审核，以决定是否有必要全面开展理赔工作。单证审核主要包括审查保险单证的有效性和审核有关单证的有效性。如果证实没有投保或未及时续保，或者事故明显不在保险责任范围，接待人员可向报案人解释说明。如果证实保单有效，理赔内勤应及时填写“出险抄单通知书”送业务内勤，业务内勤抄录或复印保险单和批单，签章后交理赔内勤。

接待报案的人员（包括理赔内勤）应根据接报案和抄单情况，及时向理赔部门主管汇报案情，尤其是需要马上赴现场勘查的案件，如火灾、爆炸、盗窃、交通事故、异常死亡、重大特大事故等。由理赔主管决定是否安排外勤人员出示现场，或者安排代理勘查，对案情复杂或损失金额较大的案件，要立即向上级主管部门报告，争取共同赴现场勘查定损。

在确认保单有效并汇报完案情后，主管指示予以立案的，理赔内勤均应填写“立案登记簿”，并按照险种编号。有时可在勘查现场之后将登记内容补充完整，然后保管备查。

（二）现场查勘

通过查勘现场，才能掌握出险的第一手资料，这是处理理赔的重要依据。查勘工作的质量，对准确合理定损和赔付起着关键性作用。勘查现场必须由两人或两人以上进行，最后写出“现场勘查报告”，并经有关人员签字盖章。

（三）核定责任

现场查勘结束后，保险人根据抄单情况、现场了解到的情况以及保户提供的有关资料进行责任审核。这主要是审核此案是否属于保险责任，如果属于保险责任，应如何赔付，对赔案的处理方向有个总的把握。主要内容如下。

1. 审核保险责任

审核保险责任，一般有三次。第一次是在接待报案时，理赔内勤对保险责任进行初审；第二次是在查勘现场之后，有关人员就赔案的基本情况进行汇总、汇报、交换意见，统一思想，排除疑问；第三次是在收到保户的索赔材料后，依据保险条款和客户提供的资料，以及调查了解结果，进行正式、详细的审核工作。首先核实保险单的效力，然后分析损失是否由所承保的风险所引起，确定损失是否为保险标的，核对损失是否发生在保险单的有效期内和载明的地点，核实索赔者身份等。如果是拒付的赔案或者出险原因复杂的疑难案件，应由有关人员集体讨论通过，或请专家咨询后定夺，总之，要慎重。对于应予拒付的赔案，通知内勤办理“拒付通知书”，由外勤或信函形式发送。

2. 确定赔付范围

对于应予赔付的案件，应审核保户的索赔资料是否齐全有效，索赔金额是否真实合理。对索赔材料不齐全的，尽快通知保户补全手续，对于需要进一步补充调查的由主管调派外勤调查；在核查损失清单时，对于索赔金额有不同意见的，应与保户联系，进行协商，直到达成意见一致。在确定赔付范围时，不仅要注意保险标的的损失，还应确定施救整理费用、救助费用、鉴定费用和法律费用的范围。对赔案的处理有了方向后，有些案件需要等待。例如，机动车辆伤及第三者的，须等伤者治疗结束后，到交警队和解了，才能知道相对确切的赔偿金额。对于可能造成伤者残疾的，从出险到伤残鉴定，要等 180 天。

（四）理算审批

理赔内勤根据保险条款和有关规定，参照审核的结果和保户提供的资料，计算赔付金额。计算时注意公式的应用、赔付的比例，还有残值、免赔额和免赔率、除外责任金额的扣除，以及保险原则的应用。例如定值保险、第一危险责任方式、重复保险分摊等。理赔内勤在损失清单上填写核定的赔款金额，再缮制“赔款计算书”和“结案报告单”，然后进行签章、复核、交理赔主管审批、稽核人员审核、主管理赔工作的经副理审批。对于超越权限的，要上报上级主管部门和领导审批。在赔案材料流转时，应进行登记，加快办事效率，分清责任。

（五）赔付、结案归档

审批程序完成后，理赔内勤或销售人员可以通知保户前来领取赔款或保险金，也可以由两人送赔款上门。此时一定要审核领款人身份，看其是否有赔款或保险金申领权。例如，是否是代办员、被保险人、受益人、被保险人的法律监护人等。要求领款人出示身份证（有的还要户口簿），被保险人或受益人不能亲自来领取的，代理人应持被保险人或受益人亲笔签字并按手印的“代理委托书”、委托人的身份证明、代理人的身份证明前来办理。对单位或团体，付款形式一般为转账支票；对个人，一般为现金或现金支票。

理赔内勤付款时，将一式三联（或四联）赔款（或给付）收据中被保险人（或受益人）留存联交给领款人，有时还有批单和保险单。还有一联赔款收据和结案报告单交财务做付款凭证，另外一联由财务加盖“现金付讫”或“转账付讫”后留在案卷里。如果赔款收据是四联，其中有一联交给统计员或送入流转渠道，如货运保险代赔案。内勤应在月底将已经付完款的案卷材料按要求粘贴妥当，排好顺序，夹上案卷皮装订好，归档保管。

（六）代位追偿

如果保险事故是由第三者的过失或非法行为引起的，第三者对被保险人的损失须负赔偿责任。保险人可按保险合同的约定或法律的规定，先行赔偿给被保险人。然后被保险人应当将追偿权转让给保险人，并协助保险人向第三者责任方追偿。如果被保险人已从第三者责任方那里得到了赔偿，保险人只需承担不足部分的赔偿责任。值得注意的是，在人身保险业务中，不允许代位追偿；而在健康险中，对于医疗费用的赔付案件，这样规定是不合适的。

本章小结

保险公司经营管理（一）	保险公司经营管理概述	保险公司经营管理具有风险集中性、成本的后发性、产品和服务的同质性、经营管理活动的较大弹性、经营的广泛社会性等特点 保险公司经营应当遵循风险大量、同质原则，风险选择原则，风险分散原则；从保险行业宏观管理来讲，保险经营应当遵循分业经营原则、禁止兼营原则和保险专营原则
	保险产品开发与保险费率	保险产品开发的基本原则有市场性原则、效益性原则、合法性原则、规范性原则和国际性原则，其开发应遵循法律规定的程序。保险费率简称费率，是保险人按照单位保险金额向投保人收取保险费的标准。应当掌握其基本厘定方法
	保险销售	保险销售，是指引导具有同类风险的投保人，以缴纳保险费的方式，参加保险以建立保险基金，用以补偿或给付约定的自然灾害和意外事故造成的财产损失或人身伤亡、疾病等事件的行为 保险销售有直接销售和间接销售两种形式
	保险核保与承保	核保是指保险人对新业务的风险进行评估、鉴定，以决定是否承保；如果决定承保，则须进一步确定其保险费率的工作过程 承保是指保险人对投保人的保险标的给予保险保障的合同行为
	防灾防损	保险防灾防损是指保险双方共同努力，采取措施，减少或消除风险发生的因素，从而降低保险经营成本，提高经济效益的经营活动。保险防灾防损是保险公司一项不可忽视的重要工作，需要遵循积极主动、经常、及时、有效和与社会有关防灾部门密切配合的原则
	保险理赔	保险理赔是指在保险标的发生保险事故而使被保险人财产受到损失或人身受到损害时，或保单约定的其他保险事故出现而需要给付保险金时，保险公司根据合同规定，履行赔偿或给付责任的行为

复习思考题

一、单选题

1. 保险防灾防损的主体是（　　）。

A. 专业的防灾部门　B. 保险公司　C. 投保单位　D. 政府部门

2. 一船在航行中遭遇鱼雷而致损，到达避难港后进行了临时性修理，并经船级社同意继续航行，在途中又遇风暴而致损。若该船的保险条件为“战争或类似战争行为不保”，则保险人（　　）。

A. 不承担赔偿责任　B. 承担全部赔偿责任
C. 承担鱼雷所致的损失　D. 承担风暴所致的损失

3. 一企业仅将全部固定资产足额投保了企业财产综合险，在保险期限内因火灾而受损，造成固定资产损失 80 万元，为抢救财产（包括固定资产和流动资产）支出施救费用 20 万元，固定资产的实际价值为 300 万元，流动资产的实际价值为 100 万元。则保险公司的赔偿金额应为（　　）。

A. 80 万元　B. 85 万元　C. 95 万元　D. 100 万元

4. 按法律规定，代理人为尽其职责通常所必须采取的行为，被视为其应有的权力，称为（　　）。

A. 代理权力　B. 约定权力　C. 默许权力　D. 明示权力

5. 我国《保险法》第二十七条规定：“人寿保险以外的其他保险的被保险人或者受益人，

对保险人请求赔偿或给付保险金的权利，自其知道保险事故发生之日起（　　）年不行使而消灭。”

A. 2　　B. 3　　C. 4　　D. 5

6. 我国《保险法》第二十七条规定：“人寿保险的被保险人或者受益人对保险人请求给付保险金的权利，自其知道保险事故发生之日起（　　）年不行使而消灭。”

A. 2　　B. 3　　C. 4　　D. 5

二、判断题

1. 直接销售就是保险公司本身的专职人员直接推销保单，招揽业务。(　　)

2. 保险业务的要约、承诺、核查、收取保费等签订保险合同的全过程都属于承保业务环节。(　　)

3. 保险人审核投保人的资格，是为了防止投保人或被保险人故意破坏保险标的，以骗取保险赔款的道德风险。(　　)

4. 理赔是保险补偿和给付等基本职能的具体体现。(　　)

5. 被保险人发出损失通知的方式可以是口头的，也可用函电等其他形式，但随后应及时补发正式书面通知，并提供各种必需的索赔单证。(　　)

三、简答题

1. 简述保险公司的销售途径。

2. 简述保险理赔的原则。

3. 简述大数法则在保险费率厘定中的作用。

四、实训项目

实训一

实训内容：2010年8月24日下午，太平洋保险理赔人员来到湖北省宜昌市长阳县陈家坪煤矿，向“8·23”矿难中遇险客户的家属给付保险金120万元。

8月23日上午9时，陈家坪煤矿发生瓦斯突发事故，32人被困井下，当地迅速组织紧急施救，26人安全出井。事故导致6人死亡、9人受伤。事故发生后，为陈家坪煤矿提供团险意外补充工伤保险的太平洋寿险宜昌中心支公司在当天即派出查勘人员赶到事故现场，收集理赔资料，同时做好协调和慰问客户工作。24日，太平洋寿险湖北分公司迅速启动重大突发事件应急预案，开通理赔绿色通道，在确认保险责任后，给付全部遇难客户保险金。

太平洋寿险宜昌中心支公司于2010年5月26日起承保陈家坪煤矿的团险意外补充工伤保险，按合同约定，意外死亡者的受益人可获20万元保险金。

实训指导：通过网络搜集相关信息资料，从保险公司审核、办理投保、查勘、理赔的角度了解保险公司办理投保、保险理赔的程序。

实训二

实训内容：家住北京郊区的赵大妈已经75岁，多年前收养了孤儿小刚。因赵大妈一直吃低保，不具备收养资格，无法在民政局办理收养登记，因此只办理了助养手续。

和赵大妈同住一个村的小陈是保险业务员，经常动员她为小刚购买保险。赵大妈在2012年1月买了两份保险，被保险人为小刚。但这两份保险给她带来的却是无尽的烦恼和损失。

签合同时，赵大妈在小陈的帮助下填写了保险合同，上面写着赵大妈的年收入为30万元。但实际上赵大妈并没有固定收入，她在支付20多万元保费后便无法续保，面临着违约的风险。得知自己付的20多万元基本要不回来了，赵大妈只觉两眼一黑，毕竟这是她大半辈子省吃俭用攒下的全部积蓄。老人只好聘请律师去法院打官司。律师一问才知道赵大妈和小刚之间并没有收养关系，因此保险合同是无效的。

2014年，因小刚与赵大妈不具有法律上的保险利益关系，法院认定两份保险合同为无效合同。但保险公司拒绝返还保险费。于是，赵大妈又将保险公司告上了法庭，请求法院判令保险公司返还其交纳的保险费26万余元以及利息损失等。保险公司依然拒赔且当庭反诉赵大妈，要求她赔偿6万元损失。

赵大妈的律师指出，投保人是70多岁的老太太，完全是按照保险公司的指引签订的保险合同。而保险公司负有审查投保人和被保险人是否具有保险利益的义务。“小陈和赵大妈是村民关系，对她的家庭关系及年经济收入是非常了解的，赵女士30万元的年收入又从何而来？”法院认为，保险公司没有尽到审核的义务，其过错程度较大。日前法院作出判决，保险公司返还赵大妈保险费22万余元，并赔偿利息损失5 000元。

实训指导：试结合上述资料思考，对于投保人因在保险销售人员引导下与保险人签订的不具法律效力的保险合同，保险公司应尽的责任有哪些？保险公司应如何防范此种风险？

课外阅读资料

国内个险最大理赔案现身福建 平安人寿客户获赔 1 524 万余元

福州新闻网/福州晚报 2015 年 3 月 27 日讯（记者 杨剑峰） 近年巨额保单频频出现，高额理赔案随之也时有发生。平安人寿福建分公司完成了一笔高额理赔，赔付保险金总额 1 524 万余元。据了解，该理赔金额不仅是福建省内截至目前最大的一笔寿险赔付，也刷新了国内个人寿险最高赔付金额纪录。

据了解，已故客户张先生生前从事农产品生产加工，经过多年打拼，近年企业运营良好。不幸的是，2014 年 11 月，张先生在外出时发生意外事故，经抢救无效死亡。

平安人寿福建分公司接保单服务人员报案后高度重视，第一时间启动调查前置程序，核实事故经过，安抚家属情绪，并指导受益人收集理赔资料。之后，客户家人正式提起理赔申请。经过多次反复核查，确认无误后，平安人寿最终作出赔付意外身故保险金 1 524 万余元的理赔决定，以实际行动兑现企业的保险承诺。

此单保险的平安代理人介绍，2008 年，张先生首次投保了一份保额 12 万元的平安万能险以及重疾险等，年缴保费为 6 000 多元。2011 年 6 月，张先生投保平安鑫盛终身寿险和附加意外险，两者保额分别为 55 万元和 650 万元。当年 8 月，张先生再次加保，投保平安鑫盛终身寿险、鑫盛重疾险和附加意外险，三者保额分别为 105 万元、60 万元和 700 万元。截至理赔案发前，张先生累计缴纳保费达 34 万余元。

本讯原文：

第十章 保险公司经营管理（二）

学习目标和要点

学习目标

了解保险客户服务的基本内容，掌握保险资金来源和运用渠道及使用原则，掌握再保险的相关内容，为进一步了解保险运作流程奠定基础。

学习要点

客户服务；保险资金；保险投资；再保险。

本章知识结构

- 客户服务
  - 客户服务的意义
  - 客户服务的内容
    - 提供咨询服务
    - 风险规划与管理服务
    - 接报案、查勘与定损服务
    - 核赔服务
    - 客户投诉与处理服务
  - 财产保险客户服务的特别内容
  - 人身保险客户服务的特别内容
- 保险投资
  - 保险投资的资金来源
    - 权益资产
    - 保险准备金
    - 保险保障基金
    - 其他资金
  - 保险投资的原则
    - 安全性
    - 流动性
    - 收益性
  - 保险投资的方式
- 再保险
  - 再保险与原保险的关系
  - 再保险的业务种类
    - 比例再保险
    - 非比例再保险
  - 再保险业务的安排方式
    - 临时再保险
    - 合同再保险
    - 预约再保险

案例引入

新华保险刷新最快理赔纪录

据2016年3月29日《上海金融报》报道（记者李茜） 来自宁夏的郭女士成为新华保险公司最快理赔记录的体验者，整个理赔处理时间仅5.7分钟。

郭女士于2011年为孩子投保了“吉祥如意”两全保险，附加住院医疗保险。2015年12月，孩子因感冒住院产生了医疗费用。新华保险工作人员帮助郭女士收集完整的理赔资料后，上门为其办理移动理赔。2016年1月7日15点10分，该理赔案件正式进入系统。因为事实清晰、材料齐全，15点15分，案件自动结案并同时向客户发送了结案短信，给付郭女士1 591.22元，总用时5.7分钟。

新华保险采取移动理赔和自动理赔等技术创新，并主动简化理赔手续，使公司小额理赔服务水平走在行业前列。截至2016年2月，移动理赔在全部案件占比提升至39%。3 000元以下小额医疗案件中，75%由自动理赔技术处理，实现了快速结案及兑现给付。

数据显示，2015年，新华保险理赔金额及理赔件数“双升”，累计给付个人客户31.18亿元，同比增长超过17%；给付件数25.73万件，同比增长约18%。理赔5日结案率较年初提高11个百分点。

以上案例反映的是保险公司经营管理过程中一项重要的工作内容，那就是客户服务。那么，什么是客户服务，保险公司如何做好客户服务呢？这是本章将要学习的内容。

第一节　客户服务

保险客户是指那些现实和潜在的保险产品的消费者，如潜在客户、保单持有人、被保险人和受益人。

保险客户服务是指保险人在与现有客户及潜在客户接触的阶段，通过畅通有效的服务渠道，为客户提供产品信息、品质保证、合同义务履行、保全、纠纷处理等项目的服务以及基于客户的特殊需求和对客户的特别关注而提供的附加服务内容。

一、客户服务的意义

客户服务是保险公司业务经营最重要的内容之一。保险公司提供优质客户服务的能力对建立和保持积极、持久和紧密有力的保险客户关系是十分重要的。保险客户服务以实现客户满意最大化，维系并培养忠诚保险客户，实现客户价值与保险公司价值的共同增长为目标。

补充阅读

美国寿险管理协会（LOMA）的研究结论指出，企业的客户每年留存量增加 5%，其利润就增加 85%；有一个客户对公司不满意，将会告诉另外 8～10 个人；建立一个新客户的成本，比留住一个老客户的成本高 10 倍。完善的客户服务对保险企业的发展具有重要意义。

1. 客户服务是市场竞争的需要

我国人身保险市场开放以后，保险客户对服务的要求会在外资公司先进服务技术和理念的刺激下迅速提高，国内保险公司如果准备不足，有可能在对比悬殊的竞争中很快被驱逐出市场。

2. 客户服务是满足消费者维权意识提高的需要

随着经济的发展和社会文明程度的进步，人们的自我意识不断觉醒，对寿险服务提出了新的要求，因此，构建智能化的保险客户服务信息技术平台，满足客户服务的要求，是实现优质客户服务的基础保证。

3. 良好的客户服务是实施顾客忠诚战略的基础

保险公司实施顾客忠诚战略，有利于扩大市场份额，降低市场开发费用，增强公司利润。培养客户对公司的忠诚度，可以引导客户重复购买和投保各类险种；当寿险公司推出新险种时，由于忠诚顾客的存在，可以很快地拓展市场、打开销路，节约保险新产品市发费用，增加公司利润来源。

4．客户服务是寿险公司形成核心竞争力的重要手段

对于寿险公司而言，核心竞争力不再只表现为险种的更新、保险资金运用，更表现为向客户提供最佳保险服务的能力，包括管理、人才、技术、品牌等无形资源，这些资源不易流动，不易被复制，可以在竞争中发挥绝对优势。

补充阅读

百场讲座走进社区　新华保险请专家下乡

据和讯保险网2012年9月4日报道，7月份以来，新华保险已在全国各地全面启动了第十二届客户服务节，按照计划，将在三个月的时间内在全国开展100场公益讲座，邀请来自专业健康管理公司、知名医院、少儿教育机构组织、专业救援机构等的专家、教授，就健康养生、亲子教育、急救技能、养老保健等方面送知识进社区。由于讲座受到客户热烈欢迎，原定100场讲座完成后，为满足客户需求，新华保险在多地增加了讲座场次。截至8月底，新华保险已进行了194场讲座，参与客户达6万余人，几乎场场座无虚席。

本届客服节期间的讲座内容十分丰富，因此参加活动的客户年龄分布较为广泛，不仅有白发老人前来咨询养生之道，还有“80后”家长携孩子一同聆听幼儿保健、亲子关系等。考虑到参与对象在知识层次方面的差异，经验丰富的专家们用最浅显易懂的语言，将生活中常见的慢性病预防、营养饮食、急救护理、健康生活方式等进行了全方位讲解。为加强知识普及效果，专家们通过理论与实践相结合的方式，邀请现场客户通过游戏、问答、竞猜等方式参与其中，客户在寓教于乐的氛围中受益良多。讲座后，还有许多客户围在专家身边求医解惑。

值得关注的是，通过参加健康讲座，多数客户的保险保障意识得到增强，对保险产品的认识也得到加深。北京朝阳区一位客户观看了讲座播放的《边红旗》视频后，为剧中无力承担医疗费的孩子深感痛心，同时也意识到自己要承担赡养父母、照顾子女的家庭责任。由于客户对自身保险需求的认识不清晰，甚至认为完全没有保险需求，导致对保险产品产生不理解、不认同。事实上，随着社会的发展及文明程度的提高，人们对于生命的价值将更加重视，保险公司有义务也有责任搭建保险知识普及教育的平台，使保险互助、价值传承理念深入到客户心中。

2012年以来，保监会主席提出要通过“抓服务”来进行行业转型和行业形象改善，新华保险自身也进入到“以客户为中心”的战略转型深入推进期。为更好地贯彻落实监管要求，促进公司价值成长提升，新华保险第十二届客服节在精心总结以往活动经验的基础上，保留了如健康讲座、保单复效、少儿书画大赛等客户喜闻乐见的活动，并通过客户拜访、信息化水平提升等手段拓展了客户服务的范围和内涵，真正将“以客户为中心”做在明处、落到实处。

二、客户服务的内容

保险客户服务包括保险产品的售前、售中和售后三个环节的服务，在每一个环节上又都包含着具体详细的内容。售前服务是指保险人在销售保险产品之前为消费者提供各种有关保险行业、保险产品的信息、资讯、咨询，免费举办讲座，风险规划与管理等服务。售中服务是指在保险产品买卖过程中保险人为客户提供的各种服务。如在寿险客户服务中，包括协助投保人填写投保单、保险条款的准确解释、免费体检、保单包装与送达、为客户办理自动交费手续等。售后服务是指在客户签单后保险人为客户提供的一系列服务。

在寿险客户服务中，售后服务的方式主要有提供免费查询热线、定期拜访、契约保全、保险赔付等。保险客户服务主要有以下几项内容。

1. 提供咨询服务

顾客在购买保险之前需要了解有关的保险信息，如保险行业的情况、保险市场的情况、保险公司的情况、现有保险产品、保险条款内容，等等。保险人可以通过各种渠道将有关的保险信息传递给消费者，而且要求信息的传递准确、到位。在咨询服务中，保险销售人员充当着非常重要的角色，当顾客有购买保险的愿望时，一定要提醒顾客阅读保险条款，同时要对保险合同的条款、术语等向顾客进行明确的说明。尤其对责任免除、投保人、被保险人义务条款的含义、适用的情况及将会产生的法律后果，特别要进行明确的解释与说明。咨询的方式主要有以下几种。

（1）电话咨询。准客户可以通过保险公司或中介机构的电话来了解保险信息和基础知识。

（2）窗口咨询。准客户可以直接到保险公司的窗口与保险业务员进行面对面的交流，索取有关的资料和信息。

（3）网上咨询。目前几乎各大保险公司都提供网上咨询的方式。通过互联网，准客户可以查询到自己感兴趣的保险信息，甚至可以在网上直接与服务人员交流，解决问题，并且可以与其他保户进行沟通和信息传递。

（4）客户服务中心系统。主要是基于 IP 网络的客户服务中心系统，利用包括电话、电子邮件、互联网和动态视频等多媒体形式为客户提供服务，并能详细了解和保存客户资料，及时了解客户的需求，为客户提供个性化服务。

补充阅读

安邦保险与中国联通联手　打造专属信息化服务平台

据和讯保险网 2012 年 9 月 26 日消息（张兴文），2012 年 9 月 26 日，安邦保险与中国联通在北京举行战略合作协议签约仪式，双方均表示将在未来开展一系列深度合作，使双方在网络、应用平台以及客户服务等多层次领域上实现资源互补，共同探索 3G 通信技术在保险业的新应用。

双方将在巩固已有合作的基础上，进一步拓展和创新应用领域，提升安邦保险的信息化服务水平。同时，通过对综合远程定损服务、3G 智能手机的交互型应用、基于 iPhone 的创新应用、3G 移动办公等应用的创新，安邦保险与中国联通将联手打造一个专属的信息化综合服务平台。

近年来，我国保险业持续快速发展，保费收入稳步增长，保险业在金融体系乃至整个国民经济中的地位愈加重要。安邦保险自 2004 年成立以来，发展势头迅猛，业绩蒸蒸日上。2011 年，安邦财险注册资本变更为 120 亿元人民币，跃居全国保险行业第二，并于同年获得保监会批准，开始集团化改组进程，成为中国保险行业第 8 家集团公司。

此前，安邦保险与中国联通在全国电路组网、3G 移动业务等方面已经开展了一系列紧密合作。双方将进一步在保险及金融服务、基础通信服务、3G 移动技术应用、产品合作开发、联合营销等方面深化战略合作。

2. 风险规划与管理服务

首先帮助顾客识别风险，包括家庭风险的识别和企业风险的识别。其次，在风险识别的基础上，帮助顾客选择风险防范措施，既要帮助他们做好家庭或企业的财务规划，又要帮助他们进行风险防范。特别是对于保险标的金额较大或承保风险较为特殊的大中型标的，应向投保人提供保险建议书。保险建议书要为顾客提供超值的风险评估服务，并从顾客利益出发设计专业化的风险防范与化解方案，方案要充分考虑市场因素和投保人可以接受的限度。

3. 接报案、查勘与定损服务

保险公司坚持“主动、迅速、准确、合理”的原则，严格按照岗位职责和业务操作实务流程的规定，做好接客户报案、派员查勘、定损等各项工作，全力协助客户尽快恢复正常的生产经营和生活秩序。在定损过程中，要坚持协商的原则，与客户进行充分的协商，尽量取得共识，达成一致意见。

4. 核赔服务

核赔人员要全力支持查勘定损人员的工作，在规定的时间内完成核赔。核赔岗位和人员要对核赔结果是否符合保险条款及国家法律法规的规定负责。核赔部门在与查勘定损部门意见有分歧时，应共同协商解决，赔款额度确定后要及时通知客户；如发生争议，应告知客户解决争议的方法和途径。对拒赔的案件，经批复后要向客户合理解释拒赔的原因并发出正式的书面通知，同时要告知客户维护自身权益的方法和途径。

5. 客户投诉处理服务

保险公司各级机构应高度重视客户的抱怨、投诉。通过对客户投诉的处理，应注意发现合同条款和配套服务上的不足，提出改进服务的方案和具体措施，并切实加以贯彻执行。

（1）建立简便的客户投诉处理程序，并确保让客户知道投诉渠道、投诉程序。

（2）加强培训，努力提高一线员工认真听取客户意见、与客户交流及化解客户不满的技巧，最大限度地减少客户投诉现象的发生。

（3）了解投诉客户的真实要求。对于上门投诉的客户，公司各级机构职能部门的负责人要亲自接待，能即时解决的即时解决；不能即时解决的，应告知客户答复时限。对于通过信函、电话、网络等形式投诉的客户，承办部门要限期答复。

（4）建立客户投诉回复制度，使客户的投诉能及时、迅速地反馈。

（5）在赔款及其他问题上，如果客户和公司有分歧，应本着平等、协商的原则解决，尽量争取不走或少走诉讼程序。

（6）在诉讼或仲裁中，应遵循当事人地位平等原则，尊重客户，礼遇客户。

三、财产保险客户服务的特别内容

对承保标的的防灾防损是财产保险客户服务的重要内容。防灾防损是指通过建立有效的防灾制度，采取一定的技术手段和措施，防止各种自然灾害和意外事故的发生和防止损失的继续扩大。

保险防灾防损是指保险双方共同努力，采取措施，减少或消除风险发生的因素，从而降低保险经营成本，提高经济效益的经营活动。保险防灾防损是保险公司一项不可忽视的重要工作，需要遵循积极主动、经常、及时、有效和与社会有关防灾部门密切配合的原则。

1. 制订方案

防灾防损要以切实可行的防灾防损方案、周密翔实的实施计划和具备技术特长的专业人员为保障，并根据时间的推移和现实情况的变化，定期或不定期地调整防灾防损对策。

保险防灾防损范围广、内容多，为将其贯穿于整个保险经营过程，在保险合同中，除规定主体、客体及保险金额、保险价值、保险期限等主要内容外，还应在有关条款中（如被保险人的义务条款中）订明对保险标的进行防灾防损的主要措施。保险合同条款一般比较简明扼要，在订立合同之后，还须据此制订具体实施细则以保证落实各种防灾防损措施。在各项实施细则中，一方面要对各项规定做出详细解释，提出实施方案和执行办法，以帮助防灾防损人员贯彻执行各项规定；另一方面，应结合具体情况，制定出责权利相结合的岗位责任制，使防灾防损工作与部门和个人的经济利益挂起钩来，并定期加以考核，做到奖优罚劣，从制度上保证防灾防损工作顺利进行。

2. 重点落实

在制订了防灾防损方案后，最重要的是付诸实践，否则一切措施只能是纸上谈兵。在实施过程中，还要经常检查监督其实际执行情况，及时发现风险隐患，将某些可以避免的风险因素消除在萌芽之中。一旦发生灾害事故，应及时采取避免或减少损失的合理措施，尽可能保证保险标的完好。同时，要加强防灾制度建设，使检查、监督纳入业务管理规划之中，保证检查和监督工作经常化、制度化。

（1）定期对保险标的的安全状况进行检查，及时向客户提出消除不安全因素和隐患的书面建议。切实做好火灾、爆炸等重点风险的防范工作，对灾害易发部位要留影存查并进行重点监控，针对灾害隐患，要向企业提出切实可行的整改方案并督促其贯彻落实。

（2）对重要客户和大中型保险标的，要根据实际需要开展专业化的风险评估活动。风险评估活动应遵循全程参与、共同配合、保守客户商业秘密和不影响客户正常的生产、经营的原则，运用科学的理论和方法，组织专业化的评估小组，依照切实可行的评估方案和评估程序进行。

3. 特殊服务

财产保险公司可以主动或应客户要求提供一些特殊的服务。例如，收集中长期气象、灾害预报及实时的天气预报信息，协助客户做好灾害防御工作；针对可能发生的暴风、暴雨、台风、洪涝等重大灾害，事先制订出详细、可行的预案，建立防洪协作网并逐项贯彻落实。

四、人身保险客户服务的特别内容

1. 寿险契约保全服务

“保全”一词在人寿保险实务上有广义和狭义两种。就广义而言，自人寿保险契约成立时起至终止时止，凡在保险期间内发生的一切事务都可称为保全。故广义的保全不仅包括保险费的收取、契约内容的变更，更包括保险金、给付金、保单贷款、退保金、红利等各类给付事务。狭义的保全仅仅包括契约内容的各种变更、保单错误的更正以及保险金和退保金的给付。

保全服务是寿险公司业务量最大的服务，寿险公司一般都设有处理保全业务的职能部门。在遵循客户满意最大化原则的基础上，寿险契约保全的具体工作内容如下。

（1）续期保险费的收取。投保人向保险公司缴纳的保费在很多情况下都是分期给付的，首期保费可以直接缴纳现金支票，而以后各期可以由业务人员上门收取，也可以通过银行自动转账方式收取，这可以省去很多麻烦，方便快捷。

（2）保险合同变更的服务。在保险合同有效期内，投保人和被保险人的情况可能发生变化导致保险合同内容相应变更，若投保人要求变更保险合同，应先填写更改保险合同的申请书，业务部门查看投保人的申请后，出立批单并予以更正。

（3）保险合同的复效或退保服务。分期缴费的人身保险合同，投保人未按时缴纳续期保险费，如果超过了60天的宽限期，保险合同效力中止，即保单失效。保险营业员应及时与投保人联系，详细询问保险单失效的原因，按规定为投保人办理复效手续。在保险合同失效2年后，保险公司有权不为投保人办理复效手续。如果保险条款规定可以退保的，退保时一定要将未满期的保险费按规定退还给保户。

（4）保单迁移服务。在保险合同有效期内，保户因某些变动而要求办理到原签单单位以外的机构继续享受保单权益，履行保单义务的，保险公司要为投保人提供保单迁移的变动手续。目前，保单迁移只能在同一公司内部进行。

（5）保单贷款服务。当保单具有现金价值时，投保人可以凭借保险单向所投保的人寿保险公司申请保单贷款以解决资金短缺问题。贷款金额不能超过保险单的现金价值。

（6）选择减额缴清保险或可转换权益服务。如果保单具有现金价值，投保人可以现金价值作为一次缴清的保费，投保原保险，但是，保额相应减少，这样可以使保单继续有效。投保人依条款规定，也可将所保险种转换为保险公司认可的终身保险、两全保险或养老保险，而且无须核保。

（7）挂失、补发保险单服务。如果保户的保单不慎遗失或损毁，可申请挂失并补发。

（8）自动垫缴保费服务。分期缴费的保单，如果超过宽限期仍未付费的，保险公司将以保单的现金价值垫缴应缴保费，以维持保单效力。

（9）利差返还和红利领取服务。有些人寿保险条款里设计有“利差返还”条款，规定当预定利率低于银行存款利率时，保险公司以保险单现金价值为本金，将利息差额返还给客户。红利领取是针对分红保险而言的。红利的金额是根据保险公司当年的经营状况计算的。

（10）保单附加值服务。保单附加值服务并不是与保险业务有关的服务项目，而是保险公司在业务之外对保险客户提供的额外服务，这种服务通常附加在保险单上，如保险公司对大客户开展的一些免费体检、联谊、健康咨询等服务。保险公司开展附加值服务的主要目的，是为了加强投保人和保险人之间的沟通，及时了解客户的具体服务需求。

总之，目前，我国寿险公司提供的客户服务水平较低，尤其是附加值服务较少，相信随着保险市场竞争的加剧，保险客户服务的水平将不断提高。保险公司的人员要善于利用公司已有的条件，尽量做好售后服务，赢得客户的信任，这样客户群体会源源不断地增大。

2. “孤儿”保单服务

“孤儿”保单是指因为原营销人员离职而需要安排人员跟进服务的保单。“孤儿”保单服务具体包括保全服务、保单收展服务和全面收展服务三种。

（1）“孤儿”保单保全服务。寿险公司成立专门的“孤儿”保单保全部（组），集中办理“孤儿”保单续期收费和其他保全工作。“孤儿”保单采取按应收件数均衡分配方式，落实到每一个保全员。公司对保全员进行单独管理、单独考核。

（2）“孤儿”保单收展服务。寿险公司设专门的收展员或成立专门的收展部，并按行政区域安排“孤儿”保单的客户服务工作。

（3）“孤儿”全面收展服务。寿险公司内设专门的收展部门，并按行政区划安排“孤儿”保单及全部保单若干年的客户服务工作。

思考与讨论

试讨论，维护“孤儿”保单对客户与保险公司而言具有怎样的意义？

第二节 保险投资

保险投资，也称为保险资金运用，是指保险公司在经营活动中，将自有资本金、各种责任准备金及其他可投资的资金，通过法律许可的渠道进行投资，使保险资金得到增值的业务。

保险公司之所以能够将其资金进行投资，主要是因为保险资金在实际应用中存在着时间滞差和数量滞差。

保险投资对保险公司而言至关重要。在承保市场上，由于竞争的激烈和保险商品的特色属性，保险公司可以获得的利润实际上已经十分低廉，甚至有些业务处于亏损局面，比如美国的责任险市场，尽管保险费率非常高，但由于赔偿额度的不可估测性，使其近些年一直处于亏损状态。而美国责任险市场又占据其非寿险业务的半壁江山，因此其整个非寿险业务在承保市场上的经营状况可想而知。但美国的保险公司却在保险市场上以资产巨大、实力雄厚而著称，原因就在于在投资市场上它们取得了巨大的收益。

思考与讨论

投资业务对我国的保险公司来说，具有什么样的意义？

一、保险投资的资金来源

从我国的保险法律法规来看，保险公司可以自由运用的资金主要有以下几种。

1. 权益资产

权益资产是指资本金、公积金、盈余公积金和未分配利润等保险公司的自有资金。

（1）资本金。根据《中华人民共和国公司法》的规定，资本金是指在公司登记机关登记的全体股东实缴的出资额。它是投资人作为资本投入到企业中的各种资产的价值，又称注册资本。资本金按照投资主体可分为国家资本金、法人资本金、个人资本金及外商资本金。

（2）公积金。公积金包含资本公积金和盈余公积金。资本公积金是在公司的生产经营之外，由资本、资产本身及其他原因形成的股东权益收入。股份公司的资本公积金，主要来源于股票发行的溢价收入、接受的赠与、资产增值、因合并而接受其他公司资产净额等。其中，股票发行溢价是上市公司最常见、最主要的资本公积金来源。

（3）盈余公积金是指企业按照规定从税后利润中提取的积累资金。盈余公积按其用途，分为法定盈余公积和公益金。

（4）未分配利润是企业未作分配的利润。它在以后年度可继续进行分配，在未进行分配之前，属于所有者权益的组成部分。从数量上来看，未分配利润是期初未分配利润加上本期实现的净利润，减去提取的各种盈余公积和分出的利润后的余额。

未分配利润有两层含义：一是留待以后年度处理的利润；二是未指明特定用途的利润。相对于所有者权益的其他部分来说，企业对于未分配利润的使用有较大的自主权。

2. 保险准备金

保险准备金是指保险人为保证其如约履行保险赔偿或给付义务，根据政府有关法律规定或业务特定需要，从保费收入或盈余中提取的与其所承担的保险责任相对应的一定数量的基金。为了保证保险公司的正常经营，保护被保险人的利益，各国一般都以保险立法的形式规定保险公司应提存保险准备金，以确保保险公司具备与其保险业务规模相应的偿付能力。它包含以下三个方面。

（1）未到期责任准备金。是指在会计年度决算时，对未到期保险单提存的一种准备金制度。之所以规定这种资金准备，是因为保险业务年度与会计年度是不一致的。比如投保人于2011年10月1日缴付一年的保险费，其中的3个月属于2011年会计年度，余下的9个月属于下一个会计年度。这一保险单在下一会计年度的前9个月是继续有效的。因此，要在当年收入的保险费中提存相应的部分作为下一年度的保险费收入，作为对该保险单的赔付资金来源。按照我国保险精算规定：会计年度末未到期责任准备金按照本会计年度自留毛保费的50%提取。未到期责任准备金应在会计年度决算时一次计算提取，提取的计算方法有年平均估算法、季平均估算法和月平均估算法。

（2）未决赔款准备金。也称赔款准备金，是在会计年度决算以前发生保险事故但尚未决定赔付或应付而未付的赔款，而从当年的保险费收入中提存的准备金。它是保险人在会计年度决算时，为该会计年度已发生保险事故应付而未付赔款所提存的一种资金准备。之所以提取未决赔款准备金，是因为赔案的发生、报案、结案之间存在着时间延迟，有时该延迟会长达几年。按照权责发生制和成本与收入配比的原则，保险公司必须预先估计各会计期间已发生赔案的情况，并提取未决赔款准备金。未决赔款准备金包括已发生已报案赔款准备金、已发生未报案赔款准备金和理赔费用准备金。

（3）再保险准备金。保险准备金是保险公司为承担保险责任或备付未来赔款的一项基金。其基金从保费收入或资产中按期提存。虽然保险准备金的来源是保费收入，但这种从保险费中提取的基金不是保险公司的资产，而是负债。在这种负债背后，必须有等值的资产作为后盾。财产保险和责任保险的准备金，按提存的方式分为法定准备金和任意准备金两种。其中，法定准备金可分为未到期责任准备金和未决赔款准备金。人身保险准备金的主要形式是责任准备金。人身保险准备金必须单独提存，以保证保险公司有足够的偿付能力来履行赔偿和给付责任。再保险准备金实际上是保证金。分出公司为备付再保险接受人在再保险合同下应负责的赔款，从应付的再保险费中扣存的一项基金，称为再保险准备金。

3. 保险保障基金

保险保障基金指保险机构为了有足够的能力应付可能发生的巨额赔款，从年终结余中专门提存的后备基金。保险保障基金与未到期责任准备金及未决赔款准备金不同。未到期责任准备金和未决赔款准备金是保险机构的负债，用于正常情况下的赔款，而保险保障基金则属于保险组织的资本，主要是应付巨大灾害事故的特大赔款，只有在当年业务收入和其他准备金不足以赔付时方能运用。为了保障被保险人的利益，支持保险公司稳健经营，保险公司应当按照保险法则的规定，从公司当年保费收入中提取 1%作为保险保障基金。该项基金提取金额达到保险公司总资产的10%时可停止提取。保险保障基金应单独提取，专户存储于中国人民银行或中国人民银行指定的商业银行。保险保障基金应当集中管理，统筹使用。

4. 其他资金

在保险公司经营过程中，还存在其他用于投资的资金来源，如结算中形成的短期负债，这些资金虽然数额不大，而且需要在短期内归还，却可以作为一种补充的资金来源。

> **思考与讨论**
>
> 通过网络查找关于我国保险保障基金运作的资料，并讨论这种运作是否合理。

二、保险投资的原则

保险投资原则众说纷纭，但“三性”原则一般被公认：安全性、流动性、收益性。

1. 安全性

安全性是保险投资应遵循的首要原则，原因在于保险公司的资金大部分是属于负债性质的，尤其是长期寿险资金，最终大部分都要以养老保险金、死亡保险金支付给被保险人或受益人。一旦出现了保险公司偿付能力不足而导致保险公司的亏损或破产，会引发非常严重的社会影响。从这个意义上说，保险公司在投资时必须保证本金的安全。

2. 流动性

流动性要求保险公司投资的资产或项目要具有很好的变现能力，保证保险公司在需要时可以随时将资产或项目卖掉以回笼资金，以满足保险公司应对被保险人的索赔请求或向被保险人、受益人支付保险金。在出现一些巨大的财产损失或特大自然灾害、空难等造成众多人员伤亡时，这一点显得尤为重要。在2001年美国遭受“9·11”恐怖袭击、2008年中国遭遇春季南方冰雪灾害、“5·12”四川汶川大地震等事件中，保险公司都进行了巨额赔付。如果保险公司投资的资产或项目不具有变现性，在这种情况下就会出现偿付能力不足现象。

3. 收益性

收益性要求保险投资应该保证保险资产的保值增值。保险公司作为市场上的经营主体，同样也要追求利润的最大化。但保险商品的特殊性决定了在承保市场上保险公司的成本是非常相近的，保险公司也不能通过降低保险商品的售价来增强其竞争能力，这是严格禁止的行为。因此，保险公司要想扩大其资本规模，增强其市场竞争能力，取得较高的利润回报，必须在投资市场上大有作为。

三、保险投资的方式

保险资金运用的渠道和方式是与金融市场的发育程度相关的。在高度发达的金融市场上，融资渠道多种多样，可供保险人选择的投资范围广；反之，可选择的范围就小。

一般而言，可供保险人运用的投资方式有以下几种。

（一）存款

这里，存款指保险公司将保险资金存入银行或其他金融机构以获取利息收入的活动。其特点是安全性高，但收益率低，在通货膨胀率高于银行利率时，保险基金难以保值。国外保险公司均不把存款作为资金运用的主要形式，而只是留作必要的、临时性的机动资金，一般不会保留太多的数额。在一般情况下，除非一个国家的金融市场非常落后，可供保险公司选择的投资渠道很少，保险公司才会选择这种投资方式。但在我国，银行存款尤其是定期存款仍然是保险人资金运用的一种主要形式。由此产生的一个严重后果就是，一旦银行大幅下调利率，则保险公司会蒙受巨额的利差损失，即对银行下调利率之前出具的保险单仍需按照未调整前的利率支付，而保险公司实际获得的是按调整后的利率计算的利息，因此，会出现利差损失。1999年，国内各家保险公司对条款进行了大幅调整，这就是主要原因。

（二）有价证券投资

有价证券是指具有一定券面金额、代表股本所有权或债权的凭证，它包括债券和股票两大类，是许多国家保险资金运用的主要对象。

1. 债券投资

（1）政府债券（亦称公债）。包括中央政府发行的债券和地方政府发行的债券。政府债券定期偿还本息，信用度高，税收优惠，且利息水平较高，称为“金边债券”；政府债券的收益率一般高于同期银行存款利率，但比其他债券要低。

（2）金融债券。一般由金融机构发行，其利息固定，大多高于公债，但信用度次于公债。

（3）企业债券。由具有一定信用度的企业发行，其利息在各类债券中应该是最高的，但风险也最大。

补充阅读

1 月保险机构债券托管量减 1 541 亿元 险资配置压力加大

据 2016 年 2 月 23 日《每日经济新闻》报道（记者　涂颖浩）　记者梳理中债登和上清所发布的数据发现，1 月保险机构总券托管量为 2.32 万亿元，占全部托管规模的比例由 2014 年 1 月的 8.38%下降至 5.02%。

对此，多位险资投资人士认为，债券资产较低的收益率或不能支撑保险公司较高的资金成本，险资对各类债券品种需求下滑成趋势。随着债市收益率下降，资产收益与负债成本面临短期倒挂风险，险资配置力度明显放缓。

数据显示，截至 2 月 19 日，10 年期国债收益率为 2.83%，10 年期国开行债、企业债（AAA）分别为 3.15%、3.74%。而据华创证券推算，2011 年以来保险机构资金成本基本呈震荡上行走势，目前为 5%左右。

随着低利率周期的开启，险资对银行存款和债券两项固定收益类资产的配置近年来呈趋势性下降。截至 2015 年 12 月，银行存款和债权在险资运用中的占比已下降至 56%，而 2014 年初两项固收资产配置占比为 72%。

对此，业内人士指出，一方面，宏观环境压力很大，利率料长期处于下行通道；另一方面，保险机构的保费持续增长，导致资产端的投资配置压力有增无减。中国保险资管业协会执行副会长兼秘书长曹德云表示，以去年全国保费收入规模为基础，按照每年 10%～20%的增长率计算，今年保费收入有望达 3 万亿元，加上今年预计还有 10%～15%的资产到期，全年合计将有超过 4 万亿元保险资金需要配置。

对大型险企而言，资产配置压力还相对不明显。根据华创证券对四家上市险企 2015 年中报推算，中国人寿、中国平安、中国太保、新华保险的资金成本大概分别为 4.4%、4.5%、4.2%和 3.7%。

但更多的中小保险机构，尤其是“资产驱动负债”型险企，则面临着更大的资金配置压力。据了解，多家保险资管机构已下调今年的预期收益率，初步判断达到或超过去年收益率的概率不大。

2. 股票

股票是股份公司发给股东的股权凭证。它也是一种财产价值的所有权证书，持有者享有盈余分配权、剩余财产分配请求权、新股认购权、表决权等多项权利，同时也能获得较高的收益。其缺点在于股市价格变动频繁往往难以准确预测，风险较高，安全性低，需要具备专门知识和经验的人员操作。保险人既要尽可能追求高收益又要保证资金的安全性，债券投资和股票投资应有适当组合，并与其他资产结构相匹配。

（三）贷款投资

贷款投资指保险公司作为信用机构以一定利率和到期归还为条件直接将资金提供给需要者的一种放款活动。其形式有信用贷款、抵押贷款、担保贷款、保单贷款等种类。其中，抵押贷款又分为有价证券抵押贷款、不动产抵押贷款等；担保贷款包括银团担保贷款、银行保付贷款等；保单贷款是指向寿险保单持有者的贷款。它以人寿保险合同的退保金为限度，以保单为抵押。这是在保险金请求权上设立的抵押权贷款，是一种非常安全可靠的资金运用方法，保险人一方面可防止合同解约、失效，同时还可使资金获得安全可靠的利息，而且对投保人也是方便、有利的。由于贷款投资一般有抵押品、担保人或具有现金价值的寿险保单等为条件，具有较高的安全性和较高的收益性，而且有利于加强公司与客户之间的联系，从而被保险公司高度重视。

（四）不动产投资

不动产投资指保险公司将资金直接投向房产、地产等经营中以赚取收益的投资活动。作为保险公司资金运用的一种形式，它始于 19 世纪中叶。尽管不动产投资收益回报率高，利润丰厚，但其风险较大，有可能蚀本，因而保险公司对投资不动产采取审慎的态度，政府也要限定这方面的投资比例，如日本政府将不动产投资限定在 10%以下。

（五）项目投资

项目投资指保险公司利用所拥有的保险资金，直接投放到生产和服务经营中去，或建立独资的非保险企业，或与其他单位合伙建立企业，并通过其生产经营活动获取收益的活动。它属于长期投资，变现能力差，有可能形成呆账，需要进行严格的立项评估，并参与项目的生产经营管理，确保取得收益。

思考与讨论

我国放宽对保险公司资金运用渠道的限制，对保险公司来说是利还是弊？

补充阅读

《保险法》第一百零六条规定：“保险公司的资金运用必须稳健，遵循安全性原则。

保险公司的资金运用限于下列形式：①银行存款；②买卖债券、股票、证券投资基金份额等有价证券；③投资不动产；④国务院规定的其他资金运用形式。

保险公司资金运用的具体管理办法，由国务院保险监督管理机构依照前两款的规定制定。”

第一百零七条规定：“经国务院保险监督管理机构会同国务院证券监督管理机构批准，保险公司可以设立保险资产管理公司。保险资产管理公司从事证券投资活动，应当遵守《中华人民共和国证券法》及其他相关法律、行政法规的规定。保险资产管理公司的管理办法，由国务院保险监督管理机构会同国务院有关部门制定。”

第三节　再保险

再保险又称分保，是指保险人将自己承担的部分风险或责任向另一个保险人进行转嫁的行为。

保险人经营中不时会面对巨灾风险、巨额风险，对这些风险，如果保险公司不承接，会损失大量的保费收入，同时对保险人的经营信誉也会产生不良的影响；而如果承接下来，这些风险一旦发生，损失十分惊人，严重时会影响到保险公司的生存、发展。为保持自身财务稳定性，充分保证被保险人的利益，需要将风险进行再一次的分散，办理再保险。

再保险业务中，向外办理风险与责任转嫁的保险人为分出人，又称原保险人。接受分出人转嫁的风险与责任的保险人为接受人，又称分入人、再保险人。分保费是分出人向接受人办理风险与责任转嫁而支付的风险代价金。分保佣金，也称分保手续费，是接受人从分保费中提取的，用于补偿分出人展业费用支出的资金。盈余佣金，也称利润手续费，是指当接受人有了盈余，从盈余中提取一部分支付给接受人。

一、再保险与原保险的关系

从再保险与原保险的联系来看，原保险是再保险的基础，再保险是原保险的后盾。再保险与原保险的区别如下。

1. 保险关系的主体不同

原保险是保险人与投保人或被保险人之间的合同关系，主体一方是保险人，另一方是投保人与被保险人；在再保险合同关系中，处于保险人位置上的是再保险人，而处于投保人或被保险人位置上的是原保险人，而不是一般意义上的被保险人，因而主体双方均为保险人，因此再保险也被称为“保险人之间的保险”。

2. 保险标的不同

在原保险合同关系中，保险标的是被保险人的财产、利益、责任、信用，也可以是人的生命和身体，在保险事故发生时，保险人对被保险人的财产、利益和责任损失给予赔偿，或在约定的条件出现时，保险人按照合同的规定向被保险人或受益人支付保险金；而在再保险合同关系中，保险标的是原保险人的保险责任。在合同约定的原保险人的赔偿或给付保险金的责任出现时，再保险人按照合同的规定对原保险人的赔偿责任给予补偿。

3. 合同性质不同

在原保险合同关系中，依保险类别的不同，保险合同的性质也不相同。财产保险合同属于经济补偿性质的合同。人身保险合同属于定额给付性质。也就是说，原保险合同既可以是补偿性质的合同，也可以是给付性质的合同。而在再保险合同关系中，其保险标的是分出人承担的经济补偿或给付责任，因此，再保险合同应该说是一种性质特殊的责任保险合同。所有的再保险合同都属于经济补偿性质，再保险人负责对原保险人所支付的赔款给予一定的补偿。

二、再保险的业务种类

按照责任分配方式，再保险合同分为比例再保险和非比例再保险，比例再保险是以保险金额为基础分配的，非比例再保险是以赔款为基础分配的。

（一）比例再保险

比例再保险是以保险金额为基础来确定分出人与接受人的责任额的再保险方式。在比例再保险中，保险金额、保险费与赔款均保持同一比例，这也是该再保险命名的由来。这种再保险又分为成数再保险、溢额再保险和成数溢额混合再保险。

1. 成数再保险

成数再保险是再保险双方在合同中约定保险金额的分配比率，将每一危险单位的保险金额均按照约定的比例在再保险双方之间进行分配的再保险方式。

在已经订立成数再保险合同的前提下，不论原保险人承保的每一风险单位的保险金额有多大，只要该保险金额在合同规定的限额之内，都要按合同规定的比率来分配保险金额，每一风险单位的保险费和所发生的赔款也按这一比率进行分配和分摊。总之，成数分保最大的特征是“按比例”的再保险，即原保险人与再保险人保险金额的分配、保险费的分配、赔款的分摊都是按照合同规定的同一比例来进行的。因此，成数再保险是最典型的比例再保险，也是最简单的再保险业务。

一般按照其分出的比例来称呼成数再保险，如双方签订了一份自留 35%、分出 65%的再保险合同，则我们称之为 65%的成数再保险合同。

2. 溢额再保险

溢额再保险是由原保险人与再保险人签订合同，对每一风险单位确定一个由原保险人承担的自留额，保险金额超过自留额的部分称为溢额，分给再保险人承担。分入公司按承担的溢额责任占保险金额的比例收取保费，分摊分保赔款和分保费用。

在溢额再保险合同项下，原保险人与再保险人之间保险费的分配、赔款的分摊都是按实际形成的保险金额的比率进行分割的，因此，溢额再保险也属于比例再保险。

溢额再保险的三要素如下。

（1）自留额。自留额是分出公司按业务质量的好坏和自己承担责任的能力，在订立溢额再保险合同时确定的，通常以固定数额表示。

（2）分保限额。在溢额再保险中，双方签订的再保险合同中再保险人所承接的最高额度称为分保限额。在一般情况下，这个限额通常以自留额的一定倍数来表示。

（3）线数。分保限额与自留额的比例称为线数，如分出公司自留额为 50 万元，分保限额为自留额的 5 倍，即 250 万元，可以称之为 5 线合同。

对于分出公司承保的巨额业务，可以签订多个溢额再保险合同，按合同签订的顺序，有第一溢额再保险、第二溢额再保险和第三溢额再保险等。

溢额再保险在计算保额、保费与赔款时，先分配保额，再计算保额之比，然后用这个比例去计算保费与赔款。

3. 成数和溢额混合再保险

成数和溢额混合再保险是将成数再保险和溢额再保险组织在同一合同里，以成数再保险的限额作为溢额再保险的起点，再确定溢额再保险的限额。

（二）非比例再保险

非比例再保险是以赔款为基础来确定再保险双方的责任，故又称损失再保险或超过损失再保险。这种再保险是对原保险人赔款超过一定额度或标准时，再保险人对超过部分负责，故又称第二危险再保险。

1. 险位超赔再保险

险位超赔再保险是按每一危险单位确定再保险双方的责任额。

2. 事故超赔再保险

事故超赔再保险按一次巨灾事故发生的赔款总和来确定再保险双方的自负责任额与分保额，又称异常损失再保险。由于事故超赔再保险是按照一次巨灾事故发生的赔款总和在再保险双方之间分配赔款的，因此其关键就在于一次事故的界定，这涉及赔款的具体分配问题。

3. 赔付率超赔再保险

它按赔款与保费的比例来计算，又称停止损失再保险或损失中止再保险。在赔付率超过一定标准时，超过部分分给再保险人承担。再保险人为了防止自己的责任太大，会对承接的比例进行限额限制。同时，为了避免原保险人因为有了再保险而不注重业务质量导致赔付率上升，会有共同再保险的规定，即在计算出再保险人应承担的赔款之后，原保险人也要承担一部分赔款。

再保险人承担的比例一般规定为营业费用率的两倍。

三、再保险业务的安排方式

再保险分出业务的安排，总的说来有三种具体形式，即临时再保险、合约再保险和预约再保险。

1. 临时再保险

临时再保险又称临时分保，是指原保险人与再保险人之间并没有再保险合同关系，只是当原保险人有再保险需要时才同再保险人洽谈的再保险。

当原保险人需要分保时，将分出业务的详情和分保条件逐笔告知，接受人是否接受及接受多少均可自由选择。原保险人视危险情况和自留能力以决定是否办理临时分保，但即使需要分保，也可以不办理。所以，有时也称之为“随意再保险”或“随时再保险”等。临时再保险的协议，可以通过电话、电报、电传或信件通知对方来达成。临时分保的业务一般是超过合同限额的业务；或是合同规定的除外业务；或是新开试办的业务，因量少或不稳定，尚无条件组织合同分保。

临时再保险的优点是：双方均有自主选择权，以单个保单或一个危险单位为基础，分出公司和接受公司均无义务分出或分入，可自由选择，且业务条件清楚，付费较快，有利于资金运用。其缺点是：手续繁琐，开支较大；分出公司须向接受人进行业务交底，不利于竞争；在签订分保合同以前，分出公司处于无保障地位，有可能丧失良机，影响业务的争取。比例分保和非比例分保均可采用临时分保进行再保险安排。

2. 合同再保险

合同再保险是以合同的方式安排再保险业务，原保险人和接受人通过契约将业务范围、地区范围、责任、除外责任、分保佣金、自留额和合同最高限额等分保条件固定下来，明确双方权利义务的一种分保方法，又称固定分保。

合同一经签署，即具有法律效力，双方均应按规定参加分保。其最大特点是具有强制性，凡在合同规定范围内的业务，分出公司必须分出，接受人不得拒绝，无权利选择。一般是到年终结算时，分出公司将分入公司应得保费、应付佣金、应摊损失和总准备金等项目公布于众，并向分入保险公司写出报告。分入保险公司根据分出保险公司的报告，结算财务账目。如果到一年期满后双方都没有提出续保与否的请求，就按自动续保对待，原分保合同继续有效。

合同再保险一般都为不定期的，时间长、业务多，分保条件较临时分保优越，安排时间也较充裕，手续较简便，保费收入较稳定。合约再保险适用于各种形式的比例分保和非比例分保方式。

3. 预约再保险

预约再保险也称“临时-合同再保险”，它是介于临时再保险和合同再保险之间的一种再保险形式。

此种再保险，就原保险人来说，对于各项业务是否分出可以自由决定，具有临时分保性质；就再保险人来说，原保险人分给的再保险业务受合同约束，有接受之义务，因为这种再保险已于合同上订明，原保险人在一定范围内将符合条件的直接业务分给再保险人，再保险人不得拒绝，但是同时又订明原保险人对于每笔符合条件的直接业务没有必须分出之义务。因此有人称这种再保险为“半自动再保险”或“临时固定再保险”。

预约再保险主要适用于某些有特殊危险的业务或因某种原因这种业务需与其他业务分开，所以多用于火灾保险和运输保险。例如，在火灾保险中，某一地区内的特种危险，在一年中某一季节有增加的可能；又如运输保险中，某一特殊危险的航线，或从事某一种特殊性质贸易的船舶。这些业务的损失可能性事先均较难准确预测，危险性大，采用预约再保险来处理较恰当。预约再保险有时也可以作为合约再保险的补充。预约再保险一般适用于比例分保方式，这样能使原保险人和接受人利益比较一致。同时预约再保险的签订，在很多情况下要基于双方具有良好的业务合作关系。

补充阅读

回首中国再保险发展历程

1979年中国国内恢复保险业务以后，在近十年的时间里，只有中国人民保险公司一家保险公司，所以在国内不存在再保险市场的概念。直至20世纪80年代末在深圳、上海两地相继成立平安和太平洋两家保险公司，才形成了再保险市场架构的雏型。

进入20世纪90年代之后，随着我国保险业的飞速发展，国内再保险市场需求不断扩大，丧失了原来完全垄断模式的优势，各种弊端逐渐显现。新保险公司的不断设立，使得由中国人民保险公司独家垄断经营国内再保险市场的局面开始被打破，再保险业务的经营逐渐趋于多元化。

我国自1988年开始实行国内法定再保险，保险公司应将其每笔业务的30%向中国人民保险公司办理再保险。进入20世纪90年代之后，随着保险公司的增加，法定再保险全面展开。法定再保险的目的在于稳定保险业的经营，提高国内市场的承保能力，防止保费外流。

1992年平安保险公司和太平洋保险公司获准经营国内和国际再保险业务。1995年颁布的《保险法》默许其他商业保险公司经营再保险业务，从而使国内再保险市场的垄断局面彻底被打破，各保险公司的再保险业务均得到了不同程度的发展。

1996年，中国人民保险公司进行了改革，改组后的中保集团设立了中保再保险公司，这是我国建国之后出现的第一家专业的再保险公司。该公司于1999年再次改组，正式更名为中国再保险公司。

2003年中国再保险公司又再次改组，此次改组分两步：第一步是组建中国再保险（集团）公司（以下简称中再集团）；第二步是由新组建的中再集团以投资人和主发起人的身份，设立由其控股的中国财产再保险股份有限公司、中国人寿再保险股份有限公司和中国大地财产保险股份有限公司，新设的控股子公司将根据发展需要引入合格的战略投资者，集团公司将保持 40%～60%的控股比例。

2003 年 12 月完成了控股子公司的招股和设立工作，中再集团及中国财产再保险股份有限公司、中国人寿再保险股份有限公司正式在北京成立。由中再集团控股 60%设立的直接保险公司——中国大地财产保险股份有限公司则在上海成立。重组后的中再集团注册资本 39 亿元，对这两家专业子公司分别控股 45%和 45.1%，代表国家持有子公司股份并依法行使股东权利，同时承担法定分保存续业务、经营非主营业务及其他管理职能。中国财产再保险股份有限公司和中国人寿再保险股份有限公司经营商业再保险业务。中再集团的设立，改变了财产、人寿再保险混业经营现状，实行国际通行的分业经营模式，防范和化解了经营风险。

2007 年 10 月，中再集团改制为中国再保险（集团）股份有限公司（以下仍简称中再集团），跨入专业化、集团化、国际化经营的全新时期。目前，中再集团控股 6 家子公司：中国财产再保险股份有限公司、中国人寿再保险股份有限公司、中国大地财产保险股份有限公司、中再资产管理股份有限公司、中国保险报业股份有限公司、华泰保险经纪有限公司。其拥有再保险、直接保险、资产管理、保险经纪、保险传媒等完整的保险产业链，形成了多元化和专业化的集团经营架构与管理格局，中再集团 2011 年再保险保费收入为 61.79 亿美元，全球排名从 2010 年的第 13 位跃升至 2011 年的第 8 位。

2011 年 12 月，中再集团获得了英国劳合社成员公司资格，迈出了中国再保险业历史上具有里程碑意义的一步，实现了几代再保险人的夙愿。

但是，截至 2012 年，我国只有中再集团一家专业的再保险公司，而德国有 28 家再保险公司，瑞士有 13 家再保险公司，其中慕尼黑再保险公司长期居于世界再保险业榜首的地位，拥有世界各地的客户 5 000 多家，分支机构遍布 160 多个国家和地区。瑞士再保险公司、科隆再保险公司等也与其实力相当。相比之下，我国再保险公司无论是数量，还是资产规模，均与国外的再保险公司相距甚远，无法相提并论。

随着诸多国际再保险公司进入中国，再保险领域已呈群雄竞技的格局。除了瑞士再保险、慕尼黑再保险、科隆再保险三家再保险巨头“老三家”，劳合社、法国再保险、汉诺威再保险在中国也设立了分公司。此外，西班牙曼弗雷保险和再保险固定保费互助集团公司、美国再保险公司和德国利富世再保险公司等也在中国设立了代表处。

本章小结

<table>
<tr><td rowspan="3">保险公司经营管理（二）</td><td>客户服务</td><td>保险客户服务是指保险人在与现有客户及潜在客户接触的阶段，通过畅通有效的服务渠道，为客户提供产品信息、品质保证、合同义务履行、客户保全、纠纷处理等项目的服务以及基于客户的特殊需求和对客户的特别关注而提供的附加服务内容
保险客户服务包括保险产品的售前、售中和售后三个环节的服务
对承保标的的防灾防损是财产保险客户服务的重要内容
保全服务是寿险公司业务量最大的服务，寿险公司一般都设有处理保全业务的职能部门</td></tr>
<tr><td>保险投资</td><td>保险投资，也称为保险资金运用，是指保险公司在经营活动中，将自有资本金、各种责任准备金及其他可投资的资金，通过法律许可的渠道进行投资，使保险资金得到增值的业务
保险投资原则一般为安全性、流动性、收益性
保险资金运用的渠道和方式是与金融市场的发育程度相关的</td></tr>
<tr><td>再保险</td><td>再保险又称分保，是指保险人将自己承担的部分风险或责任向另一个保险人进行转嫁的行为
再保险合同分为比例再保险和非比例再保险。比例再保险是以保险金额为基础分配的，非比例再保险是以赔款为基础分配的
再保险分出业务的安排，总的说来有三种具体形式，即临时再保险、合约再保险和预约再保险</td></tr>
</table>

复习思考题

一、单选题

1. 保险人将自己承担的部分风险或责任向另一个保险人进行转嫁的行为称为（　　）。

A. 原保险　　B. 再保险　　C. 重复保险　　D. 共同保险

2. 接受人从分保费中提取的，用于补偿分出人展业费用支出的资金称为（　　）。

A. 保险费　　B. 分保佣金　　C. 盈余佣金　　D. 保险赔款

3. 我国《保险法》第一百零三条规定："保险公司对每一危险单位，即对一次保险事故可能造成的最大损失范围所承担的责任，不得超过其实有资本金加公积金总和的（　　）; 超过的部分应当办理再保险。"

A. 百分之五　　B. 百分之十　　C. 百分之二十　　D. 百分之三十

4. 比例再保险是以（　　）为基础来确定分出人与接受人的责任额的再保险方式。

A. 保险金额　　B. 保险费　　C. 保险赔款　　D. 保险期限

5. 再保险双方在合同中约定保险金额的分配比率，将每一危险单位的保险金额，均按照约定的比例在再保险双方进行分配的再保险方式是（　　）。

A. 险位超赔再保险　　B. 成数再保险　　C. 溢额再保险　　D. 事故超赔再保险

6. 保险公司在经营活动中，将自有资本金、各种责任准备金及其他可投资的资金，通过法律许可的渠道进行投资，使保险资金得到增值的业务称为（　　）。

A. 保险展业　　B. 保险承保　　C. 保险理赔　　D. 保险投资

7. 在客户服务中，财产保险公司应客户要求，收集中长期气象、灾害预报及实时的天气预报信息，协助客户做好灾害防御工作的服务内容属于（　　）。

A. 重点服务　　B. 特殊服务　　C. 售前服务　　D. 售中服务

8. 在保险产品买卖过程中保险人为客户提供的各种服务叫（　　）。

A. 售前服务　　B. 售中服务

C. 售后服务　　D. 保险客户服务

9. 在咨询服务中，保险销售人员一定要提醒顾客阅读保险条款，尤其对免责条款的含义与内容一定要做到（　　）。

A. 明确解释说明　　B. 仅就投保人的询问准确回答

C. 明确列示于保险建议书中　　D. 仅就被保险人的询问准确回答

10. 保险客户服务是保险经营的重要环节之一。保险客户服务的目标是（　　）。

A. 实现社会效益最大化　　B. 实现客户满意最大化

C. 实现业务结构合理化　　D. 实现效益增长快速化

二、多选题

1. 与再保险业务有关的概念包括（　　）。

A. 分出人　　B. 接受人　　C. 分保佣金　　D. 盈余佣金

2. 成数再保险中，原保险人与再保险人比例一致包括（　　）。

A. 营业费用　　B. 保险金额　　C. 保险费　　D. 赔款

3. 溢额再保险相关概念包括（　　）。

A. 自留额　B. 分保限额　C. 线数　D. 分保比例

4. 保险投资的原则有（　　）。

A. 安全性　B. 流动性　C. 收益性　D. 公益性

5. 根据我国法律规定，保险资金可以投资的形式有（　　）。

A. 银行存款　B. 债券　C. 股票　D. 不动产

6. 再保险与原保险的区别主要为（　　）。

A. 保险公司不同　B. 合同主体不同　C. 合同性质不同　D. 保险标的不同

7. 比例再保险包括（　　）。

A. 预约再保险　B. 成数再保险　C. 超额赔款再保险　D. 溢额再保险

8. 保险资金运用必须遵循的原则是（　　）。

A. 安全性原则　B. 收益性原则　C. 流动性原则　D. 社会性原则

9. 保险公司的自有资本金包括（　　）。

A. 注册资本　B. 保费准备金　C. 公积金　D. 总准备金

三、简答题

1. 原保险与再保险的关系是什么？
2. 再保险与共同保险有何异同？
3. 保险资金运作的方式有哪些？
4. 人寿保险中保单保全的内容有哪些？
5. 保险资金运用的原则是什么？

四、实训项目

通过网络查询或实地调研的方式，了解两家保险公司在客户服务方面的实际做法，比较其特点和优势。

课外阅读资料

险资市场化改革走向深化 增加境外投资新规定

据2016年3月14日《国际商报》报道（王淑娟） 保监会近日下发《关于修改保险资金运用管理暂行办法的决定（征求意见稿）》，进一步拓宽险资的投资范围，同时对险资境外投资也增加了新规定。

从此次扩容的角度和内容来看，其充分体现了“放开前端，管住后端”的意图，保险资金市场化改革在加强监管的同时提速和深化。市场人士认为，这将进一步促进险资投资渠道和产品创新，为险资进入实体经济“开闸放流”。

首先是“放开前端”。征求意见稿提出，保险资金可以投资资产证券化产品，可以投资创业投资基金等私募基金，还可以投资设立不动产、基础设施、养老等专业保险资产管理机构，专业保险资产管理机构可以设立夹层基金、并购基金、不动产基金等私募基金。

华泰证券分析师罗毅指出，这正体现了2016年保险供给侧改革的要求，通过创新保险资产管理和资金运用的形式，加大对科技型小微企业、战略新兴产业的支持力度。同时，引导保险资金通过债权投资计划、股权投资计划等方式，加大保险资金对国家重大战略和实体经济的支持力度。

华宝证券分析师李潇潇认为，保险资金投资渠道逐步开放并多元化，为了加快重点领域保险业务发展，保险的经济助推器和社会稳定器作用将日益凸显。

随着险资参与市场程度的逐渐深入，保险行业投资收益率的水平将逐步增加，2015 年投资收益数据也充分证实了这一点。2015 年，险资投资非标的占比也开始超过投资银行存款的占比，显著提高了保险资金利用率和收益率。

数据显示，2015 年保险资金实现投资收益 7 803.6 亿元，同比增长 45.6%，平均投资收益率达到 7.56%，同比提高 1.16 个百分点，是 2008 年以来最好水平。

其次是“管住后端”。征求意见稿对险资境外投资增加了新规定，此前保险资金海外投资只需要保监会批准，此次新增加了“应当符合中国保监会、中国人民银行和国家外汇管理局的相关规定”。

近年来，保险资金“海淘之旅”异常火热，境外投资步伐明显加快，投资规模持续增加，全球资产配置比重不断加大。数据显示，截至 2014 年年底，保险资金境外投资余额为 239.55 亿美元，占保险业总资产的 1.44%，比 2012 年年末增加 146.96%，但离 15%的上限还有巨大的提升空间。

此外，对于险资近两年在二级市场的频频举牌，征求意见稿也明确，保险集团（控股）公司、保险公司的重大股权投资应当报中国保监会核准。罗毅认为，这些变化并非旨在减小保险公司的投资力度，而是从审慎监管的角度加大监管，防范风险。

第十一章　保险市场

学习目标和要点

学习目标

了解保险市场的含义与特征、保险市场的种类与模式，熟悉保险市场的功能、保险市场的相关要素、保险公司的设立程序与组织形式等知识。

学习要点

保险市场的特征；保险市场的模式；影响保险市场供给的主要因素；影响保险市场需求的主要因素；保险公司的设立与组织形式。

本章知识结构

- 保险市场概述
  - 保险市场的特征
    - 保险市场是直接的风险市场
    - 保险市场是无形市场
    - 保险市场是特殊的期货交易市场
    - 保险市场是非即时结清市场
  - 保险市场的分类
    - 按照业务性质不同分类
    - 按照业务承保的程序分类
    - 按照业务活动的空间分类
  - 保险市场的功能
    - 合理安排风险，维护社会稳定
    - 聚集、调节资金，优化资源配置
    - 实现均衡消费，提高人民生活水平
    - 促进科技进步，推动社会发展
  - 保险市场的模式
    - 完全垄断型
    - 完全竞争型
    - 寡头垄断型
    - 垄断竞争型
  - 保险市场机制及其作用
- 保险公司的设立与组织形式
  - 保险公司的设立
  - 保险公司的典型组织形式
    - 股份制保险公司
    - 相互保险公司
    - 相互保险社
    - 保险合作社
    - 个人保险人
    - 行业自保组织
  - 我国保险市场的组织形式
- 保险市场的要素
  - 保险市场的供给
  - 保险市场的需求
  - 保险产品价格
  - 保险中介
    - 保险代理人
    - 保险经纪人
    - 保险公估人

案例引入

综合媒体报道　2015年，保险业逆袭了传统“高富帅”银行业，比起其他金融兄弟行业的“愁眉不展”，保险业可谓是“笑傲江湖”。在中国经济增速放缓的环境中，保险业逆风飞扬，一枝独秀。中国保险业不仅在中国风景这边独好，在世界保险业界亦是增长最快的。数据显示，目前中国已成为全球第三大保险市场，行业发展规模仅次于美国和日本。

在我国的保险业风景这边独好的情况下，一些民营保险公司如雨后春笋般出现，还有部分外资保险公司也进入我国保险市场，来分享世界上这块最大的保险蛋糕。那么，目前我国的保险市场究竟是一个什么样的市场？都有哪些类型的保险机构呢？本章将进行相关内容的介绍。

第一节　保险市场概述

保险市场是市场的一种形式，是保险商品交换关系的总和或是保险商品供给与需求关系的总和。它既可以指固定的交易场所如保险交易所，也可以是所有实现保险商品让渡的交换关系的总和。在保险市场上，交易的对象是保险人为消费者所面临的风险提供的各种保险保障。

一、保险市场的特征

保险市场是金融市场的一个主要组成部分。它不同于消费品市场或劳动力市场，而有其独有的特征。

1. 保险市场是直接的风险市场

这里所说的直接风险市场，是就交易对象与风险的关系而言。尽管任何市场都存在风险，交易双方都可能因市场风险的存在而遭受经济上的损失，但是，一般商品市场所交易的对象，其本身并不与风险联系，而保险市场所交易的对象是保险保障，即对投保人转嫁于保险人的各类风险提供保险保障，所以本身就直接与风险相关联。保险商品的交易过程，本质上就是保险人聚集与分散风险的过程。风险的客观存在和发展是保险市场形成和发展的基础和前提。“无风险，无保险”；也就是说，没有风险，投保人或者被保险人就没有通过保险市场购买保险保障的必要。所以，保险市场是一个直接的风险市场。

2. 保险市场是无形市场

现代的保险经济活动，基本上是通过电脑设施随时进行的。这种没有固定场所和时间，通过现代化技术手段进行的交易行为，即为无形市场。现代市场经济，特别是金融市场绝大多数为无形市场；保险这一金融活动包括展业、投保、签单、索赔、理赔、追偿等环节，都可以通过现代化通信手段进行，不受固定场所和时间的限制，因此保险市场从空间概念来说是无形市场。

3. 保险市场是特殊的“期货”交易市场

由于保险的射幸性，保险市场所成交的任何一笔交易，都是保险人对未来风险事件发生所致经济损失进行补偿的承诺。而保险人是否履约，即是否对某一特定的对象进行经济补偿，则取决于保险合同约定的时间内是否发生约定的风险事故，以及这种风险事故造成的损失是否达到保险合同约定的补偿条件。只有在保险合同所约定的未来时间内发生保险事件，保险人才可能对被保险人进行经济补偿，这实际上交易的是一种“灾难期货”。因此，保险市场是一种特殊的“期货”市场。

> **思考与讨论**
>
> 试讨论，保险市场与期货市场有何不同？

4. 保险市场是非即时结清市场

所谓即时结清市场是指市场交易一旦结束，供需双方立刻就能够确切知道交易结果的市场。无论是一般的商品市场，还是金融市场，都是能够即时结清市场。而保险交易活动，风险的不确定性和风险的射幸性使交易双方都不可能确切地知道交易结果。因此，保险交易不能立刻结清。相反，在保险交易中还必须通过订立保险合同，来确定双方当事人的保险关系，并且依据保险合同履行各自的权利和义务。因此，保险单的签发，看似保险交易的完成，实质是保险保障的开始，最终的交易结果还要看双方约定的保险事故是否发生。所以，保险市场是非即时结清市场。

> **思考与讨论**
>
> 试讨论，保险市场非即时结清的特点对保险公司和消费者会有怎样的影响呢？

二、保险市场的分类

按照保险业务的性质不同，保险市场可分为人身保险市场和财产保险市场。人身保险市场，是专门为社会公民提供各种人身保险商品的市场。财产保险市场，是从事各种财产保险商品交易的市场。

按照保险业务承保的程序不同，保险市场可分为原保险市场和再保险市场。原保险市场，也称直接业务市场，是保险人与投保人之间通过订立保险合同而直接建立保险关系的市场。再保险市场，也称分保市场，是原保险人将已经承保的直接业务通过再保险合同转分给再保险人的方式形成保险关系的市场。

按保险业务活动的空间不同，保险市场可分为国内保险市场和国际保险市场。国内保险市场，是专门为本国境内提供各种保险商品的市场，按经营区域范围又可分为全国性保险市场和区域性保险市场。国际保险市场，是国内保险人经营国外保险业务的保险市场。

三、保险市场的模式

按保险市场的竞争程度不同，保险市场的模式可分为完全垄断型保险市场、完全竞争型保险市场、寡头垄断型保险市场和垄断竞争型保险市场四种模式。

1. 完全垄断型保险市场模式

完全垄断型保险市场，是由一家或几家保险人独占市场份额的保险市场，在完全垄断的市场上，价值规律、供求规律和竞争规律受到极大的限制，市场上没有竞争，没有替代品，没有可供选择的保险人。因此，保险公司可凭借其垄断地位获得超额利润。

完全垄断模式分为两种形式，一种是专业型完全垄断模式，即在一个保险市场上同时存在两家或两家以上的保险公司，各自垄断某类保险业务，相互之间业务互不交叉，从而保持完全垄断模式的基本性质；另一种是地区型完全垄断模式，指在一个国家中同时存在两家或两家以上的保险公司，各垄断某一地区的保险业务，相互之间的业务没有交叉。

2. 完全竞争型保险市场模式

完全竞争型保险市场，是保险市场上存在数量众多的保险人，保险商品交易完全自由，价值规律和市场供求规律充分发挥作用的保险市场。在这种模式下，保险市场处于不受任何阻碍和干扰的状态中，同时，由于存在大量的保险公司，且每个保险公司在保险市场上所占的份额都很小，因而任何一个保险公司都不能单独左右市场，而由保险市场自发地调节保险商品的价格。保险资本可以自由流动，价值规律和供求关系充分发挥作用。政府保险监管机构对保险企业管理相对宽松，保险行业协会在市场管理中发挥重要作用。

一般认为完全竞争模式是一种理想的市场模式，它能充分、适度、有效地利用生产资源。因此，保险业发展较早的西方发达国家在早期多为该种模式。但是，自由竞争发展的结果，必然导致垄断。

3. 寡头垄断型保险市场模式

寡头垄断型保险市场，是指在一个保险市场上，只存在少数相互竞争的保险公司。在这种模式的市场中，保险业经营依然以市场为基础，但保险市场具有较高的垄断程度，保险市场上的竞争是保险垄断企业之间的竞争，形成相对封闭的保险市场。存在寡头垄断模式市场的国家既有发展中国家，也有发达国家。

4. 垄断竞争型保险市场模式

垄断竞争型保险市场，是大小保险公司在自由竞争中并存，少数大公司在保险市场中分别具有某种业务的局部垄断地位的保险市场。在垄断竞争型的保险市场中，大小保险公司并存，少数大公司在市场上取得垄断地位。竞争的特点表现为：同业竞争在大垄断公司之间、垄断公司与非垄断公司之间激烈展开。

提示与说明

美国学者贝恩以绝对市场集中度指标为依据，将市场模式进行分类，从而把市场集中度与垄断竞争程度之间的关系进行了量化。从海外保险市场模式的发展趋势看，垄断竞争模式已经成为主流，这是因为在开放型经济条件下，一方面保险公司的数量不断增加，另一方面全球购并浪潮掀起，导致了保险公司的规模化经营。此外，在开放型经济条件下，由于世贸组织成员负有市场准入的义务，因此寡头垄断市场将逐渐消失。随着经济全球化，保险公司并购的加剧，完全竞争型市场也将消失，代之以垄断竞争型的市场模式。

思考与讨论

结合上面的知识，试讨论，我国目前的保险市场属于哪种模式？有哪些特征？

四、保险市场的功能

保险市场作为一种无形的金融市场，其功能主要表现在以下几个方面。

1. 合理安排风险，维护社会稳定的功能

保险市场通过保险商品交易合理分散风险，提供经济补偿，在维护社会稳定方面发挥着积极的作用。

2. 聚集、调节资金，优化资源配置的功能

保险资金收入和支出之间有一个时间差，保险市场通过保险交易对资金进行再分配，从而充分发挥资金的时间价值，为国民经济的发展提供动力。

3. 实现均衡消费，提高人民生活水平的功能

保险市场为减轻居民消费的后顾之忧提供了便利，使之能够妥善安排生命期间的消费，提升人民生活的整体水平。

4. 促进科技进步，推动社会发展的功能

保险市场运用科学的风险管理技术，为社会的高新技术风险提供保障，由此促进新技术

的推广应用，加快科技现代化的发展进程。

补充阅读

资料一　2015年国内保险市场发展强劲

根据中国保监会网站2016年1月25日消息，2015年我国保险市场继续保持强劲势头，行业发展再创佳绩。一是保险业务高速增长。2015年全国保费收入2.4万亿元，同比增长20%。其中，财产险保费收入7 995亿元，同比增长11%；人身险保费收入1.6万亿元，同比增长25%。为全社会提供风险保障1 718万亿元，赔款与给付8 674.1亿元，同比增长20.2%。二是业务结构不断优化。与国计民生密切相关的责任保险、农业保险、健康保险快速增长，增速分别为19.2%、15.1%和51.9%。寿险新单期缴业务同比增长41.3%，其中长期期缴业务同比增长16.8%，业务内含价值不断提高。三是经营效益大幅提升。保险公司预计利润2 823.6亿元，同比增长38%。保险资金运用实现收益7 803.6亿元，同比增长45.6%，平均投资收益率7.56%。四是行业实力不断壮大。保险业总资产达到12.4万亿元，较年初增长21.7%，全行业净资产1.6万亿元，较年初增长21.4%。五是风险得到有效防范。保险行业偿付能力总体充足，市场运行安全稳健，没有发生大的风险事件。

资料二　“十二五”时期的我国保险市场概况

“十二五”期间，我国保险市场的综合实力和国际影响力全面站上新台阶。全国保费收入从2010年的1.3万亿元增长到2015年的2.4万亿元，年均增长13.4%。保险业总资产从2010年的5万亿元增长到2015年的12万亿元，成功实现翻番。行业利润从2010年的837亿元增长到2015年的2 824亿元，增加了2.4倍。我国保险市场全球排名由第6位升至第3位，对国际保险市场增长的贡献度达26%，居全球首位。多边和双边国际保险监管合作深入推进，当选亚洲保险监督官论坛轮值主席，主导通过《科伦坡宣言》，我国在国际保险监管领域的影响力和话语权日益增强。

五、保险市场机制及其作用

（一）保险市场机制

保险市场机制是指将市场机制应用于保险活动中所形成的价值规律、供求规律和竞争规律三者之间相互制约、相互作用的关系，表现为保险商品价格和供求之间相互影响的关系。保险商品价值规律表现为保险商品价格由价值决定。

保险商品价值是指生产保险商品所花费的社会必要劳动时间。保险商品价格分为理论价格和市场价格。理论价格是保险商品价值的理论表现，主要由保险商品精算费率、保险企业合理费用率、行业平均利润率、存在道德风险和逆向选择条件下的费率加成构成。市场价格是指由于市场机制的作用所形成的价格。

供求规律的作用使保险商品市场价格受供求关系的影响，围绕价值上下波动。供小于求，则价格上升；供大于求，则价格下降。但从长期变动趋势看，保险商品总价格应与其价值趋于一致。

竞争规律的核心是优胜劣汰。竞争会引起供求力量的对比发生变化，使商品价格发生变动；竞争会促使保险企业创新产品、改善服务、加强管理；竞争会导致资本流动，引起保险业的整合和重组。合理、有序的竞争能极大地促进保险业的发展。

（二）保险市场机制的调节作用

保险市场机制对社会经济运行的调节作用主要表现在以下几个方面。

1. 资源配置的调节作用

保险市场机制使风险由集中到分散，使一些本来难以开展的风险投资得以实现，从而为资源的优化配置铺平了道路。在商品生产过程中，不同部门、不同领域的生产者，其内部经营条件和外部经营环境面临着不同的风险。从经济部门看，朝阳工业面临的风险要比夕阳工业大；从地域环境看，落后地区由于自身条件会给投资者带来较多的风险。生产经营决策者可视情况选择有关保险，把风险转嫁给保险人，从而使某些资源在一定条件下或一定地域内优化配置成为可能。

此外，我国市场经济的发展客观上要求优化资源组合、合理利用有效的社会资源。从整体上看，我国社会资源并不丰富，特别是许多行业或部门还表现出局部结构失衡，产生资源低效率或无效率的现象，造成资源的巨大浪费。改革的重要任务之一就是让市场机制充分发挥作用，合理有效地配置社会资源。保费的收取和保险金的给付过程就是风险的转移、分散和组合的过程，也是风险中的生产要素和资源得到重新分配和转移的过程。

2. 资金市场的调节作用

保险经营聚集了大量的资金，其投放和运用对资金市场的影响很大。保险经营的时间越长，责任准备金积累就越多，这种影响就越大，这已为国际保险市场的经验所证明。此外，政府或有关部门利用保险来调节资金流量也是不可忽视的。

保险经济活动从本质上看还体现了资金的再分配。保险再分配的资金来源是投保人的货币收入和资金收入的一部分，这部分收入作为保费交给保险人后，投保人便失去了对这部分资金的使用权与占有权，所得到的是受损后的经济补偿权。保险基金的用途是补偿经济损失和给付保险金。这部分资金支出后，保险公司便失去了对这部分资金的所有权，转化为受灾企业或个人的所有权。由此可见，保险形式的再分配，实际上是对货币和资金占有权的再分配。保险资金收入和支出之间有一个时间差，期间的资金归入社会总资金，参与社会总资金的运动，并通过种种形式调节资金市场，如参与同业拆借、进入资本市场。

3. 收入分配的调节作用

保险再分配的资金来源是投保人的货币收入和资金收入的一部分。保费的收取和保险金的支付，在一定程度上调节了人们的收入结构。从社会总产品的分配看，用作后备的保险资金所占比重的大小，直接影响对其他事业的投资和分配。保险作为一种再分配的手段，将国家、企业、个人在初次分配中形成的收入进行再次分配。这种分配对整个分配过程是一种调节。

4. 个人消费的调节作用

保险市场机制对个人消费的调节可以从以下几个方面加以分析。

（1）购买保险，尤其是购买储蓄性的人寿保险，使购买者的消费分散在一个较长的时期内，起到调节个人消费的作用。

（2）购买保险也是一种消费形式，即保险消费。保险是一种向人们提供安全保障服务的消费品。任何形式的消费品，都必须具有满足人们某种需要的功能。保险消费所满足的是人们对安全的需要。安全需要是人类生存发展的基本需要，因此，保险消费是商品消费的一个必不可少的组成部分。一个合理的消费结构，离不开一定比例的保险消费，保险消费是维护合理消费结构平衡与发展的重要保证。

（3）保险消费不仅仅是一种后备形式的消费，它对整个消费还具有重要的引导作用。

5. 心理调节

一种可能发生的风险对人们的心理是一种负担、一种潜在的威胁。通过保险市场机制，人们可以将生命、身体及财产所面临的风险损失转移出去。这就为生产和生活创造了稳定、安全的环境，消除了人们的忧虑和恐惧心理。

> **思考与讨论**
>
> 结合我国保险市场的情况，讨论我国的保险市场是否充分发挥了调节机制的作用。

第二节 保险公司的设立与组织形式

一、保险公司的设立

作为一种典型的金融机构，保险公司的设立需要具备一定的条件，同时还要严格遵循一定的程序。

1. 保险公司设立的条件

我国《保险法》第六十八条规定，设立保险公司应当具备下列条件：①主要股东具有持续赢利能力，信誉良好，最近 3 年内无重大违法违规记录，净资产不低于人民币 2 亿元；②有符合本法和《中华人民共和国公司法》规定的章程；③有符合本法规定的注册资本；④有具备任职专业知识和业务工作经验的董事、监事和高级管理人员；⑤有健全的组织机构和管理制度；⑥有符合要求的营业场所和与经营业务有关的其他设施；⑦法律、行政法规和国务院保险监督管理机构规定的其他条件。

> **思考与讨论**
>
> 结合有关的资料，试讨论，保险公司设立的条件与商业银行、证券公司的有何不同？哪一个更为严格？

2. 保险公司设立的基本程序

我国对保险公司实行较为严格的审批制度，根据《保险法》及《保险公司管理规定》，设立保险公司需经过申请、筹建和开业三个阶段。

申请设立保险公司时，申请人首先要向保险监督管理部门提出申请，经批准后进行筹建。筹建就绪，经验收合格，由保险监督管理部门颁发经营保险业务许可证和法人机构许可证，并向工商行政管理机构办理企业登记，领取营业执照，然后才能开业。

补充阅读

我国申请设立保险公司需提交的材料

《保险法》第七十条规定，申请设立保险公司，应当向国务院保险监督管理机构提出书面申请，并提交下列材料：

（1）设立申请书，申请书应当载明拟设立的保险公司的名称、注册资本、业务范围等；

（2）可行性研究报告；

（3）筹建方案；

（4）投资人的营业执照或者其他背景资料，经会计师事务所审计的上一年度财务会计报告；

（5）投资人认可的筹备组负责人和拟任董事长、经理名单及本人认可证明；

（6）国务院保险监督管理机构规定的其他材料。

《保险公司管理规定》规定，中国保监会应当对筹建保险公司的申请进行审查，自受理申请之日起 6 个月内作出批准或者不批准筹建的决定，并书面通知申请人。决定不批准的，应当书面说明理由。经中国保监会批准筹建保险公司的，申请人应当自收到批准筹建通知之日起 1 年内完成筹建工作。筹建期间届满未完成筹建工作的，原批准筹建决定自动失效。筹建机构在筹建期间不得从事保险经营活动。筹建期间不得变更主要投资人。筹建完成后，申请人应当向中国保监会提出开业申请，并向保监会提交相关文件资料。中国保监会应当自收到完整的开业申请文件之日起 60 日内，做出核准或者不予核准的决定。决定核准的，颁发经营保险业务许可证；决定不予核准的，应当书面通知申请人并说明理由。经核准开业的保险公司，应当持核准文件及保险许可证，向工商行政管理部门办理注册登记手续，领取营业执照后方可营业。

相关案例

据2016年3月17日《证券时报》消息报道（赵春燕）　众多产业资本涌入保险领域的热情很高，多家上市公司先后涉足保险领域，或已发布筹建保险公司公告。目前已经有200多家企业在排队申请保险牌照，这个量几乎和目前已有保险公司的总量相当。

不过，牌照获批并不容易，去年至今，已有15家保险公司获批筹建，其中，寿险公司2家，财险公司8家（包括3家互联网保险公司），航运险公司1家，信用保证保险公司1家，再保险公司1家，保险资管公司2家。另有3家公司被保监会给予“不予许可”的批复。这3家公司分别为科畅财产保险股份有限公司、国开财产保险股份有限公司和天伦人寿保险股份有限公司。

本消息原文

要拿到这么抢手的保险牌照，需要通过哪些指标呢？据业内专家表示，获得保险牌照至少需要具备四项硬指标。“第一是自身条件要硬，无论是哪个人哪个公司要申请保险公司，首先要有良好的财务报表；第二，要有很好的持续的处置能力；第三，社会信誉要好，没有违法犯罪记录；第四，要有一个优秀的管理团队。”项俊波表示，“这四条是非常硬的条件，缺一不可。”

二、保险公司的典型组织形式

保险公司的组织形式是指依法设立、登记，并以经营保险为业的机构。从国际保险市场的现状来看，保险经营组织形式多种多样，主要有股份制保险公司、相互保险公司、相互保险社、保险合作社、个人保险人和行业自保组织等。

1．股份制保险公司

股份制保险公司是指经国家保险监管机关批准设立、经营保险业务的股份制公司。它由股东认购股份并以获取利润为目的，公司将全部资本分成等额股份，股东以其所持股份为限对公司承担责任，不负连带无限清偿责任。保险股份公司的控制权一般操纵在认购股份最多的股东手里，由于经营目的是为投资者获取利润，容易忽视被保险人的利益。

股份制保险公司的特征主要包括以下几个方面。

（1）通过发行股票（或股权证）筹集所需的大量资本。由于入股人数多，股份保险公司比较容易筹集到大量资本，使经营资本充足，资金实力雄厚，有利于业务扩展和风险的更广泛分散，使保险经营更加安全，从而增强对被保险人的保障能力。

（2）采用所有权与经营权相分离的方式。以赢利为经营的首要目标，促使公司不断改善内部经营管理，开发适销对路的新险种，提高保险服务质量，提高经营管理效率，增加保险公司的利润，增强偿付能力，使保险经营步入正规化、科学化的良性循环轨道。

（3）采用确定保费制。使投保人的保费负担确定，排除了向被保险人追补的情况，既符合现代保险的特征和投保人的需要，又便于保险业务的扩张。

由于股份制保险公司的经营目的是为了赢利，因此比较适用于那些风险较大、投机性较强的财产保险业务。在美国的财产和责任保险业务中，股份制保险公司是占支配地位的保险组织形式，其保费收入约占私营财产和责任保险保费总收入的四分之三。

2. 相互保险公司

相互保险公司是一种由保单持有人所拥有的保险公司，是由所有参加保险的人自己设立的保险法人组织，是保险业特有的一种非营利性的公司组织形式。它在西方国家的寿险业中占有特别重要的地位。

相互保险公司具有以下几个特点。

（1）相互保险公司的投保人具有双重身份。投保人既是公司的所有者，又是公司的客户；既是投保人或被保险人，又是保险人。在相互保险公司这一组织形式下，投保人只要缴纳保险费，即可成为公司的成员。成员关系与保险合同关系结合在一起，保险合同关系一旦终止，成员关系也就消失。

（2）相互保险公司是一种非营利性组织。相互保险公司没有资本金，公司创立时所需的经营资金称为基金，由各成员以缴纳保费的形式筹集，用以承担将来的全部保险责任，不足额可以向外筹借。相互保险公司采用不确定保费制，如果经营有盈余，在支付借入基金的利息及成员所缴基金的利息扣除提留外，剩余部分将分配给成员或作为以后的保费。如果经营出现亏损，则要向成员增收保费或减付保险金、减少公积金来弥补。

（3）相互保险公司的加入者同时成为公司成员。它可以参与公司的经营和盈余分配，成员的利益也就是被保险人的利益，利益关系密切，相互依存，彼此监督，可以有效避免保险人的不正当经营和被保险人的欺诈行为。此外，由于相互保险公司不以赢利为目标，因此保费内不包括预期利润，保费负担较轻。

相互保险公司比较适合于人寿保险业。作为现代人寿保险开端的英国公平保险公司于1962年以相互公司的形式成立。美国最大的人寿保险公司，如谨慎人寿保险公司、大都会人寿保险公司等都是相互保险公司。随着寿险业的发展，相互保险公司最初的相互性正在逐渐消失，与股份制保险公司之间的区别已不再明显。一方面，由于激烈的市场竞争和股份制保险公司开办分红保险，使股份制保险公司与相互保险公司接近；另一方面，相互保险公司可以不提供分红保险，使它与股份制保险公司的区分标志不复存在。此外，由于相互保险公司大量招揽投保人，随着成员数量的增加，公司自治与成员意识逐渐削弱，成员已不能直接参与公司的经营，成员对相互公司的责任变成仅以保费为限度的有限责任。事实上，股份制保险公司和相互保险公司可以相互转化，不少相互保险公司最初也是以股份制公司形式设立的，然后通过退股实现相互公司化。

3. 相互保险社

相互保险社是同一行业的人为了应付自然灾害和意外事故所造成的经济损失而自愿组合起来的非公司组织，它是最早出现的保险组织，也是最原始的保险组织形态，其中每个社员为其他社员提供保险，每个社员又同时获得其他成员提供的保险。相互保险社在当今欧美国家仍相当普遍，如美国的“互助会”，是一种为其会员提供社会福利和保险给付而成立的组织。尽管相互保险社的会员资格向一般公众开放，但这种互助会的成员通常具有共同的种族、宗教信仰或职业背景。美国约有 50 个这样的保险合作组织，大多数规模较小，但也有几个规模较大的，如洛杉矶的农民保险合作社和专门经营汽车保险的联合服务汽车保险协会。

相互保险社具有以下几个特点。

（1）相互保险社的成员之间相互提供保险保障。体现“我为人人，人人为我”的思想。

（2）相互保险社无股本，经营资本来源于社员缴纳的分担金。一般在每年年初按暂定分担额向社员预收，用于赔偿和管理方面的所需款项和开支，在年度结算时计算出实际的分担额后再多退少补。

（3）相互保险社的保费采取事后分摊制，事先并不确定。

（4）相互保险社的最高管理机构是由社员选举出来的管理委员会。在通常情况下，委员会指定一个有法人资格的代理人主持社务，处理有关保险与社内财务等一切事务。

（5）相互保险社的经营对象是社员，并不对外公开营业。其组织规模较小，纯粹为社员服务。

4. 保险合作社

保险合作社是由一些对某种风险具有相同保险需求的人自愿集股设立的保险组织。保险合作社与相互保险社很相似，而且相互保险社通常又是按照合作社的形式建立起来的，因此人们常常将两者等同起来。其实保险合作社和相互保险社还是存在很大区别的。

（1）相互保险社无股本，而加入保险合作社，社员必须缴纳一定金额的股本。社员是保险合作社的股东，其权利和义务以其认购的股金为限。

（2）相互保险社的经营资金来源于社员缴纳的分担额，保险社与社员之间是为一时目的而结合的，如果保险关系终止，那么双方则自动解约。保险合作社的资金来源于社员的股金和向社员或非社员借入的基金，保险关系的建立必须以社员为条件，但社员不一定必须建立保险关系，保险关系消灭也不影响社员关系的存在。因此，保险合作社与社员的关系比较长久，只要社员认缴股本后，即使不利用合作社的服务，仍然可以与合作社联系。

（3）相互保险社采取保费事后分摊制，依据实际需要和实际损失分摊，事先并不确定。而保险合作社采用确定保费制，事后不再补缴。

（4）保险合作社的承保范围仅局限于合作社的社员，只承保合作社社员的风险。

5. 个人保险人

个人保险人是以个人名义承保业务的组织形式。目前这种保险组织形式只在英国和美国存在。个人保险人以英国的最负盛名，主要是由英国劳合社的会员来进行的。劳合社本身并不是保险公司，它是个人承保人的集合体，即所谓“分则为保险商，合则为劳合社”。其性质相当于交易所，是一个保险市场。劳合社社员一般保持在 3 万人左右，会员之间各自独立，自负盈亏，对自己承保的份额负有无限责任，即以他们个人的全部财产作为所负责任的抵押，但不负责任何其他成员的赔偿义务。

补充阅读

劳合社的发展历史

在英国以及世界海上保险史上，劳合社占有重要地位。17世纪中后期，横跨泰晤士河的伦敦已成为一个规模很大的商埠。河畔开设了许多咖啡馆，1683年，英国人爱德华·劳埃德开设的咖啡馆就是其中之一。在其附近有海关、海军部等与航海贸易有关的单位，这里成为商人、高利贷者、经纪人、船东和海员经常会晤的场所。他们经常对船舶出海的命运进行猜测、打赌，进而产生了对船只和货物的保险交易。当时的海上保险交易只是列明保险的船舶和货物以及保险金额，由咖啡馆里的承保人接受保险份额并署名。为了招揽顾客，1696年，劳埃德还把顾客感兴趣的船舶航行和海事消息编成一张小报——《劳埃德新闻》，定期发行，后来又改名为《劳合动态》发行，使劳埃德咖啡馆成为航运消息的传播中心。1713年，劳埃德去世。1769年，劳埃德咖啡馆的顾客们组成了海上保险团体；1774年，劳合社诞生，成为当时英国海上保险的中心；1871年，劳合社向政府申请注册，经议会通过法案承认，劳合社正式成为一个具有法人资格的社团组织。1911年的法令允许其成员经营一切保险业务。

历史上沿袭下来的劳合社是一个保险市场而并非一个保险公司。现在，劳合社已拥有3万多成员，并组成400多个水险、非水险、航空险、汽车险和人身险组合，经营包括海上保险在内的各种保险业务，成为当今世界上最大的保险垄断组织之一，在国际保险市场上具有举足轻重的地位。

6. 行业自保组织

行业自保组织是指某一行业或企业为本企业或本系统提供保险保障的组织形式，常以公司命名。欧美国家的许多大型企业集团，都有自己的自保保险公司。第一次和第二次世界大战期间，行业自保公司首先在英国兴起；到20世纪50年代，美国也开始出现这种专业性自保公司。欧美国家的许多大型企业集团都有自己的专业自保公司。我国的新疆生产建设兵团保险公司在成立时就属于这一性质的保险组织。行业自保公司具有一般商业保险公司所具备的优点，但因其适用范围有限，所以不能像商业保险公司那样普遍。

行业自保组织一般是由母公司为保险目的而设立并拥有的保险公司，它主要向母公司及其众多子公司提供保险服务，同时也承保外界的风险和接受再保险业务。行业自保组织主要分为纯粹的行业自保组织、协会的行业自保组织和营利导向的行业自保组织三种。纯粹行业自保组织的设立，主要是考虑自保的保险成本较低，另外可以减轻税负，在资金流动方面也较为便利。协会行业自保组织是由多家企业共同设立的，主要目的是解决大家共同面临的风险和责任问题，而这些风险和责任通常是商业保险公司不予承保的。营利导向的行业自保组织的设立，尽管也解决企业内部的保险问题，但更多考虑的是通过自设保险公司，作为企业营利的新途径，所以，这类自保公司承保大量外来保险和再保险业务。

三、我国保险市场的组织形式

现阶段，我国保险市场的保险组织形式主要有国有独资保险公司、保险股份有限公司、相互保险公司、中外合资保险公司等。

1. 国有独资保险公司

我国原有国有独资保险公司4家，即中国人民保险公司、中国人寿保险公司、中国再保险公司和中华联合财产保险公司。2006年，由原中华联合财产保险公司整体改制设立的“中华联合保险控股股份有限公司”在乌鲁木齐正式揭牌成立，标志着我国最后一家国有独资商业保险公司的股份制改造已告完成。

此前，中国人保、中国人寿、中国再保险3家国有独资商业保险公司已相继完成整体改制，股改后的中国人保、中国人寿还成功实现了海外上市。如今，4家国有独资商业保险公司股改全部完成，国内保险企业的资本实力及市场竞争能力大大增强。

2. 保险股份有限公司

我国主要的保险股份有限公司有中国太平洋保险公司、平安保险公司、新华人寿保险股份有限公司、泰康人寿保险股份有限公司、华泰财产保险股份有限公司、华安财产保险股份有限公司、永安财产保险股份有限公司等。

> **思考与讨论**
>
> 查找有关资料，试讨论，我国还有哪些股份制的保险公司，各自的股东有哪些？经营方面有何特点？

3. 相互保险公司

相互保险公司是由所有参加保险的人自己设立的保险法人组织，其经营目的是为各保单持有人提供低成本的保险产品，而不是追逐利润。相互保险公司没有股东，保单持有人的地位与股份公司的股东地位相类似，公司为他们所拥有。相互保险公司没有资本金，也不能发行股票，其运营资金来源于保费，公司设立前期所需的资金一般是通过借贷等方式由外部筹措；各成员也以其交纳的保费为依据，参与公司的盈余分配并承担公司发生亏空时的弥补额。

截至2015年年底，我国只有一家相互保险公司——阳光农业相互保险公司。阳光农业相互保险公司是在黑龙江垦区14年农业风险互助基础上，经国务院同意、中国保监会批准，在国家工商总局注册的我国首家相互制保险公司。作为一家全国性专业农业保险公司，公司承担着国家农业保险试点及中国保险制度创新的任务。

> **补充阅读**
>
> **阳光农业相互保险公司**
>
> 阳光农业相互保险公司是2005年经国务院同意、中国保监会批准设立的全国唯一一家相互制农业保险公司。作为国家相互保险试点，公司承担着探索中国农业保险发展道路和创新保险组织形式的历史使命。目前，公司开办的险种有：包括水稻、玉米、大豆、小麦、马铃薯等在内的种植业保险，奶牛、能繁母猪等在内的养殖业保险，以及财产保险、责任保险、机动车辆保险和其他涉农保险等主险产品100余个。公司目前在黑龙江省和广东省共设有190多家分支机构，员工总数1 500余人。2014年，公司实现保费收入27.12亿元，种植险承保面积7 538万亩，实现净利润4.05亿元。

4. 中外合资保险公司

中外合资保险公司是我国政府或组织与外商共同投资建立的合营保险组织。目前我国保险市场上已有多家这样的保险公司，这是外资人寿保险公司进入中国保险市场的唯一方式。其中第一家中外合资保险公司是1996年11月26日由中化集团对外贸易信托投资公司与加拿大宏利人寿保险公司合资设立的中宏人寿保险有限公司。还有1998年10月16日由中国太平洋保险股份有限公司与美国安泰人寿保险公司合资设立的太平洋安泰人寿保险有限公司，1999年1月由德国安联保险集团与中国大众财产保险股份有限公司合资设立的安联大众人寿保险有限公司，等等。

补充阅读

中意人寿保险有限公司

中意人寿保险有限公司是由意大利忠利保险有限公司（Assicurazioni Generali）和中国石油天然气集团公司（CNPC）合资组建的人寿保险公司，于2002年1月15日经中国保险监督管理委员会批准成立，是中国加入世界贸易组织后首家获准成立的中外合资保险公司。目前，中意人寿注册资本37亿元，总资产超过500亿元，是中国最大的合资寿险公司之一。

意大利忠利保险有限公司成立于1831年，迄今已有180多年的保险经营经验。忠利集团作为世界最大的保险集团之一，其旗下的保险及金融实体遍布全球60多个国家和地区。

中意人寿保险的更多、更新信息可查看其官网的简介。

5. 外国保险公司分支机构

外国保险公司分支机构是指外国保险公司依照本国公司法和保险法的规定，在本国境内设立的经营性保险组织。外国保险公司分支机构的具体形式在法律上并无特别的限制，但不论何种形式设立的外国保险公司分支机构，都具有以下几个特点。

思考与讨论

通过网络查找国内其他中外合资保险公司的资料，分析和讨论这些公司的市场经营状况有何特点。

（1）隶属于外国保险公司。外国保险公司分支机构须由外国保险公司设立，是外国保险公司在地域上相分离的一个组成部分，它不能独立于该外国保险公司而存在。

（2）依据本国的法律规定设立。外国保险公司依据其所属国法律而设立，但其在外国的分支机构则必须依据所在国法律设立，这是国际上通行的一般规则。在一般情况下，基于本国保险公司与外国保险公司相一致的习惯做法，有关外国保险公司分支机构设立的规定，大体上采取与本国保险公司基本相同的要求，并无更为严格的特别规则。但由于外国保险公司的进入，涉及保险市场的对外开放，所以各国对外国保险公司的进入条件又比其他公司严格。外国保险公司在我国设立分支机构除了要符合我国《公司法》中规定的外国公司分支机构设立的程序、条件等要求外，还必须满足我国《外资保险公司管理条例》中规定的各项条件，如向保监会提交申请，获得在我国经营保险业务的许可证，等等。

（3）在本国境内设立。在本国境内设立是指外国保险公司分支机构必须在本国境内有固定的住所，有确定的代表人或代理人，有相应的经营活动资金，并开展连续性的活动。外国保险公司分支机构必须在本国境内设立，才具有本国法律上规定的外国保险公司分支机构的资格，依照本国公司法和相关法律受到相应的保护。

（4）从事保险活动。外国保险公司分支机构在所在国可以从事何种保险活动，通常取决于所在国的经济政策，尤其是保险产业政策，并由法律明文规定。在我国，除属于法律明确规定不允许外国保险公司分支机构从事的保险经营活动之外，外国保险公司分支机构与我国保险公司享有同样的经营权利。

（5）不具有独立的法人资格。外国保险公司分支机构并非独立的法人，而是法人的一个组成部分。因此，就外国保险公司在中国的分支机构的法律地位而言，具有以下两个特点。第一，外国保险公司分支机构虽然按中国法律进行登记，但不具有中国法人资格。其登记目的是出于对外国保险公司在我国的活动进行管理的需要，也就是对外国保险公司在我国从事经营活动给予法律上的认可。第二，外国保险公司分支机构虽然在保险经营活动上具有一定的独立性，但并不具有独立的民事能力。因此，外国保险公司分支机构在中国境内进行经营活动所产生的民事责任，应当由设立该分支机构的外国保险公司承担。

自从 1992 年 9 月 29 日美国国际集团（AIG）全资附属的子公司美国友邦人寿保险公司在上海设立全国第一家分公司开始，目前我国保险市场上已有多家外国保险公司分支机构，如瑞士丰泰保险（亚洲）有限公司上海分公司、英国皇家太阳联合保险集团上海分公司、美国丘博保险集团联邦产物保险公司上海分公司、日本东京海上火灾保险公司上海分公司、韩国三星火灾海上保险公司上海分公司，等等。

补充阅读

友邦保险集团简介

友邦保险的更多、更新信息可查看其官网“公开信息披露”栏目。

友邦保险集团是全球第二大人寿保险公司，其最早业务成就可追溯到1919年的上海，1992年重返中国内地，在上海设立分公司，是当年第一家获准在中国内地经营保险业务的外资保险公司。

作为第一家将保险营销员制度引进国内的保险公司，友邦保险建立了专业的保险营销员队伍，并通过多元化销售渠道，为客户提供一系列人寿保险、年金保险、健康保险和意外伤害保险产品。

此外，在我国保险市场上也存在着合作保险组织以及专业自保组织等保险组织形式。

补充阅读

首家专业“自保公司”已获批准

中新社乌鲁木齐2011年9月2日电（记者 魏晞） 中国保监会副主席魏迎宁2011年9月2日在乌鲁木齐出席“金融支持新疆跨越式发展座谈会”时透露，中国国内第一家专业“自保公司”已经获得批准，将落户新疆克拉玛依市。

专业自保公司是指由非保险企业拥有或控股的保险公司，主要承保集团内部风险。在国际上，专业自保公司已成为大型跨国公司风险管理的重要方式，但中国在这方面基本还是一片空白。

魏迎宁表示，为了配合新疆国家大型油气生产和储备基地建设，中国保监会会同中国石油天然气集团公司经过调研和论证，已经批准在新疆克拉玛依市设立中国石油集团专业自保公司。目前，中国首家自保公司已在积极筹备中，将争取早日开业。

数据显示，目前全球专业自保公司超过 5 000 家，年保费规模超过 500 亿美元。其中，美国前 500 强企业中有近 90%拥有自保公司，后者业务占美国工商企业财产保险市场近三成份额。

此前，中国大型企业中仅有中海油在香港注册成立了一家自保公司，即中海石油保险有限公司。

第三节　保险市场的要素

现代保险市场是保险商品交换关系的总和，是参与保险市场交易的各类要素相互作用，使保险交易得以实现的机制。保险市场作为市场经济的组成部分，同样受价值规律、竞争规律和供求规律的支配。

保险市场的构成要素主要有四个，即保险市场供给、保险市场需求、保险产品价格和保险中介组成。这四个要素相互依存、相互作用，共同构成了完整的保险市场体系。

一、保险市场供给

保险市场供给就是在一定的保险价格条件下，保险市场各家保险公司愿意并且能够提供的保险商品的数量总和。保险市场的供给方主要是指保险人，包括国有保险人、私营保险人、合营保险人、合作保险人、个人保险人等，它们必须是经过国家有关部门审查认可并获准专门经营保险业务的法人组织。保险市场供给用保险市场上的承保能力来表示，它就是各个保险公司的承保能力之和。

保险供给是以保险需求为前提的，保险需求是制约保险供给的基本因素。在存在保险需求的前提下，保险市场供给受到保险费率，互补品、替代品的价格，保险技术水平，市场的规范程度和政府的监督管理等方面的影响。

二、保险市场需求

保险市场需求是指在一定的费率水平上保险消费者愿意并有能力从保险市场上购买的保险商品的数量。保险市场的需求方是指保险市场上所有现实的和潜在的保险商品的购买者，即各类投保人。根据保险消费者不同的需求特征，可以把保险市场的需求方划分为个人投保人、团体投保人、农村的投保人、城市投保人等。根据保险需求的层次还可以把保险市场的需求方划分为当前的投保人与未来的投保人等。

保险市场需求是一个变量，受诸多因素的影响，当这些因素发生变化时，保险市场需求会增大或减少。影响保险市场需求的主要因素有风险因素、保险费率、消费者的收入水平、互补品与替代品的价格、经济体制、文化传统等。

思考与讨论

结合上面的知识，分组讨论，我国目前的保险需求受以上因素的影响有多大？其中最重要的影响因素是什么？

补充阅读

衡量保险市场发达与否的重要指标

（1）市场份额。市场份额是指一国总保险费收入占世界保险费收入的比例。一国总保险费收入总额越大，占世界保险费收入总额比重越高，该国的保险市场越发达。

（2）保险密度。保险密度是指按当地人口计算的人均保险费额。保险密度反映了该地国民参加保险的程度，以及一国国民经济和保险业的发展水平。

（3）保险深度。保险深度是指某地保费收入占该地国内生产总值（GDP）之比，反映了该地保险业在整个国民经济中的地位。保险深度取决于一国经济总体发展水平和保险业的发展速度。

（4）寿险与非寿险保费比例。这一指标发展的趋势是寿险保费比例在不断增长。20 世纪 80 年代初全世界保费收入中寿险与非寿险之比为 40∶60，到 20 世纪 90 年代为 52∶48。截至 2015 年底，世界平均寿险保费收入在总保费中所占比例已达 65%以上。

三、保险产品价格

保险产品价格是指某种保险的单位保险金额（一定数额的货币量作为该种保险的一个计量单位）的保险费。保险价格的具体形式是保险费，保险费计算的基础是保险费率。

保险费率一般由纯费率和附加费率两部分组成。习惯上，将由纯费率和附加费率两部分组成的费率称为毛费率。纯费率也称净费率，是保险费率的主要部分，它是根据损失概率确定的，按纯费率收取的保险费称为纯保费，用于保险事故发生后对被保险人进行赔偿和给付。附加费率是保险费率的次要部分，按照附加费率收取的保险费称为附加保费。它是以保险人的营业费用为基础计算的，用于保险人的业务费用支出、手续费支出以及提供部分保险利润等。

四、保险中介

保险市场的中介是指活动于保险人与投保人之间，充当保险供需双方的媒介，把保险人和投保人联系起来并建立保险合同关系的人。保险市场中介包括保险代理人、保险经纪人、保险公估人等。

1. 保险代理人

保险代理人是根据保险人的委托，向保险人收取代理手续费，并在保险人授权的范围内代为办理保险业务的单位或个人。

保险人委托保险代理人代为办理保险业务的，应当与保险代理人签订委托代理协议，依法约定双方的权利和义务及其他代理事项。保险代理人根据保险人的授权代为办理保险业务的行为，由保险人承担责任。保险代理人为保险人优先办理保险业务，有超越代理权限行为，投保人有理由相信其代理人，并已订立保险合同的，保险人应当承担保险责任。但是，保险人可以依法追究越权的保险代理人的责任。

经中国保监会批准，保险代理机构可以经营以下业务：代理收取保险费、代理销售保险产品、根据保险公司的委托代理相关业务的损失勘查和理赔。

2. 保险经纪人

保险经纪人是基于投保人的利益，为投保人与保险人订立保险合同提供中介服务，并依法收取佣金的单位。

保险合同订立后，保险经纪人向保险人索要酬金，代理保险人收取保费。如因本身过失疏忽而使被保险人的利益受到损害，保险经纪人要负民事法律责任，给予经济补偿。保险经纪人的法律地位，与一般商业居间人大致相同，但不同的是，民法中的居间的报酬原则上由双方均摊，而经纪人仅向保险人收取。

经中国保监会批准，保险经纪公司可以经营下列业务：选择保险人，为投保人拟订投保方案，办理投保手续；协助被保险人或受益人进行索赔；再保险经纪业务，为委托人提供防灾、防损或风险评估、风险管理咨询服务等。

3. 保险公估人

保险公估人是指受保险当事人委托，专门从事保险标的的评估、勘查、鉴定、估损、赔偿和理算等义务的单位。

保险公估人的主要任务是在保险合同订立时对危险进行勘验、评估，以及危害发生后，对损失的原因及程度进行勘验和估计。未经中国保监会批准，任何单位和个人不得在中华人民共和国境内以保险公估机构名义从事保险标的的评估、勘查、鉴定、估损、理算等义务。保险公估人只站在公正的第三者的立场上，凭借专门的技术知识和经验，对客观实际做出实事求是、公正准确的判断和证明。

经中国保监会批准，保险公估机构可以经营下列业务：保险标的承保前的检验、估价及风险评估；对保险标的出险后的勘查、检验及理算；经中国保监会批准的其他业务。

补充阅读

专业保险中介渠道发展潜力更大

我国的保险中介渠道包括兼业代理渠道、个人代理人渠道和专业中介渠道。随着客户对于保险销售服务专业性的要求越来越高，个人代理人的发展正在遭遇瓶颈。保监会鼓励保险公司提高个人代理人福利待遇，以及对个人代理人进行“多元转换”的指导意见，又使这一瓶颈变得更加难以突破。

随着专业化分工，提供产品和销售产品的分化和专业分工也是一个必然趋势。保险中介渠道近年的整体发展速度逐步提高，体现的就是这个行业的必然趋势。在专业中介渠道中，保险经纪人将是保险营销员未来更有吸引力的职业发展方向。其一，从个人消费者的需求来看，随着保险机构越来越多，保险产品越来越丰富，无论从时间投入还是从专业性来讲，个人消费者都不能全面了解市场上的保险产品。他们更需要专业人士站在消费者的立场为其提供保险购买及其他相关服务，挑选最符合其需求且性价比最优的保险产品；其二，对保险营销员的职业发展来说，保险经纪人既有专业知识，又站在个人消费者和保险公司之间成为两者的纽带。保险经纪人有条件向客户推介更多、更广的产品和服务。因此，从未来的发展趋势来看，保险经纪人将是个人代理人最有吸引力的职业发展方向。

讨论：就我国目前的保险市场而言，保险代理人与保险经纪人的服务有何不同？哪个更能适合市场的需求？保险公估人的存在又会对保险公司产生什么样的影响？

本章小结

保险市场	保险市场概述	保险市场是市场的一种形式，是保险商品交换关系的总和或是保险商品供给与需求关系的总和
		保险市场的特征主要包括保险市场是无形市场，保险市场是直接的风险市场，保险市场是非即时结清市场，保险市场是特殊的“期货”交易市场
		按照保险业务性质不同，保险市场分为人身保险市场和财产保险市场；按保险业务承保的程序不同，保险市场分为原保险市场和再保险市场；按保险业务活动的空间不同可分为国内保险市场和国际保险市场
		按保险市场的竞争程度不同，保险市场的模式可分为完全垄断型保险市场、完全竞争型保险市场、寡头垄断型保险市场和垄断竞争型保险市场四种模式
		保险市场的功能主要有合理安排风险，维护社会稳定的功能；聚集、调节资金，优化资源配置的功能；实现均衡消费，提高人民生活水平的功能；促进科技进步，推动社会发展的功能

续表

保险市场	保险公司的设立与组织形式	我国《保险法》规定设立保险公司应当具备下列条件：主要股东具有持续赢利能力，信誉良好，最近三年内无重大违法违规记录，净资产不低于人民币2亿元；有符合本法和《中华人民共和国公司法》规定的章程；有符合本法规定的注册资本；有具备任职专业知识和业务工作经验的董事、监事和高级管理人员；有健全的组织机构和管理制度；有符合要求的营业场所和与经营业务有关的其他设施；法律、行政法规和国务院保险监督管理机构规定的其他条件 设立保险公司需经过申请、筹建和开业三个阶段 从目前国际保险市场的现状来看，保险经营组织形式主要有如下5种：股份制保险公司、相互制保险公司、相互保险社、个人保险人和行业自保组织 保险股份有限公司是指经国家保险监管机关批准设立、经营保险业务的股份制保险公司，它由股东认购股份并以获取利润为目的 相互保险公司是由所有参加保险的人自己设立的保险法人组织，是保险业特有的一种非营利性的公司组织形式 相互保险社是同一行业的人为了应付自然灾害和意外事故所造成的经济损失而自愿组合起来的非公司组织 保险合作社是由一些对某种风险具有相同保险需求的人自愿集股设立的保险组织 个人保险人是以个人名义承保业务的组织形式
	保险市场的要素	保险市场的构成要素主要有四个：保险市场供给、保险市场需求、保险产品价格和保险中介。 保险费率一般由纯费率和附加费率两部分组成 保险市场中介包括保险代理人、保险经纪人、保险公估人等

复习思考题

一、名词解释

保险市场　完全垄断型保险市场　完全竞争型保险市场　垄断竞争型保险市场　保险费率　保险股份有限公司　相互保险公司　保险代理人　保险经纪人　保险公估人

二、单选题

1. 保险人与投保人之间通过订立保险合同而直接建立保险关系的市场是（　　）。

A. 国内保险市场　B. 原保险市场　C. 国外保险市场　D. 再保险市场

2. 同一行业的人为了应付自然灾害和意外事故所造成的经济损失而自愿组合起来的非公司组织称为（　　）。

A. 交互保险社　B. 相互保险公司　C. 相互保险社　D. 保险合作社

3.（　　）是保险商品的价格。

A. 保费　B. 保险价值　C. 现金价值　D. 保险费率

4. 国际上保险公司的组织形式有多种，其中由所有参加保险的人为自己办理保险而合作设立的法人组织是（　　）。

A. 股份保险公司　B. 相互保险公司　C. 自保保险公司　D. 劳合社

5. 保险费占GDP（国内生产总值）的比例指的是（　　）。

A. 保险市场份额　B. 保险密度

C. 保险深度　D. 寿险与非寿险保费比例

6. 当今国际保险市场中存在着多种市场模式，其中，大小保险公司并存，少数保险公司在市场中取得垄断地位的市场类型是（　　）。

A. 完全竞争市场模式　B. 垄断竞争市场模式

C. 寡头垄断市场模式　D. 完全垄断市场模式

7. 一国人均保险费是指（　　）。

A. 保险市场份额　　B. 保险密度

C. 保险深度　　D. 寿险与非寿险保费比例

8. 保险市场上存在数量众多的保险人，保险商品交易完全自由，价值规律和市场供求规律充分发挥作用的保险市场是（　　）。

A. 完全竞争市场模式　　B. 垄断竞争市场模式

C. 寡头垄断市场模式　　D. 完全垄断市场模式

9. 用于保险事故发生后对被保险人进行赔偿和给付的保险费是（　　）。

A. 毛保费　　B. 附加保费　　C. 纯保费　　D. 营业保费

10. 受保险当事人委托，专门从事保险标的的评估、勘查、鉴定、估损、赔偿和理算等业务的单位是（　　）。

A. 保险代理人　　B. 保险公估人　　C. 保险经纪人　　D. 保险精算师

三、多选题

1. 保险市场的特征包括（　　）。

A. 保险市场是无形市场　　B. 保险市场是直接的风险市场

C. 保险市场是即时结清市场　　D. 保险市场是特殊的“期货”交易市场

2. 下列属于保险中介人的是（　　）。

A. 保险经理人　　B. 保险经纪人　　C. 保险代理人　　D. 保险公估人

3. 按照保险业务性质不同，保险市场可分为（　　）。

A. 人身保险市场　　B. 原保险市场　　C. 财产保险市场　　D. 再保险市场

4. 我国保险公司采取的组织形式包括（　　）。

A. 国有独资保险公司　B. 相互保险公司　　C. 股份有限公司　　D. 保险合作社

5. 影响保险市场需求的主要因素有（　　）。

A. 风险因素　　B. 保险费率

C. 消费者的收入水平　　D. 互补品与替代品的价格

6. 保险经营组织形式多种多样，主要有（　　）。

A. 股份制保险公司　　B. 相互保险公司　　C. 相互保险社　　D. 个人保险人

7. 按保险业务承保的程序不同，保险市场可分为（　　）。

A. 人身保险市场　　B. 原保险市场　　C. 财产保险市场　　D. 再保险市场

8. 按保险市场的竞争程度不同，保险市场的模式可分为（　　）。

A. 完全垄断型保险市场　　B. 完全竞争型保险市场

C. 寡头垄断型保险市场　　D. 垄断竞争型保险市场

9. 保险市场的功能主要有（　　）。

A. 合理安排风险，维护社会稳定的功能　　B. 聚集、调节资金，优化资源配置的功能

C. 实现均衡消费，提高人民生活水平的功能　D. 促进科技进步，推动社会发展的功能

10. 保险市场的构成要素主要有（　　）。

A. 保险市场供给　　B. 保险市场需求　　C. 保险产品价格　　D. 保险中介

四、简答题

1. 保险组织的一般形式有哪些？

2. 保险市场是如何分类的？

3. 保险市场的特征包括哪些？

4. 保险市场的主要模式有哪些？

5. 保险市场的功能有哪些？

6. 保险市场的要素包括哪些？

五、实训项目

1. 通过网络查找国内不同类型的保险公司的资料，针对其特点进行分析与讨论。

2. 查找关于保险密度和保险深度的相关资料，关注我国近年来这两个指标的变化趋势与世界排名的变化。

课外阅读资料

资料一　整治保险市场乱象

据2011年2月23日《金融时报》报道（张兰），当保费规模和保险机构都以高速发展态势冲击我国保险市场时，保险监管和保险业未来发展之间的关系也日益紧密和微妙起来。一边是整个行业综合实力的迅速提升、服务能力的显著增强、社会影响力的大幅提高，另一边却是快速发展中积累的深层次问题和矛盾逐步显现，一些短期问题和长期问题相互交织。对于正在苦苦寻求突围之策以谋求可持续发展路径的保险监管者们而言，这无疑是一个“快乐并痛着”的艰苦挑战。面临承上启下的“十二五”，保险监管者如何审时度势、灵活运用“看得见的手”来引导保险市场走向规范化，这无疑是决定整个行业未来走向的一个极为关键的因素。

目前保险市场秩序存在的问题还比较多，解决起来也有一定的难度。“十二五”期间，要按照标本兼治、重在治本的原则，使市场秩序从根本上得到治理和规范。在年初的全国保险监管工作会议上，首次透露出这一监管信号。紧随其后，全国各地的保险监管分支机构迅即拉开了一张“围捕”保险业违法违规行为的恢恢法网。

当前我国保险市场主体不严格执行报批报备的条款费率，非理性价格竞争在一定业务领域还比较突出；销售误导、理赔难的问题社会反映也比较集中；经营数据不真实、虚假列支中介代理手续费和营业费用问题更是屡见不鲜；虚假退保、虚挂应收保费、虚假赔案依然不同程度地存在，个别分支机构还出现虚假承保农业保险问题；非法集资、保险欺诈、商业贿赂等保险领域的司法案件时有发生。这些问题不仅造成了保险市场秩序的混乱，破坏了整个行业的形象，还严重影响了保险行业未来的可持续发展。要化解转型期复杂的矛盾和困难，排除风险隐患，必须通过转变发展方式，建立更加科学有效的发展模式，才能从根本上加以解决。只有出重拳、用重典，进一步加大监管力度，才能维护保险市场的安全稳定运行。

当前我国保险业正处于全面转型期，市场当中存在的种种问题归根结底还是由于发展方式过于粗放。要从根本上实现市场秩序的规范，实现保险业发展方式的转变，则需要大力健全完善相关的政策法规，同时强化有利于转变发展方式的制度约束。实施制度治本具有紧迫性。保险制度机制长期缺失，一些违法违规行为成为市场的潜规则，高管人员法制意识淡薄，缺乏对法律法规的敬畏。而保险违法违规行为又扰乱了秩序，影响了发展，吃掉了利润，腐蚀了队伍，损害了形象。这些问题长期积累、屡查屡犯、禁而不止、纠而复生，依靠传统的检查处罚无法解决。要实现有效监管，必须牢牢抓住“制度治本”这一根本手段，把完善制度和强化执行作为规范市场秩序的治本之策。

资料二　保险代理人改革势在必行

2015 年 9 月 17 日，保监会下发《关于深化保险中介市场改革的意见》，提出“培育一批具有专业特色和国际竞争力的龙头型保险中介机构，发展一大批小微型、社区化、门店化经营的区域性专业代理机构，形成一个自主创业、自我负责，体现大众创业、万众创新精神的独立个人代理人群体”。

中国大陆地区自 1992 年引入保险营销制度以来，保险营销员队伍已经发展成为保险公司主要的业务渠道。然而，由于发展历史较短，保险营销制度仍然存在很多瓶颈问题。“广增员、高脱落、低素质、低产能”的恶性循环早已被市场所诟病。如何解决这一难题已成为我国保险业改革的重大课题。

推荐读者以“保险营销改革启动　300 万营销员面临转制”为关键词通过网络搜索引擎搜索相关报道，对保险代理人改革作更深入了解。

第十二章 保险监管

学习目标和要点

学习目标

了解保险监督管理的概念及必要性，掌握保险监管的目标、保险监管的方式、保险监管的基本原则、保险监管的内容。

学习要点

保险监管的目标；保险监管的方式；保险监管的基本原则；偿付能力监管；市场行为监管；公司治理结构监管。

本章知识结构

- 保险监管概述
  - 保险监管的意义
    - 保险经营的公共性与社会性
    - 保险交易存在信息不对称和不完全性
    - 保险发展过程中存在市场失灵和破坏性竞争
    - 保险经营的负债性
    - 保险交易过程的特殊性
  - 保险监管的目标
    - 维护被保险人的合法权益
    - 维护公平竞争的市场秩序
    - 维护保险体系的整体安全与稳定
    - 促进保险业的健康发展
    - 防止保险欺诈行为的发生
  - 保险监管的方式
    - 公告监管
    - 规范监管
    - 实体监管
  - 保险监管的基本原则
    - 依法监督管理的原则
    - 独立监督管理的原则
    - 公开性原则
    - 公平原则
    - 保护被保险人利益原则
    - 不干预监督管理对象的经营自主权的原则
    - 适度竞争原则
  - 保险市场的监管机构
- 保险监管的内容
  - 偿付能力监管
    - 偿付能力的内涵
    - 保险公司偿付能力管理
  - 市场行为监管
    - 保险机构监管
    - 经营范围监管
    - 保险条款监管
    - 保险费率监管
    - 再保险监管
    - 资金运用监管
  - 治理结构监管
- 保险监管的方法
  - 现场检查
  - 非现场检查

案例引入

据保监会官网消息　2016年1月29日，中国保监会向中融人寿保险股份有限公司发布监管函（监管函〔2016〕5号）。鉴于该保险公司2015年3季度末和4季度末偿付能力充足率分别为-115.95%和74.62%，偿付能力溢额-23.49亿元和-2.82亿元，属于偿付能力不足类公司，根据《关于规范保险机构股票投资业务的通知》（保监发〔2009〕45号）有关规定，对该公司采取以下监管措施：一、责令其即日起不得增加股票投资，并采取有效应对和控制措施，切实防范投资风险；二、该公司在偿付能力符合监管规定后，需向保监会请示，经同意后方可开展新增股票投资业务。

由以上案例可以看出，中融人寿保险股份有限公司的偿付能力充足率出现了问题，而保监会在对其问题进行相应的监管。为了保证保险市场的有序经营，有关机关正在发挥其监管职能。那么，偿付能力到底是什么？为什么会出现偿付能力充足率的不足？对保险市场和保险消费者会带来怎样的影响？为什么要对其进行监管？监督的内容有哪些？由谁来实施监管？这些正是本章将要学习的内容。

第一节　保险监管概述

和其他具有公共性的行业一样，为提高效率、维护公平、保持稳定，各国政府对保险市场均实行严格的监管。保险行业更是如此。

保险监管是指政府对保险业的监督管理，是保险监管机构依法对保险人、保险市场进行监督管理，以确保保险市场的规范运作和保险人的稳健经营，保护被保险人权益，促进保险业健康、有序发展的整体过程。

一、保险监管的意义

在目前的实践中，政府对经济社会的各行各业都实行不同程度的监管和调控，相对而言，对金融保险业的监管更为严格，不仅有专门的监管法规，设立专门的监管机构，同时也形成了一系列的监管制度体系。政府为什么要对保险业进行专门监管，一般认为其原因主要有以下三个方面。

1. 保险经营具有公共性和社会性

保险业是一个特殊的行业，保险产品与一般商品相比，存在很大的差异性。人们通过消费保险产品来减少当前利益，换取对未来的保障，保险公司依靠诚信经营并吸收资金，其经营成败不仅关系到保险公司投资者的利益，更关系到社会公众的利益。人们购买一般商品后，生产企业的后续经营与客户利益相关度不高，而保险产品的供给与消费具有一定的特殊性，保险产品有的长达几十年，在长时间的跨度内，仅靠保险公司自我约束来保证承诺的有效性是不太现实也不可行的。因此，保险公司持续经营情况将会影响到各行各业、千家万户。如果保险公司破产或倒闭退出，负面影响将比一般企业要大得多，将使广大被保险人的利益也即社会公众利益受到损害，带来社会福利损失，影响社会稳定。为保证社会公众利益，确保保险公司偿付能力，政府对保险业的监管就显得十分必要了。

2. 保险交易存在信息不对称和不完全性

一般而言，市场中的销售者和购买者都很难具有充分信息，交易双方存在信息不对称。相对而言，保险业是一个技术含量高、业务专业性强的复杂行业，信息不对称和不完全的问题更为突出。保险合同是格式合同，保险产品定价和保险合同内容往往由保险公司单方面拟定，投保人、被保险人对保险费率、保险责任、责任免除、退保等重要事项的了解有限，一般只能就接受合同或拒绝合同进行选择。因此，如果缺乏外部监管，保险公司可能利用信息不对称和信息透明度低的优势实施损害被保险人的行为。

3. 保险发展过程中存在市场失灵和破坏性竞争

市场失灵理论是研究政府干预市场的一种经济学理论。市场失灵理论认为，由于存在大量现实和潜在的市场失灵问题，包括市场存在垄断、信息成本过高、负外部效应、搭便车现象等，造成理想状况的竞争性市场难以实现，导致市场公平和效率的损失，因此政府必须干预市场，纠正市场失灵，增进市场的公平和效率。保险市场也存在上述市场失灵问题，现实的保险市场通常是垄断竞争型市场，公司之间的竞争并不完全平等，保险公司财务状况和社会保险需求状况等信息透明度不高，因此保险市场需要政府的监管，以最大限度地防止和消除市场失灵产生的非效率和不公正问题。此外，由于保险业经营的特点，在保险市场竞争中，保险公司存在牺牲客户长远利益以换取短期经营利益的倾向，从而在经营中出现恶性或过度竞争以及不合理价格，其结果是保险公司丧失偿付能力并危及社会公众利益，损害消费者的合法权益，从而影响保险业的持续发展。

4. 保险经营的负债性

保险经营的负债性是指保险公司通过收取保费建立保险基金来履行其赔偿或给付职能，而保险基金中很大一部分是以保险准备金的形式存在的，保险准备金是保险公司的负债。保险公司提取责任准备金而形成的负债是确定的，但其承担义务所形成的负债则因风险事故的随机性而不确定。因此，保险公司的负债管理不同于一般企业的负债管理，保险经营本身就是一种负债经营。

5. 保险交易过程的特殊性

保险公司的生产和销售是同步发生的，现代保险采取的是损失事先分摊的方式，即先收取保险费，建立保险基金，再对发生的自然灾害和意外事故所造成的财产损失和人身伤害承担赔偿责任。保险交易过程的时间较长，财产保险一般为一年，人身保险则可能是几年、几十年，甚至伴随人的一生，这使得保险公司经营的风险具有隐蔽性、积累性和社会性的特征，因而保险业的监督管理是非常重要的。

补充阅读

中国保监会 2016 年 1 月 15 日通报了 2015 年 12 月保险消费投诉情况。2015 年 12 月，保监会机关及各保监局共接收各类涉及保险消费者权益的有效投诉总量 2 802 件，同比上升 7.11%，环比上升 6.91%，其中，12378 热线电话投诉 2 529 件，占有效投诉总量的 90.26%，共接收保险消费者反映有效投诉事项 2 927 个。

读者可扫描二维码阅读《2016 年最新保险公司投诉率排行榜》一文，了解更详细信息。

总体而言，监管在保险业的发展中具有独特而重要的地位。保险市场的结构影响保险市场行为和市场发展，市场发展在很大程度上又影响保险监管的内容和方法；保险监管政策实施后又会直接影响市场结构和市场行为，从而使市场状况发生变化，而市场状况发生变化后，反过来会影响监管部门，即监管部门会根据市场状况调整监管目标和方法，从而使市场发展与监管形成互动。

补充阅读

为什么政府要对保险业进行监管？2008 年 AIG 危机是说明这个问题的典型案例。

2008 年金融危机中，昔日保险巨头 AIG 从巅峰坠落，几度生死存亡。被迫甩卖分支机构、裁减员工、大幅压缩高管薪酬自救，最终不得不绑定美国政府，累计获得美国政府输血超过 1 500 亿美元，被国有化（美国政府占有 AIG 80%的股份），才算逃过破产的命运。

推荐读者以“次贷三周年报道 AIG：跌倒的保险巨头”为关键词搜索和讯网新闻专题了解 AIG 危机的来龙去脉，结合正文重新思考保险监管的意义。讨论保险业作为金融业的三驾马车之一，相对于银行业和证券业而言，保险业的经营与风险有何不同之处。

二、保险监管的目标

保险监管的目标是保险监督管理部门希望通过其监督管理活动实现并保持的一种状态。虽然各国设立的保险监管机构存在一定的差别，但就监管的目标而言，是基本一致的。监管者首先必须明白自己的工作目标，而且所有的具体监管行为必须是为了达到监管目标而选择的手段、途径或形式。在发达市场经济国家的保险法规和国际保险监管组织文件中，对监管目标的表述虽然不尽相同，但基本上都包括以下几个方面。

1. 维护被保险人的合法权益

保险业是经营风险的行业，投保人缴费在前，保险人赔付在后，一旦保险人偿付能力不足甚至破产，就会使得被保险人在保险事故发生时不能得到补偿，从而极大地损害投保人和被保险人的利益。因此，保证保险人具有足够的偿付能力以保护广大被保险人的利益是保险市场监管的核心内容和首要目标。为保证保险人具有足够的偿付能力，各国保险法规对保险公司的最低资本金、资本充足性、保证金及各项责任准备金的提取、业务分保、偿付能力的计算标准等都做出了明确规定。

另外，被保险人对保险机构、保险中介机构和保险产品的认识程度是极为有限的，即使是一个高度透明的企业，消费者也难以对它了如指掌。作为行使政府职能的监管者既要维持公平，但又不可能强行要求需求者必须掌握他本来就无法得到的信息，也不可能强行要求供给者必须忘却他本来就已经掌握的信息。现实与可行的办法就是通过法律和规则，对供给者的行为进行必要的制约，同时还有一些强制的信息披露要求，让需求者尽量知情。同时也鼓励需求者自觉掌握尽量多的信息和专业知识，提高判断力，并且应当对自己的选择和判断承担相应的风险。显然监管本身并不是目的，而是防止被保险人的利益可能因不知情而受到保险机构和保险中介公司的恶意侵害。

2. 维护公平竞争的市场秩序

保险市场秩序是否正常，直接关系到保险市场各利益主体的切身利益和经济社会的安全与稳定。保险业务行为不规范和保险诈骗是保险市场秩序紊乱的两大征兆。保险业务行为不规范主要表现为保险费率、保险赔付、异地出单、强行推销、代理手续费等方面业务活动的不规范。保险诈骗行为体现在投保人利用保险谋取不当利益的行为上。当然，保险诈骗行为在保险人身上也能得以体现，如非法经营保险业务，承保动机不良，制造、利用虚假证词恶意拒赔等。因此，为促使保险市场各方遵守市场运行规则，营造一个公平竞争的市场环境，切实保证保险双方的合法利益不受侵犯和经济社会的安全与稳定，将维护保险市场正常秩序作为保险监管的一个重要目标。实行保险监管，不仅在于维护保险人和被保险人之间的公平，保护被保险人的利益，还在于为保险人之间的竞争提供良好的环境。因此，保险监管机构对保险公司采取不正当竞争手段的行为必须采取处罚等措施，纠正不规范的竞争行为。

3. 维护保险体系的整体安全与稳定

维护保险体系的整体安全与稳定是维护被保险人合法权益、维护公平竞争的市场秩序的客观要求和自然延伸。如果保险体系的运转是安全和稳定的，那么，维护相关社会公众的合法权益和维护市场秩序就有了必要的基础和条件。相反，如果整个保险体系的运转是不安全、不稳定的，那么，被保险人的合法权益就难以保障，市场秩序也难以维护。

4. 促进保险业的健康发展

保险业的健康发展，能产生极大的社会效益。现代保险企业注定要以服务社会、发展自己为使命。为实现保险业的健康发展，保险经营者应有适应经济发展的长远规划，如进入保险市场的时机、保险资本的规则、保险业务的范围及拓展的空间等，为此，保险监管应尊重保险业发展的自身规律，制定适应保险业长远发展规划的政策法规，如市场准入政策、保险业并购重组政策、混业经营政策等，为保险业的健康发展创造有利条件。

5. 防止保险欺诈行为的发生

保险欺诈可能产生于市场主体和其他组织及个人。一是保险人方面的欺诈。保险的复杂性，使得保单本身就是一份很复杂的合同。如果缺乏监管，保险人就可能通过玩弄技巧和误导等方式对被保险人进行欺诈。此外，保险经营具有很强的专业性，一般消费者难以分辨保险人的实力和经营状况，也使得保险人利用虚假广告蒙骗消费者成为可能。二是投保人方面的欺诈，是指投保人利用自己在信息方面的优势牟取不当利益，如投保人隐瞒对于签订保险合同具有重要影响的事实，伪造或故意夸大保险事故的损失以谋取赔款等。三是其他组织或个人的欺诈，如保险公司以外的单位或个人未经批准非法从事保险经营活动等。因此，为保护投保人和保险人的利益，各国政府都设立专门机构对保险市场进行监管。各国保险法和刑事法规都对保险市场主体和社会其他方面的欺诈行为规定了具体的处罚措施。

相关案例

2015 年广东“反保险欺诈”工作减损超 6 亿元

据2016年3月29日《中国保险报》/中保网报道　2015年，广东保险业共报送司法机关的保险欺诈案件175宗，立案59宗，通过司法途径追赃或挽回经济损失556万元。保险公司通过反欺诈工作渠道处理减损案件16 927宗，减损金额6.23亿元，减损金额同比增长了128%。

广东省保险行业协会通过制定“反保险欺诈工作总体规划”、《保险公司反欺诈工作评价制度》

《保险公司反保险欺诈工作评价实施细则（试行）》，以及成立反保险欺诈工作组等措施，有效地推动了反保险欺诈工作。除此之外，广东保险业进一步加强与公安机关的协作，广东保监局与广东省公安厅共同签署了《预防和打击保险领域违法犯罪合作备忘录》，各地市保险公司与公安机关通力配合，共同侦破多起保险欺诈案件，为保险公司挽回了重大经济损失。

据了解，广东省保险行业协会2016年将通过建立行业反保险欺诈数据中心、实施保险公司反欺诈工作评价、加强对第三方调查机构监督管理、开展反欺诈交流培训与宣传教育、组织打击车险欺诈专项行动等措施，进一步推动反保险欺诈工作。

分析：当前我国保险监管的目标应该如何定位？哪一个目标最重要？

三、保险监管的方式

由于各国经济、法律环境不同，对保险业实施监督管理的方式并不完全相同，但大致可分为以下三种形式，即公告监管、规范监管和实体监管。

1. 公告监管

公告监管又称公示主义，指在政府不直接干预保险公司经营活动的前提下，保险机构定期将资产负债、营业结果以及其他有关事项呈报监管机构，并予以公告。至于业务经营的优劣，政府不过多地问津和干预，而由被保险人和社会公众评判。保险合同格式的设计、资本金的运用由保险公司自主决定。公告监管形式是国家对保险市场最为宽松的一种监管形式。采用这种形式对保险业实行监管应具备一定的前提条件。首先，要求国民经济发展水平较高，保险机构发达，投保人可自主选择保险人；其次，保险企业行为规范，市场公平竞争；再者，国民具有较高的文化水准和风险意识，投保人对承保人的业绩优劣具有适当的判断能力和评判标准。公告监管形式的缺点是对保险业的优劣的评判标准不易准确掌握，对不正当的经营行为一般无能为力。随着保险业竞争的升级，政府监管的加强，这种形式逐步被放弃。1994 年以前英国是采用这种形式的典型国家，但 20 世纪许多保险公司破产倒闭，表明这样的监管方式难以有效地保护广大投保人的利益，因而这一监管方式被许多国家放弃。

思考与讨论

分组讨论，为什么目前大部分国家放弃了公示主义的保险监管方式？可以结合2008年发生的经济危机讨论。

2. 规范监管

规范监管又称准则主义，它是由政府制定出一系列有关保险经营的基本准则，要求保险业共同遵守的一种形式。政府对保险经营的重大事项，如最低资本金额、资产负债的审核、保险资金运用等方面，均有明确的规定。这种监管形式注重保险经营形式上的合法性，较公告监管严格。由于保险经营专业技术性强，有关法规很难适应各个方面，所以实务中形式上合法而实质上不合法的现象时有发生，难以达到有效监管的目的。目前有不少国家采用这种方式。荷兰自 1922 年以后采用这一监管方式，目前仍有不少国家采用。

3. 实体监管

实体监管又称批准主义，由瑞士创立，是指国家通过立法明确规定保险业的设立、经营、退出等监管制度，保险监管机构依法对保险市场特别是保险机构进行全面有效的监管。一般采用这种监管形式的保险监管机构具有较高的权限和灵活处理的能力。它与上述两种管理方式相比最为严格、具体。目前大多数国家采用这种形式。实体监管方式的过程大致分为三个阶段：第一阶段为保险业设立时的监管，即保险许可证监管，保险主管机关依照法令规

> **思考与讨论**
>
> 我国目前采用的是哪种保险监管方式？有何优缺点？

定核准其营业登记并发给营业执照。第二阶段为保险业经营期间的监管，此阶段监管过程为实体监管的重心，因此，采用实体监管的国家，大都通过保险法、保险业管理法、外国保险业许可管理法等对保险经营过程加以规范，并对保险业进行实体监督和检查。第三阶段为保险业破产的监管，即在保险公司经营失败时，对其破产和清算进行监管。

> **补充阅读**
>
> **全球保险监管核心组织——国际保险监督官协会**
>
> 国际保险监督官协会（International Association of Insurance Supervisors，IAIS）是与巴塞尔银行监管委员会和国际证券监督官协会并驾齐驱的全球三大金融监管核心组织之一。国际保险监督官协会于1994年在瑞士成立，目前来自180多个国家和地区的保险监管机构已经成为其会员，另有100多个组织和专业人士，如专业协会、保险和再保险公司、国际金融机构、顾问及其他专业人士等成为其观察员。
>
> 国际保险监督官协会汇集了各国保险监管当局意志，对国际保险业发展方向有重要影响。成为国际保险监督官协会成员，享有表决权，是一国保险监管当局融入国际保险界，对国际保险事务发挥影响的重要标志。当前国际保险监督官协会主要在三个方面发挥着重要作用。一是制定国际保险监管规则。国际保险监督官协会通常以成员国表决的方式通过保险监管规则和标准。这些规则具有较高的权威性，被当作国际保险监管文件范本，影响着国际保险业的发展方向。二是发布国际保险最新动态。国际保险监督官协会汇集世界各国保险业信息，掌握各国保险监管情况，能够在第一时间发布国际保险行业动态信息，预测国际保险发展趋势。其各技术委员会搜集掌握的情况成为国际保险业各专门领域最新趋势的指南。三是提供国际保险界交流平台。国际保险监督官协会每年在全球组织近60场各种会议，为成员国提供沟通交流的平台。各国保险监管当局和国际保险业界代表可借助这个平台发表看法，密切联系，增进了解。
>
> 我国于2000年10月正式成为国际保险监督官协会成员，取得国际保险监督官协会年会主办权，标志着中国保险监管当局已开始成为国际保险监管领域的中坚力量，中国将在国际保险监管合作中发挥重要作用，也表明在传统上由发达国家主导的国际金融规则制定领域，开始有了以中国为代表的发展中国家的声音。国际影响的日益加深、国际地位的逐步提高让我国保险业在短短20多年实现了快速发展壮大，这也充分肯定了中国政府在维护金融市场稳定、促进保险业发展、保护投保人利益方面所做出的不懈努力。

四、保险监管的基本原则

1. 依法监督管理的原则

依法监督管理原则是指保险监督管理部门必须依照有关的法律或行政法规实施保险监督管理的行为。保险监督管理行为是一种行政行为，不同于民事行为。凡法律没有禁止的，民事主体就可以从事民事行为；对于行政行为，法律允许做的或要求做的，行政主体才能做或必须做。凡法律、行政法规和国务院未明确授予的职权，都是监督管理部门并不享有的职权，保险监督管理机构超越职权的行为无效。另一方面，保险监督管理部门又必须履行其职责，否则属于失职行为。

2. 独立监督管理的原则

独立监督管理原则是指保险监督管理部门应独立行使保险监督管理的职权，不受其他单位和个人的非法干预。当然，保险监督管理部门实施监督管理行为而产生的责任也由保险监督管理部门独立承担。

3. 公开性原则

公开性原则指保险监督管理的各种信息，除了涉及国家秘密、企业商业秘密和个人隐私以外，应尽可能向社会公开，增加保险监督管理的透明度。这样既有利于保险监督管理的效率，也有利于保险市场的有效竞争。

4. 公平原则

公平原则是指保险监督管理部门对各监督管理对象要公平，监督管理对象在法律面前应平等，在服从监督管理的问题上平等。保险监督管理部门对各保险公司和各保险中介人必须采用同样的标准，不能对一些监督管理对象宽松，而对其他监督管理对象严格。市场经济要求公平竞争，公平监管可以创造公平竞争的市场环境。

5. 保护被保险人利益原则

保护被保险人利益原则指保险监督管理的根本目的是保护被保险人的利益和社会公共利益。保护被保险人的利益和社会公共利益应当是保险监督管理各项工作的出发点，同时也是评价保险监督管理部门工作的最终标准。而对于保险行业协会和保险公司及保险中介而言，它们的工作原则或利益原则显然与保险监督管理部门不同。保险行业协会可以进行行业自律，维护整个保险业的利益，个别保险公司和保险中介通过协商、诉讼等手段保护自己的合法利益。

6. 不干预监督管理对象的经营自主权的原则

保险公司、保险中介等监督管理对象是自主经营、自负盈亏的独立企业法人。在市场经济条件下，保险对象有权在法律法规规定的范围内，独立决定自己的经营方针和政策。企业法人如果不能享有经营自主权，也就难以承担自负盈亏的责任。保险监督管理部门对监督管理对象享有实施监督管理的权利，负有实施监督管理的职责。但是，保险监督管理部门不干预监督管理对象的经营自主权，也不对监督管理对象的盈亏承担责任。

7. 适度竞争原则

从理论上讲，市场竞争越充分，交易频率就越高，因而完全竞争的市场模式被认为是最理想的市场结构。然而，竞争的市场并不等于健全的市场，市场失灵也会导致资源配置失误。同时，保险经营的特殊性要求保险企业具有相当的规模。所以，保险市场不宜完全放开，否则无序竞争会导致盲目降低费率、变相退费等恶性竞争行为出现，危及保险企业自身的偿付能力和整个保险业的稳定。可见，为了维护保险市场的稳定发展，保险监管必须遵循“管而不死、放而不乱”的原则，着力创造和维护适度竞争的市场环境。

> **思考与讨论**
>
> 上述保险监管的原则中，你认为哪一个更重要？为什么？

五、保险市场的监管机构

保险监管机构是指享有监督和管理权利并实施监督和管理行为的政府部门或机关。世界各国的保险监督管理机构形式多样，名称不一，但其设置大致可分为两种情况。一是部分国家的保险监管机构是财政部、贸工部、中央银行等，在这些机构下设专门的部门从事保险监管，如日本、英国等；二是有些国家设立独立的保险监管机构从事保险监管，如美国。

我国保险市场的监管职能自1984年以来一直由中国人民银行担任。1998年11月18日，中国保险监督管理委员会成立，从此以后，我国的保险监管开始走向专业化和规范化的道路。中国保险监督管理委员会是国务院直属事业单位，是全国商业保险的主管机关，根据国务院的授权履行行政管理职能，依照法律法规统一监管中国保险市场。

补充阅读

保险监督管理委员会简介

中国保险监督管理委员会（简称中国保监会）成立于1998年11月18日，是国务院直属事业单位。根据国务院授权履行行政管理职能，依照法律、法规统一监督管理全国保险市场，维护保险业的合法、稳健运行。2003年，国务院决定，将中国保监会由国务院直属副部级事业单位改为国务院直属正部级事业单位，并相应增加职能部门、派出机构和人员编制。中国保险监督管理委员会内设16个职能机构和2个事业单位，并在全国各省、自治区、直辖市、计划单列市设有36个保监局，在苏州、烟台、汕头、温州、唐山市设有5个保监分局。中国保监会的主要职责详见保监会网站。2018年，中国保监会和中国银监会合并为中国银行保险监督管理委员会。

第二节　保险监管的内容

按照目前保险监督管理的模式，保险监督管理的内容包括三大方面：一是偿付能力监管；二是市场行为监管；三是治理结构监管（如图12.1所示）。

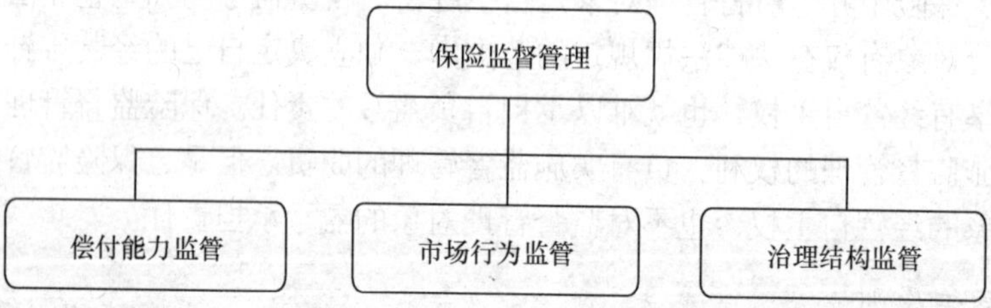

图12.1　保险监督管理的内容

一、偿付能力监管

（一）偿付能力的内涵

偿付能力是指保险公司偿付其到期债务的能力。

保险公司的偿付能力需要关注偿付能力额度、实际偿付能力和最低偿付能力三个指标。

在保险经营中，保险人先收取保险费，然后对保险损失进行赔付。先收取的保险费被视为保险人对被保险人的负债，赔偿或给付保险金被视为对负债的偿还。偿付能力大小以偿付能力额度表示。偿付能力额度等于保险人的认可资产与认可负债之间的差额。

从保险监管的角度看，保险公司的偿付能力一般分为保险公司的实际偿付能力和保险公司最低偿付能力。保险公司的实际偿付能力即在某一时点上保险公司认可资产与认可负债的差额。

保险公司的最低偿付能力是指由保险法或保险监督管理机构颁布有关管理规定来规定的、保险公司必须满足的偿付能力要求。如果保险公司认可资产与负债的差额低于这一规定的金额，即被认为是偿付能力不足。由于偿付能力在保险公司的经营中具有举足轻重的地位和作用，因此，保险法规定了保险公司的最低偿付能力。

补充阅读

《保险法》规定：保险公司应当具有与其业务规模和风险程度相适应的最低偿付能力。保险公司的认可资产减去认可负债的差额不得低于国务院保险监督管理机构规定的数额；低于规定数额的，应当按照国务院保险监督管理机构的要求采取相应措施提高，以达到规定的数额。

（二）保险公司偿付能力监管

所谓偿付能力监管，是指保险监管部门对保险公司的偿付能力实行的监管。主要包括以下两个方面的内容。

1. 预防性的保险偿付能力指标监管

为了评估和监控保险公司的偿付能力，许多国家都制定保险偿付能力监管指标。保险偿付能力监管指标属于预防性指标，而不是强制性指标。按照我国保监会在 2008 年 7 月 10 日发布的《保险公司偿付能力管理规定》（保监会令〔2008〕1 号），保险监管部门可通过预警指标体系对保险公司的偿付能力状态和变化趋势进行监测，对指标超过正常范围的公司，保监会要求其进行解释、提交改进报告，或者实施进一步的检查以评估其偿付能力。

2. 强制性的偿付能力额度监管

这方面的监管具体包括最低偿付能力额度的计算和实际偿付能力额度的确认。一般地说，偿付能力监管直接表现为偿付能力额度的监管。我国《保险公司偿付能力额度及监督管理指标管理规定》明确指出，保险公司应当根据保障被保险人的利益、保证偿付能力的原则，稳健经营，确保实际偿付能力额度不低于应具备的最低偿付能力额度。

保险监管部门对偿付能力不足的保险公司会作出偿付能力不足的处理决定，包括责令保险公司补充资本金、办理再保险、转让业务、停止接受新业务、调整资产结构等措施直至对保险公司进行接管。

补充阅读

资料一　保险业偿付能力整体充足

据 2015 年 7 月 23 日《证券时报》报道（记者 曾福斌）　保监会完成了中国风险导向的偿付能力体系（简称偿二代）试运行首份季度报告的分析工作。分析结果显示：保险全行业偿付能力充足率为 264%；其中，财产险公司平均充足率为 282%，人身险公司为 256%，再保险公司为 383%。一季度保险行业偿付能力总体充足，风险指标反映了行业实际风险，保险公司的经营理念、市场策略和风险管理在偿二代引导下正在发生积极变化。

本报道原文：

资料二 中国“偿二代”体系简介

中国保监会在2012年年初发布《中国第二代偿付能力监管制度体系建设规划(简称“偿二代”)》，提出要用3～5年时间，形成一套既与国际接轨，又与我国保险业发展阶段相适应的偿付能力监管制度体系。“偿二代”建设于2012年启动，经过三年努力，2015年2月，“偿二代”正式发布并进入实施过渡期。2016年1季度起，“偿二代”监管体系正式实施，保险公司只向保监会报送“偿二代”报告，停止报送“偿一代”报告。这意味着我国保险监管将全面实行“风险导向”新制度，实现质变。中国“偿二代”建设的目标是要科学准确地计量风险并提高对风险的敏感度，推动行业不断提升风险管理能力，也为其他新兴市场提供改革经验。

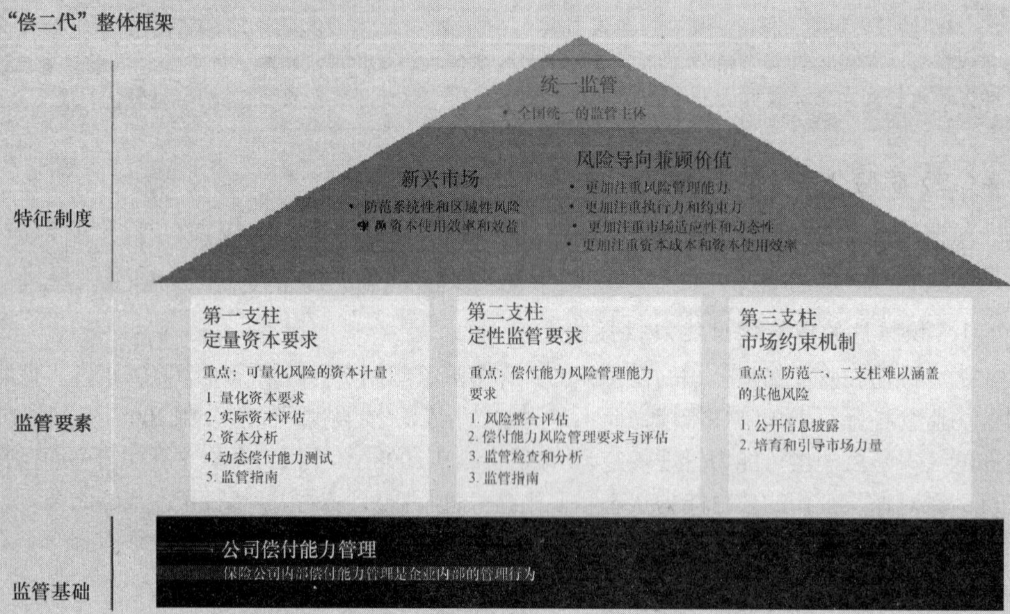

图12.2 “偿二代”整体框架

如图12.2所示，中国“偿二代”在采纳国际通行的三支柱框架的同时，在风险分层理论、三支柱的逻辑关联、资产负债评估框架、寿险合同负债评估、风险管理要求与评估(SARMRA)、风险综合评级(IRR)、市场约束机制等多个方面，充分体现了中国新兴保险市场的特征，具有中国的原创性贡献。多轮定量测试结果表明，中国“偿二代”是一套科学的监管体系，实现了预定的建设目标。

随着中国对外开放和市场化改革的深入以及“偿二代”实施，中国保险市场将更开放、更有效率，对全球保险市场的持续发展和国际保险监管规则的建设，都将产生积极的影响。

二、市场行为监管

保险市场行为监管是指对保险公司经营活动所进行的监管，包括保险机构的设立、高级管理人员的任职资格，以及对保险费率、保单条款、保险资金运用和再保险等经营行为的监督管理。

（一）保险机构监管

1. 对保险人的组织形式的限制

保险人以何种组织形式进行经营，各个国家和地区根据本国国情均有特别规定。我国保险公司的主要形式有国有独资保险公司、保险股份有限公司、相互保险公司、中外合资保险公司、外商独资保险公司、外国保险公司分公司等。

2. 保险公司申请设立的许可

在保险市场准入的原则上，目前各国大致有两种制度。一种是登记制，即申请人只要符合法律规定进入保险市场的基本条件，就可以提出申请，经政府主管机关核准登记后进入市场。对于符合条件的申请，政府主管机关必须登记。另一种是审批制，即申请人不仅必须符合法律规定的条件，而且还必须经政府主管机关审查批准后才能进入市场。对于符合条件的申请，主管机关不一定予以批准。我国对保险市场的准入采用的是审批制。

3. 关于保险公司的停业问题

政府对保险企业监督管理的目的是为了保证保险公司稳健经营，始终具备充足的偿付能力和避免保险企业破产，以保证被保险人的合法利益不受侵害。如发现保险公司存在某些违反保险法的行为时，可以责令保险公司限期改正，若保险公司在限期内未改正，保险监督管理机关可以决定对保险公司进行整顿；对于违法、违规行为严重的公司，保险监督管理机关可对其实行接管；被接管公司已资不抵债的，经保险监管机关同意可依法宣告破产。

补充阅读

部分财险公司依靠非理性“拼手续费”“拼费用”“拼费率”争夺业务，要规模而弃效益，以粗放式经营换取保费增长。然而，在市场人士眼中，这样的“疯狂圈地”形同于“自杀”，将来必将付出惨痛代价。保监会曾表示在加大处罚力度方面，将重点抓典型，对违法违规的财险公司，坚决依法严处公司和相关责任人。对管理粗放、内控不严的财险公司，坚决调控其发展速度和规模。处罚的具体措施为：严重或连续亏损的财险公司，将被叫停新的分支机构铺设和相关产品的经营资格；对于违规严重的财险公司，考虑对其采取停业手段。不是一个分支机构停业，而可能是整个公司停业。

推荐读者扫描二维码阅读《上海证券报》2013 年 7 月 12 日《自杀式恶性竞争严重违规财险公司或被强制停业》（黄蕾）一文。

4. 外资保险机构的监管

外资保险机构是指外国保险机构在本国设立的分公司和合资设立的保险公司。对外资保险机构的监管，一般发达国家对此限制较少，而发展中国家为保护民族保险业，对外资保险机构的开业条件、经营业务范围、投资方向及纳税等都有严格要求。我国对外资保险公司开设分支机构和开展业务都有严格的规定。

（二）经营范围的监管

经营业务范围的监督管理，是指政府通过法律或行政命令，规定保险企业所能经营的业务种类和范围，一般表现为两个方面：一是保险人可否兼营保险以外的其他业务，非保险人可否兼营保险或类似保险的业务，即兼业问题；二是同一保险企业内部是否可以同时经营性质不同的业务，即兼营问题。保险公司的经营范围由保险监督管理部门核定，保险公司只能在被核定的经营范围内从事保险业务活动。

关于保险公司兼业的问题。为保障广大被保险人的利益，绝大多数国家均通过立法确立商业保险专营的原则，未经主管机关批准，擅自开办保险业务的法人或个人属非法经营，国家主管机关将勒令其停业并给予经济上甚至刑事上的处罚。同样，保险人也不得经营非保险业务。依我国现行法律规定，保险、证券、银行必须分业经营。但随着银行与保险业的相互融合，金融产品的不断创新，金融机构为提高市场竞争力，出现了金融控股公司，以设立银行、证券、保险子公司的形式进行兼业。但子公司属于具有独立法人地位的机构，子公司之间可以相互代理，不能兼业，这样可在一定程度上起到银行、证券、保险之间的隔离作用。

关于保险公司的兼营问题。目前，多数国家禁止保险公司同时从事性质不同的保险业务。由于各国保险法对保险类别划分标准不一，具体的禁止规定也不相同，但主要是指财产保险与人寿保险不得兼营。这主要是因为二者在经营技术基础、保费计算方式、承保手续、准备金的计提方式以及保险金的给付条件与方法等多方面存在不同之处。为了避免业务上的混乱，尤其是财产保险业务可能占用寿险责任准备金的问题，为了保证保险人有足够的偿付能力，充分保护被保险人的合法利益，各国保险法一般都规定保险公司实行财产保险与人寿保险的分业经营。

提示与说明

值得注意的问题是，由于健康保险与意外伤害保险这类保险业务多为短期保险，在财务处理方面与财产保险比较相似，多数都适用于损失补偿原则，因而国际保险业的很多国家都允许财产保险公司经营此类业务。

我国《保险法》第九十五条规定：保险人不得兼营人身保险业务和财产保险业务。但是，经营财产保险业务的保险公司经国务院保险监督管理机构批准，可以经营短期健康保险业务和意外伤害保险业务。保险公司应当在国务院保险监督管理机构依法批准的业务范围内从事保险经营活动。

（三）保险条款的监管

保险条款是保险人与投保人双方关于保险权利与义务关系的约定，是保险合同的核心内容。保险监督管理部门对保险条款的监督管理，既可以保护投保人和被保险人、受益人的利益，又可以保证保险人具有足够的偿付能力。对保险条款的监督管理的内容包括对于保险标的、保险责任和责任免除、保险价值与保险金额、保险费率、保险期限等的监督管理。

补充阅读

保险公司产品备案问题迭出

综合媒体报道　2014 年 8 月，中国保监会发布监管函，称永安财险在《关于办理食品安全责任保险等产品的备案报告》中，个人索赔风险责任保险条款对保险责任表述不严谨。而在 2013

年4月，永安财险就曾被保监会"点名"。原因是《关于报批永安财产保险股份有限公司电话营销专用机动车商业保险产品的请示》存在文字不准确、费率厘定错误等问题。永安财险并非个例，安诚财险、美亚财险、众安保险和长安责任保险的相关产品此次也一道被保监会叫停。尽管此次相关产品被叫停的原因有所差异，但无一例外都与《财产保险公司保险条款和保险费率管理办法》（保监会令 2010 年第 3 号）第二十六条相关。比如，永安财险违反了该《管理办法》第二十六条第（一）项的规定。根据第二十六条第（一）项的规定，保险公司的保险条款和保险费率，应当结构清晰、文字准确、表述严谨、通俗易懂。

读者可通过《保险公司产品备案问题迭出》一文了解更多案例：

（四）保险费率的监管

保险监督管理部门对保险费率进行监督管理的目的在于确立保险费率管理的政策及其厘定的原则，规范保险费率的管理范围；引导保险市场向合理竞争与健康方向发展；促使保险人致力于费用管理，提高经济效率；避免保险公司偿付能力不足的情况发生，维护被保险人的权益。

保险费率的监督管理方式可以分为强制费率、规章费率、事先核定费率、事先报批费率、事后报批费率和自由竞争费率等。多数国家对人寿保险费率并不直接管理，每个保险企业之间因竞争费率有高有低是正常的，但间接控制还是普遍存在的。至于财产保险费率的厘定和调整，各国政府多数都规定必须先经核定后才可使用。有些国家规定，财产与责任保险费率的采用不必事先报批。

补充阅读

我国《保险法》第一百三十六条规定："关系社会公众利益的保险险种、依法实行强制保险的险种和新开发的人寿保险险种等的保险条款和保险费率，应当报保险监督管理机构审批。保险监督管理机构审批时，遵循保护社会公众利益和防止不正当竞争的原则。审批的范围和具体办法，由保险监督管理机构制定。其他险种的条款和费率，应当报保险监督管理机构备案。"

（五）再保险的监管

政府对再保险进行监督管理，有利于保险公司及时分散风险，保持保险经营的稳定性，在一定程度上限制保险费外流，保护本国保险业的发展。一般在发达国家，由于其保险公司经营实力雄厚、管理技术先进、保险市场的自由化和商业化特点显著，对再保险很少直接干预，也无具体的法定分保内容，但在发展中国家和地区，一般都由政府出资成立官方专业再保险公司或开展半官方的政策性再保险公司，并对再保险进行监督管理。

补充阅读

《保险法》第一百零三条规定："经营财产保险业务的保险公司当年自留保险费，不得超过其实有资本金加公积金总和的四倍；保险公司对每一危险单位，即对一次保险事故可能造成的最大损失范围所承担的责任，不得超过其实有资本金加公积金总和的百分之十；超过的部分，应当办理再保险。"

相关案例

擅自进行关联交易 金盛人寿遭保监会罚20万元

2009年4月24日综合媒体报道，2009年4月，金盛人寿因擅自从事再保险关联交易，遭保监会处罚20万元。保监会发布公告称，金盛人寿未经保监会批准从事再保险关联交易的行为，违反了《外资保险公司管理条例》第二十条规定，决定对其处以20万元的罚款。保监会指出，金盛人寿与AXA China Region Insurance Company（Bermuda）Limited（以下简称AXACRIB）均为法国安盛集团所属企业。金盛人寿未按相关规定，在2007年四季度申请2008年度与AXACRIB的再保险关联交易许可；在2008年，金盛人寿与AXACRIB虽未正式签订巨灾再保险合约，但实际已与AXACRIB发生了再保险交易。

点评：由上述案例可以看出，金盛人寿与安盛集团的相关业务已构成关联交易，应经保监会事先批准，否则将受到相应的处罚。市场行为监管中的再保险监管是强化国际再保险业务管理的重要方式。

（六）资金运用的监管

资金运用是增加保险企业收入的一条重要途径，也是壮大和保证保险业偿付能力的重要手段。对于保险公司来说，通过资金运用，达到保值增值的目的是保险经营和保险市场竞争的重要要求。如果保险公司资金运用失败，就会使保险公司受到损失，进而影响到投保人和被保险人的利益。因而，保险监督管理部门必须对保险公司的资金运用进行监管。

补充阅读

我国《保险法》第一百零六条规定，保险公司的资金运用必须稳健，遵循安全性原则。保险公司的资金运用限于下列形式：（一）银行存款；（二）买卖债券、股票、证券投资基金份额等有价证券；（三）投资不动产；（四）国务院规定的其他资金运用形式。保险公司资金运用的具体管理办法，由国务院保险监督管理机构依照前两款的规定制定。

思考与讨论

根据我国《保险法》中规定的保险公司资金运用的途径，通过网络查找目前关于保险资金运用的新规定，分析和讨论开放此投资方向的依据。

三、治理结构监管

保险公司治理结构，是指保险公司建立的以股东大会、董事会、监事会、高级管理层等组成的责任明确、相互制衡的组织架构，以及一系列维护股东、高管人员、被保险人等相关利益者利益的内外部机制。

完善保险公司治理结构，建立现代保险企业，对于进一步促进保险业改革发展，具有十分重要的意义。首先，完善公司治理结构有利于保险公司改善服务、提高效益，为股东提供更好的回报。其次，完善公司治理结构有利于加强内控，实现运营安全。完善的公司治理是内控机制有效运行的基础。只有在完善的公司治理条件下，董事会、经理层才会更加重视内控机制，内控机制才能真正发挥作用。最后，完善公司治理结构有利于保险公司募集资本，达到资本充足的目标。投资者在投资决策时，不仅会考虑企业实力和发展前景，还会考虑公司治理结构状况。健全的公司治理结构表明公司能够切实维护股东特别是中小股东的利益，能够不断提高公司管理水平和赢利能力。因此，有效的公司治理是企业取得投资者信赖的基石，是走向资本市场的通行证。

基于不同的政治法律制度、经济体制和历史文化传统，各国形成了不同的公司治理结构体系。主要有两种模式。一是英美模式，主要特点是公司治理机构只设股东会和董事会。董事会是公司的核心，由占少数的执行董事（内部董事）和占多数的外部董事或独立董事组成，在董事会内部形成决策、执行和监督相互制约的机制。二是德国模式，主要特点是公司治理机构由股东大会、董事会、监事会组成。监事会在董事会之上，握有任免董事、决定董事报酬、批准重大业务等权力。我国的保险公司治理结构类似于德国模式。

对保险企业而言，公司的治理结构的关键是明确保险公司内部决策的权利与义务关系，有一套确保董事会和高级管理层对保险公司的生存发展负主要责任的法律体系和规章制度体系。管理层必须能够承担和规避风险，能够将正在经营中的保险公司的偿付能力保持在高于最低偿付能力标准的水平。董事会和管理层还必须清楚，保险经营的首要问题是保护保单持有人的利益而不是保护股东的利益。根据《公司法》的规定，董事会对保险公司的经营和赢利状况负责。保险公司的董事会不仅要维护股东的利益，还特别要关照到保单持有人的利益。董事会在进行商业决策和判断时有可能出现问题，造成公司的偿付能力无法满足监管机构的要求。事实证明，强化保险公司的治理结构是对稳健、审慎监管的有效补充。

思考与讨论

分组讨论，以上保险监管的内容中，哪一个是最核心的？为什么？

相关案例

中再人寿资金运用案

据人民网2005年5月30日报道（吴鹍）　2005年5月，保险界有史以来前所未有的丑闻，在财经业界不胫而走。中再人寿因为有大量资本金陷在了汉唐证券，大半资本金被掏走。这对于注册资本金只有8亿元、年保费收入20多亿的中再人寿而言，是一个巨大的窟窿。

本报道原文：

中再人寿是在集团控股的前提下“股权相对分散，各投资主体大体均衡地共同持股”，然而，这么大的一笔投资，不用说股东大会，连董事会都没有讨论。保监会对中再人寿董事长进行调查，发现流入汉唐证券的资金竟然一问三不知，董事长在保监会面前的尴尬，从另一个角度说明了中再人寿公司治理结构问题之严重。

分析

通过对此案例案情的了解，我们由此想到整个投资决策的过程。虽然这一案件的涉案金额巨大，但是，涉案金额并不是问题中最重要的，更严重的问题是这笔巨额资金投资决策是如何形成的，又是如何实施的？这使我们不得不想到该公司的治理结构存在着严重的问题。

我们的问题是，中再人寿的董事会、中再集团的董事会，当初对这批资金的投向应有充分的论证与分析，否则就意味着严重的失职，也是对全体股东的亵渎和不负责。

由此案例可以看出，中再人寿的公司治理结构存在着重大的缺陷，不仅仅表现在董事会与管理层之间，公司内部的管理和风险控制也存在重大缺陷。财务和投资部门，一个是监督部门，一个是业务部门，二者应相互监督和制约，然而却混同为一个部门，这么明显的问题始终没有得到改正。另外，在引入国际金融公司、日本东亚再保险株式会社、新加坡新政泰达投资有限公司等国际策略性股东之后，这种状况仍然没有得到任何的改观，看似普通的机构设置、人员安排，然而小误终酿成大错。

第三节　保险监管的方法

保险监督管理部门对保险监督管理对象进行监督管理的方法主要有现场检查和非现场检查两种。我国《保险公司管理规定》第五十九条规定："中国保监会对保险机构的监督管理，采取现场监管与非现场监管相结合的方式。"

一、现场检查

现场检查是指保险监督管理机构及其分支机构派出监督管理小组到各保险机构进行实地调查。现场检查有定期检查和临时检查两种，临时检查一般只对某些专项进行检查，定期检查要对被检查机构做出综合评价。现场检查的重点是被检查保险机构内部控制制度和治理结构是否完善，财务统计信息是否真实准确，保险投诉是否确实合理。

为保证现场检查管理的质量，保险监督管理机构要建立清楚的、与检查频率和范围有关的规定，同时制定必要的检查程序和处理方法，以确保工作的严格进行，保证既定指标和检查结果相统一。

现场检查一般分为检查准备阶段、检查实施阶段、报告与处理阶段、执行决定与申诉阶段、后续检查阶段五个阶段。

补充阅读

现场检查的主要事项

《保险公司管理规定》第六十一条规定：中国保监会对保险机构的现场检查包括但不限于下列事项：

（1）机构设立、变更是否依法经批准，或者向中国保监会报告；

（2）董事、监事、高级管理人员任职资格是否依法经核准；

（3）行政许可的申报材料是否真实；

（4）资本金、各项准备金是否真实、充足；

（5）公司治理和内控制度建设是否符合中国保监会的规定；

（6）偿付能力是否充足；

（7）资金运用是否合法；

（8）业务经营和财务情况是否合法，报告、报表、文件、资料是否及时、完整、真实；

（9）是否按规定对使用的保险条款和保险费率进行报批或者备案；

（10）与保险中介的业务往来是否合法；

（11）信息化建设工作是否符合规定；

（12）需要事后报告的其他事项是否按照规定报告；

（13）中国保监会依法检查的其他事项。

二、非现场检查

非现场检查是指保险监督管理部门审查和分析保险机构各种报告和统计报表，依据报告和报表审查保险机构对法律法规和监督管理要求的执行情况。非现场检查能反映保险机构潜在的风险，尤其是现场检查间隔阶段发生风险的可能，从而提前防范风险。由于非现场检查要汇总分析各类报表资料，从中既可以发现个别保险机构存在的问题，也可以把握整个保险系统以及市场体系的总体趋势，还能为保险监督管理机构的业务咨询工作提供依据。为确保非现场检查方式在保险风险监督管理中发挥应有的效力，要求保险公司的报表具有时效性、准确性和真实性。在西方发达国家，非现场检查得到了普遍的重视和应用。而在大多数发展中国家，由于报告的信息资料和数据准确性差，使风险分析和评估缺乏可靠性和科学性。

为有效发挥非现场检查的作用，保险监督管理机构要制定各种各样的标准报表，每个保险公司根据不同的内容分别按月、季、半年、年向监督管理机构报送。一般来说，资产负债表按月报送，反映资产流动性的报表按季报送，反映经营业绩的报表按年报送。保险监督管理机构收到这些报表后，对保险公司的各种风险进行评估，如果发现问题，便责令保险公司立即整改。必要时，聘用外部注册会计师或审计师检查，这是现场检查方式的协同检查，这种检查工作不是由保险监督管理机构来操作，而是由其聘请的注册会计师和审计师来操作，或者由双方共同完成。

补充阅读

《保险公司管理规定》第六十六条规定：保险机构应当按照规定及时向中国保监会报送营业报告、精算报告、财务会计报告、偿付能力报告、合规报告等报告、报表、文件和资料。

保险机构向中国保监会提交的各类报告、报表、文件和资料，应当真实、完整、准确。

现场检查与非现场检查这两种监管方法各有特色。非现场检查限于反映一个时点信息，能够帮助我们有效地确定开展现场检查的范围，调整进行现场监督的频率，增强现场检查的针对性，它的作用的发挥完全依赖于资产负债表等报表的真实性。而现场检查方法可以获得真实和全面的信息，为对被检查单位做出准确评价提供依据。通常情况下，应该把现场检查和非现场检查两种方法结合运用。

补充阅读

国际保险监督官协会在美举行执委会会议

为促进我国保险行业的发展，推动我国保险行业与国际接轨，国内保险部门经常参加国际保险相关会议。2015 年 6 月，中国保监会主席出席了国际保险监督官协会（IAIS）在美国洛杉矶举行的执委会会议。此次会议主要围绕三个问题展开了讨论：一是以风险为基础的全球保险资本标准（ICS）的制订目标和工作计划；二是全球系统重要性保险机构（G-SII）认定方法的修订工作；三是 IAIS《2015—2016 年工作路线图》。

本章小结

<table>
<tr><td rowspan="3">保险监管</td><td>保险监管概述</td><td>保险监管是指政府对保险业的监督管理
保险监管的目标主要包括以下方面：维护被保险人的合法权益、维护公平竞争的市场秩序、维护保险体系的整体安全与稳定、促进保险业的健康发展
保险监管的方式大致有公告监管、规范监管和实体监管
保险监管的基本原则有：依法监督管理的原则、独立监督管理的原则、公开性原则、公平原则、保护被保险人利益原则、不干预监督管理对象的经营自主权的原则</td></tr>
<tr><td>保险监管的内容</td><td>保险监督管理的内容包括三大方面：一是偿付能力监管；二是市场行为监管；三是治理结构监管
所谓偿付能力监管，是指保险监管部门对保险公司的偿付能力实行的监管
保险市场行为监管是指对保险公司经营活动所进行的监管。保险市场行为监督管理的核心是保险费率监督管理
保险公司治理结构，是指保险公司建立的以股东大会、董事会、监事会、高级管理层等组成的责任明确、相互制衡的组织架构，以及一系列维护股东、高管人员、被保险人等相关利益者利益的内外部机制</td></tr>
<tr><td>保险监管的方法</td><td>中国保监会对保险机构的监督管理，采取现场监管与非现场监管相结合的方式
现场检查是指保险监督管理机构及其分支机构派出监督管理小组到各保险机构进行实地调查
非现场检查是指保险监督管理部门审查和分析保险机构各种报告和统计报表，依据报告和报表审查保险机构对法律法规和监督管理要求的执行情况</td></tr>
</table>

复习思考题

一、名词解释

保险监管　公告监管　规范监管　实体监管　偿付能力监管　市场行为监管
公司治理结构监管

二、单选题

1. 我国的保险监管属于（　　）。
   A. 公告监管　　B. 规范监管　　C. 实体监管　　D. 宽松监管
2. 我国的保险监管机关是（　　）。
   A. 财政部　　B. 人民银行　　C. 保监会　　D. 保险行业协会
3. 保险监管方式中，（　　）是最严格的方式。
   A. 公告监管　　B. 规范监管　　C. 实体监管　　D. 宽松监管
4. 保险市场监管的核心是（　　）。
   A. 保险产品监管　　B. 保险费率监管　　C. 保险组织监管　　D. 偿付能力监管
5. 我国《保险法》规定设立保险机构的注册资本最低限额是人民币（　　）。
   A. 1 亿元　　B. 2 亿元　　C. 5 亿元　　D. 10 亿元
6. 政府在不直接干预保险公司经营活动的前提下，保险机构定期将资产负债、营业结果以及其他有关事项呈报监管机构，并予以公告的监管方式是（　　）。
   A. 公告监管　　B. 规范监管　　C. 实体监管　　D. 宽松监管
7. 由政府制定出一系列有关保险经营的基本准则，要求保险业共同遵守的一种形式的监管方式是（　　）。

A. 公告监管　　B. 规范监管　　C. 实体监管　　D. 宽松监管

8. 国家通过立法明确规定保险业的设立、经营、退出等监管制度，保险监管机构依法对保险市场特别是保险机构进行全面有效的监管的方式是（　　）。

A. 公告监管　　B. 规范监管　　C. 实体监管　　D. 宽松监管

9. 保险监督管理部门必须依照有关的法律或行政法规实施保险监督管理的行为体现了（　　）。

A. 依法监督管理的原则　　B. 独立监督管理的原则

C. 公开性原则　　D. 公平原则

10. 按照目前保险监督管理的模式，保险监督管理的内容包括三大方面：一是偿付能力监管；二是市场行为监管；三是治理结构监管。其中最重要的是（　　）。

A. 治理结构监管　　B. 独立监管　　C. 市场行为监管　　D. 偿付能力监管

三、多选题

1. 保险活动的经营特殊性主要表现在（　　）。

A. 负债性　　B. 广泛的社会性　　C. 信息不对称　　D. 交易过程特殊性

2. 保险监管的目标主要包括（　　）。

A. 维护被保险人的合法权益　　B. 维护公平竞争的市场秩序

C. 维护保险体系的安全与稳定　　D. 促进保险业的健康发展

3. 保险监管的方式主要有（　　）。

A. 公告监管　　B. 规范监管　　C. 实体监管　　D. 宽松监管

4. 保险监管的内容有（　　）。

A. 偿付能力监管　　B. 市场行为监管　　C. 治理结构监管　　D. 投资监管

5. 保险监管的方法主要包括（　　）。

A. 现场检查　　B. 非现场检查　　C. 财务检查　　D. 非财务检查

6. 中国保监会对保险机构的现场检查包括但不限于下列事项：（　　）。

A. 机构设立、变更是否依法经批准或者向中国保监会报告

B. 董事、监事、高级管理人员任职资格是否依法经核准

C. 行政许可的申报材料是否真实

D. 资本金、各项准备金是否真实、充足

7. 现场检查一般分为（　　）。

A. 检查准备阶段　　B. 检查实施阶段

C. 报告与处理阶段　　D. 执行决定与申诉阶段、后续检查阶段

8. 德国保险公司治理结构模式的主要特点是公司治理机构由（　　）组成。

A. 股东大会　　B. 董事会　　C. 监事会　　D. 执行董事

9. 完善保险公司治理结构的意义在于（　　）。

A. 完善公司治理结构有利于保险公司改善服务、提高效益，为股东提供更好的回报

B. 完善公司治理结构有利于加强内控，实现运营安全

C. 完善公司治理结构有利于保险公司募集资本，达到资本充足的目标

D. 尽最大可能获利

10. 保险公司市场行为监管主要包括（　　）。

A. 保险机构监管　　B. 经营范围的监管

C. 保险条款的监管　　D. 保险费率的监管

四、简答题

1. 简述保险监管的目标。
2. 简述保险监管的方式。
3. 简述保险监管的基本原则。
4. 保险监管的主要内容有哪些？
5. 市场行为监管的内容包括什么？

五、案例分析

查找相关的资料，针对国内保险监管方面的案例进行分析讨论，看属于保险监管中的哪类内容的监管。

课外阅读资料

万能险狂飙突进有风险　保监会监管逐步趋紧

据 2016 年 3 月 21 日《投资者报》文章（薛玉敏）　频频举牌的保险公司，正以蛮横的商业模式颠覆外界对其保守和稳重的印象。谁给了他们底气？是万能险！

万能险始于英美，它在 1970 年代利率大幅提高的环境中出现，1971 年首推的称为可调整缴费的寿险，1979 年才演变为保费保额都可调，而且利率与市场水平挂钩的所谓万能险。1985 年，万能险在美国占到新单保费的 38%，创下阶段性高点。其后随着利率走低而失宠。从 1980 年代中期开始，欧洲的英国和荷兰等国也推出了万能险；其后传到亚洲的日本、新加坡和中国香港地区等。

在中国内地，万能险因收益率等诸多优势成为保险吸金利器。1999 年，在寿险利差损压力下，传统寿险预定利率被统一下调到 2.5%，但也导致寿险陷入萧条。为了突围，平安在 1999 年推出投连险，太保在 2000 年推出万能险。2003—2007 年间，万能险保持了两位数以上的增长，2007 年在股市暴涨的推动下实现了 113%的增长。但 2008 年受累股市暴跌，万能险结算利率曾集体跌破 4%，此后步入低谷。2011 年，保险业开始实施新的会计准则，投连险和万能险中用于投资的缴费不再计入保费收入，使得不少保险公司弱化了投资型险种的工作力度，主攻传统险和分红险。2012 年，以弘康人寿为代表的保险公司推出了保障与投资功能彻底分离的“零极限”万能险产品，也就是说，如果客户不购买附加险的话，这个万能险投资账户与保险没有丝毫关系，就是一个纯粹的理财账户，也就是现在所说的高现金价值产品。自此，许多保险公司纷纷跟进，2014 年元宵节，珠江人寿和天安人寿在余额宝上喊出了“预期年化收益率 7%且保本保底”的口号，从而创下了 3 分钟内分别销售 3.8 亿元和 2 亿元的纪录。同年，行业万能险同比保费增速为 22%，与行业保费平均增速相当。2015 年，万能险费改全面启动，取消了万能险最低保证利率不得超过 2.5%的限制，万能险开始狂飙。依靠万能险规模的急速扩张，富德生命人寿、华夏保险等新兴保险势力规模保费挺进千亿俱乐部，将传统寿险强手新华保险、太平人寿等公司远远甩在后面。

在利率下行的环境中，市场上无风险产品收益不断创新低，被投资者视为几乎无风险的银行理财、信托等产品收益率不断走低。目前，多数银行理财产品的年化收益率破 5%，信托产品平均收益率降至 8%，盛行一时的各类“宝宝”产品的收益率更是低至 3%以下。而与之相对应的是，2015 年，万能险产品年化收益率多数处于 4%～6%。在整个宏观经济持续下滑、资产“配置荒”的当下，保持如此高利率的万能险产品无疑吸引了市场上的大量资金。但目前利率下行、各类资产配置收益不高的情况下，保险公司还能保持如此高的收益率势必会迎来市场的担忧：保险公司能否保持如此高的收益呢？

由于过高的收益率隐藏的风险，以及丧失保障功能引发的社会质疑，对于万能险等高现价产品的迅猛发展，保监会显然也看到了蕴含的风险，并从去年年底开始出台了一系列政策。2015 年年底，保监会发布了《关于进一步规划高现金价值产品有关事项的通知（征求意见稿）》（以下简称《意见稿》），意在进一步收缩高现价产品的规模。《意见稿》提出，自 2016 年 1 月 1 日，保险公司高现价产品年度保费收入应控制在公司资本的 2 倍以内，其中预期产品 60%以上的保单存续时间在 1 年以及 1 年以下的高现金价值产品的年度保费收入，应控制在公司投入资本的 1 倍以内。从《意见稿》可以看到，监管限制的目标十分明确，要求降低行业高现价产品大量销售所蕴含的潜在流动性风险与偿付风险。2015 年 12 月 11 日，保监会发布《关于加强保险公司资产配置审慎性监管有关事项的通知》。12 月 15 日，保监会又称其印发了《保险资金运用内部控制指引》及《保险资金运用内部控制应用指引》，规范资金运用内部控制行为。12 月 23 日，保监会更是专门发文对保险机构披露举牌信息进行了重点规范。

2016 年“两会”上，保监会主席表示，将对万能险进行风险排查。他说，万能险在我国发展平稳，风险可控，但是由于其缴费灵活、流动性比较强，在资金的运用上可能出现资产负债错配，进而引发现金流风险，所以保监会高度重视，着力从偿付能力、产品报备、信息披露等方面实施了重点监管。从 2014 年以来保监会先后 18 次对万能险结算利率较高、存在销售误导等问题的 15 家保险公司采取了监管措施。不过，相比市场上的担忧，保监会主席认为，万能险作为一种保险产品能够引起社会热议和关注是一个好现象，保险公司在资本市场的举牌风险也是可控的。这意味着万能险发展速度不会明显放缓，保险公司在资本市场的收购举牌身影仍然不会消失。

第十三章　保险规划与购买决策

学习目标和要点

学习目标

了解保险规划的功能及其重要影响因素，掌握保险规划的基本原则，熟悉并掌握保险规划的基本步骤，了解生涯规划以及个人收入与保险规划的关系。

学习要点

保险规划在家庭理财中的功能；保险规划的影响因素；保险规划的基本原则；保险规划的基本步骤；保险规划的基本应用。

本章知识结构

- 保险规划的功能及影响因素
  - 保险在家庭理财规划中的功能
    - 风险保障功能
    - 储蓄功能
    - 资产保护功能
    - 资金融通功能
    - 避税功能
    - 规避通胀和利率风险
  - 影响人们保险需求的因素
    - 风险因素
    - 附加保费
    - 收入和财富
    - 信息
    - 其他保障来源
    - 非货币收入
- 保险规划的原则、步骤及应用
  - 保险规划的基本原则
    - 转移风险原则
    - 量力而行原则
    - 高额损失优先原则
    - 合理搭配险种原则
  - 保险规划的基本步骤
    - 确定保险标的
    - 选择保险产品
    - 确定保险金额
    - 确定保险期限
    - 选择合适的保险公司
    - 签订保险合同
    - 定期审查调整保险计划
  - 保险规划的基本应用
    - 生涯规划与保险规划
    - 收入水平与保险规划

案例引入

王先生26岁，爱人李女士27岁，女儿4岁。目前，夫妇两人月收入约15 000元，相对稳定，单位有五险一金，房子月供4 000元，月生活支出约4 000元，有买车计划。现有银行存款10万元。王先生准备为自己和家人购买保险，但又对保险知识知之甚少。

试思考：如果由你为王先生和他的家人做一份专业的保险规划，你会从哪些方面入手呢？保险规划要考虑哪些影响因素？又要遵循怎样的原则、使用哪些专业的方法呢？相信本章的内容学习结束后，你将具备为王先生及家人做好保险规划的能力。

第一节　保险规划的功能及影响因素

要对个人或家庭作出专业的保险规划方案，必须综合分析与个人或家庭有关的各种因素，针对不同情况做出不同的保险规划。因此，学习保险规划的功能，对保险规划的影响因素进行分析是十分必要的。

一、保险在家庭理财规划中的功能

一般认为，保险具有分摊风险、补偿损失的功能，也具有派生出来的投资功能、防灾防损功能。就家庭理财而言，保险具有的功能主要包括风险保障、储蓄、资产保护、资金融通、避税，规避通货膨胀和利率风险等。

1. 风险保障功能

目前，我国的社会保障制度还不是很完善，并且家庭对自然灾害的承受能力比较脆弱。不论是家庭成员的生、老、病、死，还是火灾、水灾等自然灾害发生时对家庭的冲击都是巨大的。家庭在平时资金宽裕的情况下缴纳一定数量的保险费，而在面临危难时得到援助，使生活能够得到正常维持，即用确定的小额支出来应对不确定的大额损失，这正是保险最根本的功能，也是家庭理财规划中对保险的基本定位。

> **思考与讨论**
>
> 试讨论，现在保险市场上人们的保险消费行为，主要出发点是基于保险产品的风险保障功能定位吗？为什么？

2. 储蓄功能

对于长期寿险产品而言，保单现金价值的存在使得保单具有储蓄功能，并且保单现金价值采取复利的方式计算账户收益，即在保险期内投资账户中的现金价值以年为单位进行“利滚利”。而像银行等其他理财产品采取的主要是单利的方式，即一定期限、一定数额的存款会有一个相对固定的收益空间。不论是固定收益还是采取浮动利息，在理财期限内，银行理财产品都采取单利计算。从这个角度看，部分寿险产品在储蓄生息方面具有一定的优势。

3. 资产保护功能

在特定的条件下，寿险保单能够起到资产保护的功能。以企业主为例，当由于债权债务问题发生法律诉讼时，企业主银行里的资金甚至股票、房地产等都可能被冻结。但是，其投保时所形成的人寿保险单的相应价值却不受影响。因为人寿保险合同是以人的寿命和身体为保险标的，依据《保险法》的规定，未经被保险人书面同意，保单不得转让或质押，因此当所有的财产都被冻结甚至拍卖时，人寿保险的保单不会被冻结或拍卖，而其保单贷款功能则又使其成为最好的“变现”工具。即使企业遇到破产情形，企业主也不会因此而一贫如洗，从而达到了资产保护的目的，这是其他投资工具所不具备的。

补充阅读

人身保险的资产保护功能，通常被保险业界津津乐道，而美国安然年金事件也常被用作“免债”的最好注脚。确实，保险能帮富人进行资产保全！

但是，美国安然年金事件真实的结局是怎样的呢？真的如同保险业所宣传的那样吗？我们不仅提出这样的疑问。

推荐读者扫描二维码阅读《安然老板肯尼斯·莱年金事件的结局》一文，并加以分析。

4. 资金融通功能

保险产品，尤其是长期寿险产品，可为投保人提供临时的融资功能。这种功能主要通过保单质押贷款来实现。保单质押贷款的根本作用在于能够满足保险单的流动性与变现性要求。金融理论认为，流动性是金融资产的基本属性，几乎所有的金融资产都需要具有流动性和变现能力，保险单作为一种金融资产也不例外。一般金融资产的流动变现能力是依靠二级市场和保单交易来实现其流动变现要求。因此，为赋予保险单一定的流动和变现能力，寿险公司设计出各种保单质押贷款。

就提供变现、融资的渠道来看，保单质押贷款有别于商业贷款，主要体现在：一是保单持有人没有偿还保单质押贷款的法定义务，由此保单持有人与保险公司之间并非一般的借贷关系；同时保险人只需要根据保单的现金价值审批贷款，不必对申请贷款的保单持有人进行资信状况和还款能力的审查；而对商业贷款，银行则有严格的审查。因此对保险公司而言，保单质押贷款业务是一项附加服务，管理成本较低。因此对于投保人而言，利用保单贷款是一种较为便捷的获得临时资金的方式，在其资金紧张时，可以解燃眉之急。

5. 避税功能

利用合理合法的手段和税收的监管规定，在节省上缴税收额度的情况下，为员工、自己或家人增加一份收入，就是很好的理财，保险在这方面有着独特的功能。

（1）企业可以合理合法地为员工投保进而达到避税的目的。根据有关规定，企业拿出职工工资总额的一定比例为员工投保商业保险是完全可以免税的，如若补缴金额较大的还可获得“不低于三年的期间内分期均匀扣除”费用的权限；同时由于员工将来从保险公司获得的保险金按税法规定也同样是免税的，因此不论是企业还是个人都可获得资产保护。

（2）保险是规避遗产税的有效工具。我国已经开始讨论并出台了《中华人民共和国遗产税暂行条例（草案）》，这意味着遗产税的征收已经纳入了国家法律健全化的日程。根据草案，遗产越多，税率也越高，最高可达 50%。因此，个人财富会在其离开人世时因为纳税而“缩水”。而保险则是此方面有效的避税工具，目前我国税法明确规定保险金是不纳入应征税额的。

补充阅读

据2016年1月6日深圳新闻网消息，近几年来，深圳保险市场的大额保单逐年上升，部分富人"瞄上"高额保险。富裕人群的投资心理更趋稳健和谨慎，而房地产、股市低迷，富裕人群投资渠道受限。在没有更好的投资选择下，部分富人"瞄上"高额保险，主要是看上了高额保险可以保证资产传承、可以避税免债，还能低息融资的功能。

本消息原文：

分析：如果我国开征遗产税，对保险行业意味着什么？

6. 规避通货膨胀和利率风险功能

目前我国投资渠道极为广阔，人们可以选择银行存款、股票、基金、房地产、债券和外汇等多种投资方式，这些投资方式显然受到通货膨胀及利率波动的影响，而保险产品则有较强的稳定性，它本身就是一种分散风险的理财行为，其预定利率具有前瞻性且一般对国家的利率变化并不特别敏感，如变额寿险（即投资连结保险）、万能寿险等，正是为应对通货膨胀及利率风险而产生的。变额寿险的保险金额由两部分构成：一部分是最低给付额，另一部分是其保费分离账户产生的投资收益。万能寿险又称为综合人寿保险，居民个人可以根据个人需要对保险金额进行变更（在万能寿险中客户可以增减保险金额），这是一种非常灵活的险种。因此，投资连结保险及万能寿险是集保障、投资、收益保底三种功能于一体的创新型保险理财产品，能帮助投资者在不断变化的资本市场顺利实现其理财需求。

思考与讨论

保险在家庭理财规划中的各项功能，你认为哪一个最重要？为什么？

二、影响人们保险需求的因素

1. 风险因素

风险因素的大小是影响人们保险需求的最主要因素。风险因素越多，人们对保险的需求越多，反之则会越少。

2. 附加保费

尽管需要规避风险的人总体上需要保险，但人们愿意购买的保险数量取决于保单的附加保费。一张保单中的保险费等于期望索赔成本加上附加的管理成本和资本成本。如果附加保费为 0，则购买保险就没有改变一个人的财富的期望值，因为保费正好等于从保险公司获得的赔偿的期望值。然而附加保费不太可能等于 0，因为保险公司必须要负担自己的成本。一个正的附加意味着投保人付出的保险费要超过从保险人那里得到的赔偿的期望值。随着保险费中附加保费的增加，保险购买者愿意购买保险的数量一般会减少。

3. 收入和财富

收入和财富一般与保险的需求成正比，收入和财富越多，对保险的需求也会越多；反之，收入和财富越少，对保险的需求也会相应减少。

4. 信息

保险需求还取决于个人所拥有的有关损失分布的信息。例如，如果一个人并不认为自己会遭受损失，除非被强迫，他不会购买保险。进一步讲，如果一个人认为预期损失比保险公司估计的要少，与同保险公司持有相同概率估计的个人相比，会要求更少的保险。原因很

> **思考与讨论**
>
> 穷人是否需要保险呢？

简单，正如前面所学到的，保险公司依据保险单的期望索赔成本对保单定价。如果个人对期望索赔成本的估计低于保险公司，保单看起来具有一个较高的附加保费，个人对保险的需求就会减少，反之亦然。如果个人对期望索赔成本的估计高于保险公司的估计，就会导致个人购买较多的保险。

5. 其他保障来源

当个人决定是否购买保险时，还要考虑是否存在其他的偿付来源。有人可能认为，如果巨灾发生，政府会对所遭受的损失进行补偿（如救灾）。这些补偿实际上构成了隐性保险，会降低人们对显性保险的需要。个人不需要为这种隐性保险直接付款，但必须为显性保险付出保险费，因此对显性保险的需求就会减少。又如，如果社会保障程度较高，就会减少人们对商业保险的需求；反之，如果社会保障程度很低，人们就会增加对商业保险的购买。

> **思考与讨论**
>
> 分组讨论，以上因素中，哪些因素对人们的保险需求影响更大？

6. 非货币损失

当人们遭受货币损失的同时，也会遭受非货币损失，如精神上的损失，但人们一般不会为非货币损失购买保险。

第二节　保险规划的原则、步骤及应用

一、保险规划的基本原则

由风险管理的一般理论可知，个人购买保险主要是为了个人或家庭生活的经济安全与稳定，将某些重大的风险转移给保险公司，在发生保险事故时获得充分的损失融资和经济保障。在购买保险时，通常需要遵循以下原则。

1. 转移风险的原则

每一个投保人购买保险都是为了转移风险，在发生保险事故时可以从保险公司那里获得约定的经济补偿。因此，任何人在投保之前必须全面系统地分析自身或家庭面临的各种风险，明确哪些风险可以回避、预防和抑制，哪些风险可以自留，哪些风险可能通过非保险方式转移，然后将其余的风险转移给保险公司。

2. 量力而行的原则

保险是一种经济行为，属于经济活动范畴，投保人必须付出一定的保费才能获得相应的保险保障。投保险种越多，保险金额越高；保险期限越长，所需的保费越多。因此，投保时一定要充分考虑个人和家庭的经济购买力，尽量在保费支出一定的情况下获得最大的保障，或者在获得可接受保障的水平时保险费支出最低，防止保险过多或保险不足。有的20岁左右的年轻人，或50岁以上的中老年人，为自己投保了份数较多的保险，其年交保费常常在几千元甚至万元以上。而生活经验告诉我们，一个人的收入受到很多因素的影响，很难维持一成不变的水平。20多岁的年轻人收入不稳定，一旦将来经济收入状况变差，就很难继续交纳高额的保险费；到时如果退保就会造成损失，不退保又实在难以维持，处于两难的境地。而老年人一般工作较为稳定，经济收入趋于平衡，能够维持在一定的水平上，但由于身体或其他方面原因，可能导致平时开支出现剧增，如果投保了交费比较高的保险，则到时可能交不起保费，在现实中不乏其例。作为一个理智的保险消费者，应该根据自己的年龄、职业、收入等实际情况，力所能及地适当购买人身保险，既能使自己长时期负担保费支出，又能得到应有的保障。

3. 高额损失优先原则

从现实来看，损失的严重性是衡量风险程度非常重要的一个指标。一般来讲，较小的损失可以不必购买保险，而严重的损失是适合购买保险的。人们除了通过购买保险来对付它以外，没有更好的办法。对于高额损失就需要投保高额保险。保险的保险金额可以使投保人得到最充分的保障。当然，其保险费自然会较高，但可以用提高免赔额的办法降低保险费率，从而抵消高保额所高出的保险费。在购买保险之前，投保人应该充分考虑所面临的损失程度有多大，程度越大，就越应当购买这种保险。

思考与讨论

试讨论，家庭成员中，优先考虑保险规划的应是谁？为什么？

4. 合理搭配险种的原则

投保人身保险可以在保险项目上进行一定的组合，如购买 1～2 个主险附加意外伤害、重大疾病保险，使人得到全面保障。但是在全面考虑所有需要投保的项目时，还需要进行综合安排，避免重复投保，使用于投保的资金得到最有效的运用。例如，某人因工作需要要经常出差，那么他就应该买一项专门的人身意外伤害保险，而不要每次购买乘客人身意外伤害保险。这样一是可以节省保费，二是可以在任何时候和其他情况下出现人身伤害时得到赔偿。这就是说，如果准备购买多项保险，那么应当尽量以综合的方式投保。因为，它可以避免各个单独的保单之间可能出现的重复，从而节省保险费，得到较大的费率优惠。

二、保险规划的基本步骤

（一）确定保险标的

确定保险标的是购买保险的首要任务。保险标的可以是财产及其相关利益，也可以是人的生命或身体。投保人可以本人、与本人有密切关系的人、所拥有的财产及可能依法承担的民事赔偿责任作为保险标的。

一般各国保险法律对保险利益都有明确的规定。在为自己或家人购买保险时，投保人通常要考虑适合性、经济支付能力和选择性三个因素。

1. 适合性

自己或家人购买保险必须考虑所需保障的范围，即将那些风险发生的概率较小而其造成的损失可能会较大的风险作为投保的标的。

2. 经济支付能力

购买保险产品，每年需要缴纳一定的保险费，投保人必须确保每年有足够的收入流，以支付每年应交纳的保险费。可以考虑运用“双十原则”来制定保险规划与保费的预算。所谓“双十原则”，是指应有的保险金额一般为家庭年支出的 10 倍，合理的保费一般为家庭年收入的 10%。前者可以解释为，一旦保险事故发生，能够给家人提供 10 年的生活保障。10 年的保障额度可能没有由生命价值法或遗属需求法计算的那么高，但在现实生活中，10 年的时间

> **思考与讨论**
> "双十原则"是否对所有的家庭都具有借鉴和指导意义？

应该能够让一个经历重大变故的家庭回到正常的生活轨道。后者可以被解释为，家庭收入扣除 70%的生活费用、20%的储蓄之后，剩下 10%应当用于购买保险，以构造家庭的财务安全网。构造家庭财务安全网的目的是，使家庭负担者在应付当前家庭消费和储蓄投资之后，没有后顾之忧。

3. 选择性

保险市场上的险种和产品十分丰富，而且创新不断，人们不可能所有的都购买，况且没有必要。因此，在购买力存在预算约束的情况下，成年人或家庭中的主要收入者的保险应该优于子女或纯粹的受抚养人。另外，年轻人应侧重于保障型的险种，随着年龄的增长，应该将投保的重点转向健康保险和具有储蓄功能的保险。

（二）选择保险产品

人们在生活中面临着各种人身风险、财产风险和责任风险，而同一保险标的也可能面临着多种风险。因此，在确定保险需求和保险标的后，必须考虑投保什么样的保险产品。以人身保险为例，每个人都同时面临着意外伤害、死亡与疾病风险，因此，应该分别为这些风险投保相应的保险产品。对于财产风险，同一家庭财产也面临着多方面的风险，例如家用汽车就面临着盗窃、火灾、第三者责任等风险，这时主人可以考虑投保车损险、第三者责任保险、盗抢险等保险。

投保人在理财人员、保险代理人、保险经纪人或其他财务顾问的帮助下，能够更全面、细致地分析不同保险标的所面临的风险及需要投保的险种，综合考虑各类风险发生的概率、事故发生后可能造成损失的严重程度、个人的风险承受能力等因素，选择适合的保险产品，有效地管理和化解个人或家庭可能面临的风险，从而达到风险管理的目的。

当然，在确定购买保险产品时，还应注意险种的合理搭配与有效组合，使得保障全面，又节省了保险费。在确定整个保险方案前，必须进行综合规划，做到不重不漏，使保费支出发挥最大的收益。

（三）确定保险金额

在确定保险产品的种类之后，就需要确定保险金额。保险金额是当保险事故发生时，保险公司所赔偿的最高金额。保险金额的确定应该以财产的实际价值或人的生命经济价值为依据。

财产的价值比较容易估算。对一般财产而言，如房屋、家具、汽车等财产保险的保险金额，投保人可以根据财产的实际价值自行确定，也可以按照重置价值来确定。对于特殊的财产（如珠宝等）则需要专家的评估来确定。购买财产保险时，可以选择足额投保，也可以选择不足额投保。由于保险公司按照实际损失程度进行赔偿，所以，一般不会出现超额投保或重复投保现象。一般来说，投保人会选择足额投保，这样，当保险事故发生时，受益人可以获得足额赔偿；如果是不足额投保，一旦发生损失，保险公司只会按约定的方式给予赔偿。

对于人身保险而言，人的价值是无法估量的。但是，从保险的角度来看，我们可以根据性别、年龄、配偶情况、收入水平、消费水平、受抚养人的年龄及人数、银行存款及其他财富、市场利率、通货膨胀率、个人贷款余额等计算人的生命价值，作为人寿保险金额确定的参考依据。在保险行业中，对人的生命价值有一些常见的评估方法，如生命价值法、

> **思考与讨论**
> 试讨论，保险是否买得越多越好？为什么？

家庭财务需求法等，但值得注意的是，这些方法都需要每年重新计算并调整。因为人的年龄每年递增，如果其他因素保持不变，那么他的生命价值和家庭财务需求就会逐年下降，其保险就会从足额保险逐渐转变为超额保险。如果他的收入和消费每年在增长，其他因素不变，则其价值会逐年增加，原有的保险就会变为不足额保险。因此，每年应请保险专业人员检查投保客户的保险单。

（四）确定保险期限

在确定保险金额后，还需要确定保险期限，因为这涉及投保人预期交纳保费的多少与频率，与个人未来的预期收入密切相关。财产保险、意外伤害保险和短期健康保险产品，通常为中、短期保险产品，在保险期满后可以续保；人寿保险，保险期限一般较长，有的甚至长达几十年。所以，在为个人或家庭制订保险规划时，应该将长、短期险种结合起来综合加以考虑。

（五）选择合适的保险公司

由于保险产品是一种无形的、复杂的金融产品，既有短期的，也有长达几十年的，因而选择一家经营稳健、信誉良好、管理规范、服务周到的保险公司是至关重要的。目前，我国保险监管机构对保险公司的产品实行条款备案制度，同时由于市场竞争的充分发展，市场上同一种类的保险产品的同质化趋势越来越明显。在产品价格相差较小并趋于同质化的前提下，选择保险产品的非价格因素就显得尤其重要了。通常选择保险公司主要需考虑的因素如下。

1. 保险公司的类型

不同类型的保险公司在经营范围和组织形式等方面都有所不同，而这些差异影响着保险公司的经营品种和经营方式。我国既有财产保险公司和人身保险公司等传统类型的保险公司，也有健康保险、养老保险、汽车保险和农业保险等专业保险公司，经营范围不同的保险公司所提供的产品的保障范围和专业程度必然不同，需要根据自己的保险需要加以选择。不同组织形式的保险公司经营方式有所不同，投保人在购买时要予以关注。

2. 保险公司的偿付能力

保险究其实质是对未来支付的一种承诺，如果所选择的保险公司在客户的保单发生保险事故或需要满期给付时出现支付危机，那么保险公司的保单持有人就可能遭受利益的损失。因此，要选择那些实力较为雄厚、经营相对稳健、管理较为规范的保险公司。

3. 保险公司的经营状况

投保人需要考察保险公司的偿付能力和财务状况。投保人一般应该依据保险监管部门或权威评级机构对保险公司的评定结果来了解保险公司的偿付能力。评定等级越高，就表明该保险公司的偿付能力越强。投保人可以查看保险公司的财务报表，分析保险公司的保费收入、赔款、费用、利润等财务指标，从而了解其财务状况。目前，我国的消费者可以通过保监会网站、《中国保险报》等保监会指定的信息披露报纸、各保险公司的网站来获得此类信息。

4. 保险公司的服务质量

购买保险的目的是在保单发生理赔给付事件时得到及时和周到的服务，因此保险公司的服务态度、技术条件，以及在民众中的口碑就可以作为我们选择保险公司的重要参考因素。我们有时能在媒体上看到有人抱怨向保险公司索赔困难，为了一笔赔款可能要跑几次保险公司。如果我们在投保时就选择一家服务质量较好的保险公司，那么在申请保险赔款或给付时就会顺利许多。投保人选择保险公司时，要从两个方面了解其服务质量：一是从其代理人获得的服务；二是从公司本部获得的服务。前者的服务质量，可以推断保险公司对代理人的培训力度与管理水平；后者对于投保人来说更为重要，尤其是购买寿险，一旦与保险公司订立了保险合同，就会长期与该公司打交道。保险公司在服务方面的任何一点不足，都可能影响投保人几十年。

5. 保险公司的机构网络

在目前保险公司主要依靠自身进行客户服务工作的情况下，一家公司机构网络的多少一方面反映出其业务规模和经营实力，同时也是其客户服务能力大小的体现。假设某被保险人在出差时发生意外伤害事故，如果他（或她）所投保的保险公司在当地有分支机构，那么在事故的发生地就可以享受到保险服务。如果该公司在当地没有分支机构或者连保险代理人都没有的话，那么他（或她）只能回到居住地再向保险公司申请索赔。

6. 保险公司的民调评价

我们在报纸等公众媒体上可以看到“盖洛普”“零点”等调查公司对各保险公司的民意调查，如公司的知名度、服务质量、产品受欢迎程度、销售人员技能与态度等的排名情况，这些指标可以作为我们选择保险公司时的参考。

7. 保险公司的经营特长

由于各保险公司对经营的目标客户群进行细分，每家公司在经营特定保险产品方面的优势是不一样的。例如，有的保险公司擅长经营机动车辆保险，它就会在机动车辆保险方面从承保、定损、理赔等一系列服务方面实行更为专业化的服务，甚至还可能对你的汽车保养、维修等问题提供免费的、专业的意见。

因此，我们在选择购买保险产品时，与其说是在选择保险产品，不如说是在选择保险公司，选择一家优良的保险公司投保是最为重要的。

思考与讨论

针对以上内容，试对国内的保险公司进行研究，看看哪家公司更值得选择。

（六）签订保险合同

保险合同的签订是指保险人与投保人在平等自愿的基础上，就保险合同的主要条款经过协商最终达成协议的法律行为。只有通过签订保险合同这一过程，保险的购买行为才告结束，保险合同才会真正产生法律效力。保险合同的签订同订立其他合同一样，也需要经过要约和承诺两个过程。

（七）定期审查与调整保险计划

制定了合理的保险规划，并购买了充足的保险之后，只能说是初步有了比较健全的保障。许多人在购买了保险之后通常将保单束之高阁，只有在风险发生之后才会想到保险，将保单取出来看。其实，我们的生活环境在变，经济状况在改变，家庭责任也在改变，人们所拥有的保单也应该随着人生的变化而变化。由于投保人各种情况的变化，其所面临的风险也会发生相应的变化。因而制定完成的保险规划也不是一成不变的，而是要根据现实情况的变化做出适时的调整。只有这样，才能更充分地对可能发生的风险进行有效的管理。这才是正确的保险观念。

补充阅读

需要调整保险计划的几种情形

一般而言，除了时常检查自己的保险规划之外，在下列情况发生时，应该修改保险规划。

（1）经济状况改变。比如，当人们的收入增加或减少时，当人们的债务增加或减少时，当人们购买了房子或车子有更多的贷款需要缴付时，应该适时调整保险规划。

（2）家庭责任改变。当出现结婚、离婚、丧偶、分居等婚姻状况的重大改变时；当生子、孩子独立生活及结婚、家庭成员死亡等家庭成员的增加或减少，只要是家庭责任加重或是减轻时，都需要检查并及时修改保险规划。

（3）工作环境改变。创业、更换工作，也就是工作场合的危险性加重或是减轻时，都应该检视保单，调整意外伤害保险的保险金额。

（4）生涯变动。初次就业、退休、由职场重回校园生活时，也都应检视保险规划。

三、保险规划的基本应用

由于人身保险规划是风险管理和保险规划最为复杂也是最为重要的组成部分，因此本部分着重以人身保险为基础，针对不同年龄段和不同收入阶层讨论购买人身保险的规则。

（一）生涯规划与保险规划

生涯规划就好像人生的行程图，个人方面的重要决策是学业和事业规划以及何时退休的计划；就家庭而言，包括何时结婚、何时生子的家庭计划，以及配合家庭成员的居住计划。家庭、居住、事业、退休等生涯规划预期在人生的不同阶段实现，具有明显的时间性。为此，根据年龄将生涯规划分为六个时期，如表 13.1 所示。

表 13.1　生涯规划与理财活动

阶段	学业/事业	家庭形态	理财活动	投资工具	保险规划
探索期 （15～24岁）	升学或就业 进行从业/转业选择	以父母家庭为生活重心	求学深造 提高收入	活期存款 定期存款 基金定投	意外险、寿险 以父母为受益人
建立期 （25～34岁）	在职进修 确定职业方向	择偶结婚 有学前子女	量入为出 攒首付款	活期存款 股票投资 基金定投	寿险、储蓄险 受益人为配偶
稳定期 （35～44岁）	提升管理技能 进行创业评估	子女上小学/中学	偿还房贷 筹教育金	自用房产投资、股票基金	养老险、依房贷余额保额递减的定期寿险
维持期 （45～54岁）	晋升为中层管理者 着重建立专业声誉	子女上大学/出国深造	收入增加 筹退休金	建立多元 投资组合	养老保险 投资型保单
高原期 （55～60岁）	晋升为高层管理者 事业以指导组织为主	子女已独立就业	负担减轻 准备退休	降低投资 组合风险	长期看护险 退休年金
退休期 （60岁以后）	担任名誉顾问 经验传承	子女成家含饴弄孙	享受生活 规划遗产	固定收益 投资为主	领取退休年金至终老

1. 探索期——就业前的准备（约 15～24 岁）

（1）学业。生涯规划应及早从念大学时选择科系开始。个人的兴趣和专长学科及社会的需求方向都要加以考虑。大学毕业后是否继续深造，在国内念研究生还是出国留学，所需费用及学成后的效益如何？这些可与父母商量后做决定。若父母的财力能够负担，毕业后继续深造，则求学过程较能连续；如果选择工作几年自筹出国费用，对想深造的方向会有较为明确的认识。

（2）家庭。此时的客户大多未婚，与父母同住或住在学校宿舍，是家庭形成期前的阶段，仍以父母的家庭为生活的重心。

（3）理财活动。重点在提升专业知识，取得可提升未来工作收入的证照。此时可理的财相当有限，可能是零用钱、打工或家教所得。在银行开一个活期储蓄账户，可申请一张信用卡来延迟给付，但切忌超额消费。

（4）保险。在找到第一份工作的同时投保第一张保单，父母养育子女至 20 岁至少花费 20 万元，因此第一张保单可以设定 20 万元保额，5～10 年期的定期寿险或 50 万元每年交费的意外伤害保险，保费低廉，每年不到 1 000 元，以父母为受益人，以此作为万一保险状况发生时对父母的回馈。

2. 建立期——从职场新人到独立贡献者（约 25～34 岁）

（1）事业。此时踏入社会，第一份工作的选择相当重要，最好能学有所用。但若未如所愿，在工作的前 10 年可再留意是否有更合志趣、较能发挥抱负，同时待遇也较高的其他工作机会。应尽可能充实自己，让自己成为可承担工作任务的独立贡献者，此时基期较低，收入成长率可以每年 10%为目标。

（2）家庭。这段时间也是一般人择偶、结婚、养育婴幼儿子女的时期，和家庭形成期阶段相当。

（3）居住。婚前和父母同住，若夫妻商量后决定拥有自己的房子，就要开始制订储备购房首付款的计划。

（4）理财活动。该阶段可投资的钱不多，但因为还年轻，可以承担较高的风险。可以将相当于 3～6 个月支出的金额作为存款，当作紧急备用金，多余的钱尝试投资一些股票，或以定期定额的方式投资国内股票型基金。

（5）保险。婚后可互以配偶为受益人购买保额为 30～50 万元、20～30 年的定期寿险，子女出生后可以以子女为受益人，购买保额为 15～20 万元的 20 年期定期寿险，万一保险事故发生，可把理赔金用作子女的高等教育金。

3. 稳定期——确定生涯方向（约 35～44 岁）

（1）事业。经过 10 年的职场历练，对于未来的生涯发展应该有明确的方向。是否转向管理岗位，是否专注于个人业绩或专业发展，是否要自行创业当老板，在该阶段都应该定案。

（2）家庭。此阶段是家庭成长期的前段。此时一般人的子女应该到了上小学和中学的阶段，应该趁子女上中小学，学费负担较轻时开始为他们准备高等教育金。

（3）居住。对购置自用住宅的家庭而言，此间最大的负担应是房贷本息摊还额。

（4）理财活动。此时的投资除了自用住宅以外，若每月储蓄扣除房贷和教育金准备还有余额的话，可以用作退休准备金。以实现目标的年限在 20 年以上来说，当作退休准备的资金可多用于股票等获利性为主的投资上。

（5）保险。如果有了房贷负担，应该针对房贷余额投保余额递减型房贷寿险，在万一发生保险事故时用理赔金还清贷款，使家人不至于因房屋被法院拍卖而流离失所。此时家计负担者收入的持续性相当重要，可负担的话最好也投保失能险，且保额以收入的 5～7 成计算。

4. 维持期——最具有投资力的年龄层（约 45～54 岁）

（1）事业。此时若在企业循序发展，很可能做到中层管理者；若走专业路线，累积 20

年的职场经验应该可以建立专业声誉。

（2）家庭。客户的子女则多处于念大学或深造阶段，属于家庭成长期的后半段，子女教育费用是最大支出。

（3）居住。由于房贷多已在前阶段10年内提前还清，但稍具经济能力的家庭在子女长大时会考虑换房，因此仍然要准备由小换大的房价差额及装修费用。

（4）理财活动。最重要的理财目标是为自己及配偶准备退休金。因为收入增加而负担减轻，离退休至少还有10年，此时投资能力最强，同时还能负担中等程度的风险，因此除了前阶段定期定额投资股票型基金外，对于已累积的资产，应该构建一个多元化的投资组合，包括存款、货币市场基金、债券基金、股票型基金、投资用房地产、艺术品投资等，来分散风险。

（5）保险。若选择基金而非储蓄险来累积资产，此时最好投保10万元的终身寿险（可作为丧葬费）附加终身医疗险。此时人已至中年，对医疗的需求增加，只依靠社保则不能满足对医疗品质的要求，以及因此可能中断的收入。

5. 高原期——退休前的准备（约55～60岁）

（1）事业。在中国，一般人的退休年龄约为55～60岁。此时还在企业发展的人，有望成为高层管理者。专业工作者也到了经验最丰富的时候，可传承经验，培养接班人。

（2）此时一般人的子女应已就业，可能自己租房或仍和父母同住。若已成家也到了“离巢”的时刻，和家庭成熟期的阶段相当。

（3）居住。多半维持原有住所到退休，届时再考虑是否换购可满足“银发需求”的住宅。

（4）理财活动。应开始规划退休后的“银发生涯”如何开展，把退休当作圆梦的开始而非人生的终点。在投资上应在该阶段逐步降低投资组合的风险，增加债券基金及存款的比重。

（5）保险。在退休时可以将原有的养老保险转换为活到老领到老的终身年金，同时应该趁还未超过保险年龄而投保长期看护险，以免年老起居无法自理时，无人照顾或成为子女的负担。

6. 退休期——退休后享受生活（60岁以后）

（1）事业。此时客户已从职场退休，若体力、智慧尚可，还可以做个名誉顾问，传承经验，以保持成就感。

（2）家庭。此时子女已成家，可去探望他们，含饴弄孙，相当于家庭衰老期阶段。在夫妻中一方身故后，剩下的一方可能和子女同住。

（3）居住。考虑是否从大换小，变现差额来补充退休养老金。

（4）理财活动。若前述的安排妥当，即使没有企业退休金，若已经积累了100万元以上的自储退休金，应足以过个有尊严的晚年生活。因为已经没有工作收入开始吃老本，此时的投资组合应以固定收益工具为主，但无论如何报酬率还是要高于通货膨胀率。

（5）保险。可将已累积退休金的一大部分购买活得越久领得越多的终身年金，一直可支领至终老为止，让保险公司承担准备的退休金不够的风险。

（二）收入水平与保险规划

下面按照经济收入状况，将消费者分为高收入阶层、高薪阶层和中低收入阶层三个细分市场，分析各自的主要风险，进行合适的保险规划。

1. 高收入阶层

高收入阶层是指率先致富的一部分经商者、演艺界明星、体育界明星，这部分人为数不多，但收入极高，有很强的经济能力和较强的抵御风险能力，这些人优越感很强，一般自认为不需要保险，所得收入已够子孙花销。这些人的观点是有失偏颇的，他们面临的风险会导致较大的财务波动，同样需要购买保险来转移风险、稳定财务。当然，普通的保险产品对他们的意义确实不大，必须量体裁衣，针对他们的特殊身份、社会地位、精神满足感等特点来制定保险规划，主要考虑以下几个因素。

（1）资产提前规划。遗产税已经成为国际上大多数国家采用的一项重要税种，我国的遗产税也正处于紧锣密鼓的筹划阶段，而高收入阶层是遗产税关注的重点，为了将更多的资产合理合法地转移给下一代，高收入阶层必须提前考虑利用寿险规避遗产税。

（2）意外险是高收入阶层的重点选择。由于高收入阶层收入较高，花销当然也较高，意外事故可能造成重大的财务波动。因此，必须合理安排意外伤害保险，转嫁较大的财务风险。

（3）满足特殊的精神需求。高额的寿险保单往往是高收入阶层的身价、地位的重要体现。

（4）健康险也是他们考虑的重点。无论富人还是穷人，健康是每个人一生的追求，但对于高收入阶层而言，疾病的高额花费和疾病期间收入的损失将更高。

综合起来，高收入阶层主要应考虑定期保障型保险、意外伤害保险、健康保险、终身寿险等险种，保费支出可以是年收入的20%以上。

2. 高薪阶层

高薪阶层主要是指外资合资企业高级职员、高收入的业务人员、部分文体工作者及高级知识分子，他们的物质生活和精神生活都比较优越、充实，生活水平较高，但由于不再享受国有企业职工的福利待遇，大部分人仍有后顾之忧，担心到老年由于各种原因收入减少，生活水平下降或患病时支付不起高额的医疗费用等意外事件发生。这部分个人或家庭对人身保险的需求比较强烈，而且也具有较高的保险购买力，保险规划时应考虑的重点如下。

（1）保障期长，能够应付养老问题的险种应该尽早考虑，如养老保险、终身寿险等。

（2）为应付疾病风险和医疗费用，必须购买足够的健康保险和医疗保险。

（3）高收入阶层的消费者通常会有一部分剩余资金，可以考虑购买一定的投资连结产品，在确保保障的同时，享受保险公司专业、稳健经营的成果。

（4）由于这个收入阶层的一家之主是家庭的主要经济来源，应该为其投保意外伤害保险。

综合起来，高薪阶层消费者主要考虑养老保险、终身寿险、健康保险、医疗保险、投资连结保险与分红保险、意外伤害保险等，各险种的保险金额总体上低于高收入阶层，保险费支出可以是家庭收入的10%～20%。

3. 中低收入阶层

中低收入阶层的人口比例最大，从事的职业比较广泛，他们收入较低，各项福利保障也相对不高，抵御风险的能力较低。因此，他们是寿险公司主要的客户。从收入状况分，这部分人群可以进一步细分为两类。一类是收入微薄，除维持生活费用外无力购买保险；另一类是收入除用于生活水平开支外，还有相当一部分剩余资金，这就为其选择保险提供了条件。由于我国实行多年的就业、福利、保障三位一体的社会保障制度正在深化改革，中低收入阶层普遍希望寻求一种能够取代社会保障，而又花钱不多的保障方式，因此，主要应考虑如下因素。

（1）中低收入阶层消费者收入低，抵御风险的能力不强，低保费、高保障的险种是他们的首选，如保障型的人寿保险和短期的意外伤害保险。

（2）该收入阶层的消费者应付疾病风险的能力也比较弱，为了应付日益增长的高额医疗费，应着重考虑健康保险。

（3）该阶层的保户一般比较关注本金的返还，如果经济收入允许，可考虑储蓄保险、返本保险等。

综合起来，中低收入阶层应该主要考虑定期保障型保险、健康保险、医疗保险、分红保险、储蓄保险等险种，保费支出通常是家庭收入的3%～10%。

案例解析

以本章案例引入的例子为例进行分析。

【理财目标】通过购买保险、理财产品，为一家三口提供保障。

【理财建议】王先生的家庭收入水平较高，并且比较稳定。但家庭理财方式单一，保障缺口明显，急需商业保险作为补充。根据风险排序，王先生及李女士均需侧重于人寿保险、重大疾病保险、意外伤害保险，孩子侧重于医疗保险、重大疾病保险、意外伤害保险。保障额度方面，主要是防范重大风险对家庭经济的冲击，保障宝宝教育和家庭责任的履行。

（1）重大疾病保险方面，保额设定主要考虑个人医疗开支、由重大疾病引发的收入中断损失和后期较长一段时间的康复费用。鉴于夫妇二人月收入较高，但节余有限，可考虑购买消费型重大疾病保险，额度建议在30万元左右。

（2）意外伤害保险额度，以两人工作情况和担负的家庭责任来看，保额至少30万元。可附加意外伤害医疗保险。

（3）目前家庭最大责任就是孩子的教育抚养责任和夫妇间的责任，因此在定期寿险方面夫妇二人各需补充50万元左右。建议30岁左右再补充养老保险需求。考虑到目前家庭经济状况，可暂缓考虑女儿的教育金计划。

家庭现状决定保费预算不宜过高，先建立部分保障，规划20年责任重心期，以后再通过保单检视进行调整。王先生夫妇还需制定理财规划。家庭每月节余达7 000元，可拿出1 000～2 000元购买分红险、万能险、投连险或者债券型基金，不仅能起到强制储蓄的作用，还能带来高收益。如果贷款利率下调，则可以考虑贷款买车。

本章小结

<table>
<tr><td rowspan="7">保险规划与购买决策</td><td rowspan="3">保险规划的功能及影响因素</td><td>保险在家庭理财规划中的功能主要包括风险保障功能、储蓄功能、资金融通功能、避税功能、规避通货膨胀及利率风险功能</td></tr>
<tr><td>我国社会经济转轨的影响因素包括人口老龄化问题、家庭规模小型化问题、政府职能的转变、人口素质的提高、传统观念的转变、收入的快速增长与个人资产的多样化等方面</td></tr>
<tr><td>影响人们保险需求的因素主要包括风险因素、保费附加、收入和财富、信息、其他保障来源以及非货币损失</td></tr>
<tr><td rowspan="4">保险规划的原则、步骤及应用</td><td>保险规划的基本原则包括转移风险的原则、量力而行的原则、高额损失优先的原则和合理搭配险种的原则
保险规划的基本步骤是确定保险标的、选择保险产品、确定保险金额、确定保险期限、选择合适的保险公司、签订保险合同、定期审查与调整保险计划</td></tr>
<tr><td>保险标的的确定要考虑适合性、经济支付能力与选择性三个重要的因素</td></tr>
<tr><td>选择保险人时应重点考虑保险公司的偿付能力、保险公司的服务质量、保险公司的机构网络、保险公司的民调评价，以及保险公司的经营特长等几个方面</td></tr>
<tr><td>人的生涯规划的主要阶段包括探索期、建立期、稳定期、维持期、高原期和退休期六个时期。不同时期有不同的理财规划与保险需求</td></tr>
</table>

复习思考题

一、名词解释

人口老龄化　高额损失优先原则

二、单选题

1. 我国社会经济转轨因素不包括（　　）。

A. 人口老龄化　B. 家庭结构小型化　C. 政府职能的转变　D. 附加保费

2. 关于马斯洛的需求层次理论，下列说法错误的是（　　）。

A. 人的需求从低级到高级依次可分为安全需求、生理需求、社交需求、自我实现的需求

B. 不同的需求层次在不同的经济发展阶段占据主导地位

C. 较低层次的需求主要通过个人的劳动获取收入、积累来实现

D. 较高层次的需求对应于较高的经济发展水平，主要通过有精神象征意义的心理行为及社会行为来满足

3. 人口老龄化是指60岁以上的人口占总人口比例达到（　　）。

A. 5%　B. 7%　C. 10%　D. 20%

4. 下列各项中属于保险购买原则的是（　　）。

A. 分析客户需要的原则　B. 量力而行的原则

C. 合理性原则　D. 稳定性原则

5. 保险规划的主要步骤不包括（　　）。

A. 确定保险标的　B. 选定保险产品　C. 接受保险方案　D. 明确保险期限

6. 制定保险规划的首要任务是（　　）。

A. 选择保险公司　B. 选择保险产品　C. 确定保险金额　D. 确定保险标的

7. 影响人们保险需求的因素不包括（　　）。

A. 风险因素　B. 附加保费　C. 收入和财富　D. 性别

8. 在确定保险金额时，常用的依据是（　　）。

A. 保险人可以接受的赔偿额　B. 财产的实际价值和人的生命价值

C. 投保人想获得的赔偿额　D. 财产或人身可能损失的价值

9. 在为自己或家人购买保险时，投保人通常不需考虑的是（　　）。

A. 选择性　B. 经济支付能力　C. 年龄　D. 适合性

10. 下列各项中不属于生涯规划阶段的是（　　）。

A. 探索期　B. 建立期　C. 稳定期　D. 恋爱期

11. （　　）主要适合于探索期，处于求学或刚刚就业的年轻人购买。

A. 趸交退休年金　B. 房贷信用寿险　C. 终身寿险　D. 意外寿险

12. （　　）的客户投资能力最强。

A. 探索期　B. 维持期　C. 稳定期　D. 养老期

13. 高收入阶层的保费支出可以达到年收入的（　　）。

A. 10%　B. 15%　C. 20%　D. 30%

14. (　　)是寿险公司的主要客户。

A. 高收入阶层　　B. 高薪收入阶层

C. 中产阶级　　D. 中低收入阶层

15. 为筹备子女教育基金或准备退休养老之用，应选择(　　)保险产品。

A. 生存　　B. 死亡　　C. 意外伤害　　D. 健康

三、多选题

1. 下列各项中影响人们购买保险的因素有(　　)。

A. 收入和财富的变动　　B. 保费附加

C. 其他保障来源　　D. 个人所拥有的有关损失分布的信息

2. 选择保险公司应该考虑的因素主要有(　　)。

A. 偿付能力　　B. 经营特长　　C. 机构网络　　D. 服务质量

3. 我国社会经济转轨的因素主要包括(　　)。

A. 人口老龄化　　B. 家庭规模小型化

C. 政府职能的转变　　D. 收入的快速增长与个人资产的多样化

4. 保险规划的基本原则包括(　　)。

A. 转移风险　　B. 量力而行　　C. 越多越好　　D. 高额损失优先

5. 保险规划的基本步骤包括(　　)。

A. 确定保险标的　　B. 选择保险产品

C. 确定保险金额　　D. 选择适合的保险公司

6. 在为自己或家人购买保险时，投保人通常要考虑的因素有(　　)。

A. 适合性　　B. 经济支付能力　　C. 选择性　　D. 越多越好

7. 人的生涯规划阶段包括(　　)。

A. 探索期　　B. 工作期　　C. 养老期　　D. 高原期

8. 高收入阶层应考虑的保险有(　　)。

A. 高额寿险　　B. 健康保险　　C. 意外伤害保险　　D. 定期寿险

9. 中低收入阶层应该考虑的保险有(　　)。

A. 定期寿险　　B. 终身寿险　　C. 医疗保险　　D. 投资型保险

10. 关于收入水平与保险规划，以下说法正确的是(　　)。

A. 高收入阶层的保费支出通常是年收入的10%

B. 高收入阶层的保费支出通常是年收入的20%

C. 中低收入阶层的保费支出通常是年收入的10%

D. 高薪收入阶层的保费支出通常是年收入的10%～20%

四、简答题

1. 马斯洛的需求层次理论包括哪些内容？
2. 我国人口老龄化有哪些特点？其主要影响是什么？
3. 保险规划的基本原则是什么？
4. 保险规划的基本步骤包括哪些方面？
5. 人的生涯规划包括几个部分？各自的特点是什么？

五、实训项目

实训一

实训指导：通过网络媒体或实地调研的方式，按小组分别针对几家保险公司进行调查研究，从保险公司的类型、偿付能力、经营状况、服务质量、机构网络、民调评价、经营特长七个方面对你所研究的保险公司向大家做介绍，比较它们的优劣。

实训二

实训内容：小刘和小徐当年是同学，结为夫妻后有了一个可爱的女儿小萱。本年，小刘35岁，小徐32岁，小萱3岁，在托儿所上学。小刘和小徐都是办公室白领，在公司中是中层管理人员，事业正蒸蒸日上，两人都经常出差。小刘和小徐所在的单位都按照国家的规定为他们缴纳了社会保险，并且所在单位还为员工购买了团体医疗保险，保障部分门诊和住院费用；每年，单位还为员工购买意外伤害保险，保险金额为20万元。小萱也有社会保险，其门诊和住院费用可以由社会保险承担50%，还参加了城市儿童互助医疗保险，住院费用还可以减少一半。另外，小萱所在的托儿所已经为所有小朋友购买了儿童意外伤害保险，保险金额20万元，并附加了医疗费用保险。小刘和小徐目前年收入都为20万元。两人已经购买了住房并且还清了贷款，目前有一套价值200万元的自住商品房。现在，小刘和小徐的生活比较富足，每月除了小萱的托儿费用1 600元外，每月养车及日常生活的费用大概为1万元，其中小萱每月的生活费用平均为2 000元，小刘夫妇各为4 000元。这样，夫妻二人的每年净收入为26万元左右。夫妻俩的工作压力都比较大，业余时间基本上没有参加什么运动。

实训指导：根据上述资料，为小刘的家庭设计一份保险规划。

课外阅读资料

中国人口老龄化逐步加深

中国现在有多老？中国将会有多老？我们先来看一组数据：根据国家统计局《2014 年国民经济和社会发展统计公报》，2014 年中国 13.67 亿人口中，60 岁及以上的老人 2.12 亿人，占总人口比例为 15.5%；65 岁及以上人口数为 1.37 亿人，占比 10.1%。再来看一组体现变化的数据：中国 65 岁以上人口占总人口比重 1982 年为 4.9%，1990 年为 5.6%，2000 年为 7.1%，2010 年为 8.9%，2014 年为 10.1%。从这组数据中可以看出，中国的老龄化正呈加速度上升状态。最后来看看老龄化的未来，据世界卫生组织预测，到 2050 年，中国将有 35%的人口超过 60 岁，成为世界上老龄化最严重的国家。

> 2015 年 9 月 24 日第一财经日报《中国 60 岁以上老人达 2.12 亿老龄化逐步加深》。
>
> 中国产业信息网《2015 年中国人口老龄化现状分析及发展趋势预测》。

中国的老龄化拥有两个世界第一：一是老龄人口数量世界第一；二是老龄化速度世界第一。的确，世界上还没有任何一个国家老化得像中国这么迅速。

……

“如果有一天，我老无所依，请把我埋在，在那春天里”，流行歌曲可以轻松地这样唱，但是，又有谁甘愿在经历一世操劳之后孤苦无依、老无所养呢？谁愿意在春天来到时却独自老去呢？

相信你和家人都会做出明智的决定。

附录一　中华人民共和国保险法（修订）

（1995 年 6 月 30 日第八届全国人民代表大会常务委员会第十四次会议通过。根据 2002 年 10 月 28 日第九届全国人民代表大会常务委员会第三十次会议《关于修改〈中华人民共和国保险法〉的决定》修正。2009 年 2 月 28 日第十一届全国人民代表大会常务委员会第七次会议修订。）

目　录

第一章　总则

第一条　为了规范保险活动，保护保险活动当事人的合法权益，加强对保险业的监督管理，维护社会经济秩序和社会公共利益，促进保险事业的健康发展，制定本法。

第二条　本法所称保险，是指投保人根据合同约定，向保险人支付保险费，保险人对于合同约定的可能发生的事故因其发生所造成的财产损失承担赔偿保险金责任，或者当被保险人死亡、伤残、疾病或者达到合同约定的年龄、期限等条件时承担给付保险金责任的商业保险行为。

第三条　在中华人民共和国境内从事保险活动，适用本法。

第四条　从事保险活动必须遵守法律、行政法规，尊重社会公德，不得损害社会公共利益。

第五条　保险活动当事人行使权利、履行义务应当遵循诚实信用原则。

第六条　保险业务由依照本法设立的保险公司以及法律、行政法规规定的其他保险组织经营，其他单位和个人不得经营保险业务。

第七条　在中华人民共和国境内的法人和其他组织需要办理境内保险的，应当向中华人民共和国境内的保险公司投保。

第八条　保险业和银行业、证券业、信托业实行分业经营、分业管理，保险公司与银行、证券、信托业务机构分别设立。国家另有规定的除外。

第九条　国务院保险监督管理机构依法对保险业实施监督管理。

国务院保险监督管理机构根据履行职责的需要设立派出机构。派出机构按照国务院保险监督管理机构的授权履行监督管理职责。

第二章　保险合同

第一节　一般规定

第十条　保险合同是投保人与保险人约定保险权利义务关系的协议。

投保人是指与保险人订立保险合同，并按照合同约定负有支付保险费义务的人。

保险人是指与投保人订立保险合同，并按照合同约定承担赔偿或者给付保险金责任的保险公司。

第十一条　订立保险合同，应当协商一致，遵循公平原则确定各方的权利和义务。除法律、行政法规规定必须保险的外，保险合同自愿订立。

第十二条　人身保险的投保人在保险合同订立时，对被保险人应当具有保险利益。

财产保险的被保险人在保险事故发生时，对保险标的应当具有保险利益。

人身保险是以人的寿命和身体为保险标的的保险。财产保险是以财产及其有关利益为保险标的的保险。

被保险人是指其财产或者人身受保险合同保障，享有保险金请求权的人。

投保人可以为被保险人。

保险利益是指投保人或者被保险人对保险标的具有的法律上承认的利益。

第十三条　投保人提出保险要求，经保险人同意承保，保险合同成立。保险人应当及时向投保人签发保险单或者其他保险凭证。

保险单或者其他保险凭证应当载明当事人双方约定的合同内容。当事人也可以约定采用其他书面形式载明合同内容。

依法成立的保险合同，自成立时生效。投保人和保险人可以对合同的效力约定附条件或者附期限。

第十四条　保险合同成立后，投保人按照约定交付保险费，保险人按照约定的时间开始承担保险责任。

第十五条　除本法另有规定或者保险合同另有约定外，保险合同成立后，投保人可以解除合同，保险人不得解除合同。

第十六条　订立保险合同，保险人就保险标的或者被保险人的有关情况提出询问的，投保人应当如实告知。

投保人故意或者因重大过失未履行前款规定的如

实告知义务，足以影响保险人决定是否同意承保或者提高保险费率的，保险人有权解除合同。

前款规定的合同解除权，自保险人知道有解除事由之日起，超过三十日不行使而消灭。自合同成立之日起超过二年的，保险人不得解除合同；发生保险事故的，保险人应当承担赔偿或者给付保险金的责任。

投保人故意不履行如实告知义务的，保险人对于合同解除前发生的保险事故，不承担赔偿或者给付保险金的责任，并不退还保险费。

投保人因重大过失未履行如实告知义务，对保险事故的发生有严重影响的，保险人对于合同解除前发生的保险事故，不承担赔偿或者给付保险金的责任，但应当退还保险费。

保险人在合同订立时已经知道投保人未如实告知的情况的，保险人不得解除合同；发生保险事故的，保险人应当承担赔偿或者给付保险金的责任。

保险事故是指保险合同约定的保险责任范围内的事故。

第十七条 订立保险合同，采用保险人提供的格式条款的，保险人向投保人提供的投保单应当附格式条款，保险人应当向投保人说明合同的内容。

对保险合同中免除保险人责任的条款，保险人在订立合同时应当在投保单、保险单或者其他保险凭证上作出足以引起投保人注意的提示，并对该条款的内容以书面或者口头形式向投保人作出明确说明；未作提示或者明确说明的，该条款不产生效力。

第十八条 保险合同应当包括下列事项：

（一）保险人的名称和住所；

（二）投保人、被保险人的姓名或者名称、住所，以及人身保险的受益人的姓名或者名称、住所；

（三）保险标的；

（四）保险责任和责任免除；

（五）保险期间和保险责任开始时间；

（六）保险金额；

（七）保险费以及支付办法；

（八）保险金赔偿或者给付办法；

（九）违约责任和争议处理；

（十）订立合同的年、月、日。

投保人和保险人可以约定与保险有关的其他事项。

受益人是指人身保险合同中由被保险人或者投保人指定的享有保险金请求权的人。投保人、被保险人可以为受益人。

保险金额是指保险人承担赔偿或者给付保险金责任的最高限额。

第十九条 采用保险人提供的格式条款订立的保险合同中的下列条款无效：

（一）免除保险人依法应承担的义务或者加重投保人、被保险人责任的；

（二）排除投保人、被保险人或者受益人依法享有的权利的。

第二十条 投保人和保险人可以协商变更合同内容。

变更保险合同的，应当由保险人在保险单或者其他保险凭证上批注或者附贴批单，或者由投保人和保险人订立变更的书面协议。

第二十一条 投保人、被保险人或者受益人知道保险事故发生后，应当及时通知保险人。故意或者因重大过失未及时通知，致使保险事故的性质、原因、损失程度等难以确定的，保险人对无法确定的部分，不承担赔偿或者给付保险金的责任，但保险人通过其他途径已经及时知道或者应当及时知道保险事故发生的除外。

第二十二条 保险事故发生后，按照保险合同请求保险人赔偿或者给付保险金时，投保人、被保险人或者受益人应当向保险人提供其所能提供的与确认保险事故的性质、原因、损失程度等有关的证明和资料。

保险人按照合同的约定，认为有关的证明和资料不完整的，应当及时一次性通知投保人、被保险人或者受益人补充提供。

第二十三条 保险人收到被保险人或者受益人的赔偿或者给付保险金的请求后，应当及时作出核定；情形复杂的，应当在三十日内作出核定，但合同另有约定的除外。保险人应当将核定结果通知被保险人或者受益人；对属于保险责任的，在与被保险人或者受益人达成赔偿或者给付保险金的协议后十日内，履行赔偿或者给付保险金义务。保险合同对赔偿或者给付保险金的期限有约定的，保险人应当按照约定履行赔偿或者给付保险金义务。

保险人未及时履行前款规定义务的，除支付保险金外，应当赔偿被保险人或者受益人因此受到的损失。

任何单位和个人不得非法干预保险人履行赔偿或者给付保险金的义务，也不得限制被保险人或者受益人取得保险金的权利。

第二十四条 保险人依照本法第二十三条的规定作出核定后，对不属于保险责任的，应当自作出核定之日起三日内向被保险人或者受益人发出拒绝赔偿或者拒绝给付保险金通知书，并说明理由。

第二十五条 保险人自收到赔偿或者给付保险金的请求和有关证明、资料之日起六十日内，对其赔偿或者给付保险金的数额不能确定的，应当根据已有证明和资料可以确定的数额先予支付；保险人最终确定赔偿或者给付保险金的数额后，应当支付相应的差额。

第二十六条 人寿保险以外的其他保险的被保险人或者受益人，向保险人请求赔偿或者给付保险金的诉讼时效期间为二年，自其知道或者应当知道保险事故发生之日起计算。

人寿保险的被保险人或者受益人向保险人请求给付保险金的诉讼时效期间为五年，自其知道或者应当知道保险事故发生之日起计算。

第二十七条 未发生保险事故，被保险人或者受益人谎称发生了保险事故，向保险人提出赔偿或者给付保险金请求的，保险人有权解除合同，并不退还保险费。

投保人、被保险人故意制造保险事故的，保险人有权解除合同，不承担赔偿或者给付保险金的责任；除本法第四十三条规定外，不退还保险费。

保险事故发生后，投保人、被保险人或者受益人以伪造、变造的有关证明、资料或者其他证据，编造虚假的事故原因或者夸大损失程度的，保险人对其虚报的部分不承担赔偿或者给付保险金的责任。

投保人、被保险人或者受益人有前三款规定行为之一，致使保险人支付保险金或者支出费用的，应当退回或者赔偿。

第二十八条 保险人将其承担的保险业务，以分保形式部分转移给其他保险人的，为再保险。

应再保险接受人的要求，再保险分出人应当将其自负责任及原保险的有关情况书面告知再保险接受人。

第二十九条 再保险接受人不得向原保险的投保人要求支付保险费。

原保险的被保险人或者受益人不得向再保险接受人提出赔偿或者给付保险金的请求。

再保险分出人不得以再保险接受人未履行再保险责任为由，拒绝履行或者迟延履行其原保险责任。

第三十条 采用保险人提供的格式条款订立的保险合同，保险人与投保人、被保险人或者受益人对合同条款有争议的，应当按照通常理解予以解释。对合同条款有两种以上解释的，人民法院或者仲裁机构应当作出有利于被保险人和受益人的解释。

第二节 人身保险合同

第三十一条 投保人对下列人员具有保险利益：

（一）本人；

（二）配偶、子女、父母；

（三）前项以外与投保人有抚养、赡养或者扶养关系的家庭其他成员、近亲属；

（四）与投保人有劳动关系的劳动者。

除前款规定外，被保险人同意投保人为其订立合同的，视为投保人对被保险人具有保险利益。

订立合同时，投保人对被保险人不具有保险利益的，合同无效。

第三十二条 投保人申报的被保险人年龄不真实，并且其真实年龄不符合合同约定的年龄限制的，保险人可以解除合同，并按照合同约定退还保险单的现金价值。保险人行使合同解除权，适用本法第十六条第三款、第六款的规定。

投保人申报的被保险人年龄不真实，致使投保人支付的保险费少于应付保险费的，保险人有权更正并要求投保人补交保险费，或者在给付保险金时按照实付保险费与应付保险费的比例支付。

投保人申报的被保险人年龄不真实，致使投保人支付的保险费多于应付保险费的，保险人应当将多收的保险费退还投保人。

第三十三条 投保人不得为无民事行为能力人投保以死亡为给付保险金条件的人身保险，保险人也不得承保。

父母为其未成年子女投保的人身保险，不受前款规定限制。但是，因被保险人死亡给付的保险金总和不得超过国务院保险监督管理机构规定的限额。

第三十四条 以死亡为给付保险金条件的合同，未经被保险人同意并认可保险金额的，合同无效。

按照以死亡为给付保险金条件的合同所签发的保险单，未经被保险人书面同意，不得转让或者质押。

父母为其未成年子女投保的人身保险，不受本条第一款规定限制。

第三十五条 投保人可以按照合同约定向保险人一次支付全部保险费或者分期支付保险费。

第三十六条 合同约定分期支付保险费，投保人支付首期保险费后，除合同另有约定外，投保人自保险人催告之日起超过三十日未支付当期保险费，或者超过约定的期限六十日未支付当期保险费的，合同效力中止，或者由保险人按照合同约定的条件减少保险金额。

被保险人在前款规定期限内发生保险事故的，保险人应当按照合同约定给付保险金，但可以扣减欠交的保险费。

第三十七条 合同效力依照本法第三十六条规定中止的，经保险人与投保人协商并达成协议，在投保人补交保险费后，合同效力恢复。但是，自合同效力中止之日起满二年双方未达成协议的，保险人有权解除合同。

保险人依照前款规定解除合同的，应当按照合同约定退还保险单的现金价值。

第三十八条 保险人对人寿保险的保险费，不得用诉讼方式要求投保人支付。

第三十九条 人身保险的受益人由被保险人或者投保人指定。

投保人指定受益人时须经被保险人同意。投保人为与其有劳动关系的劳动者投保人身保险，不得指定被保险人及其近亲属以外的人为受益人。

被保险人为无民事行为能力人或者限制民事行为能力人的，可以由其监护人指定受益人。

第四十条 被保险人或者投保人可以指定一人或者数人为受益人。

受益人为数人的，被保险人或者投保人可以确定受益顺序和受益份额；未确定受益份额的，受益人按照相等份额享有受益权。

第四十一条 被保险人或者投保人可以变更受益人并书面通知保险人。保险人收到变更受益人的书面通知后，应当在保险单或者其他保险凭证上批注或者附贴批单。

投保人变更受益人时须经被保险人同意。

第四十二条 被保险人死亡后，有下列情形之一的，保险金作为被保险人的遗产，由保险人依照《中华人民共和国继承法》的规定履行给付保险金的义务：

（一）没有指定受益人，或者受益人指定不明无法确定的；

（二）受益人先于被保险人死亡，没有其他受益人的；

（三）受益人依法丧失受益权或者放弃受益权，没有其他受益人的。

受益人与被保险人在同一事件中死亡，且不能确定死亡先后顺序的，推定受益人死亡在先。

第四十三条 投保人故意造成被保险人死亡、伤残或者疾病的，保险人不承担给付保险金的责任。投保人已交足二年以上保险费的，保险人应当按照合同约定向其他权利人退还保险单的现金价值。

受益人故意造成被保险人死亡、伤残、疾病的，或者故意杀害被保险人未遂的，该受益人丧失受益权。

第四十四条 以被保险人死亡为给付保险金条件的合同，自合同成立或者合同效力恢复之日起二年内，被保险人自杀的，保险人不承担给付保险金的责任，但被保险人自杀时为无民事行为能力人的除外。

保险人依照前款规定不承担给付保险金责任的，应当按照合同约定退还保险单的现金价值。

第四十五条 因被保险人故意犯罪或者抗拒依法采取的刑事强制措施导致其伤残或者死亡的，保险人不承担给付保险金的责任。投保人已交足二年以上保险费的，保险人应当按照合同约定退还保险单的现金价值。

第四十六条 被保险人因第三者的行为而发生死亡、伤残或者疾病等保险事故的，保险人向被保险人或者受益人给付保险金后，不享有向第三者追偿的权利，但被保险人或者受益人仍有权向第三者请求赔偿。

第四十七条 投保人解除合同的，保险人应当自收到解除合同通知之日起三十日内，按照合同约定退还保险单的现金价值。

第三节 财产保险合同

第四十八条 保险事故发生时，被保险人对保险标的不具有保险利益的，不得向保险人请求赔偿保险金。

第四十九条 保险标的转让的，保险标的的受让人承继被保险人的权利和义务。

保险标的转让的，被保险人或者受让人应当及时通知保险人，但货物运输保险合同和另有约定的合同除外。

因保险标的转让导致危险程度显著增加的，保险人自收到前款规定的通知之日起三十日内，可以按照合同约定增加保险费或者解除合同。保险人解除合同的，应当将已收取的保险费，按照合同约定扣除自保险责任开始之日起至合同解除之日止应收的部分后，退还投保人。

被保险人、受让人未履行本条第二款规定的通知义务的，因转让导致保险标的危险程度显著增加而发生的保险事故，保险人不承担赔偿保险金的责任。

第五十条 货物运输保险合同和运输工具航程保险合同，保险责任开始后，合同当事人不得解除合同。

第五十一条 被保险人应当遵守国家有关消防、安全、生产操作、劳动保护等方面的规定，维护保险标的的安全。

保险人可以按照合同约定对保险标的的安全状况进行检查，及时向投保人、被保险人提出消除不安全因素和隐患的书面建议。

投保人、被保险人未按照约定履行其对保险标的的安全应尽责任的，保险人有权要求增加保险费或者解除合同。

保险人为维护保险标的的安全，经被保险人同意，可以采取安全预防措施。

第五十二条 在合同有效期内，保险标的的危险程度显著增加的，被保险人应当按照合同约定及时通知保险人，保险人可以按照合同约定增加保险费或者解除合同。保险人解除合同的，应当将已收取的保险费，按照合同约定扣除自保险责任开始之日起至合同解除之日止应收的部分后，退还投保人。

被保险人未履行前款规定的通知义务的，因保险标的的危险程度显著增加而发生的保险事故，保险人不承担赔偿保险金的责任。

第五十三条 有下列情形之一的，除合同另有约定外，保险人应当降低保险费，并按日计算退还相应的保险费：

（一）据以确定保险费率的有关情况发生变化，保险标的的危险程度明显减少的；

（二）保险标的的保险价值明显减少的。

第五十四条 保险责任开始前，投保人要求解除合同的，应当按照合同约定向保险人支付手续费，保险人应当退还保险费。保险责任开始后，投保人要求解除合同的，保险人应当将已收取的保险费，按照合同约定扣除自保险责任开始之日起至合同解除之日止应收的部分后，退还投保人。

第五十五条 投保人和保险人约定保险标的的保险价值并在合同中载明的，保险标的发生损失时，以约定的保险价值为赔偿计算标准。

投保人和保险人未约定保险标的的保险价值的，保险标的发生损失时，以保险事故发生时保险标的的实际价值为赔偿计算标准。

保险金额不得超过保险价值。超过保险价值的，超过部分无效，保险人应当退还相应的保险费。

保险金额低于保险价值的，除合同另有约定外，保险人按照保险金额与保险价值的比例承担赔偿保险金的责任。

第五十六条 重复保险的投保人应当将重复保险的有关情况通知各保险人。

重复保险的各保险人赔偿保险金的总和不得超过保险价值。除合同另有约定外，各保险人按照其保险金额与保险金额总和的比例承担赔偿保险金的责任。

重复保险的投保人可以就保险金额总和超过保险价值的部分，请求各保险人按比例返还保险费。

重复保险是指投保人对同一保险标的、同一保险利益、同一保险事故分别与两个以上保险人订立保险合同，且保险金额总和超过保险价值的保险。

第五十七条 保险事故发生时，被保险人应当尽力采取必要的措施，防止或者减少损失。

保险事故发生后，被保险人为防止或者减少保险标的的损失所支付的必要的、合理的费用，由保险人承担；保险人所承担的费用数额在保险标的损失赔偿金额以外另行计算，最高不超过保险金额的数额。

第五十八条 保险标的发生部分损失的，自保险人赔偿之日起三十日内，投保人可以解除合同；除合同另有约定外，保险人也可以解除合同，但应当提前十五日通知投保人。

合同解除的，保险人应当将保险标的未受损失部分的保险费，按照合同约定扣除自保险责任开始之日起至合同解除之日止应收的部分后，退还投保人。

第五十九条 保险事故发生后，保险人已支付了全部保险金额，并且保险金额等于保险价值的，受损保险标的的全部权利归于保险人；保险金额低于保险价值的，保险人按照保险金额与保险价值的比例取得受损保险标的的部分权利。

第六十条 因第三者对保险标的的损害而造成保险事故的，保险人自向被保险人赔偿保险金之日起，在赔偿金额范围内代位行使被保险人对第三者请求赔偿的权利。

前款规定的保险事故发生后，被保险人已经从第三者取得损害赔偿的，保险人赔偿保险金时，可以相应扣减被保险人从第三者已取得的赔偿金额。

保险人依照本条第一款规定行使代位请求赔偿的权利，不影响被保险人就未取得赔偿的部分向第三者请求赔偿的权利。

第六十一条 保险事故发生后，保险人未赔偿保险金之前，被保险人放弃对第三者请求赔偿的权利的，保险人不承担赔偿保险金的责任。

保险人向被保险人赔偿保险金后，被保险人未经保险人同意放弃对第三者请求赔偿的权利的，该行为无效。

被保险人故意或者因重大过失致使保险人不能行使代位请求赔偿的权利的，保险人可以扣减或者要求返还相应的保险金。

第六十二条 除被保险人的家庭成员或者其组成人员故意造成本法第六十条第一款规定的保险事故外，保险人不得对被保险人的家庭成员或者其组成人员行使代位请求赔偿的权利。

第六十三条 保险人向第三者行使代位请求赔偿的权利时，被保险人应当向保险人提供必要的文件和所知道的有关情况。

第六十四条 保险人、被保险人为查明和确定保险事故的性质、原因和保险标的的损失程度所支付的必要的、合理的费用，由保险人承担。

第六十五条 保险人对责任保险的被保险人给第三者造成的损害，可以依照法律的规定或者合同的约定，直接向该第三者赔偿保险金。

责任保险的被保险人给第三者造成损害，被保险人对第三者应负的赔偿责任确定的，根据被保险人的请求，保险人应当直接向该第三者赔偿保险金。被保险人怠于请求的，第三者有权就其应获赔偿部分直接向保险人请求赔偿保险金。

责任保险的被保险人给第三者造成损害，被保险人未向该第三者赔偿的，保险人不得向被保险人赔偿保险金。

责任保险是指以被保险人对第三者依法应负的赔偿责任为保险标的的保险。

第六十六条 责任保险的被保险人因给第三者造成损害的保险事故而被提起仲裁或者诉讼的，被保险人支付的仲裁或者诉讼费用以及其他必要的、合理的费用，除合同另有约定外，由保险人承担。

第三章 保险公司

第六十七条 设立保险公司应当经国务院保险监督管理机构批准。

国务院保险监督管理机构审查保险公司的设立申请时，应当考虑保险业的发展和公平竞争的需要。

第六十八条 设立保险公司应当具备下列条件：

（一）主要股东具有持续盈利能力，信誉良好，最近三年内无重大违法违规记录，净资产不低于人民币二亿元；

（二）有符合本法和《中华人民共和国公司法》规定的章程；

（三）有符合本法规定的注册资本；

（四）有具备任职专业知识和业务工作经验的董事、监事和高级管理人员；

（五）有健全的组织机构和管理制度；

（六）有符合要求的营业场所和与经营业务有关的其他设施；

（七）法律、行政法规和国务院保险监督管理机构规定的其他条件。

第六十九条 设立保险公司，其注册资本的最低限额为人民币二亿元。

国务院保险监督管理机构根据保险公司的业务范围、经营规模，可以调整其注册资本的最低限额，但不得低于本条第一款规定的限额。

保险公司的注册资本必须为实缴货币资本。

第七十条 申请设立保险公司，应当向国务院保险监督管理机构提出书面申请，并提交下列材料：

（一）设立申请书，申请书应当载明拟设立的保险公司的名称、注册资本、业务范围等；

（二）可行性研究报告；

（三）筹建方案；

（四）投资人的营业执照或者其他背景资料，经会计师事务所审计的上一年度财务会计报告；

（五）投资人认可的筹备组负责人和拟任董事长、经理名单及本人认可证明；

（六）国务院保险监督管理机构规定的其他材料。

第七十一条 国务院保险监督管理机构应当对设立保险公司的申请进行审查，自受理之日起六个月内作出批准或者不批准筹建的决定，并书面通知申请人。决定不批准的，应当书面说明理由。

第七十二条 申请人应当自收到批准筹建通知之日起一年内完成筹建工作；筹建期间不得从事保险经营活动。

第七十三条 筹建工作完成后，申请人具备本法第六十八条规定的设立条件的，可以向国务院保险监督管理机构提出开业申请。

国务院保险监督管理机构应当自受理开业申请之日起六十日内，作出批准或者不批准开业的决定。决定批准的，颁发经营保险业务许可证；决定不批准的，应当书面通知申请人并说明理由。

第七十四条 保险公司在中华人民共和国境内设立分支机构，应当经保险监督管理机构批准。

保险公司分支机构不具有法人资格，其民事责任由保险公司承担。

第七十五条 保险公司申请设立分支机构，应当向保险监督管理机构提出书面申请，并提交下列材料：

（一）设立申请书；

（二）拟设机构三年业务发展规划和市场分析材料；

（三）拟任高级管理人员的简历及相关证明材料；

（四）国务院保险监督管理机构规定的其他材料。

第七十六条 保险监督管理机构应当对保险公司设立分支机构的申请进行审查，自受理之日起六十日内作出批准或者不批准的决定。决定批准的，颁发分支机构经营保险业务许可证；决定不批准的，应当书面通知申请人并说明理由。

第七十七条 经批准设立的保险公司及其分支机构，凭经营保险业务许可证向工商行政管理机关办理登记，领取营业执照。

第七十八条 保险公司及其分支机构自取得经营保险业务许可证之日起六个月内，无正当理由未向工商行政管理机关办理登记的，其经营保险业务许可证失效。

第七十九条 保险公司在中华人民共和国境外设立子公司、分支机构、代表机构，应当经国务院保险监督管理机构批准。

第八十条 外国保险机构在中华人民共和国境内设立代表机构，应当经国务院保险监督管理机构批准。代表机构不得从事保险经营活动。

第八十一条 保险公司的董事、监事和高级管理人员，应当品行良好，熟悉与保险相关的法律、行政法规，具有履行职责所需的经营管理能力，并在任职前取得保险监督管理机构核准的任职资格。

保险公司高级管理人员的范围由国务院保险监督管理机构规定。

第八十二条 有《中华人民共和国公司法》第一百四十七条规定的情形或者下列情形之一的，不得担任保险公司的董事、监事、高级管理人员：

（一）因违法行为或者违纪行为被金融监督管理机构取消任职资格的金融机构的董事、监事、高级管理人员，自被取消任职资格之日起未逾五年的；

（二）因违法行为或者违纪行为被吊销执业资格的律师、注册会计师或者资产评估机构、验证机构等机构的专业人员，自被吊销执业资格之日起未逾五年的。

第八十三条 保险公司的董事、监事、高级管理人员执行公司职务时违反法律、行政法规或者公司章程的规定，给公司造成损失的，应当承担赔偿责任。

第八十四条 保险公司有下列情形之一的，应当经保险监督管理机构批准：

（一）变更名称；

（二）变更注册资本；

（三）变更公司或者分支机构的营业场所；

（四）撤销分支机构；

（五）公司分立或者合并；

（六）修改公司章程；

（七）变更出资额占有限责任公司资本总额百分之五以上的股东，或者变更持有股份有限公司股份百分之五以上的股东；

（八）国务院保险监督管理机构规定的其他情形。

第八十五条 保险公司应当聘用经国务院保险监督管理机构认可的精算专业人员，建立精算报告制度。

保险公司应当聘用专业人员，建立合规报告制度。

第八十六条 保险公司应当按照保险监督管理机构的规定，报送有关报告、报表、文件和资料。

保险公司的偿付能力报告、财务会计报告、精算报告、合规报告及其他有关报告、报表、文件和资料必须如实记录保险业务事项，不得有虚假记载、误导性陈述和重大遗漏。

第八十七条 保险公司应当按照国务院保险监督管理机构的规定妥善保管业务经营活动的完整账簿、原始凭证和有关资料。

前款规定的账簿、原始凭证和有关资料的保管期限，自保险合同终止之日起计算，保险期间在一年以下的不得少于五年，保险期间超过一年的不得少于十年。

第八十八条 保险公司聘请或者解聘会计师事务所、资产评估机构、资信评级机构等中介服务机构，应当向保险监督管理机构报告；解聘会计师事务所、资产评估机构、资信评级机构等中介服务机构，应当说明理由。

第八十九条 保险公司因分立、合并需要解散，或者股东会、股东大会决议解散，或者公司章程规定的解散事由出现，经国务院保险监督管理机构批准后解散。

经营有人寿保险业务的保险公司，除因分立、合并或者被依法撤销外，不得解散。

保险公司解散，应当依法成立清算组进行清算。

第九十条 保险公司有《中华人民共和国企业破产法》第二条规定情形的，经国务院保险监督管理机构同意，保险公司或者其债权人可以依法向人民法院申请重整、和解或者破产清算；国务院保险监督管理机构也可以依法向人民法院申请对该保险公司进行重整或者破产清算。

第九十一条 破产财产在优先清偿破产费用和共益债务后，按照下列顺序清偿：

（一）所欠职工工资和医疗、伤残补助、抚恤费用，所欠应当划入职工个人账户的基本养老保险、基本医疗保险费用，以及法律、行政法规规定应当支付给职工的补偿金；

（二）赔偿或者给付保险金；

（三）保险公司欠缴的除第（一）项规定以外的社会保险费用和所欠税款；

（四）普通破产债权。

破产财产不足以清偿同一顺序的清偿要求的，按照比例分配。

破产保险公司的董事、监事和高级管理人员的工资，按照该公司职工的平均工资计算。

第九十二条 经营有人寿保险业务的保险公司被依法撤销或者被依法宣告破产的，其持有的人寿保险合同及责任准备金，必须转让给其他经营有人寿保险业务的保险公司；不能同其他保险公司达成转让协议的，由国务院保险监督管理机构指定经营有人寿保险业务的保险公司接受转让。

转让或者由国务院保险监督管理机构指定接受转让前款规定的人寿保险合同及责任准备金的，应当维护被保险人、受益人的合法权益。

第九十三条 保险公司依法终止其业务活动，应当注销其经营保险业务许可证。

第九十四条 保险公司，除本法另有规定外，适用《中华人民共和国公司法》的规定。

第四章 保险经营规则

第九十五条 保险公司的业务范围：

（一）人身保险业务，包括人寿保险、健康保险、意外伤害保险等保险业务；

（二）财产保险业务，包括财产损失保险、责任保险、信用保险、保证保险等保险业务；

（三）国务院保险监督管理机构批准的与保险有关的其他业务。

保险人不得兼营人身保险业务和财产保险业务。但是，经营财产保险业务的保险公司经国务院保险监督管理机构批准，可以经营短期健康保险业务和意外伤害保险业务。

保险公司应当在国务院保险监督管理机构依法批准的业务范围内从事保险经营活动。

第九十六条 经国务院保险监督管理机构批准，保险公司可以经营本法第九十五条规定的保险业务的下列再保险业务：

（一）分出保险；

（二）分入保险。

第九十七条 保险公司应当按照其注册资本总额的百分之二十提取保证金，存入国务院保险监督管理机构指定的银行，除公司清算时用于清偿债务外，不得动用。

第九十八条 保险公司应当根据保障被保险人利益、保证偿付能力的原则，提取各项责任准备金。

保险公司提取和结转责任准备金的具体办法，由国务院保险监督管理机构制定。

第九十九条 保险公司应当依法提取公积金。

第一百条 保险公司应当缴纳保险保障基金。保险保障基金应当集中管理，并在下列情形下统筹使用：

（一）在保险公司被撤销或者被宣告破产时，向投保人、被保险人或者受益人提供救济；

（二）在保险公司被撤销或者被宣告破产时，向依法接受其人寿保险合同的保险公司提供救济；

（三）国务院规定的其他情形。

保险保障基金筹集、管理和使用的具体办法，由国务院制定。

第一百零一条 保险公司应当具有与其业务规模和风险程度相适应的最低偿付能力。保险公司的认可资产减去认可负债的差额不得低于国务院保险监督管理机构规定的数额；低于规定数额的，应当按照国务院保险监督管理机构的要求采取相应措施达到规定的数额。

第一百零二条 经营财产保险业务的保险公司当年自留保险费，不得超过其实有资本金加公积金总和的四倍。

第一百零三条 保险公司对每一危险单位，即对一次保险事故可能造成的最大损失范围所承担的责任，不得超过其实有资本金加公积金总和的百分之十；超过的部分应当办理再保险。

保险公司对危险单位的划分应当符合国务院保险监督管理机构的规定。

第一百零四条 保险公司对危险单位的划分方法和巨灾风险安排方案，应当报国务院保险监督管理机构备案。

第一百零五条 保险公司应当按照国务院保险监督管理机构的规定办理再保险，并审慎选择再保险接受人。

第一百零六条 保险公司的资金运用必须稳健，遵循安全性原则。

保险公司的资金运用限于下列形式：

（一）银行存款；

（二）买卖债券、股票、证券投资基金份额等有价证券；

（三）投资不动产；

（四）国务院规定的其他资金运用形式。

保险公司资金运用的具体管理办法，由国务院保险监督管理机构依照前两款的规定制定。

第一百零七条 经国务院保险监督管理机构会同国务院证券监督管理机构批准，保险公司可以设立保险资产管理公司。

保险资产管理公司从事证券投资活动，应当遵守《中华人民共和国证券法》等法律、行政法规的规定。

保险资产管理公司的管理办法，由国务院保险监督管理机构会同国务院有关部门制定。

第一百零八条 保险公司应当按照国务院保险监督管理机构的规定，建立对关联交易的管理和信息披露制度。

第一百零九条 保险公司的控股股东、实际控制人、董事、监事、高级管理人员不得利用关联交易损害公司的利益。

第一百一十条 保险公司应当按照国务院保险监督管理机构的规定，真实、准确、完整地披露财务会计报告、风险管理状况、保险产品经营情况等重大事项。

第一百一十一条 保险公司从事保险销售的人员应当符合国务院保险监督管理机构规定的资格条件，取得保险监督管理机构颁发的资格证书。

前款规定的保险销售人员的范围和管理办法，由国务院保险监督管理机构规定。

第一百一十二条 保险公司应当建立保险代理人登记管理制度，加强对保险代理人的培训和管理，不得唆使、诱导保险代理人进行违背诚信义务的活动。

第一百一十三条 保险公司及其分支机构应当依法使用经营保险业务许可证，不得转让、出租、出借经营保险业务许可证。

第一百一十四条 保险公司应当按照国务院保险监督管理机构的规定，公平、合理拟订保险条款和保险费率，不得损害投保人、被保险人和受益人的合法权益。

保险公司应当按照合同约定和本法规定，及时履行赔偿或者给付保险金义务。

第一百一十五条 保险公司开展业务，应当遵循公平竞争的原则，不得从事不正当竞争。

第一百一十六条 保险公司及其工作人员在保险业务活动中不得有下列行为：

（一）欺骗投保人、被保险人或者受益人；

（二）对投保人隐瞒与保险合同有关的重要情况；

（三）阻碍投保人履行本法规定的如实告知义务，或者诱导其不履行本法规定的如实告知义务；

（四）给予或者承诺给予投保人、被保险人、受益人保险合同约定以外的保险费回扣或者其他利益；

（五）拒不依法履行保险合同约定的赔偿或者给付保险金义务；

（六）故意编造未曾发生的保险事故、虚构保险合同或者故意夸大已经发生的保险事故的损失程度进行虚假理赔，骗取保险金或者牟取其他不正当利益；

（七）挪用、截留、侵占保险费；

（八）委托未取得合法资格的机构或者个人从事保险销售活动；

（九）利用开展保险业务为其他机构或者个人牟取不正当利益；

（十）利用保险代理人、保险经纪人或者保险评估机构，从事以虚构保险中介业务或者编造退保等方式套取费用等违法活动；

（十一）以捏造、散布虚假事实等方式损害竞争对手的商业信誉，或者以其他不正当竞争行为扰乱保险市场秩序；

（十二）泄露在业务活动中知悉的投保人、被保险人的商业秘密；

（十三）违反法律、行政法规和国务院保险监督管理机构规定的其他行为。

第五章　保险代理人和保险经纪人

第一百一十七条　保险代理人是根据保险人的委托，向保险人收取佣金，并在保险人授权的范围内代为办理保险业务的机构或者个人。

保险代理机构包括专门从事保险代理业务的保险专业代理机构和兼营保险代理业务的保险兼业代理机构。

第一百一十八条　保险经纪人是基于投保人的利益，为投保人与保险人订立保险合同提供中介服务，并依法收取佣金的机构。

第一百一十九条　保险代理机构、保险经纪人应当具备国务院保险监督管理机构规定的条件，取得保险监督管理机构颁发的经营保险代理业务许可证、保险经纪业务许可证。

保险专业代理机构、保险经纪人凭保险监督管理机构颁发的许可证向工商行政管理机关办理登记，领取营业执照。

保险兼业代理机构凭保险监督管理机构颁发的许可证，向工商行政管理机关办理变更登记。

第一百二十条　以公司形式设立保险专业代理机构、保险经纪人，其注册资本最低限额适用《中华人民共和国公司法》的规定。

国务院保险监督管理机构根据保险专业代理机构、保险经纪人的业务范围和经营规模，可以调整其注册资本的最低限额，但不得低于《中华人民共和国公司法》规定的限额。

保险专业代理机构、保险经纪人的注册资本或者出资额必须为实缴货币资本。

第一百二十一条　保险专业代理机构、保险经纪人的高级管理人员，应当品行良好，熟悉保险法律、行政法规，具有履行职责所需的经营管理能力，并在任职前取得保险监督管理机构核准的任职资格。

第一百二十二条　个人保险代理人、保险代理机构的代理从业人员、保险经纪人的经纪从业人员，应当具备国务院保险监督管理机构规定的资格条件，取得保险监督管理机构颁发的资格证书。

第一百二十三条　保险代理机构、保险经纪人应当有自己的经营场所，设立专门账簿记载保险代理业务、经纪业务的收支情况。

第一百二十四条　保险代理机构、保险经纪人应当按照国务院保险监督管理机构的规定缴存保证金或者投保职业责任保险。未经保险监督管理机构批准，保险代理机构、保险经纪人不得动用保证金。

第一百二十五条　个人保险代理人在代为办理人寿保险业务时，不得同时接受两个以上保险人的委托。

第一百二十六条　保险人委托保险代理人代为办理保险业务，应当与保险代理人签订委托代理协议，依法约定双方的权利和义务。

第一百二十七条　保险代理人根据保险人的授权代为办理保险业务的行为，由保险人承担责任。

保险代理人没有代理权、超越代理权或者代理权终止后以保险人名义订立合同，使投保人有理由相信其有代理权的，该代理行为有效。保险人可以依法追究越权的保险代理人的责任。

第一百二十八条　保险经纪人因过错给投保人、被保险人造成损失的，依法承担赔偿责任。

第一百二十九条　保险活动当事人可以委托保险公估机构等依法设立的独立评估机构或者具有相关专业知识的人员，对保险事故进行评估和鉴定。

接受委托对保险事故进行评估和鉴定的机构和人员，应当依法、独立、客观、公正地进行评估和鉴定，任何单位和个人不得干涉。

前款规定的机构和人员，因故意或者过失给保险人或者被保险人造成损失的，依法承担赔偿责任。

第一百三十条　保险佣金只限于向具有合法资格的保险代理人、保险经纪人支付，不得向其他人支付。

第一百三十一条　保险代理人、保险经纪人及其从业人员在办理保险业务活动中不得有下列行为：

（一）欺骗保险人、投保人、被保险人或者受益人；

（二）隐瞒与保险合同有关的重要情况；

（三）阻碍投保人履行本法规定的如实告知义务，或者诱导其不履行本法规定的如实告知义务；

（四）给予或者承诺给予投保人、被保险人或者受益人保险合同约定以外的利益；

（五）利用行政权力、职务或者职业便利以及其他不正当手段强迫、引诱或者限制投保人订立保险合同；

（六）伪造、擅自变更保险合同，或者为保险合同当事人提供虚假证明材料；

（七）挪用、截留、侵占保险费或者保险金；

（八）利用业务便利为其他机构或者个人牟取不正当利益；

（九）串通投保人、被保险人或者受益人，骗取保险金；

（十）泄露在业务活动中知悉的保险人、投保人、被保险人的商业秘密。

第一百三十二条　保险专业代理机构、保险经纪人分立、合并、变更组织形式、设立分支机构或者解散的，应当经保险监督管理机构批准。

第一百三十三条　本法第八十六条第一款、第一百一十三条的规定，适用于保险代理机构和保险经纪人。

第六章 保险业监督管理

第一百三十四条 保险监督管理机构依照本法和国务院规定的职责，遵循依法、公开、公正的原则，对保险业实施监督管理，维护保险市场秩序，保护投保人、被保险人和受益人的合法权益。

第一百三十五条 国务院保险监督管理机构依照法律、行政法规制定并发布有关保险业监督管理的规章。

第一百三十六条 关系社会公众利益的保险险种、依法实行强制保险的险种和新开发的人寿保险险种等的保险条款和保险费率，应当报国务院保险监督管理机构批准。国务院保险监督管理机构审批时，应当遵循保护社会公众利益和防止不正当竞争的原则。其他保险险种的保险条款和保险费率，应当报保险监督管理机构备案。

保险条款和保险费率审批、备案的具体办法，由国务院保险监督管理机构依照前款规定制定。

第一百三十七条 保险公司使用的保险条款和保险费率违反法律、行政法规或者国务院保险监督管理机构的有关规定的，由保险监督管理机构责令停止使用，限期修改；情节严重的，可以在一定期限内禁止申报新的保险条款和保险费率。

第一百三十八条 国务院保险监督管理机构应当建立健全保险公司偿付能力监管体系，对保险公司的偿付能力实施监控。

第一百三十九条 对偿付能力不足的保险公司，国务院保险监督管理机构应当将其列为重点监管对象，并可以根据具体情况采取下列措施：

（一）责令增加资本金、办理再保险；

（二）限制业务范围；

（三）限制向股东分红；

（四）限制固定资产购置或者经营费用规模；

（五）限制资金运用的形式、比例；

（六）限制增设分支机构；

（七）责令拍卖不良资产、转让保险业务；

（八）限制董事、监事、高级管理人员的薪酬水平；

（九）限制商业性广告；

（十）责令停止接受新业务。

第一百四十条 保险公司未依照本法规定提取或者结转各项责任准备金，或者未依照本法规定办理再保险，或者严重违反本法关于资金运用的规定的，由保险监督管理机构责令限期改正，并可以责令调整负责人及有关管理人员。

第一百四十一条 保险监督管理机构依照本法第一百四十条的规定作出限期改正的决定后，保险公司逾期未改正的，国务院保险监督管理机构可以决定选派保险专业人员和指定该保险公司的有关人员组成整顿组，对公司进行整顿。

整顿决定应当载明被整顿公司的名称、整顿理由、整顿组成员和整顿期限，并予以公告。

第一百四十二条 整顿组有权监督被整顿保险公司的日常业务。被整顿公司的负责人及有关管理人员应当在整顿组的监督下行使职权。

第一百四十三条 整顿过程中，被整顿保险公司的原有业务继续进行。但是，国务院保险监督管理机构可以责令被整顿公司停止部分原有业务、停止接受新业务，调整资金运用。

第一百四十四条 被整顿保险公司经整顿已纠正其违反本法规定的行为，恢复正常经营状况的，由整顿组提出报告，经国务院保险监督管理机构批准，结束整顿，并由国务院保险监督管理机构予以公告。

第一百四十五条 保险公司有下列情形之一的，国务院保险监督管理机构可以对其实行接管：

（一）公司的偿付能力严重不足的；

（二）违反本法规定，损害社会公共利益，可能严重危及或者已经严重危及公司的偿付能力的。

被接管的保险公司的债权债务关系不因接管而变化。

第一百四十六条 接管组的组成和接管的实施办法，由国务院保险监督管理机构决定，并予以公告。

第一百四十七条 接管期限届满，国务院保险监督管理机构可以决定延长接管期限，但接管期限最长不得超过二年。

第一百四十八条 接管期限届满，被接管的保险公司已恢复正常经营能力的，由国务院保险监督管理机构决定终止接管，并予以公告。

第一百四十九条 被整顿、被接管的保险公司有《中华人民共和国企业破产法》第二条规定情形的，国务院保险监督管理机构可以依法向人民法院申请对该保险公司进行重整或者破产清算。

第一百五十条 保险公司因违法经营被依法吊销经营保险业务许可证的，或者偿付能力低于国务院保险监督管理机构规定标准，不予撤销将严重危害保险市场秩序、损害公共利益的，由国务院保险监督管理机构予以撤销并公告，依法及时组织清算组进行清算。

第一百五十一条 国务院保险监督管理机构有权要求保险公司股东、实际控制人在指定的期限内提供有关信息和资料。

第一百五十二条 保险公司的股东利用关联交易严重损害公司利益，危及公司偿付能力的，由国务院保险监督管理机构责令改正。在按照要求改正前，国务院保险监督管理机构可以限制其股东权利；拒不改正的，可以责令其转让所持的保险公司股权。

第一百五十三条 保险监督管理机构根据履行监督管理职责的需要，可以与保险公司董事、监事和高级管理人员进行监督管理谈话，要求其就公司的业务活动和风险管理的重大事项作出说明。

第一百五十四条 保险公司在整顿、接管、撤销清算期间，或者出现重大风险时，国务院保险监督管理机构可以对该公司直接负责的董事、监事、高级管理人员和其他直接责任人员采取以下措施：

（一）通知出境管理机关依法阻止其出境；

（二）申请司法机关禁止其转移、转让或者以其他方式处分财产，或者在财产上设定其他权利。

第一百五十五条 保险监督管理机构依法履行职责，可以采取下列措施：

（一）对保险公司、保险代理人、保险经纪人、保险资产管理公司、外国保险机构的代表机构进行现场检查；

（二）进入涉嫌违法行为发生场所调查取证；

（三）询问当事人及与被调查事件有关的单位和个人，要求其对与被调查事件有关的事项作出说明；

（四）查阅、复制与被调查事件有关的财产权登记等资料；

（五）查阅、复制保险公司、保险代理人、保险经纪人、保险资产管理公司、外国保险机构的代表机构以及与被调查事件有关的单位和个人的财务会计资料及其他相关文件和资料；对可能被转移、隐匿或者毁损的文件和资料予以封存；

（六）查询涉嫌违法经营的保险公司、保险代理人、保险经纪人、保险资产管理公司、外国保险机构的代表机构以及与涉嫌违法事项有关的单位和个人的银行账户；

（七）对有证据证明已经或者可能转移、隐匿违法资金等涉案财产或者隐匿、伪造、毁损重要证据的，经保险监督管理机构主要负责人批准，申请人民法院予以冻结或者查封。

保险监督管理机构采取前款第（一）项、第（二）项、第（五）项措施的，应当经保险监督管理机构负责人批准；采取第（六）项措施的，应当经国务院保险监督管理机构负责人批准。

保险监督管理机构依法进行监督检查或者调查，其监督检查、调查的人员不得少于二人，并应当出示合法证件和监督检查、调查通知书；监督检查、调查的人员少于二人或者未出示合法证件和监督检查、调查通知书的，被检查、调查的单位和个人有权拒绝。

第一百五十六条 保险监督管理机构依法履行职责，被检查、调查的单位和个人应当配合。

第一百五十七条 保险监督管理机构工作人员应当忠于职守，依法办事，公正廉洁，不得利用职务便利牟取不正当利益，不得泄露所知悉的有关单位和个人的商业秘密。

第一百五十八条 国务院保险监督管理机构应当与中国人民银行、国务院其他金融监督管理机构建立监督管理信息共享机制。

保险监督管理机构依法履行职责，进行监督检查、调查时，有关部门应当予以配合。

第七章 法律责任

第一百五十九条 违反本法规定，擅自设立保险公司、保险资产管理公司或者非法经营商业保险业务的，由保险监督管理机构予以取缔，没收违法所得，并处违法所得一倍以上五倍以下的罚款；没有违法所得或者违法所得不足二十万元的，处二十万元以上一百万元以下的罚款。

第一百六十条 违反本法规定，擅自设立保险专业代理机构、保险经纪人，或者未取得经营保险代理业务许可证、保险经纪业务许可证从事保险代理业务、保险经纪业务的，由保险监督管理机构予以取缔，没收违法所得，并处违法所得一倍以上五倍以下的罚款；没有违法所得或者违法所得不足五万元的，处五万元以上三十万元以下的罚款。

第一百六十一条 保险公司违反本法规定，超出批准的业务范围经营的，由保险监督管理机构责令限期改正，没收违法所得，并处违法所得一倍以上五倍以下的罚款；没有违法所得或者违法所得不足十万元的，处十万元以上五十万元以下的罚款。逾期不改正或者造成严重后果的，责令停业整顿或者吊销业务许可证。

第一百六十二条 保险公司有本法第一百一十六条规定行为之一的，由保险监督管理机构责令改正，处五万元以上三十万元以下的罚款；情节严重的，限制其业务范围、责令停止接受新业务或者吊销业务许可证。

第一百六十三条 保险公司违反本法第八十四条规定的，由保险监督管理机构责令改正，处一万元以上十万元以下的罚款。

第一百六十四条 保险公司违反本法规定，有下列行为之一的，由保险监督管理机构责令改正，处五万元以上三十万元以下的罚款：

（一）超额承保，情节严重的；

（二）为无民事行为能力人承保以死亡为给付保险金条件的保险的。

第一百六十五条 违反本法规定，有下列行为之一的，由保险监督管理机构责令改正，处五万元以上三十万元以下的罚款；情节严重的，可以限制其业务范围、责令停止接受新业务或者吊销业务许可证：

（一）未按照规定提存保证金或者违反规定动用保证金的；

（二）未按照规定提取或者结转各项责任准备金的；

（三）未按照规定缴纳保险保障基金或者提取公积金的；

（四）未按照规定办理再保险的；

（五）未按照规定运用保险公司资金的；

（六）未经批准设立分支机构或者代表机构的；

（七）未按照规定申请批准保险条款、保险费率的。

第一百六十六条 保险代理机构、保险经纪人有本法第一百三十一条规定行为之一的，由保险监督管理机构责令改正，处五万元以上三十万元以下的罚款；情节严重的，吊销业务许可证。

第一百六十七条 保险代理机构、保险经纪人违反本法规定，有下列行为之一的，由保险监督管理机构责令改正，处二万元以上十万元以下的罚款；情节严重的，责令停业整顿或者吊销业务许可证：

（一）未按照规定缴存保证金或者投保职业责任保险的；

（二）未按照规定设立专门账簿记载业务收支情况的。

第一百六十八条 保险专业代理机构、保险经纪人违反本法规定，未经批准设立分支机构或者变更组织形式的，由保险监督管理机构责令改正，处一万元以上五万元以下的罚款。

第一百六十九条 违反本法规定，聘任不具有任职资格、从业资格的人员的，由保险监督管理机构责令改正，处二万元以上十万元以下的罚款。

第一百七十条 违反本法规定，转让、出租、出借业务许可证的，由保险监督管理机构处一万元以上十万元以下的罚款；情节严重的，责令停业整顿或者吊销业务许可证。

第一百七十一条 违反本法规定，有下列行为之一的，由保险监督管理机构责令限期改正；逾期不改正的，处一万元以上十万元以下的罚款：

（一）未按照规定报送或者保管报告、报表、文件、资料的，或者未按照规定提供有关信息、资料的；

（二）未按照规定报送保险条款、保险费率备案的；

（三）未按照规定披露信息的。

第一百七十二条　违反本法规定，有下列行为之一的，由保险监督管理机构责令改正，处十万元以上五十万元以下的罚款；情节严重的，可以限制其业务范围、责令停止接受新业务或者吊销业务许可证：

（一）编制或者提供虚假的报告、报表、文件、资料的；

（二）拒绝或者妨碍依法监督检查的；

（三）未按照规定使用经批准或者备案的保险条款、保险费率的。

第一百七十三条　保险公司、保险资产管理公司、保险专业代理机构、保险经纪人违反本法规定的，保险监督管理机构除分别依照本法第一百六十一条至第一百七十二条的规定对该单位给予处罚外，对其直接负责的主管人员和其他直接责任人员给予警告，并处一万元以上十万元以下的罚款；情节严重的，撤销任职资格或者从业资格。

第一百七十四条　保险代理人违反本法规定的，由保险监督管理机构给予警告，可以并处二万元以下的罚款；情节严重的，处二万元以上十万元以下的罚款，并可以吊销其资格证书。

未取得合法资格的人员从事个人保险代理活动的，由保险监督管理机构给予警告，可以并处二万元以下的罚款；情节严重的，处二万元以上十万元以下的罚款。

第一百七十五条　外国保险机构未经国务院保险监督管理机构批准，擅自在中华人民共和国境内设立代表机构的，由国务院保险监督管理机构予以取缔，处五万元以上三十万元以下的罚款。

外国保险机构在中华人民共和国境内设立的代表机构从事保险经营活动的，由保险监督管理机构责令改正，没收违法所得，并处违法所得一倍以上五倍以下的罚款；没有违法所得或者违法所得不足二十万元的，处二十万元以上一百万元以下的罚款；对其首席代表可以责令撤换；情节严重的，撤销其代表机构。

第一百七十六条　投保人、被保险人或者受益人有下列行为之一，进行保险诈骗活动，尚不构成犯罪的，依法给予行政处罚：

（一）投保人故意虚构保险标的，骗取保险金的；

（二）编造未曾发生的保险事故，或者编造虚假的事故原因或者夸大损失程度，骗取保险金的；

（三）故意造成保险事故，骗取保险金的。

保险事故的鉴定人、评估人、证明人故意提供虚假的证明文件，为投保人、被保险人或者受益人进行保险诈骗提供条件的，依照前款规定给予处罚。

第一百七十七条　违反本法规定，给他人造成损害的，依法承担民事责任。

第一百七十八条　拒绝、阻碍保险监督管理机构及其工作人员依法行使监督检查、调查职权，未使用暴力、威胁方法的，依法给予治安管理处罚。

第一百七十九条　违反法律、行政法规的规定，情节严重的，国务院保险监督管理机构可以禁止有关责任人员一定期限直至终身进入保险业。

第一百八十条　保险监督管理机构从事监督管理工作的人员有下列情形之一的，依法给予处分：

（一）违反规定批准机构的设立的；

（二）违反规定进行保险条款、保险费率审批的；

（三）违反规定进行现场检查的；

（四）违反规定查询账户或者冻结资金的；

（五）泄露其知悉的有关单位和个人的商业秘密的；

（六）违反规定实施行政处罚的；

（七）滥用职权、玩忽职守的其他行为。

第一百八十一条　违反本法规定，构成犯罪的，依法追究刑事责任。

第八章　附则

第一百八十二条　保险公司应当加入保险行业协会。保险代理人、保险经纪人、保险公估机构可以加入保险行业协会。保险行业协会是保险业的自律性组织，是社会团体法人。

第一百八十三条　保险公司以外的其他依法设立的保险组织经营的商业保险业务，适用本法。

第一百八十四条　海上保险适用《中华人民共和国海商法》的有关规定；《中华人民共和国海商法》未规定的，适用本法的有关规定。

第一百八十五条　中外合资保险公司、外资独资保险公司、外国保险公司分公司适用本法规定；法律、行政法规另有规定的，适用其规定。

第一百八十六条　国家支持发展为农业生产服务的保险事业。农业保险由法律、行政法规另行规定。强制保险，法律、行政法规另有规定的，适用其规定。

第一百八十七条　本法自2009年10月1日起施行。

附录二 《保险法》的司法解释

最高人民法院关于适用《中华人民共和国保险法》若干问题的解释（一）

《最高人民法院关于适用〈中华人民共和国保险法〉若干问题的解释（一）》已于2009年9月14日由最高人民法院审判委员会第1473次会议通过，现予公布，自2009年10月1日起施行。

为正确审理保险合同纠纷案件，切实维护当事人的合法权益，现就人民法院适用2009年2月28日第十一届全国人大常委会第七次会议修订的《中华人民共和国保险法》（以下简称保险法）的有关问题规定如下：

第一条 保险法施行后成立的保险合同发生的纠纷，适用保险法的规定。保险法施行前成立的保险合同发生的纠纷，除本解释另有规定外，适用当时的法律规定；当时的法律没有规定的，参照适用保险法的有关规定。

认定保险合同是否成立，适用合同订立时的法律。

第二条 对于保险法施行前成立的保险合同，适用当时的法律认定无效而适用保险法认定有效的，适用保险法的规定。

第三条 保险合同成立于保险法施行前而保险标的转让、保险事故、理赔、代位求偿等行为或事件，发生于保险法施行后的，适用保险法的规定。

第四条 保险合同成立于保险法施行前，保险法施行后，保险人以投保人未履行如实告知义务或者申报被保险人年龄不真实为由，主张解除合同的，适用保险法的规定。

第五条 保险法施行前成立的保险合同，下列情形下的期间自2009年10月1日起计算：

（一）保险法施行前，保险人收到赔偿或者给付保险金的请求，保险法施行后，适用保险法第二十三条规定的三十日的；

（二）保险法施行前，保险人知道解除事由，保险法施行后，按照保险法第十六条、第三十二条的规定行使解除权，适用保险法第十六条规定的三十日的；

（三）保险法施行后，保险人按照保险法第十六条第二款的规定请求解除合同，适用保险法第十六条规定的二年的；

（四）保险法施行前，保险人收到保险标的转让通知，保险法施行后，以保险标的转让导致危险程度显著增加为由请求按照合同约定增加保险费或者解除合同，适用保险法第四十九条规定的三十日的。

第六条 保险法施行前已经终审的案件，当事人申请再审或者按照审判监督程序提起再审的案件，不适用保险法的规定。

最高人民法院关于适用《中华人民共和国保险法》若干问题的解释（二）

《最高人民法院关于适用〈中华人民共和国保险法〉若干问题的解释（二）》已于2013年5月6日由最高人民法院审判委员会第1577次会议通过，现予公布，自2013年6月8日起施行。

为正确审理保险合同纠纷案件，切实维护当事人的合法权益，根据《中华人民共和国保险法》《中华人民共和国合同法》《中华人民共和国民事诉讼法》等法律规定，结合审判实践，就保险法中关于保险合同一般规定部分有关法律适用问题解释如下：

第一条 财产保险中，不同投保人就同一保险标的分别投保，保险事故发生后，被保险人在其保险利益范围内依据保险合同主张保险赔偿的，人民法院应予支持。

第二条 人身保险中，因投保人对被保险人不具有保险利益导致保险合同无效，投保人主张保险人退还扣减相应手续费后的保险费的，人民法院应予支持。

第三条 投保人或者投保人的代理人订立保险合同时没有亲自签字或者盖章，而由保险人或者保险人的代理人代为签字或者盖章的，对投保人不生效。但投保人已经交纳保险费的，视为其对代签字或者盖章行为的追认。

保险人或者保险人的代理人代为填写保险单证后经投保人签字或者盖章确认的，代为填写的内容视为投保人的真实意思表示。但有证据证明保险人或者保险人的代理人存在保险法第一百一十六条、第一百三十一条相关规定情形的除外。

第四条 保险人接受了投保人提交的投保单并收取了保险费，尚未作出是否承保的意思表示，发生保险事故，被保险人或者受益人请求保险人按照保险合同承担赔偿或者给付保险金责任，符合承保条件的，人民法院应予支持；不符合承保条件的，保险人不承担保险责任，但应当退还已经收取的保险费。

保险人主张不符合承保条件的，应承担举证责任。

第五条 保险合同订立时，投保人明知的与保险标的或者被保险人有关的情况，属于保险法第十六条第一款规定的投保人“应当如实告知”的内容。

第六条 投保人的告知义务限于保险人询问的范围和内容。当事人对询问范围及内容有争议的，保险人负举证责任。

保险人以投保人违反了对投保单询问表中所列概括性条款的如实告知义务为由请求解除合同的，人民法院不予支持。但该概括性条款有具体内容的除外。

第七条 保险人在保险合同成立后知道或者应当知道投保人未履行如实告知义务，仍然收取保险费，又依照保险法第十六条第二款的规定主张解除合同的，人民法院不予支持。

第八条 保险人未行使合同解除权，直接以存在保险法第十六条第四款、第五款规定的情形为由拒绝赔偿的，人民法院不予支持。但当事人就拒绝赔偿事宜及保险合同存续另行达成一致的情况除外。

第九条 保险人提供的格式合同文本中的责任免除条款、免赔额、免赔率、比例赔付或者给付等免除或者减轻保险人责任的条款，可以认定为保险法第十七条第二款规定的“免除保险人责任的条款”。

保险人因投保人、被保险人违反法定或者约定义务，享有解除合同权利的条款，不属于保险法第十七条第二款规定的“免除保险人责任的条款”。

第十条 保险人将法律、行政法规中的禁止性规定情形作为保险合同免责条款的免责事由，保险人对该条款作出提示后，投保人、被保险人或者受益人以保险人未履行明确说明义务为由主张该条款不生效的，人民法院不予支持。

第十一条 保险合同订立时，保险人在投保单或者保险单等其他保险凭证上，对保险合同中免除保险人责任的条款，以足以引起投保人注意的文字、字体、符号或者其他明显标志作出提示的，人民法院应当认定其履行了保险法第十七条第二款规定的提示义务。

保险人对保险合同中有关免除保险人责任条款的概念、内容及其法律后果以书面或者口头形式向投保人作出常人能够理解的解释说明的，人民法院应当认定保险人履行了保险法第十七条第二款规定的明确说明义务。

第十二条 通过网络、电话等方式订立的保险合同，保险人以网页、音频、视频等形式对免除保险人责任条款予以提示和明确说明的，人民法院可以认定其履行了提示和明确说明义务。

第十三条 保险人对其履行了明确说明义务负举证责任。

投保人对保险人履行了符合本解释第十一条第二款要求的明确说明义务在相关文书上签字、盖章或者以其他形式予以确认的，应当认定保险人履行了该项义务。但另有证据证明保险人未履行明确说明义务的除外。

第十四条 保险合同中记载的内容不一致的，按照下列规则认定：

（一）投保单与保险单或者其他保险凭证不一致的，以投保单为准。但不一致的情形系经保险人说明并经投保人同意的，以投保人签收的保险单或者其他保险凭证载明的内容为准；

（二）非格式条款与格式条款不一致的，以非格式条款为准；

（三）保险凭证记载的时间不同的，以形成时间在后的为准；

（四）保险凭证存在手写和打印两种方式的，以双方签字、盖章的手写部分的内容为准。

第十五条 保险法第二十三条规定的三十日核定期间，应自保险人初次收到索赔请求及投保人、被保险人或者受益人提供的有关证明和资料之日起算。

保险人主张扣除投保人、被保险人或者受益人补充提供有关证明和资料期间的，人民法院应予支持。扣除期间自保险人根据保险法第二十二条规定作出的通知到达投保人、被保险人或者受益人之日起，至投保人、被保险人或者受益人按照通知要求补充提供的有关证明和资料到达保险人之日止。

第十六条 保险人应以自己的名义行使保险代位求偿权。

根据保险法第六十条第一款的规定，保险人代位求偿权的诉讼时效期间应自其取得代位求偿权之日起算。

第十七条 保险人在其提供的保险合同格式条款中对非保险术语所作的解释符合专业意义，或者虽不符合专业意义，但有利于投保人、被保险人或者受益人的，人民法院应予认可。

第十八条 行政管理部门依据法律规定制作的交通事故认定书、火灾事故认定书等，人民法院应当依法审查并确认其相应的证明力，但有相反证据能够推翻的除外。

第十九条 保险事故发生后，被保险人或者受益人起诉保险人，保险人以被保险人或者受益人未要求第三者承担责任为由抗辩不承担保险责任的，人民法院不予支持。

财产保险事故发生后，被保险人就其所受损失从第三者取得赔偿后的不足部分提起诉讼，请求保险人赔偿的，人民法院应予依法受理。

第二十条 保险公司依法设立并取得营业执照的分支机构属于《中华人民共和国民事诉讼法》第四十八条规定的其他组织，可以作为保险合同纠纷案件的当事人参加诉讼。

第二十一条 本解释施行后尚未终审的保险合同纠纷案件，适用本解释；本解释施行前已经终审，当事人申请再审或者按照审判监督程序决定再审的案件，不适用本解释。

最高人民法院《关于适用〈中华人民共和国保险法〉若干问题的解释（三）》

《最高人民法院关于适用〈中华人民共和国保险法〉若干问题的解释（三）》已于 2015 年 9 月 21 日由最高人民法院审判委员会第 1661 次会议通过，现予公布，自 2015 年 12 月 1 日起施行。

为正确审理保险合同纠纷案件，切实维护当事人的合法权益，根据《中华人民共和国保险法》《中华人民共和国合同法》《中华人民共和国民事诉讼法》等法律规定，结合审判实践，就保险法中关于保险合同章人身保险部分有关法律适用问题解释如下：

第一条 当事人订立以死亡为给付保险金条件的合同，根据保险法第三十四条的规定，“被保险人同意并认可保险金额”可以采取书面形式、口头形式或者其他形式；可以在合同订立时作出，也可以在合同订立后追认。

有下列情形之一的，应认定为被保险人同意投保人为其订立保险合同并认可保险金额：

（一）被保险人明知他人代其签名同意而未表示异议的；

（二）被保险人同意投保人指定的受益人的；

（三）有证据足以认定被保险人同意投保人为其投保的其他情形。

第二条 被保险人以书面形式通知保险人和投保人撤销其依据保险法第三十四条第一款规定所作出的同意意思表示的，可认定为保险合同解除。

第三条 人民法院审理人身保险合同纠纷案件时，应主动审查投保人订立保险合同时是否具有保险利益，以及以死亡为给付保险金条件的合同是否经过被保险人同意并认可保险金额。

第四条 保险合同订立后，因投保人丧失对被保险人的保险利益，当事人主张保险合同无效的，人民法院不予支持。

第五条 保险合同订立时，被保险人根据保险人的要求在指定医疗服务机构进行体检，当事人主张投保人如实告知义务免除的，人民法院不予支持。

保险人知道被保险人的体检结果，仍以投保人未就相关情况履行如实告知义务为由要求解除合同的，人民法院不予支持。

第六条 未成年人父母之外的其他履行监护职责的人为未成年人订立以死亡为给付保险金条件的合同，当事人主张参照保险法第三十三条第二款、第三十四条第三款的规定认定该合同有效的，人民法院不予支持，但经未成年人父母同意的除外。

第七条 当事人以被保险人、受益人或者他人已经代为支付保险费为由，主张投保人对应的交费义务已经履行的，人民法院应予支持。

第八条 保险合同效力依照保险法第三十六条规定中止，投保人提出恢复效力申请并同意补交保险费的，除被保险人的危险程度在中止期间显著增加外，保险人拒绝恢复效力的，人民法院不予支持。

保险人在收到恢复效力申请后，三十日内未明确拒绝的，应认定为同意恢复效力。

保险合同自投保人补交保险费之日恢复效力。保险人要求投保人补交相应利息的，人民法院应予支持。

第九条 投保人指定受益人未经被保险人同意的，人民法院应认定指定行为无效。

当事人对保险合同约定的受益人存在争议，除投保人、被保险人在保险合同之外另有约定外，按照以下情形分别处理：

（一）受益人约定为“法定”或者“法定继承人”的，以继承法规定的法定继承人为受益人；

（二）受益人仅约定为身份关系，投保人与被保险人为同一主体的，根据保险事故发生时与被保险人的身份关系确定受益人；投保人与被保险人为不同主体的，根据保险合同成立时与被保险人的身份关系确定受益人；

（三）受益人的约定包括姓名和身份关系，保险事故发生时身份关系发生变化的，认定为未指定受益人。

第十条 投保人或者被保险人变更受益人，当事人主张变更行为自变更意思表示发出时生效的，人民法院应予支持。

投保人或者被保险人变更受益人未通知保险人，保险人主张变更对其不发生效力的，人民法院应予支持。

投保人变更受益人未经被保险人同意的，人民法院应认定变更行为无效。

第十一条 投保人或者被保险人在保险事故发生后变更受益人，变更后的受益人请求保险人给付保险金的，人民法院不予支持。

第十二条 投保人或者被保险人指定数人为受益人，部分受益人在保险事故发生前死亡、放弃受益权或者依法丧失受益权的，该受益人应得的受益份额按照保险合同的约定处理；保险合同没有约定或者约定不明的，该受益人应得的受益份额按照以下情形分别处理：

（一）未约定受益顺序和受益份额的，由其他受益人平均享有；

（二）未约定受益顺序但约定受益份额的，由其他受益人按照相应比例享有；

（三）约定受益顺序但未约定受益份额的，由同顺序的其他受益人平均享有；同一顺序没有其他受益人的，由后一顺序的受益人平均享有；

（四）约定受益顺序和受益份额的，由同顺序的其他受益人按照相应比例享有；同一顺序没有其他受益人的，由后一顺序的受益人按照相应比例享有。

第十三条 保险事故发生后，受益人将与本次保险事故相对应的全部或者部分保险金请求权转让给第三人，当事人主张该转让行为有效的，人民法院应予支持，但根据合同性质、当事人约定或者法律规定不得转让的除外。

第十四条 保险金根据保险法第四十二条规定作为被保险人的遗产，被保险人的继承人要求保险人给付保险金，保险人以其已向持有保险单的被保险人的其他继承人给付保险金为由抗辩的，人民法院应予支持。

第十五条 受益人与被保险人存在继承关系，在同一事件中死亡且不能确定死亡先后顺序的，人民法院应根据保险法第四十二条第二款的规定推定受益人死亡在先，并按照保险法及本解释的相关规定确定保险金归属。

第十六条 保险合同解除时，投保人与被保险人、受益人为不同主体，被保险人或者受益人要求退还保险单的现金价值的，人民法院不予支持，但保险合同另有约定的除外。

投保人故意造成被保险人死亡、伤残或者疾病，保险人依照保险法第四十三条规定退还保险单的现金价值的，其他权利人按照被保险人、被保险人继承人的顺序确定。

第十七条 投保人解除保险合同，当事人以其解除合同未经被保险人或者受益人同意为由主张解除行为无效的，人民法院不予支持，但被保险人或者受益人已向投保人支付相当于保险单现金价值的款项并通知保险人的除外。

第十八条 保险人给付费用补偿型的医疗费用保险金时，主张扣减被保险人从公费医疗或者社会医疗保险取得的赔偿金额的，应当证明该保险产品在厘定医疗费用保险费率时已经将公费医疗或者社会医疗保险部分相应扣除，并按照扣减后的标准收取保险费。

第十九条 保险合同约定按照基本医疗保险的标准核定医疗费用，保险人以被保险人的医疗支出超出基本医疗保险范围为由拒绝给付保险金的，人民法院不予支持；保险人有证据证明被保险人支出的费用超过基本医疗保险同类医疗费用标准，要求对超出部分拒绝给付保险金的，人民法院应予支持。

第二十条 保险人以被保险人未在保险合同约定的医疗服务机构接受治疗为由拒绝给付保险金的，人民法院应予支持，但被保险人因情况紧急必须立即就医的除外。

第二十一条 保险人以被保险人自杀为由拒绝给付保险金的，由保险人承担举证责任。

受益人或者被保险人的继承人以被保险人自杀时无民事行为能力为由抗辩的，由其承担举证责任。

第二十二条 保险法第四十五条规定的“被保险人故意犯罪”的认定，应当以刑事侦查机关、检察机关和审判机关的生效法律文书或者其他结论性意见为依据。

第二十三条 保险人主张根据保险法第四十五条的规定不承担给付保险金责任的，应当证明被保险人的死亡、伤残结果与其实施的故意犯罪或者抗拒依法采取的刑事强制措施的行为之间存在因果关系。

被保险人在羁押、服刑期间因意外或者疾病造成伤残或者死亡，保险人主张根据保险法第四十五条的规定不承担给付保险金责任的，人民法院不予支持。

第二十四条 投保人为被保险人订立以死亡为给付保险金条件的保险合同，被保险人被宣告死亡后，当事人要求保险人按照保险合同约定给付保险金的，人民法院应予支持。

被保险人被宣告死亡之日在保险责任期间之外，但有证据证明下落不明之日在保险责任期间之内，当事人要求保险人按照保险合同约定给付保险金的，人民法院应予支持。

第二十五条 被保险人的损失系由承保事故或者非承保事故、免责事由造成难以确定，当事人请求保险人给付保险金的，人民法院可以按照相应比例予以支持。

第二十六条 本解释自 2015 年 12 月 1 日起施行。本解释施行后尚未终审的保险合同纠纷案件，适用本解释；本解释施行前已经终审，当事人申请再审或者按照审判监督程序决定再审的案件，不适用本解释。

附录三　保险学习常用网站

中国银行保险监督管理委员会 是中国保险学习的最权威网站，通过该网站我们可以查询保险方面最权威的发展动态、政策法规、统计数据、政府公开信息、行政许可、相关证书的查询等。该网站还提供了相关的专题栏目，如保险消费者教育、第二代偿付能力制度建设等。	中国保险行业协会 （iachina） 中国保险行业协会网站可以提供一些行业时讯、监管或者协会的公告通知、行业数据、保险产品、热点专题、保险标准等，同时提供一些培训认证信息，主要是 CICE 考试。网站可直接链接到各地保险行业协会网站。
《中国保险报》/中保网 （sinoins） 中国最大、最权威的保险资讯网站，由《中国保险报》主办。提供实时、专业、全方位的保险业新闻资讯、专题报道，涵盖监管要闻、行业新闻、公司新闻、国际保险动态、财经要闻等领域。日常保险相关信息可以参考该网站。	中国保险网 （china-insurance） 中国最早的保险行业第三方门户网站。内容涉及保险行业信息交流、保险电子商务服务、企业与产品风险管理咨询服务、行业数据库系统服务、其他行业的风险管理与保险咨询服务。

中国保险学会 （iic）	中国精算师协会 （e-caa）	中国风险管理网 （chinarm）	和讯保险 （insurance.hexun）	中金在线保险频道 （insurance.cnfol）	腾讯理财保险频道 （finance.qq）
中民保险网 （zhongmin）	新一站保险网 （xyz）	生命天空保险网 （life-sky）	沃保网 （vobao）	搜狐理财—保险 （money.sohu）	金融界—保险 （insurance.jrj）
保宝网 （yxybb）	中国人寿 （chinalife）	中国平安 （pingan）	太平洋保险 （cpic）	中国人保 （picc）	中国太平 （cntaiping）
新华保险 （newchinalife）	泰康人寿 （taikang）	华泰保险 （ehuatai）	友邦保险 （aia）	中宏保险 （manulife-sinochem）	安泰人寿 （cpic-ing）

主要参考文献

[1] Whig．2011．险业之基——高风险业务引爆 AIG．证券市场周刊：7．

[2] 陈保发．2011-12-22．患癌者买保险一年后病逝遭拒赔 法院：赔 12 万．重庆商报．

[3] 池小萍．2008．保险学案例．北京：中国财政经济出版社．

[4] 邓雄鹰．2012-9-6．险企投身加速 中国太平 20 亿谋建上海养老社区．21 世纪经济报道报道．

[5] 丁冰．2012-09-25．2020 年中国或成世界第三大保险市场．中国证券报．

[6] 付荣辉．2010．保险原理与实务．北京：清华大学出版社．

[7] 韩旭．2012-7-2．人社部专家建议退休年龄延至 65 岁．京华时报．

[8] 季娜．2009-03-16．最古老的保单．中国保险报．

[9] 兰虹．2010．保险学基础．3 版．成都：西南财经大学出版社．

[10] 雷海．2011-2-21．索马里海盗催生战争险．航运交易公报．

[11] 李常武，刘音妤．2010-8-16．舟曲特大泥石流灾害保险机构赔付首个家财险．金融时报报道．

[12] 李国义．2014．保险概论．4 版．北京：高等教育出版社．

[13] 李静．2012-06-11．保险合同的成立不等于保险合同生效．中国保险报．

[14] 李听．2011-08-02．铁道部“自保”存漏洞，“补牢”恐需时日．每日经济新闻：16．

[15] 李晓波．2012-05-14．劳合社欲在 2025 年前成为全球特殊风险保险和再保险中心．中国保险报．

[16] 李晓波．2012-5-24．保险业资产总额达 6.33 万亿，前四月赔付支出 1 523 亿．中国保险报．

[17] 梁柯志．2009-8-21．汶川地震保险平安理赔 7.2 亿．21 世纪经济报道．

[18] 林启星，黄怡等．2012-7-18．外资险企纷纷入闽抢滩市场．东南快报：A26．

[19] 刘艾琳．2012-7-26．北京保监局 7·21 强暴雨财险估损逾 5 亿．21 世纪经济报道．

[20] 刘钧．2008．风险管理概论．北京：清华大学出版社．

[21] 刘平．2009．保险学原理与应用．北京：清华大学出版社．

[22] 刘平．2010．保险学概论．北京：高等教育出版社．

[23] 刘伟．2012-8-29．保险行业新推一款万能险——专项资金挂钩债权计划．北京商报．

[24] 刘永刚．2011．个人风险管理与保险规划．北京：清华大学出版社．

[25] 卢晓平．2009-5-12．保监会：5·12 汶川地震保险理赔工作基本完成．上海证券报．

[26] 彭馨．2012-9-26．平安产险 6 年来最大船舶险赔款结案．山东商报

[27] 乔倩倩．2011-5-23．保险公司偿付能力频亮红灯．信息时报．

[28] 邱伟．2012-07-05．保险条款内容理解不一引发争议．中国保险报．

[29] 盛长琳．2012-1-15．保险监管步入项俊波时代．新金融观察报．

[30] 孙蓉．2010．保险学原理．3 版．成都：西南财经大学出版社．

[31] 孙祁祥．2010．保险学．4 版．北京：北京大学出版社．

[32] 唐金城．2009-4-3．昔日泰国国王与马龙·白兰度：凭保险金安享晚年．中国保险报．

[33] 童鑫．2010-08-31．投保指南：尽量避免受益人法定．解放日报．
[34] 万涛．2012-07-18．允许试错支持创新　项俊波释放监管宽松预期．21 世纪经济报道．
[35] 王润珠．2012-7-12．万亿险资释放可投资不动产．民营经济报．
[36] 王稳，李宏宇．2007-9-14．从第一张保单到世界保险业的兴起．经济参考报．
[37] 魏华林，林宝清．2006．保险学．北京：高等教育出版社．
[38] 吴定富．2010．保险原理与实务．北京：中国财政经济出版社．
[39] 吴风．2012-9-18．大地保险快捷理赔“9・7”昭通地震．中国经营报
[40] 吴鹍．2005．“中再人寿事件”彰显公司治理严重缺失．http://finance.people.com.cn/GB/1045/ 3426108.html[2012-8-7].
[41] 项俊波．2013．保险基础知识．北京：中国财政经济出版社．
[42] 项俊波．2013．保险原理与实务．北京：中国财政经济出版社．
[43] 向媛．2009．合同中无约定保险金给付比例仍应赔偿．http://bdxfy.chinacourt.org/public/detail.php?id=4752[2012-6-7].
[44] 徐涛．2012-6-25.项俊波：推动全球保险监管规则趋同．证券时报．
[45] 许谨良．2008．保险学原理．3 版．上海：上海财经大学出版社．
[46] 杨雪美，王晓云．2012-8-6．火灾公众责任保险缘何举步维艰．河北日报．
[47] 佚名．2010-8-11．阳光创造：“车险生命表”全球第一．中国保险报：4.
[48] 殷洁．2009-3-18．恒亚迪售假保单保监会指其非法．新京报．
[49] 曾祥素．2011-8-31．保险公司未尽说明义务 赔偿投保人被盗车辆．中国质量报．
[50] 张代军．2010．保险学．杭州：浙江大学出版社．
[51] 张洪涛．2008．人身保险．2 版．北京：中国人民大学出版社．
[52] 张兰．2011-02-23．整治保险市场乱象．金融时报．
[53] 张爽．2012.37 哈尔滨游客台湾遇车祸续：34 人已理赔．http://www.toptour.cn/detail/info67863．html[2012-10-8] .
[54] 钟明．2011．保险学．上海．上海财经大学出版社．
[55] 宗欣．2012-7-1．2011 全球自然灾害损失历史最高．华西都市报：2.
[56]《中国保险史》编审委员会．1998．中国保险史．北京：中国金融出版社．

更新勘误表和配套资料索取示意图

说明：本书配套资料可在 http://www.ryjiaoyu.com/下载，其中配套学习资料注册后可直接下载；**教学用资料**仅供采用本书授课的教师下载，**教师身份、用书教师身份**需网站后台审批（咨询邮箱 13051901888@163.com）。

更新勘误及意见建议记录表

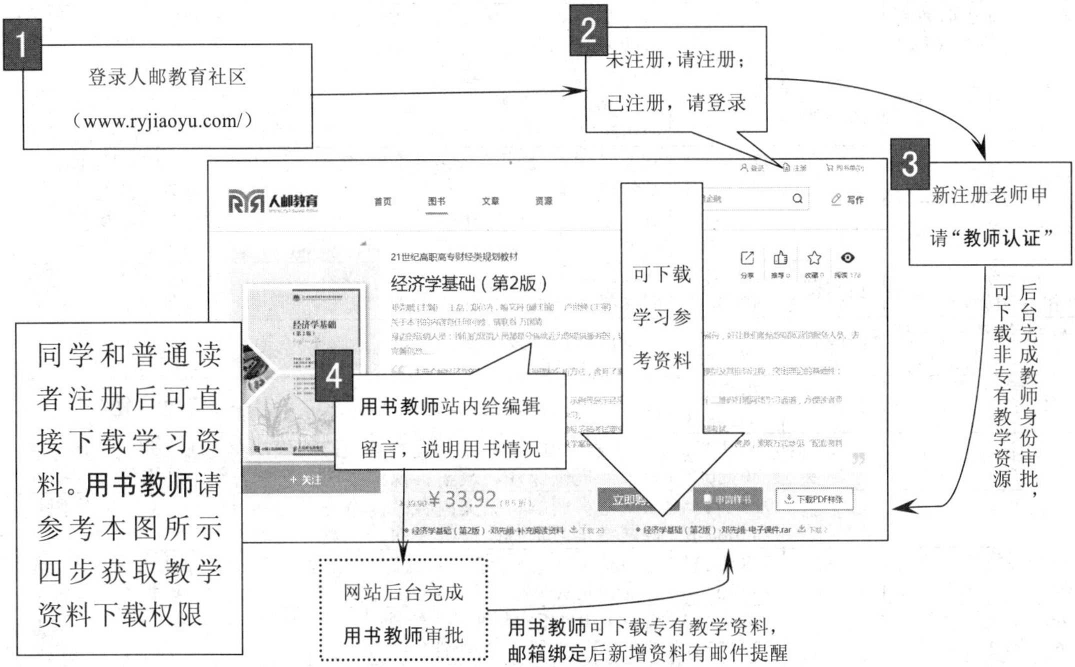

部分 21 世纪高等院校经济管理类规划教材推荐

书　名	主　编	书　号	编 辑 推 荐
管理学——原理与实务（第 3 版）	李海峰	978-7-115-47611-1	2013 年陕西普通高校优秀教材二等奖；提供课件、教案、实训说明、教学体会、文字与视频案例、习题集及参考答案等
管理学	方振邦	978-7-115-44334-2	提供教学课件、扩充阅读、模拟试卷
企业战略管理（第 2 版）	舒　辉	978-7-115-43139-4	二维码打造立体化阅读环境；案例、习题等营造多方位学习环境；提供课件、补充案例、模拟试卷等素材
企业文化	杨　坤	978-7-115-44012-9	提供教学课件、电子教案、案例视频、模拟试卷等资料

续表

书　名	主　编	书　号	编 辑 推 荐
客户关系管理理论与应用	栾　港	978-7-115-39343-2	60组案例助力理论联系实际，33个二维码打通网络学习通道，在线Xtools软件方便实践训练；提供课件、教案、教学日历、免费教学账号、习题库、试卷等
生产运作管理（第2版）	程国平	978-7-115-46477-4	视频更直观，扫二维码可观看；案例更新颖，多为近几年实例；提供课件、教案、习题答案、模拟试卷和补充教学案例等
社会心理学	陈志霞	978-7-115-40977-5	40余二维码拓展读者视野；兼顾基础与应用社会心理学；数百实例助力理论与实践相结合；提供课件、案例、答案、试卷等
经济学基础	邓先娥	978-7-115-39039-4	近300个实例连接理论与生活，130余个二维码打通网络学习通道，70余项扩展阅读指南指引学习方向；提供课件、教案、答案、文字和视频案例、试卷等
政治经济学（第2版）	张　莹 李海峰	978-7-115-42571-3	着重于分析社会经济问题；利用二维码拓展读者阅读空间；提供课件、大纲、视频案例、习题集、试卷等
中级财务会计（第3版）	吴学斌	978-7-115-43464-7	四川省“十二五”本科规划教材；二维码链接网络学习资源；章后习题+电子版习题集；提供课件、教案、案例库、试卷等
财务会计实训教程（上、下册）（第2版）	裴永浩	978-7-115-40690-3	原始凭证和记账凭证单独成册；按营改增调整相关业务；利用二维码提供相关网络资源；融基本功训练、岗位技能训练和综合技能训练为一体；提供答案、课件、习题集、阅读资料等
应用统计学（第2版）	潘　鸿	978-7-115-38994-7	以Excel为实验软件，适应职场需求；提供全套实验资料，提升读者应用能力；提供课件、教案、上机操作数据、函数实现常用统计表等
国际市场营销	李　爽	978-7-115-39077-6	80余个实例追求学以致用，80余个二维码拓展读者学习空间；提供课件、教案、文字与视频案例、实训资料、答案、试卷等
报关实务（第2版）	朱占峰	978-7-115-42629-1	五十余个二维码链接网络学习资源；理论与实务并重，操作与案例同行；提供课件、视频案例、答案、试卷等
电子商务概论（第3版）	白东蕊	978-7-115-42630-7	新增跨境电商、“互联网+”等内容；百余二维码拓展读者学习空间；提供课件、教案、大纲、实验指导、文字与视频案例等
网络营销——基础、策划与工具	何晓兵	978-7-115-43745-7	二维码链接网络资源；提供视频案例、课件、习题助力学习
商法学	杨　坤	978-7-115-43248-3	提供教学课件、电子教案、模拟试卷、习题和习题答案
金融法	李良雄 王琳雯	978-7-115-30980-8	吸收截至2012年12月的最新法律法规，高度融合职业资格考试要求，提供课件、教案、视频案例、习题答案、补充练习题
保险学（第2版）	刘永刚	978-7-115-43687-0	以大量案例解读相关内容；保险理论与保险业务并重；二维码链接网络学习资源；提供课件、答案、案例、试卷等
证券投资学（第2版）	杨兆廷 刘　颖	978-7-115-34302-4	省级精品课程配套教材；根据2013年证券业变化调整相应内容，集合证券业从业资格考试重点，提供课件、教案、视频案例、答案等
外汇交易原理与实务（第2版）	刘金波	978-7-115-38372-3	着重突出外汇实际业务，二维码打造立体化阅读环境，有外汇交易模拟操作指导手册；提供课件、教案、答案、试卷、习题册、实训指导
期货交易实务（第2版）	曾啸波	第2版预计2018年10月出版	内嵌视频、高清彩图等；数十项目式作业方便实践；有配套课程网站，登录方式见前言；提供教学计划、教案、大纲、课时安排、教学要点、补充习题库、视频案例和模拟试卷等
国际金融理论与实务（第3版）	孟　昊	978-7-115-46037-0	以二维码展现了大量视频短片、高清图片等；提供教案、大纲、课件、视频及文字教学案例、参考答案、习题库、试卷等
金融专业英语	刘铁敏	978-7-115-39042-4	旁注、尾注和大量练习提升学习效率，以二维码指出丰富的网络学习资源；提供课件、部分译文、答案和试卷等
财政学（第2版）	唐祥来	978-7-115-46103-2	借助二维码链接网络学习资源；用“课堂金话筒”“练习与思考”等催生读者问题意识；提供课件、教案、习题答案、视频案例和试卷等
财政与金融	袁晓梅 陈　宁	978-7-115-40465-7	集中阐述基础知识、理论和实务；数百案例理论联系实际；百余二维码链接网络资源；提供课件、教案、视频和文字案例、答案、试卷等
物流工程导论	朱占峰	978-7-115-42535-5	课件嵌入大量教学视频案例；物流新闻拉近理论与现实距离；提供课件、答案、视频案例、试卷等
商务礼仪（第2版）	王玉苓	978-7-115-45505-5	图文并茂，内嵌大量视频，追求学以致用；提供教案、课件、答案、文字与视频案例、课外阅读资料等
商务沟通与谈判（第2版）	张守刚	978-7-115-43065-6	二维码打造立体化阅读环境；强调实践教学，提供模拟商务谈判素材；提供教案、课件、案例、视频库等资料